FAZENDA PÚBLICA E ARBITRAGEM

do contrato ao processo

Alberto Jonathas Maia

FAZENDA PÚBLICA E ARBITRAGEM

do contrato ao processo

2020

EDITORA *Jus*PODIVM

www.editorajuspodivm.com.br

EDITORA
*Jus*PODIVM
www.editorajuspodivm.com.br

Rua Território Rio Branco, 87 – Pituba – CEP: 41830-530 – Salvador – Bahia
Tel: (71) 3045.9051
• Contato: https://www.editorajuspodivm.com.br/sac

Capa: Ana Caquetti

M217f Maia, Alberto Jonathas.
Fazenda Pública e arbitragem: do contrato ao processo / Alberto Jonathas Maia – Salvador: Editora JusPodivm, 2020.
416 p.

Bibliografia.
ISBN 978-85-442-3129-6.

1. Arbitragem. 2. Fazenda Pública. 3. Processo de arbitragem. I. Maia, Alberto Jonathas. II. Título.

CDD 341.4618

AGRADECIMENTOS

Foi um longo caminho até chegar aqui.

Em 2010 numa aula de direito civil o professor fala despretensiosamente que seria possível utilizar de um método que geraria uma sentença irrecorrível. Um modelo totalmente privado. Aquela ideia nunca mais saiu da minha cabeça e hoje se concretiza em forma de dissertação de mestrado.

Como dito, foi um longo caminho.

A lista de agradecimentos é gigante, e começa com meu Pai que está nos céus.

Chegar até aqui foi Graça. "Graça, "graça é.... toda-tudo-toda manifestação do amor criador-redentor de Deus — amor esse que se expressou supremamente no Escândalo da Cruz —, que sempre é favor imerecido, incluindo a criação do ser, mesmo que seja um ser assim como sou".

Agradeço:

A minha mãe Maria da Conceição Reis Maia, obrigado por ter me forjado de forma tão sólida, e ter me passado os valores que me fazem ser quem eu sou. Minha inspiração de acadêmica e de vida.

A meu pai Carlos Alberto Alves de Lima, minha irmã Cecita, e toda a minha família

A Universidade Católica pela formação jurídica e humana.

Aos meus amigos e membros do Grupo Marco Maciel de Mediação e Arbitragem (GMMA) Maria Virgínia Brito, Manu Bezerra, Sarah Vidal, Priscilla Mertens, Débora Santos, Dulce Sampaio, Letícia, Letícia Arruda, Ana Carolina, Camila Xavier, Ana Beatriz, Maria Eduarda Mousinho, Thaís Aguiar, Valério, Beatriz Casado, Carol, Ayane, Ciro, Lais, Thiago, Daniel e todos os novos membros. Aproveito para, mais uma vez, pedir perdão pelas ausências e falhas.

Devo muito a vocês pela compreensão de sempre e por acreditarem em mim. Sim, eu lhes serei grato para sempre por ter feito esse sonho acontecer todos os dias.

Ainda no GMMA, a João Lessa, meu bom amigo, por ter acreditado em mim e ensinado a ter tranquilidade e persistência desde a minha primeira reprovação no mestrado lá em 2014 até aprovação no Doutorado em 2018. Obrigado, você me inspirou muito.

Aos professores e alunos da Universidade Maurício de Nassau representados pela minha amiga coordenadora Maria Amélia Calado.

A Raphael Ruas, meu sócio da vida e por todo apoio que meu deu desde o primeiro dia.

A Sofia e a todos os integrantes do escritório Monteiro e Monteiro Advogados.

A Patrícia e Virgínia, e todos os integrantes do escritório Afonso & Henriques Sociedade de Advogados.

A Wendy, Lidiane, Guilherme Wesley, Hugo, Gabriela, Maria Júlia Leonel, Aline, Anna Dolores, Camila, Carol, João, Julia Helena, Amanda, Pedro, Maria Júlia, Alexandre De Paula, Marcos, João Alves, Lorena, Pablo, Clara Pontes, Gina, Ingrid, Leonardo, (a lista é gigante não dá para lembrar de todo mundo, desculpe se esqueci alguém) parceiros e parceiras tão queridos que acreditaram e me apoiaram desde o primeiro minuto, obrigado.

Ao meu amigo, conselheiro e terapeuta Idimar Finco, por ter me ensinado a ter serenidade e por tratar da minha mente no momento mais agudo que já tive nesses últimos anos.

Aos Meus professores, hoje amigos, Roberto Campos mestre de todas as horas, Karina, Theresa, Catarina Oliveira, Marcelo, Sérgio Torres, José Mário, Paloma, Alexandre Freire, Marcos Netto Rafael Baltar, Fábio Tulio, Eugênia Barza, Paul Hugo, Aurélio Boaviagem e Leonardo Carneiro da Cunha eu lhes digo que se hoje vejo do alto, é porque estive apoiado nos ombros de gigantes que são vocês.

A Karina Maciel, por não ter desistido dos meus sonhos e por todo amor que me deu e dá, todos os dias.

Dedico, por fim, esse trabalho a todos aqueles guerreiros que passara pela tormenta, escalaram o inferno, superaram a depressão e saíram mais fortes que antes.

A vida não é curta, nós é que precisamos viver mais.

APRESENTAÇÃO

No Brasil, a literatura jurídica clássica tradicionalmente corporifica o ideal de acesso à justiça no direito fundamental assegurado no artigo 5º, inciso XXXV, da Carta Política de 1988, que garante ao cidadão que "a lei não excluirá da apreciação do Poder Judiciário lesão ou ameaça a direito".

Pelo texto do legislador constituinte de 1988, repetindo uma garantia prevista em sede constitucional desde a Carta de 1946 (artigo 141, §4º), qualquer cidadão tem assegurado o direito de acionar o Judiciário sempre que se sentir em risco de sofrer um dano ou se já se considerar lesado.

Acesso à justiça, nesse contexto, é resumida à ideia de acesso ao Judiciário, de acesso à máquina estatal. Em outras palavras, corresponde a admissibilidade de provocar o Estado-Juiz para obter um pronunciamento judicial, sem considerar outras vias aptas a proporcionar a concretização de uma solução justa diante de um conflito intersubjetivo de interesses. O recurso ao Poder Judiciário, por conseguinte, representaria o único meio idôneo para se obter a resolução adequada de uma lide.

A abrangência de tal garantia constitucional do processo, por sua vez, sofreu uma inequívoca ampliação como o legislador ordinário de 2015, que ao aprovar o atual Código de Processo Civil (Lei 13.105 de 2015), estipulou no artigo 3º do respectivo diploma processual que "Não se excluirá da apreciação jurisdicional ameaça ou lesão a direito".

A análise dos respectivos textos normativos deixa em clarividência a evolução: a garantia de apreciação do "Poder Judiciário" (artigo 5º, inciso XXXV, da CR/88) e a garantia de apreciação "jurisdicional" (artigo 3º do CPC/2015).

Evidente a diferença de alcance das respectivas expressões. Nítida a evolução no sentido de que o Estado pode até exercer o monopólio da atividade judicial, mas uma solução propriamente jurisdicional, enquanto manifestação do direito a prevalecer diante de um conflito de interesses, pode ser alcançada por outros meios não apenas aptos a dirimir a lide, mas possivelmente mais idôneos a reestabelecer a paz social.

Nesse sentido, a expressão "apreciação jurisdicional" abrange outras fórmulas "adequadas" de solução de conflitos (a expressão "adequada" aqui sendo utilizando para evitar a expressão "alternativa", usualmente considerada como de status inferior a uma via "primária"), próprias de um modelo multiportas de acesso à justiça, incluindo fórmulas como a arbitragem.

A presente obra, do jovem acadêmico Alberto Jonathas Maia, aborda com maestria essa nova via de acesso à justiça, a arbitragem, diante de questões conflituosas envolvendo a Fazenda Pública.

Intitulada **Fazenda Pública e Arbitragem: do contrato ao processo**, o livro se apresenta desde já como uma peça indispensável à biblioteca de qualquer profissional do direito que deseja aprofundar os seus conhecimentos acerca de um campo do direito anteriormente carente de uma exploração mais aguda.

Não é fácil tratar com tanta fluidez na narrativa e solidez nos argumentos um tema tão complexo envolvendo elementos à primeira vista antagônicos como modelo multiportas e a Fazenda Pública como litigante, passando por questões como a arbitrabilidade, o papel das instituições arbitrais e a morfologia dos árbitros, sem deixar de dedicar um capítulo inteiro à fórmulas contratuais de arbitragem celebradas pelo Poder Público e outro capítulo a uma questão tão delicada como a corrupção no contexto da prática arbitral.

Com uma análise singular em questões processualmente relevantes como as próprias peculiaridades do processo arbitral na qual figura como parte a Fazenda Pública, sem esquecer de tecer comentários precisos sobre as dimensões da tutela de urgência em tal seara, o autor desenvolve uma visão crítica e perspicaz totalmente inovadora, conseguindo exaurir a temática sem cansar o seu leitor.

Tal olhar é próprio do autor Alberto Maia. Com uma extraordinária aptidão para ver, compreender e examinar aspectos que usualmente escapam ao alcance do doutrinador comum, o jovem jurista pernambucano consegue dialogar e fascinar com uma facilidade e leveza impressionantes. Uma prosa tranquila, cativante e bem entendida pelos privilegiados leitores de suas palavras.

O Alberto nasceu na cidade do Recife em 1991, filho de Conceição e Carlos, tendo concluído o curso de graduação em Direito na Universidade Católica de Pernambuco, a nossa querida UNICAP, da qual sou também filho e, desde 1992, professor.

Logo após concluir a sua graduação, o Alberto Maia prosseguiu na sua carreira acadêmica ao cursar o mestrado em direito na mesma UNICAP, quando foi o meu orientando. E, assim que concluiu a defesa de sua dissertação em 2018, foi aprovado na seleção para ingresso no curso de doutorado em direito do Programa de Pós-Graduação em Direito da Universidade Federal de Pernambuco.

A sua formação, assim, é autenticamente pernambucana, mas integralmente universal no seu alcance.

Foi uma honra inigualável ter sido o seu orientador no curso de mestrado no PPGD/UNICAP. Aponto a consolidação da nossa sincera e fraternal amizade como um dos pontos altos de tal empreitada conjunta.

A presente obra, por seu turno, é o resultado da "lapidação" (de forma e não de conteúdo) da sua dissertação de mestrado, adaptada às exigências de uma publicação doutrinária destinada ao grande público do mundo jurídico-social.

Enfim, uma obra jurídica de inigualável valor e que, certamente, será apontada como marco histórico na evolução da doutrina jurídica brasileira.

Aguardo, francamente, que as lições desenvolvidas pelo autor possam colaborar para uma melhor compreensão da imensurável serventia que a fórmula arbitral apresenta como instrumento de acesso à justiça para além das dimensões do Judiciário, inclusive e especialmente quando figura como um dos litigantes a Fazenda Pública.

Ofereço, agora, minhas congratulações ao autor, à editora e a sociedade brasileira pela publicação desta obra tão rica em conteúdo quanto inovadora na visão crítica proporcionada aos seus leitores.

Recife, agosto de 2019

Sergio Torres Teixeira

Doutor em Direito. Professor Adjunto da FDR/UFPE e da UNICAP

Desembargador do Tribunal Regional do Trabalho da 6ª Região

PREFÁCIO

Arbitragem é método jurisdicional de resolução de controvérsias. Da relação de instância arbitral resultam vencedores e vencidos; nela, as partes defendem interesses e direitos, fundamentam os pleitos em normas e princípios jurídicos e as decisões ao final proferidas pelos árbitros estão equiparadas a sentenças judiciais. Ao optar pela arbitragem, a Fazenda não abre mão de direitos, não transige e não abre mão de direitos; ao contrário, os reivindica perante autoridade jurisdicional. É corriqueira a utilização da arbitragem pela Fazenda e por Estados estrangeiros; não há, atualmente, quem defenda, com seriedade, a ideia contrária.

Há, contudo, limites e, estes, resultam bem delineados neste trabalho. Alberto apresenta exaustiva pesquisa na doutrina, como é possível observar a partir de bibliografia que lastreia os postulados que defende. Além disso, enfrenta algumas espinhosas questões normalmente negligenciados por outros autores, como é o caso dos cuidados específicos que devem ser observados na hora de escolher uma instituição de arbitragem cujo processo, debate-se, pode não exigir certame licitatório; os complicados problemas resultantes da prática de atos de corrupção normalmente invocados, como matéria de defesa, perante o árbitro, obrigado a evitar que o instituto sirva de instrumento a prática ilícitos da economia e do comércio, inclusive para reportar eventual conduta criminosa ao Ministério Público, como defende o Autor.

Outro aspecto que impressiona na obra é o modo à vontade como Autor transita, a todo instante, entre o direito público e o privado, entre o processo e o direito civil, e, deste, ao administrativo, ao internacional privado e, daí, à identificação de regras transnacionais do comércio. Arbitragem é disciplina jurídica transversal cuja abordagem requer o domínio de conceitos emprestados ao mais diversos ramos do direito positivo, de diferentes latitudes e longitudes; nesse sentido, o Autor ostenta compreensão de diversas categorias jurídicas tomadas por empréstimo ao direito comparado e utilizadas neste trabalho com a finalidade de identificar tendências e adiantar sugestões de soluções aplicáveis a problemas atuais, enfrentados pela Fazenda ou seus parceiros comerciais, quando utilizam a arbitragem. A incidência de certos limites específicos à outorga de tutela provisória contra a Fazenda; a possibilidade de se manejar pedido de suspensão com o fito de obter a suspensão de eficácia de decisão cautelar arbitral; ou, ainda, o recurso a certas prerrogativas processuais que se tornaram lugar comum em processos judiciais são algumas das questões espinhosas abordadas pelo Alberto Jonathas Maia.

Interessante, ainda, a descrição do regime jurídico aplicável à execução, perante juiz brasileiro, de sentença arbitral condenatória de pagamento de quantia certa contra a Fazenda, o que, sabe-se, ocorre mediante expedição de precatório. Poucos, contudo, se atem ao estudo da possibilidade de a execução de sentença arbitral contra a Fazenda ser processada perante juiz estrangeiro. Em tal hipótese, é lógico, o processo de execução observará as regras do estado estrangeiro que investiu o juiz, normalmente o da situação do bem. Abre-se, desse modo, a via executiva imune às delongas comumente observadas pelos que executam a Fazenda, no Brasil. Em regra, estão sujeitos a atos de constrição os ativos da União, localizados no território de alguns Estados estrangeiros, desde que não estejam afetados ao exercício da soberania, como é o caso dos equipamentos militares, mas que pode não incluir ações, participações em fundos soberanos e numerário depositado em contas bancárias. Tal aspecto mereceu abordagem rigorosa e refinada, na qual Alberto demonstra sólidos conhecimentos de direito internacional privado e das regras transnacionais normalmente aplicáveis à matéria.

Eis um livro essencial à biblioteca de quem se interessa por arbitragem ou pelas lides que envolvam a Fazenda.

São Paulo, agosto de 2019.

Clávio Valença Filho
Doutor em Direito pela Universidade de São Paulo
Advogado em São Paulo

SUMÁRIO

Capítulo 4

NEGÓCIOS JURÍDICOS PROCESSUAIS E A CONVENÇÃO DE ARBITRAGEM CELEBRADOS PELA FAZENDA PÚBLICA 163

Capítulo 5

ARBITRAGEM E CORRUPÇÃO 217

INTRODUÇÃO

O presente estudo examinará como se desenvolve o processo de arbitragem que envolve a participação da Fazenda Pública desde o início da relação negocial até a execução de possível sentença condenatória.

É necessário investigar, entender, ponderar e, acima de tudo, aperfeiçoar o sistema arbitral para atender de melhor forma as necessidades e peculiaridades da Fazenda Pública, ou será que é a Fazenda Pública que terá que se adaptar à realidade arbitral com toda seu dinamismo e flexibilidade?

O tema tem base na Lei n. 9.307/96, que autoriza legalmente a administração pública direta e indireta a utilizar-se da arbitragem para dirimir conflitos relativos a direitos patrimoniais disponíveis. Trata-se de grande desafio frente à conjuntura legal que a Fazenda Pública possui dentro do sistema processual, com diversas prerrogativas que ensejam desafios de harmonização e compatibilidade. Qual a postura do Estado frente ao modelo multiportas? Será o contencioso arbitral diante de um conflito em que envolva a Fazenda Pública?

No primeiro capítulo, introdutório por essência, analisaremos a Fazenda Pública enquanto representante do Estado, a qual deve atender o interesse público e também pode defender seus interesses em juízo ou por meio do modelo multiportas.

No segundo capítulo, analisar-se-á a arbitrabilidade objetiva e subjetiva: o que pode e o que não pode ser objeto de arbitragem, além da verificação da capacidade e legitimidade da Fazenda Pública.

No terceiro capítulo, examinaremos o papel das instituições de arbitragem e do árbitro na administração, condução e decisão no processo. Os desafios ainda são desconhecidos, mas não impedem que propostas sejam apresentadas no intuito de formular preventivamente possíveis soluções.

No quarto capítulo, investigar-se-á o instituto dos negócios jurídicos processuais, notadamente a convenção de arbitragem, pactuados pela Fazenda Pública. Quais são os efeitos, qual o momento adequado da pactuação e, ainda, qual a finalidade econômica que uma convenção de arbitragem pode representar?

No quinto capitulo, já adentrando na esfera contenciosa propriamente dita, observar-se-á como o instituto das tutelas provisórias se aplica na arbitragem, principalmente das hipóteses proibitivas de concessão desse tipo de provimento em desfavor da Fazenda Pública.

No sexto e penúltimo capítulo, examinar-se-ão as nuances do procedimento de arbitragem, modelo fundado na ordem constitucional e, ao mesmo tempo, construído pelas partes para busca de maior efetividade dos seus interesses. As prerrogativas processuais aplicadas aos procedimentos judiciais são aplicáveis no procedimento? É possível compatibilizar a atuação da Fazenda com esse modelo procedimental?

O último capítulo explora o encerramento do procedimento de arbitragem e seus reflexos práticos. A sentença arbitral deve respeitar o modelo inserido no Código de Processo Civil? Os créditos decorrentes da sentença arbitral condenatória devem respeitar o sistema de precatórios? Quais as possíveis soluções para agilizar esse pagamento?

No presente estudo, parte-se da hipótese de se a Fazenda Pública exerce atividades típicas de um sujeito privado e pode participar do procedimento de arbitragem sendo possível compatibilizar a lógica fazendária com o sistema privado de solução de conflitos dentro dos limites processuais constitucionalmente estabelecidos.

Seguindo o modelo hipotético dedutivo, utilizaremos as manifestações doutrinárias, nacionais e internacionais, além de posicionamentos das cortes judiciais e arbitrais, analisando a leis e sempre buscando nos utilizar do binômio: teoria e prática. A compreensão do tema é determinante para que a Fazenda Pública se consolide como um ator protagonista no procedimento de arbitragem.

Capítulo 1

A FAZENDA PÚBLICA E O MODELO MULTIPORTAS

1.1. O ESTADO, O PODER PÚBLICO, A ADMINISTRAÇÃO PÚBLICA E A FAZENDA PÚBLICA

O título proposto no estudo – A Fazenda Pública: do contrato ao processo – pretende condensar o nosso propósito principal: a análise do contencioso de arbitragem no qual a Administração Pública seja parte.

Desde o início, o desafio mostra-se de trabalhos de superação. É que, conforme asseverou se certa vez, "as lógicas fazendária e arbitral são de difícil harmonização"[1]. Há um inédito choque entre as regras. Institutos processuais peculiares aos litígios de Estado em contraponto com a modernidade e flexibilidade típica da arbitragem. De fato, a doutrina muito se preocupou – e de certa forma conseguiu – demonstrar que os Contratos Administrativos, as parcerias Público-Privadas e as posturas comerciais que o Estado pratica e contrata são compatíveis com a arbitragem. O regime jurídico de direito público, aos poucos, foi sendo revisto e reinterpretado e, atualmente, não seria leviano afirmar que se trata de um caminho sem volta o fato de o Estado participar de arbitragens em que estão envolvidos conflitos decorrentes de suas contratações.

---

1. A frase foi feita pelo professor Eduardo José da Fonseca Costa quando conversei acerca do tema antes de iniciar os escritos do presente trabalho. Além disso os professor Eduardo ofereceu pesadas críticas quando da defesa da dissertação. Todas elas (ou pela menos a maioria) foram levadas à efeito. Fica aqui o registro.

A questão que se impõe é saber como esses processos são desenvolvidos (da fase "pré" até a "pós-arbitral"), qual a compatibilidade dos institutos e, se for possível, questionar em quem se concentram as despesas da arbitragem, já que é preciso reserva orçamentária específica, uma vez que não pode haver despesa sem prévio empenho.

Há um longo caminho a ser percorrido e, se as repostas não forem encontradas, ao menos os questionamentos importantes virão a lume e o debate será provocado para o amadurecimento de ideias e aperfeiçoamento do tema.

Seja como for, pretende-se, com o presente estudo, dar o trato científico que o instituto da arbitragem merece.

A primeira problemática que se pretende resolver é a nomenclatura do nosso protagonista. Afinal, qual o termo apropriado a ser utilizado: O Estado, o Poder Público, a Administração Pública e a Fazenda Pública? Seriam eles sinônimos?[2] A resposta é passível de ser encontrada quando partimos do termo mais abrangente para o mais específico: do Estado à Fazenda Pública. Realizadas essas considerações, é possível avançar.

Apesar de todas as sociedades terem alguma forma de governo, considerando-se como tal as opções de ordenação interna de suas estruturas e problemas sociais, nem todas alcançaram ou elegeram a modalidade estatal de organização. O surgimento e a formação do Estado são produtos de uma complexidade de processos a partir de certos lugares, épocas e condições.

A clássica concepção do Estado – entendida como unidade bem definida, com limites políticos e territoriais sempre dogmatizados por meio do conceito de soberania – está, de momento, sendo questionada por uma realidade histórica irreversível; e os novos valores típicos da sociedade pós-moderna, como globalização, capitalismo financeiro internacional, poder da tecnologia e da informação têm-se estabelecido. A partir dessa nova realidade, a ciência jurídica tenta compreender e explicar o Estado contemporâneo no âmbito desses novos paradigmas[3].

2. GARCIA, André Almeida. **Repensando o Processo contra o Poder Público**. Tese de Doutorado. Universidade de São Paulo, 2014, p. 18.

3. Cf. FARIA, José Eduardo. **O Direito na Economia Globalizada**. São Paulo: Malheiros, 2004.

A presença do Estado na vida social é notada por intermédio de várias representações: governo, autoridade, administração pública, poder público, etc. O Estado é a sociedade estabelecida num território que lhe corresponde, desenvolvido e dirigido por uma ordem jurídica criada, delineada e legitimada por um poder soberano. Ele forma uma instituição, um ente com personalidade jurídica própria, capaz de adquirir direitos e ter obrigações, como bem se indica "o Estado é a principal e mais abrangente instituição que a sociedade utiliza para definir e buscar o interesse público"[4].

O Estado é uma pessoa jurídica[5-6], um sujeito de direito[7] e, como pessoa que é, também se relaciona com os membros da sociedade[8].

---

4. "Estado e estado-nação, sociedade civil e nação, classes e as coalizões de classe são conceitos políticos situados no quadro da revolução capitalista que tende a acontecer em cada país, ou seja, da formação do estado-nação e da revolução industrial nesse país. Cada povo que partilha uma etnia e uma história comum busca se constituir em nação, controlar um território e construir seu próprio Estado, dessa forma se constituindo em estado-nação. Neste quadro, o estado-nação é a sociedade política soberana, e o Estado é a instituição maior de uma sociedade em sentido amplo (...) o Estado é a principal e mais abrangente instituição que a sociedade utiliza para definir e buscar o interesse público, ou, em outras palavras, para promover seus objetivos políticos. Nesses termos, o Estado é o instrumento por excelência de ação coletiva da sociedade – é a instituição através da qual a sociedade moderna busca seus objetivos políticos. É através dele e da ação política (que é sempre uma ação coletiva) que a sociedade politicamente orientada sob a forma de nação ou de sociedade civil alcança seus objetivos políticos" BRESSER-PEREIRA. Luiz Carlos. **Estado, estado-nação e formas de intermediação política.** Lua Nova, São Paulo, n. 100, 2017, p. 164.
5. Nesse sentido a doutrina afirma que "a concepção do Estado como pessoa jurídica representa um extraordinário avanço no sentido da disciplina jurídica do interesse coletivo. Mais do que por qualquer teoria objetivando estabelecer, por critérios formais, limitações ao poder do Estado, esse objetivo é atingido de maneira mais científica - porque baseada em fatores substanciais - pela noção da personalidade jurídica do Estado. Esta noção promove a conciliação do político com o jurídico". DALLARI, Dalmo de Abreu. **Elementos da teoria geral do Estado.** 25 ed. São Paulo: Saraiva, 2005, p. 121 e ss.
6. Conforme bem explica Pontes de Miranda: "As pessoas jurídicas, como as pessoas físicas, são criações do direito; é o sistema-jurídico que atribui direitos, deveres, pretensões, obrigações, ações e exceções a entes humanos ou a entidades criadas por esses, bilateral, plurilateral (sociedade, associações), ou unilateralmente (fundações). Em todas há o suporte fático; e não há qualquer ficção em se ver pessoa nas sociedades e associações (personalidade) e nas fundações: não se diz que são entes humanos; caracteriza-se mesmo, em definição e em regras jurídicas diferentes, a distinção entre pessoas físicas e pessoas jurídicas (...); pessoa jurídica é conceito do mundo jurídico. O que importa é assentar-se que o direito não as cria *ex nihilo* (do nada); traz, para as criar, algo do mundo fático. As teorias sobre a pessoa jurídica aí se situam; são perspectivas do mundo fático, que apanham parte do mundo jurídico, mas somente porque o conceito de pessoa jurídica é conceito do mundo jurídico." E arremata o jurista: "A pessoa jurídica é tão real quanto a pessoa física" (...)" Pessoas jurídicas, quaisquer que sejam, criam-se. Quando os homens têm de constituir as pessoas jurídicas, praticam atos prévios, que são o dado fático, com que operam." PONTES DE MIRANDA, Francisco Cavalcanti. **Tratado de Direito Privado**. Tomo I. 4. ed. São Paulo, Editora Revistas dos Tribunais, 1974, p. 282-283.
7. GRAU, Eros Roberto; FORGIONI, Paula. **O Estado, a empresa e o contrato**. São Paulo: Malheiros, 2005, p. 211-212.
8. SUNFELD. Carlos Ari. **Fundamentos do Direito Público.** 5. Ed. São Paulo: Malheiros: 2012, p. 23.

Tomando como base os apontamentos de Pontes de Miranda, é possível afirmar que a pessoa jurídica tem capacidade de direito, capacidade negocial e capacidade de estar em juízo para defender seus interesses[9]. Essa percepção do Estado como pessoa jurídica tem um viés privatista. É que, conquanto este represente a unidade de interesses coletivos, também possui vontade própria e, nem sempre, convergente com os desígnios de seus membros isoladamente considerados[10]. Trata-se de um sujeito autônomo que, por meio de órgãos próprios, manifesta e externa sua vontade.

O Estado, enquanto ente personalizado, detém prerrogativas e inúmeros papéis a exercer que, por consequência, se manifestam de diversas formas. Conforme estabelece a Constituição, são poderes independentes e harmônicos entre si o Legislativo, o Executivo e o Judiciário (art. 2°). Com efeito, o Poder Público é a agregação das atividades do Estado, constituído de Poder Legislativo, Poder Executivo e Poder Judiciário[11-12]. Na verdade, existe, nos poderes públicos, uma gama de exercícios de competências constitucionalmente estabelecidas.

Mas não é só. O Estado é pessoa jurídica de "direito público". Nosso ordenamento atribui essa natureza à União, aos Estados, ao Distrito Federal e aos Municípios. (Código Civil, art. 41, I a III). Conforme explica a doutrina, "todos os entes da federação materializam o Estado, cada um deles atuando dentro dos limites de competência traçados pela Constituição"[13].

A pessoa jurídica 'Estado' realiza múltiplas atividades e se manifesta em diversas funções. Uma delas é a de administrar a coisa pública. Toda a atividade administrativa consiste tão somente na gestão de coisa alheia. É o povo o titular dos bens e recursos públicos e não os

9. PONTES DE MIRANDA, Francisco Cavalcanti. **Tratado de Direito Privado.** Tomo I. 4. Ed. São Paulo, Editora Revistas dos Tribunais, 1974, p. 282 e ss.
10. DALLARI, Dalmo de Abreu. **Elementos da teoria geral do Estado**. 25 ed. São Paulo: Saraiva, 2005, p. 121 e ss. Cf. DINIZ, Maria Helena. **Curso de Direito Civil Brasileiro.** V.1 Saraiva: São Paulo 2008; SILVA, Alexandre Couto. **Aplicação da desconsideração da personalidade jurídica no direito brasileiro.** São Paulo: LTr, 1999.
11. Matheus Carvalho aponta que "o Estado é uma instituição organizada política, social e juridicamente, dotada de personalidade jurídica própria de Direito Público, submetida às normas estipuladas pela lei máxima que, no Brasil, é a Constituição escrita e dirigida por um governo que possui soberania reconhecida tanto interna como externamente" CARVALHO, Matheus. **Manual de Direito Administrativo.** 4. ed. Salvador: JusPODIVM, 2017. p. 34.
12. Cf. SILVA, De Plácido e. **Vocabulário Jurídico.** Rio de Janeiro: Forense, 11. ed., 1994.
13. CARVALHO FILHO, José dos Santos. **Manual de direito administrativo.** 31. Ed. São Paulo: Atlas, 2017, p. 1.

órgãos, entidades e agentes estatais. Daí a expressão Administração Pública, que denota "o conjunto de agentes, órgãos, e pessoas jurídicas que tenham a incumbência de executar as atividades administrativas"[14], ou o "conjunto de órgãos instituídos para consecução dos objetivos do Governo e o conjunto das funções necessárias aos serviços públicos em geral". E, ainda, "o conjunto de meios institucionais, materiais, financeiros e humanos preordenados à execução das decisões políticas"[15-16-17]. A Administração Pública é orientada pelo Poder Político e trata-se de um instrumento a serviço de determinados fins pré-estabelecidos; é conjunto de órgãos a serviço do Poder Político e também simboliza as próprias atividades administrativas[18].

É prudente, ainda, assentar que não há apenas uma Administração Pública, mas uma multiplicidade de Administrações, cada uma delas titulares de relações jurídico-administrativas. Consoante explica Eros Grau, além da Administração Pública Federal "alinham-se as Administrações estaduais e as Administrações municipais, todas e cada uma delas contando com sua própria personalidade jurídica independente, e uma plêiade de entidades instrucionais ou corporativas igualmente personificadas"[19]. Ademais, sem embargo de a função administrativa ser exercida pelo Poder Executivo, o conceito de Administração Pública com ele não pode ser confundido, uma vez que há possibilidade de atuação administrativa executiva pelos demais Poderes do Estado, ainda que de forma atípica[20].

Fixadas essas questões, podemos avançar ainda mais. No momento em que ingressa em juízo por meio de seus órgãos que tenham

---

14. CARVALHO FILHO, José dos Santos. **Manual de direito administrativo**. 31. Ed. São Paulo: Atlas, 2017.
15. MEIRELLES, Hely Lopes. **Direito administrativo brasileiro**. 42. ed. São Paulo: Malheiros, 2016, p. 68.
16. "A expressão Administração Pública em sentido subjetivo, formal ou orgânico, ela designa os entes que exercem a atividade administrativa; compreende pessoas jurídicas, órgãos e agentes públicos incumbidos de exercer uma das funções em que se triparte a atividade estatal: a função administrativa. DI PIETRO, Maria Sylvia Zanella. **Direito Administrativo**. 27 Ed. São Paulo: Atlas, 2014, p. 50.
17. SILVA, José Afonso da. **Curso de direito constitucional positivo**. 9ª ed., São Paulo: Malheiros Editores, 1993, p. 559.
18. SANTOS. Edison Ribeiro dos. **A execução de créditos trabalhistas contra a fazenda pública**. Dissertação de Mestrado. Faculdade de Direito de São Paulo - USP. 2008, p. 53.
19. GRAU, Eros Roberto; FORGIONI, Paula. **O Estado, a empresa e o contrato**. São Paulo: Malheiros, 2005, p. 211-212.
20. CARVALHO, Matheus. **Manual de Direito Administrativo**. 4. ed. Salvador: JusPODIVM, 2017. p. 35. Cf. ARAÚJO, Edmir Netto de. **Curso de direito administrativo**. São Paulo: Saraiva, 2005, p.127; MOREIRA NETO, Diogo de Figueiredo. **Curso de direito administrativo**. 14ª ed. Rio de Janeiro: Editora Forense, 2005, p. 111.

capacidade processual[21], a Administração Pública qualifica-se como Fazenda Pública e diz respeito a todas as pessoas jurídicas de direito público interno (Código Civil, art. 41).

Leonardo Carneiro da Cunha explica que a Fazenda Pública é o Estado em juízo. Assim, numa sessão de conciliação ou mediação pré-processual, em um processo judicial ou arbitral em que um dos polos da demanda seja uma pessoa jurídica de direito público, esta pode ser cognominada de Fazenda Pública. O professor ressalva que, não obstante tal nomenclatura, tais demandas não são relativas apenas a assuntos estritamente fiscais ou financeiros[22].

A concepção de Fazenda Pública é ampla[23] e pode abranger a União, os Estados, o Distrito Federal, os Municípios e suas respectivas autarquias e fundações públicas, como a Empresa de Correios e Telégrafos[24],

21. Também nomeada de capacidade de estar em juízo. Conforme se explica "A capacidade processual é a aptidão para praticar atos processuais independentemente de assistência ou representação, pessoalmente, ou por pessoas indicadas pela lei, tais como o síndico, administrador judicial, inventariante etc. As pessoas jurídicas precisam estar regularmente "presentadas" em juízo (art. 75 do CPC)". Didier Jr. Fredie. **Curso de Direito Processual Civil**. v 1. 17 Ed. Salvador: Juspodium, 2017, p. 357-358.

22. CUNHA, Leonardo Carneiro da. **A Fazenda Pública em juízo**. 14. Rio de Janeiro: Forense, 2017, p. 1

23. Vários são os sentidos em que é empregado o vocábulo fazenda pública. Pode significar o erário como instituidor e arrecadador de impostos, o Estado em juízo litigando genericamente sobre aspectos patrimoniais, ou simplesmente a Administração Pública por todos os seus órgãos da administração direta e entidades autárquicas, porque é seu erário que suporta os encargos patrimoniais da demanda. Em oportuna síntese já se firmou que o termo fazenda pública pode ser compreendido em três acepções: a) como teoria do regime econômico do Estado; b) como instituição ou organismo administrativo que gere os dinheiros públicos; c) como o patrimônio que os dinheiros públicos constituem. Embora tecnicamente a locução fazenda pública devesse indicar apenas e tão somente o Estado em juízo com seu perfil financeiro, na verdade se tem denominado dessa forma, tradicionalmente, a administração pública por qualquer das suas entidades da administração direta (União, Estado e Município) e autárquicas, irrelevante o tipo de demanda em que a entidade se vê envolvida". NERY JÚNIOR, Nélson. **Princípios do Processo Civil na Constituição Federal**. São Paulo: Revista dos Tribunais, 1992, p. 48-49.

24. As empresas públicas e sociedades de economia mista que exploram atividades de natureza econômica estão inseridas no regime jurídico das empresas privados. Assim sendo, muito embora a ETC seja considerada Empresa Pública, nos termos do Decreto-lei 509/69, esta categoria em conjunto com as sociedades de economia mista não são consideradas Fazenda Pública, nem detém os seus predicamentos processuais. Há entendimento jurisprudencial de que a ETC é pessoa jurídica equiparada à Fazenda Pública, uma vez que presta serviço postal com exclusividade, vejamos: "À empresa Brasileira de Correios e Telégrafos, pessoa jurídica equiparada à Fazenda Pública, é aplicável o privilégio da impenhorabilidade de seus bens, rendas e serviços. Recepção do artigo 12 do Decreto-lei nº 509/69 e não incidência da restrição contida no artigo 173, § 1º, da Constituição Federal... (RE 220906, Relator: Min. Maurício Correa. julgado em 16/11/2000). Ainda nesse sentido são válidos os apontamentos do professor Edilson Nobre Junior: "A princípio, a locução não abrangeria as sociedades de economia mista e as empresas públicas. Não se pode olvidar que, posteriormente, o Decreto-Lei nº 4.597/42 estendeu os ditames do Decreto nº 20.910/32 às entidades paraestatais mantidas mediante impostos, taxas ou quaisquer contribuições, exigidas dos particulares com fulcro em lei federal, estadual ou municipal. Essa extensão, embora pareça, não conflita com o discrímen, gizado constitucionalmente (art. 173, § 1º, CF), entre sociedades de empresas públicas e sociedades de economia mista prestadoras de serviço público e exploradoras

Conselhos de Fiscalização Profissional[25], agências executivas ou reguladoras etc. Enfim, em processo judicial ou arbitral, a Fazenda Pública pode designar uma ampla gama de entidades[26].

Isso posto, e diante desse emaranhado de conceitos delineados pela doutrina, quais são as implicações processuais dessas concepções para fins do presente estudo? Parece-nos que é, em juízo, num procedimento extrajudicial, processo judicial ou arbitral, que o Estado se manifesta como Fazenda Pública.

1.2. A FAZENDA PÚBLICA E A DEFESA DOS SEUS INTERESSES PATRIMONIAIS

No momento em que o fisco (*fiscus*), patrimônio do Imperador, diferenciou-se do erário (*aerarium*), patrimônio do Estado, e começaram a ser criadas as instituições organizadas do Estado-Administração, surgiu a necessidade de promover a sua defesa em juízo[27].

Salvará Scoca noticia que a representação processual do fisco ficava a cargo dos "procuradores *ceasaris*". Posteriormente, o imperador romano Adriano (73-138 d.C), com ideais de bem-estar fiscal e econômico do Império, instituiu os "advogados ficais" (*advocati fisci*) ou "patronos fiscais" (*patroni fisci*). No império seguinte, de Antonio Pio (138-161 d.C), esses profissionais dividiram-se em duas categorias: alguns nomeados e pagos pelo imperador e outros sem uma

---

de atividade econômica, segundo o qual estas últimas possuem regime obrigacional próprio, idêntico ao aplicável aos particulares, mesclado por derrogações expressas encetadas por normas publicísticas " NOBRE JUNIOR, Edilson Pereira. **Prescrição: decretação de ofício em favor da fazenda pública**. Revista de informação legislativa, v. 34, n. 136, p. 167.

25. CARVALHO FILHO, José dos Santos. **O Estado em juízo no novo CPC**. São Paulo: Atlas, 2016, p. 5. Cf. ainda BRASIL. Supremo Tribunal Federal. RE 938837, Relator(a): Min. Edson Fachin, Relator(a) p/ Acórdão: Min. Marco Aurélio, Tribunal Pleno, julgado em 19/04/2017.

26. A doutrina que cuida do tema é ampla. Cf CARVALHO FILHO, José dos Santos. **O Estado em juízo no novo CPC**. São Paulo: Atlas, 2016, p. 104; PEREIRA, Hélio do Valle. **Manual da Fazenda Pública em juízo**. 2. Ed. Rio de Janeiro: Renovar, 2006; DINAMARCO. Cândido Rangel. **Vocabulário do Processo Civil**. São Paulo: Malheiros, 2009; PEIXOTO, Renata Cortez Vieira; PEIXOTO, Marco Aurélio Ventura. **Fazenda Pública e execução**. Salvador: Juspodium, 2018; RODRIGUES, Marco Antônio dos Santos. **A Fazenda Pública no Processo Civil**. 2. ed. São Paulo: Atlas, 2016; ASSIS, Araken de. **Processo Civil Brasileiro**. v. I. t. I (livro eletrônico). 1. ed. São Paulo: Editora Revista dos Tribunais, 2015, p. 215; CUNHA, Leonardo Carneiro da. **A Fazenda Pública em juízo**. 14. Rio de Janeiro: Forense, 2017; TEIXEIRA FILHO, Manoel Antônio. **Execução no processo do trabalho**. 8ª ed., São Paulo: LTr, 2004, p. 271 dentre outros.

27. LOSTAO, Eduardo Arbizu. **Avvocatura dello stato Asistencia, representación y defensa de la Administración en derecho italiano**. Revista de administración pública, n. 122, 1990, p. 479.

remuneração fixa, ambas ficavam encarregadas da representação e defesa do Fisco[28].

O jurista espanhol afirma ainda que, após as ideias de Charles de Montesquieu serem delineadas com afirmação do princípio da divisão de poderes, a submissão da Administração ao princípio da legalidade e a possibilidade de controle judicial das ações do Estado, tornou-se essencial a presença de profissionais especializados que atuariam interna e autonomamente dentro do Estado para representá-lo e defendê-lo nas demandas perante as cortes judiciais. Fala-se na existência de uma "*Abogacía Erarial*" ou "*Avvocatura dello Stato*". Advogados responsáveis pela defesa do patrimônio do Estado, da Fazenda Pública[29].

Nos dias atuais, a doutrina traça um paralelo das questões e dos interesses econômico-financeiros com o fato de a Administração estar em juízo, em razão de ser o erário público que poderá suportar os encargos patrimoniais da demanda[30].

No Constituição, verifica-se que o termo "Fazenda" está ligado às questões financeiras: tem-se a "administração fazendária" (art. 37, XVIII) e as Fazendas Públicas Federal, Estaduais, Distrital e Municipais (art. 100, *caput*). Dessa forma, a partir dos subsídios históricos, em conjunto com as disposições legais atuais, há certa identidade entre as expressões de Fazenda Pública, Erário e Fisco.

Explica-se que a expressão "Fazenda Pública" pode ser observada i) em sentido orgânico, como o conjunto de entidades associadas à ideia de Fisco e de Erário; ii) em sentido material, como o conjunto de bens e direitos que constitui em o Erário; e, iii) como a atividade desenvolvida por determinadas pessoas públicas na administração do Erário, na defesa de seus interesses em processos judiciais[31].

---

28. SCOCA, Salvátore. **Avvocatura dello Stato.** Nuovisimo Digesto Italiano, Turín, 1957, p. 1685.
29. Cf. SCOCA, Salvátore. **Avvocatura dello Stato**. Nuovisimo Digesto Italiano, Turín, 1957.
30. Destacamos entre todos Hely Lopes Meirelles: "O Código de Processo Civil contém regras especiais para execução contra a fazenda pública e pagamentos na ordem de apresentação do precatório e à conta do respectivo crédito. Isto significa que caberá ao Poder Público providenciar os recursos necessários à execução, que se realiza sem penhora de qualquer bem público". **Direito administrativo brasileiro.** 42 ed. São Paulo: Malheiros, 2016, p. 661.
31. "Em todas essas perspectivas, há uma unidade: a palavra Fazenda, a significar o conjunto de direitos e bens relativos as finanças, bem coma a organização que as administra. E o adjetivo Pública acrescenta especifica qualidade ao substantivo Fazenda, modificando-o, distinguindo-o e, assim, tornando-o determinado para o escopo normativo. Em outras palavras, a expressão constitucional positivada a propósito do regime de precatórios refere-se exclusivamente a Fazenda Pública,

Nas palavras de Cândido Rangel Dinamarco, a Fazenda Pública "é a personificação do Estado, especialmente consideradas as implicações patrimoniais das relações jurídicas ou financeiras das quais se envolve"[32].

Na arbitragem, como se verá, estão em jogo direitos patrimoniais disponíveis (Lei 9.307/96, art. 1°). São claras as implicações econômicas do conflito. É o dinheiro público (erário) que está em questão e isso não é pouco. Conforme bem aponta a doutrina, em condenações pecuniárias contrárias à "Fazenda Pública", entra em evidência o patrimônio público, os recursos financeiros do erário – todos esses, ou em sua maioria – advindos os impostos pagos pela população[33].

O fato de haver capital público envolvido no processo de arbitragem impõe uma série de cautelas tanto no âmbito acadêmico quanto no pragmático. É inegável que a Administração Pública está autorizada a fazer uso da arbitragem para dirimir seus conflitos, mas não sem observar todas as consequências que isso pode ocasionar e tampouco sem atentar para as prescrições legais. Tanto é assim que, por décadas, essa possibilidade foi negada e até hoje encontra embasadas críticas[34].

---

aquele conjunto de sujeitos, bens e haveres distinguidos e circunscritos por serem públicas". MOREIRA, Egon Bockmann. **Precatórios: o seu regime jurídico: a visão do direito financeiro, integrada ao direito tributário e econômico**. São Paulo: Editora Revista dos Tribunais, 2017, p. 57.

32. Leonardo Carneiro da cunha aprofunda ainda mais, vejamos: "A expressão Fazenda Pública identifica-se tradicionalmente como a área da Administração Pública que trata da gestão das finanças, bem como da fixação e implementação de políticas econômicas. Em outras palavras, **Fazenda Pública é expressão que se relaciona com as finanças estatais, estando imbricada com o termo Erário, representando o aspecto financeiro do ente público.** Não é por acaso a utilização, com frequência, da terminologia Ministério da Fazenda ou Secretaria da Fazenda para designar, respectivamente, o órgão despersonalizado da União ou do Estado responsável pela política econômica desenvolvida pelo Governo." (grifo nosso) CUNHA, Leonardo Carneiro da. **A Fazenda Pública em juízo.** 14. Rio de Janeiro: Forense, 2017, p. 1-4.

33. ASSIS, Araken de. **Processo Civil Brasileiro.** v. I. t. I (livro eletrônico). 1. ed. São Paulo: Editora Revista dos Tribunais, 2015, p. 26.

34. Cf. "Ocorre que, consoante, pensamentos, o juízo arbitral, nos termos da Lei 9.307, de 23.9.96, estaria, com a vênia devida daqueles que pensam ao contrário, absolutamente descartados. (...) Porque [a arbitragem] destinasse aos direitos indisponíveis, portanto, não poderia servir para dirimir questões em que está envolvido o interesse público". FIGUEREDO, Lúcia Valle. **Curso de Direito Administrativo**. São Paulo. Malheiros Editores. 1988. p. 92; Ainda segundo Celso Antônio Bandeira de Melo "Não é aceitável perante a Constituição que particulares árbitros, possam solver contendas nas quais estejam em causa interesses concernentes a serviços públicos, os quais não se constituem em bens disponíveis, mais indisponíveis, coisas *extra commercium*. Tudo que diz respeito ao serviço público, portanto - condições de prestação, instrumentos jurídicos compostos em vista desse desiderato, recursos necessários para bem desempenhá-los, comprometimento destes mesmo recursos -, é questão que ultrapassa por completo o âmbito decisório de

A "Fazenda Pública" é o vocábulo consagrado no estudo do Direito Processual. Aliás, a legislação, os tribunais e a doutrina utilizam tal expressão com razoável regularidade, sendo esse o termo mais apropriado para temas que envolvem a atuação contenciosa e resolutiva do Estado.

Por fim, cabe registrar, que a "Fazenda Pública", na arbitragem, atua na defesa de seus interesses patrimoniais. Na arbitragem, a Fazenda despe-se de suas prerrogativas, entra em uma órbita privada de resolução de conflitos, assemelhando-se, assim, com um particular[35-36].

1.3. ADMINISTRAÇÃO PÚBLICA E ARBITRAGEM: TUTELA ARBITRAL DO INTERESSE PÚBLICO

Após a reforma de 2015, expressamente ficou previsto que a Administração Pública direta e indireta poderá utilizar-se da arbitragem para dirimir conflitos relativos a direitos patrimoniais disponíveis (LArb, art, 1º §1 º). Um dos responsáveis pela reforma chegou a destacar que "a Administração Pública não poderia ficar imune a esta tendência, de modo que precisa se preparar para participar de todos estes novas mecanismos, entre os quais avulta a arbitragem"[37].

Realmente, a ampliação do uso da arbitragem a fez chegar em horizontes até então desconhecidos e superar ortodoxas proibições[38].

particulares. Envolvem interesses de elevada estatura, pertinentes à Sociedade como um todo; e, bem por isto, quando suscitar algum quadro conflitivo entre as partes, só pode ser soluto pelo Poder Judiciário. Permitir que simples árbitros disponham sobre matéria litigiosa que circunde um serviço público que esteja, destarte, com ele imbricada ofenderia o papel constitucional do serviço público e a própria dignidade que o envolve". MELO, Celso Antônio Bandeira de. **Curso de Direito Administrativo**. 26. ed. São Paulo: Malheiros, 2009. p.783.

35. Cf. BUENO, Cassio Scarpinella; SUNDFELD, Carlos Ari. **Direito processual público: a fazenda pública em juízo**. São Paulo: Malheiros, 2000; DINAMARCO. Cândido Rangel. **Vocabulário do Processo Civil**. São Paulo: Malheiros, 2009, p. 2009, p. 148.

36. CARVALHO FILHO, José dos Santos. **O Estado em juízo no novo CPC**. São Paulo: Atlas, 2016, p.104.

37. CARMONA, Carlos Alberto. **Arbitragem e administração pública - primeiras reflexões sobre a arbitragem envolvendo a administração pública**. Revista Brasileira de Arbitragem n. 51.Curitiba: Comitê Brasileiro de Arbitragem, 2016, p. 8.

38. O Tribunal de Contas da União protagonizou inúmeras decisões nesse sentido: "Sem autorização legislativa, não pode a autarquia celebrar compromisso arbitral para resolução de pendências sobre o contrato, mediante juízo arbitral [...] De outro lado, admitir-se a utilização de juízo arbitral em contratos administrativos seria, para nós afrontar uma séria de princípios de direito público, dentre os quais se avultam: a) o da supremacia do interesse público sobre o interesse privado; b) o da indisponibilidade do interesse público pela Administração; c) o da inalienabilidade dos direitos concernentes a interesse público"; TCU, DOU, 04 ago. 1993, **Acórdão 286/93**, Plenário, Rel. Min. Homero Santos. Entidade> Companhia Hidroelétrica do São Francisco. Vinculação:

Além dos conflitos entre particulares de natureza estritamente comercial, passou-se a resolver questões de direito público. Conforme destaca Gustavo Justino "muitos são os desafios para se conhecer a extensão e a intensidade da publicidade nos processos arbitrais envolvendo o Poder Público. Há parâmetros internacionais, transnacionais e de direito estrangeiro que poderão servir de referência para o contexto brasileiro"[39].

Ao contrário de outros sistemas que aderem a jurisdição bipartida (administrativa e jurisdicional) o Brasil possui a jurisdição uma: a jurisdição civil engloba toda as matérias não penais, seja de direito público ou privado. Assim, nas causas da Fazenda Pública, o processo civil alberga as demandas relativas ao direito financeiro, econômico, tributário, administrativo, dentre outras[40]. Buscou-se desenvolver o sistema processual precisa alinhado às peculiaridades e especificidades da Administração Pública, exteriorizando mecanismos adequados para garantir o que determina o direito material[41].

A doutrina explica que tanto pelas características institucionais da Fazenda Pública quanto pela natureza das demandas em que está envolvida, o legislador preocupou-se em adaptar o processo ao seu regime jurídico; em deferência a essas peculiaridades o procedimento

---

Ministério de Minas e Energia. Interessado: Deputado Federal Paulino Cícero, Ministro de Estado de Minas e Energia. "Entendo estar devidamente caracterizada a natureza pública dos contratos aqui tratados. Desta feita, a aplicação aqui da cláusula de compromisso arbitral encontra um óbice intransponível, qual seja a ausência de autorização legal. O fato de a outras modalidades de contratos administrativos ser possibilitada a inclusão de cláusula de arbitragem, tal como previsto no inciso X do art. 43 da Lei 9.478/1997 não permite a extensão por analogia desses dispositivos às avenças aqui tratadas. A Administração é regida pelo Princípio da Legalidade e a arbitragem é cláusula de exceção à regra de submissão dos conflitos ao Poder Judiciário, somente podendo ser aplicada com expressa autorização legal" CU, DOU 17 mar. 2006, **Acórdão 537/05**, Segunda Câmara, Rel. Min. Walton Alencar Rodrigues.

39. OLIVEIRA, Gustavo Henrique Justino de. **Arbitragem com o Poder Público: da confidencialidade à publicidade e transparência do procedimento arbitral, à luz da lei Federal 13.129/15**. Migalhas, 2015.

40. SALLES, Carlos Alberto. **Processo Civil de interesse público: uma nova perspectiva metodolígica**. In BUENO, Cassio Scarpinella Bueno; SUNFIELD, Carlos Ari. Direito Processual Público: a fazenda pública em juízo. São Paulo: Malheiros, 2003, p. 62-63.

41. Conforme afirma Eduardo Talamini explica em artigo específico: "O processo, o direito processual, deve refletir fielmente os desígnios do direito material. Não cabe ao processo criar nem diminuir direitos. O processo é instrumento do direito material, de modo que regras e princípios processuais jamais podem ser utilizados para adulterar ou distorcer os resultados que adviriam se não estivesse sendo necessária a tramitação de um processo". Em **A (in)disponibilidade do interesse público: consequências processuais (composições em juízo, prerrogativas processuais, arbitragem, negócios processuais e ação monitória) - versão atualizada para o CPC/2015**. In: Hermes Zaneti Jr; Trícia Navarro Xavier Cabral. (Org.). Justiça multiportas: mediação, conciliação, arbitragem e outros meios de solução adequada de conflitos. Salvador: Editora Juspodivm, 2016, v. 9, p. 261.

passa ajustes e adequações, e assim, amoldando-se ao regime de direito público. Há aqui uma evidente repercussão do direito material no direito processual seja ele arbitral ou judicial.[42]

Dito isto, cabe aqui apontar, ainda que de forma breve, e sem perder o escopo do trabalho, o que se entende por *interesse público* para posteriormente analisar sua influência na arbitragem a partir da premissa acima delineada.

O referencial que seguiremos é o proposto pelos administrativistas contemporâneos José dos Santos Carvalho Filho, Maria Sylvia di Pietro, Celso Bandeira de Mello, e Marçal Justen Filho uma vez que todos eles seguem uma linha complementar sobre o tema, não havendo, dessa forma, dissonâncias teóricas entre si. Explanaremos, agora, o referencial escolhido.

Conforme orienta José dos Santos Carvalho Filho, o interesse público é um princípio administrativo reconhecido, o titular da coisa pública é a coletividade, conquanto não seja detentor dos bens e interesses públicos e sim gestor destes, cabe a Administração e seus agentes conservá-los e gerí-los em prol da sociedade. Aponta ainda que "a Administração não tem a livre disposição dos bens e interesses públicos, porque atua em nome de terceiros. Por essa razão é que os bens públicos só podem ser alienados na forma em que a lei dispuser"[43].

Maria Sylvia di Pietro, por sua vez, ensina-nos que o Estado deve atender ao interesse público e ao bem-estar coletivo. "Substituiu-se a ideia do homem como fim único do direito pelo princípio que hoje serve de fundamento e vincula a Administração em todas as suas decisões: o de que os interesses públicos têm supremacia sobre os individuais"[44]. A atuação administrativa é, assim, direcionada sempre ao benefício da coletividade.

Complementando, o professor Celso Bandeira de Mello explica que a supremacia do interesse público, bem como a sua indisponibilidade, decorre do regime jurídico de direito público em que a Ad-

---

42. PEREIRA, Hélio do Valle. **Manual da Fazenda Pública em juízo**. 2. ed. Rio de Janeiro: Renovar, 2006, p. 17.
43. CARVALHO FILHO, José dos Santos. **Manual de Direito Administrativo**. 31 ed. São Paulo: Atlas, 2017, p. 20.
44. DI PIETRO, Maria Sylvia Zanella. **Direito administrativo**. 27 ed. São Paulo: Atlas, 2014, p. 66.

ministração Pública está inserida[45]. O referido autor faz ainda uma ressalva importante: muito embora a titularidade da coisa pública pertença à coletividade, o interesse público não é a somatória de interesses individuais, é, na verdade, "a dimensão pública dos interesses individuais, dos interesses de cada individuo enquanto partícipe da sociedade"[46]. O interesse público é, nesse sentido, o ideário a ser buscado pela Administração e o instituto orientador da atividade pública.

Para Marçal Justen Filho "a indisponibilidade do interesse público não se confunde com a disponibilidade dos direitos subjetivos concretamente atribuídos à Administração Público. A indisponibilidade do interesse público significa que os fins últimos que justificam a existência do Estado se constituem em balizas insuperáveis, que não podem ser objeto de renúncia, transação ou alienação. Mas o ordenamento jurídico atribui a todos os sujeitos, inclusive ao Estado (em suas diversas manifestações) posições jurídicas concretas, que se traduzem inclusive na titularidade de bens e de direitos subjetivos. Esses bens e direitos subjetivos comportam renúncia, transação e alienação, desde que respeitados os limites determinados pela própria ordem jurídica". Ainda conforme o a autor "o efeito prático é a confusão entre o interesse público e os direitos subjetivos. Isso conduz a afirmativas que não refletem adequadamente o direito positivo existen-

45. Acerca da concepção de regime jurídico administrativo, a doutrina preleciona que "Administração Pública possui prerrogativas ou privilégios, desconhecidos na esfera do direito privado, tais como a auto-executoriedade, a autotutela, o poder de expropriar, o de requisitar bens e serviços, o de ocupar temporariamente o imóvel alheio, o de instituir servidão, o de aplicar sanções administrativas, o de alterar e rescindir unilateralmente os contratos, o de impor medidas de polícia. Goza, ainda, de determinados privilégios como a imunidade tributária, prazos dilatados em juízo, juízo privativo, processo especial de execução, presunção de veracidade de seus atos. Mas, ao lado das prerrogativas, existem determinadas restrições a que está sujeita a Administração, sob pena de nulidade do ato administrativo e, em alguns casos, até mesmo de responsabilização da autoridade que o editou. Dentre tais restrições, citem-se a observância da finalidade pública, bem como os princípios da moralidade administrativa e da legalidade, a obrigatoriedade de dar publicidade aos atos administrativos e, como decorrência dos mesmos, a sujeição à realização de concursos para seleção de pessoal e de concorrência pública para a elaboração de acordos com particulares. Ao mesmo tempo em que as prerrogativas colocam a Administração em posição de supremacia perante o particular, sempre com o objetivo de atingir o benefício da coletividade, as restrições a que está sujeita limitam a sua atividade a determinados fins e princípios que, se não observados, implicam desvio de poder e consequente nulidade dos atos da Administração. O conjunto das prerrogativas e restrições a que está sujeita a Administração e que não se encontram nas relações entre particulares constitui o **regime jurídico administrativo**. (grifos originais). DI PIETRO, Maria Sylvia Zanella. Direito administrativo. 27. ed. São Paulo: Atlas, 2014, p.62-63.

46. MELLO, Celso Antonio Bandeira de. **Curso de Direito Administrativo**. 26 ed. São Paulo: Malheiros, 2009, p. 58.

te. Assim, por exemplo, a indisponibilidade do interesse público não significa a vedação à alienação de bens públicos, a solução por meio de arbitragem de litígios versando sobre direitos patrimoniais disponíveis nem a renúncia pela Administração Pública a seus créditos"[47].

Dito isso, podemos obtemperar que, diante da pluralidade de situações que envolvem o Estado na relação com particulares, não há um interesse público, mas *um conjunto de interesses públicos* que devem orientar as decisões da Administração e toda a sua atuação[48].

A atuação administrativa é, assim, direcionada sempre ao benefício da coletividade. Por consequência, o interesse público é o ideário a ser buscado pela Administração e o instituto orientador da atividade pública. A supremacia desse interesse público sobre o interesse privado fundamenta todo o quadro de prerrogativas em âmbito material e processual do Estado; integra o núcleo duro do regime de direito público ou regime jurídico-administrativo. Ocorre que a realidade que trouxe as bases para o direito público no século passado não são as mesmas vivenciadas na atualidade[49].

---

47. "A controvérsia sobre o cabimento da arbitragem em contratações administrativas foi influenciada por uma confusão terminológica. Tradicionalmente, reconhece-se que o interesse público não é disponível. Mas a expressão "interesse público", utilizada em tais hipóteses, não se confunde com direitos subjetivos de titularidade da Administração Pública. No âmbito do direito administrativo, o "interesse público" é um conceito específico, relacionado com os fins últimos que justificam a existência do Estado. Apresenta um sentido próximo a Bem Comum. Considerando a questão sob esse enfoque, a indisponibilidade do interesse público significa a vedação à busca pelo agente administrativo de qualquer finalidade distinta do interesse coletivo. Daí não se segue que todos os direitos subjetivos atribuídos ao Estado sejam indisponíveis. O Estado é investido da titularidade de bens e de direitos de dimensão patrimonial, que podem ser objeto de alienação, renúncia e disposição. A arbitragem não envolve o comprometimento da Administração Pública com a realização do interesse público, mas se refere a litígios que versam sobre o relacionamento jurídico com terceiros, tendo por objeto direitos subjetivos de natureza patrimonial". JUSTEN FILHO, Marçal. **Comentários à Lei de Licitações e Contratos Administrativos: Lei 8.666/1993**. 3. ed. São Paulo: Thomson Reuters Brasil, 2019.
48. Nesse particular, Marcos Antônio Rodrigues aponta que "Por isso, pode-se afirmar que o interesse público não pode ser tido a priori abstratamente como um sinônimo de razões do Estado, ou de interesse coletivo, porque isso seria até mesmo um conceito vazio. Com efeito, o interesse público corresponde as tarefas constitucionais e infraconstitucionais atribuídas ao Estado, não só em favor da coletividade, mas também aos membros do todo individualmente. Assim sendo, **é mais adequado falar em interesses públicos**, tendo em vista que se está diante de diversos objetivos a serem cumpridos. Ademais, cumpre anotar que pode ser que nas situações concretas pode até mesmo haver interesses públicos conflitantes a atingir, como interesses de grupos sociais distintos (grifo nosso). In **A Fazenda Pública no processo civil**. 2 ed. São Paulo: Atlas, 2016, p. 9 ; Cf MEDEUAR, Odete. **Direito Administrativo em evolução**. 2 ed. São Paulo: Malheiros, 2003, p. 189.
49. RODRIGUES, Marco Antonio. In **A Fazenda Pública no processo civil**. 2 ed. São Paulo: Atlas, 2016, p. 16.

Compreende-se, atualmente, que não há uma supremacia ou sobreposição de interesses, mas uma coexistência de direitos. A supremacia do interesse público se presta à derrogação ou eliminação da pluralidade de interesses privados juridicamente tuteláveis. Essa prerrogativa não significa "supremacia do interesse estatal" nem pode legitimar autoritarismos dos agentes públicos. Em muitos casos, os administradores em âmbito judicial e administrativo vêm desvirtuando o princípio e direcionando-o em seu próprio benefício, "tem se aproveitado dessa 'supremacia', para, com base nela, justificar todos os seus atos, ocorrendo, assim, uma banalização"[50].

O descompasso da concepção de interesse público possibilita uma atuação administrativa privada para justificar atos que interessam somente às autoridades e servidores políticos e interesses partidários institucionais. De fato, é corriqueiro que autoridades governamentais embasem seus atos no interesse público para se imunizarem de eventual controle e se imiscuírem em assuntos privados quando. Nesses casos, há mais interesse particular ou político do agente que de interesse público voltado a atender a sociedade[51].

Na atual conjuntura socioeconômica o interesse público e o interesse privado encontram-se igualmente resguardados. É preciso compreender que a Constituição e boa parte das leis regem uma realidade nova. Procura-se compatibilização, um acoplamento estrutural em que o interesse privado esteja inserido nos fins do Estado, uma vez que além de proteger e respeitar os interesses sociedade este exerce atividades de natureza privada que ao fim e ao cabo não busca melhor atender o público. Realmente, a proteção de um interesse privado pode representar a realização de um interesse público, sem que se elimine este em prol da subsistência daquele, devendo ambos ser adaptados em algum nível, ambos podem coexistir sem qualquer desrespeito à Constituição e seus princípios.

A privatização de determinado setores, a globalização dos mercados, a internacionalização das relações e outros fatores fizeram com

50. 50 TIBURCIO, Carmen; PIRES, Thiago Magalhães. Arbitragem envolvendo a Administração Pública: Notas sobre as alterações introduzidas pela Lei 13.129/2015. Revista de Processo, v. 254. São Paulo Revista dos Tribunais, 2016.

51. Haroldo de Araújo Lourenço da. **Uma (Re)leitura do poder público em juízo à luz das legislações processuais brasileiras.** Tese de Doutorado em Direito. Universidade Estácio de Sá. Rio de Janeiro, 2017, p. 29.

que as instituições do Estado, as empresas estatais, as companhias públicas e a própria Administração Direta atualmente busquem e disputem o capital privado nacional e internacional, sobretudo nas áreas da infraestrutura, empresarial agronegócio, energia, robótica e comércio exterior. Não se descarta, contudo, que existem matérias públicas sensíveis e que demandam uma prevalência dos interesses públicos (desapropriação, ação civil pública, improbidade administrativa, etc). O que pretende estabelecer este trabalho é uma linha de equilíbrio, dissipando o generalismo exacerbado que se incutiu no direito brasileiro de que há dogma imutável e irrefutável de que todo e qualquer interesse público sobrepõe-se sobre o particular.

Ao bem da verdade, "na qualidade de quem gera interesses e direitos que não lhe pertencem, o administrador não pode dispor sobre eles; quem decide é o legislador, a quem compete a definição primária do interesse público". A lei pode tornar disponível o que até então era indisponível diante da mudança de conjuntura e contexto socioeconômico do Estado. Dessa forma, a conclusão não pode ser outra se "a lei define a medida da indisponibilidade; havendo autorização legal, não há que se falar, em princípio, em indevida disposição de um interesse público"[52].

O Estado deve ponderar suas escolhas e alocar os seus recursos humanos, instrumentais e financeiros observando a peculiaridade de cada demanda. Também é decorrente da pluralidade de interesses públicos que o direito processual deve fornecer mecanismos específicos para atender a cada tipo de tutela pretendida. Não há, portanto, um esquema processual pronto e estanque, mas tutelas próprias, adequadas a cada situação concreta. Ademais, é preciso ter em mente que, nas demandas em que está envolvida a Fazenda Pública, o direito material em questão tem o *plus* do interesse público.

De fato, a multiplicidade de situações abarcadas pelo direito material coincide, ou aos menos precisa coincidir, com a variedade de meios procedimentais compatíveis a dar-lhes solução efetiva em caso de violação ou inobservância, assim os diferentes provimentos jurisdicionais, portadores de processos e procedimentos diferenciados

52. TIBURCIO, Carmen; PIRES, Thiago Magalhães. **Arbitragem envolvendo a Administração Pública: Notas sobre as alterações introduzidas pela Lei 13.129/2015**. Revista de Processo, v. 254. São Paulo Revista dos Tribunais, 2016.

em conformidade com as necessidades da específica tutela a amparar, procedem a inevitável necessidade de realizar escolhas adequadas ao ingressar em juízo[53].

Nesse sentido Carlos Alberto Salles afirma que "tão importante quanto a definição do interesse público, portanto, é saber quais entidades apresentam o processo decisório mais apropriado para a consecução de determinado objetivo social presente em uma dada situação de fato". Realmente, a indisponibilidade do interesse público não implica que o Estado não possa ou não deva submeter seus conflitos à arbitragem[54]. É possível, portanto, observar o interesse público sob uma dimensão processual – seja em âmbito judicial ou arbitral –, enquanto garantia estabelecida para atender aos interesses coletivos. A realização do interesse público não exige de cada cidadão uma autorização ou um consenso unânime, mas deve ser capaz de servir a uma grande variedade de necessidades potencialmente harmonizáveis[55].

A atuação jurisdicional em demandas cujo objeto é a coisa pública deve acompanhar os interesses públicos os quais guardam estreita relação com a prestação de serviços de justiça e na oferta de resultados satisfatórios quanto à tensão de direito material posto à sua tutela[56]. Por certo que o sistema processual atua "no interesse público existente em torno da solução mais justa e eficiente do litígio à luz da cláusula constitucional do devido processo legal, ainda que indireta, imediata e derivadamente prestigiem o interesse particular"[57].

A concepção processual do interesse público coloca em realce a necessidade de que qualquer decisão jurisdicional seja fruto do uso de técnicas congruentes e aptas a viabilizar e materializar o que a so-

53. DINAMARCO, Cândido Rangel. **Instituições de Direito Processual Civil**, v. 1. 8 ed. São Paulo: Malheiros, 2016, p. 24 e 262.

54. SALLES, Carlos Alberto. **Processo Civil de interesse público: uma nova perspectiva metodológica.** In BUENO, Cassio Scarpinella Bueno; SUNFIELD, Carlos Ari. Direito Processual Público: a fazenda pública em juízo. São Paulo: Malheiros, 2003, p. 56.

55. SALLES, Carlos Alberto. **Processo Civil de interesse público: uma nova perspectiva metodolígica.** In BUENO, Cassio Scarpinella Bueno; SUNFIELD, Carlos Ari. Direito Processual Público: a fazenda pública em juízo. São Paulo: Malheiros, 2003, p. 55.

56. APRIGLIANO, Ricardo de Carvalho. **Ordem pública e processo**. São Paulo: Atlas, 2011, p. 67-68.

57. SICA, Heitor Vitor Mendonça. **Preclusão processual**. São Paulo: Atlas, 2006, p. 75.

ciedade considera legítimo. Uma decisão conduzida aos resultados selecionados pela coletividade[58].

Não se está a afirmar que a instância jurisdicional deva substituir as demais instâncias de decisão da sociedade, detendo, com isso, o monopólio na definição do interesse público. Não é a via jurisdicional, por exemplo, a mais tecnicamente capacitada e socialmente legítima para definir-se sobre o provisionamento e aplicação das verbas públicas. Não cabe ao Judiciário a função de gerir a coisa pública. O processo jurisdicional, contudo, e em algumas oportunidades, apresenta-se como a instituição mais habilitada "para decidir sobre o interesse público em determinadas situações, notadamente naquelas nas quais, por falhas de outros processos decisórios envolvidos, ocorra uma desconsideração daqueles parâmetros básicos de sua formação"[59].

Esse tipo de atuação do sistema de solução de conflitos implica em novos estímulos que demandam novas respostas e decorre da conjuntura da sociedade e do novo perfil que é exigido da Administração Pública. É necessário que um modelo procedimental apresente soluções para os diferentes tipos de conflito que tem enfrentado, uma vez que não é possível ter resultados diferentes mantendo a mesma uma postura ou com modelos rígidos e pré-fabricados. Demanda-se um processo efetivo[60].

É nesse contexto que a arbitragem se insere. É possível que o interesse público de natureza patrimonial disponível seja observado

58. SALLES, Carlos Alberto. **Processo Civil de interesse público: uma nova perspectiva metodolígica**. In BUENO, Cassio Scarpinella Bueno; SUNFIELD, Carlos Ari. Direito Processual Público: a fazenda pública em juízo. São Paulo: Malheiros, 2003, p. 56.

59. SALLES, Carlos Alberto. **Processo Civil de interesse público: uma nova perspectiva metodológica**. In BUENO, Cassio Scarpinella Bueno; SUNFIELD, Carlos Ari. Direito Processual Público: a fazenda pública em juízo. São Paulo: Malheiros, 2003, 60.

60. Não se adentrará nas nuances do que seja processo um efetivo. De toda forma destaca-se na doutrina a lição de Araken de Assis: "estabeleceu-se na doutrina brasileira profícuo ideário para a campanha da efetividade, compreendendo os seguintes itens: a) o processo deve dispor de instrumentos de tutela adequados, na medida do possível, a todos os direitos (e outras posições jurídicas de vantagem) de cuja preservação ou reintegração se cogita, inclusive quando indeterminado ou indeterminável o círculo dos eventos sujeitos; b) impende assegurar condições propícias à exata e completa reconstituição dos fatos relevantes, a fim de que o convencimento do julgador corresponda, tanto quanto puder, à realidade; c) em toda a extensão da possibilidade prática, o resultado do processo há de ser tal que assegure à parte vitoriosa o gozo pleno da específica utilidade a que faz jus segundo o ordenamento; e) cumpre que se possa atingir semelhante resultado com o mínimo dispêndio de tempo e energias. In **Processo Civil Brasileiro**, v. 1. São Paulo: Editora Revista dos Tribunais, 2015, p. 30 (e-book).

através de soluções adequadas para os conflitos que a Fazenda Pública enfrenta diariamente.

1.4. O MODELO MULTIPORTAS E A FAZENDA PÚBLICA

As antigas estruturas sociais estão se desvanecendo. Experimentamos transições e as práticas sociais desenvolvem suas atividades longe do arranjo estatal[61].

Nações, grupos, companhias e indivíduos tentaram administrar conflitos a fim de minimizar os efeitos deletérios que podem causar. Conflito é inerente à interação social em todas as situações em que dois ou mais sujeitos, ou grupos de sujeitos, percebem que seus interesses se opõem, uma vez que nem sempre é possível atender às necessidades e desejos de todos. Nesse sentido, a Constituição de 1988 instaurou no Brasil um ambiente mais democrático e participativo: garantiu-se amplo e gratuito acesso ao Judiciário, a ser demandado pela maioria da população brasileira, como nunca ocorrera.

A expansão do contencioso teve efeito imediato: a procura tornou-se maior que a oferta, ofereceu-se um serviço público sem qualquer estrutura para prestá-lo: "se, de um lado, o Poder Judiciário nunca teve tanta visibilidade para a população, por outro, a qualidade dos serviços prestados decaiu muito, especialmente por falta de estrutura material ou de pessoal"[62]. Some-se isso ao fato de que, além de prestar a tutela jurisdicional de forma ampla, o Estado deveria fazê-la de forma célere (EC n.45/2004), sob pena de condenar à inefetividade os processos judiciais postos a sua apreciação.

A intenção do legislador foi boa. A participação do cidadão "constitui postulado inafastável da democracia e o processo é em si mesmo democrático e, portanto, participativo, sob pena de não ser

61. "Por operar sob a forma de redes formais e informais de interesses envolvidos um número variável de atores empresariais com distintos graus de influência e poder, preocupados apenas em negociar acordos específicos sobre matérias determinadas, esta ordem tende a transcender os limites dos controles do Estado, a substituir a política pelo mercado como instância máxima de regulação social, a adotar as regras flexíveis da lex mercatória no lugar das normas de direito positivo, a condicionar cada vez mais o princípio do *pacta sunt servanda* à cláusulas *rebus sic standibus*, a trocar a adjudicação pela mediação e pela arbitragem na resolução de dos conflitos e pôr em xeque a distinção clássica entre o público e o privado" FARIA, José Eduardo. **O Direito na Economia Globalizada.** São Paulo: Malheiros, 2004.

62. SALOMÃO, Luis Felipe. **O marco regulatório para a mediação no Brasil**. Rio de Janeiro: JC, n. 179, p. 36, jul. 2015.

legítimo"[63], no entanto, sem ordenação e adequação, a proposta de acesso à jurisdição não se concretiza, torna-se apenas um ideal, uma promessa vazia e provocadora de ainda mais conflitos.

O caos não é um abismo, é uma escada[64]. A necessidade é que provoca a solução. Foi assim durante toda a história da civilização humana e na seara da solução de conflitos não podia ser diferente. A antiga resistência dos setores mais conservadores do mundo jurídico foi, pouco a pouco, sendo superada e, a partir dos problemas decorrentes da atomização dos conflitos, surgiu o interesse por adoção de alternativas ao processo convencional.

Os conflitos são reflexos da interação humana e da atuação administrativa. A sociedade e o Estado devem aprender a gerenciá-los, a lidar com essas questões de modo a impedir uma beligerância generalizada. Como veremos, atualmente, existem novos tipos de conflitos que não podem ser tratados utilizando métodos velhos. Ao jurista, cabe propor ideias novas, criativas, desenhar e propor alternativas para resolvê-los. Não é possível conseguir resultados diferentes por meio dos mesmos métodos.

Passaram-se mais de trinta anos desde a promulgação da Carta Política. Temos leis e instituições do Século XX regrando necessidades e conflitos do Século XXI. Mudanças de comportamento vêm surgindo abruptamente, o país experimenta, dia a dia, experiências novas no campo político e econômico, recebe influxos internacionais e o sistema de trocas e relações supera as barreiras da distância e do tempo. É até obvio afirmar que a sociedade se transformou. Cabe a nós refletir e ponderar: o direito processual civil acompanhou essas mudanças? As maneiras de solucionar disputas devem ser as mesmas?

A sociedade tornou-se plural, e experimentamos, dia a dia, mudanças profundas nas relações. Surgiram vínculos instantâneos entre particulares que, na maioria das vezes, são multiformes e sem fronteiras. O Estado brasileiro que segue o modelo econômico capitalista também ampliou sua atividade.

63. DINAMARCO, Candido Rangel. **Instrumentalidade do processo**, 13 ed. São Paulo: Malheiros, 2013. p. 157.

64. Frase dita por Lorde Petyr "Littlefinger" Baelish no sexto episódio da terceira temporada de Game of Thrones.

A privatização de órgãos, a globalização dos mercados, a internacionalização das relações e outros fatores fizeram com que as instituições do Estado – as empresas estatais, as companhias públicas e a própria administração direta – busquem e disputem o capital privado interno e internacional, sobretudo nas áreas da infraestrutura, empresarial agronegócio, energia, robótica e comércio exterior. Uma alteração considerável na sua natureza e na sua atuação no trato com entes privados.

A figura do Estado mudou. Não atua somente como um mero ordenador da sociedade, mas contrata, compra, vende, aluga, faz concessões, parcerias e exerce diversas atividades privadas. É, pois, um sujeito econômico. Assim, ao mesmo tempo em que o Estado atende às necessidades da sociedade, também atua como acionista e controlador de empresas. É provedor, mas também é empresário: "ao agir assim o Estado assumiu a função de agente propulsor do desenvolvimento econômico, atuando como verdadeiro empresário, em busca, de resultados econômicos próprios da atividade privada".

No que concerne a esse estudo, o Estado, de fato, não mais atua somente como um terceiro compositor de conflitos, ele pode ser parte, pode litigar para defender seus interesses, buscar crédito e ativos financeiros, proteger patrimônio público e garantir o cumprimento das obrigações que foram assumidas e, eventualmente, descumpridas por terceiros.

Há um consenso de que os instrumentos estatais clássicos de gerência, fiscalização e composição de disputas tornaram-se obsoletos[65]. A globalização da informação e da economia e as inovações estimuladas pela tecnologia da comunicação produziram um abalado sem antecedentes nos sistemas jurídicos tradicionais. O Estado de Direito de viés liberal, calcado no princípio da supremacia da Constituição e no equilíbrio entre os poderes e rigidez das instituições, que se propôs a assegurar a autonomia privada e as liberdades públicas, vê-se diante de um desafio cada vez maior, que é o da pacificação social.

Pacificou-se o entendimento de que determinados meios alternativos de solução de disputas devem ser interpretados como meios

65. Cf CHAGAS, Bárbara Seccato Ruis. **O tratamento adequado de conflitos no processo civil brasileiro.** Dissertação de Mestrado - Universidade Federal do Espírito Santo, 2017, p. 30.

adequados. A forma de solução deve ser específica ao caso concreto. Ao utilizar o termo "meio adequado", reconhecemos a necessidade de optar pela forma mais compatível para condução dos diferentes conflitos. Os meios adequados de solução de conflitos realmente abrangem mais do que apenas simples alternativas para a paz social, abarcam, na verdade, o melhor caminho a se seguir[66].

O acesso à jurisdição não se manifesta apenas com a facilidade no ajuizamento de uma demanda judicial, nem tampouco com o fácil acesso às estruturas forenses, mas em permitir acesso a uma solução definitiva e desenvolvida por meio de procedimento e técnicas adequadas[67].

É nesse contexto de mudança e, sobretudo, na necessidade de dar novas propostas aos conflitos, que se insere o modelo multiportas.

O *Multi-Door Courthouse* baseia-se na premissa de que cada tipo de conflito deve ser analisado de acordo com suas peculiaridades, empregando técnicas específicas para chegar à solução mais adequada possível. Há certo consenso de que não se trata mais de métodos alternativos, mas adequados para solução de conflitos.

O modelo multiportas tira a sociedade da zona do conforto do processo judicial. Estimula-se a criatividade e participação da sociedade para desconstruir um antagonismo provocado por dezenas de anos de tradicionalismo pretoriano. Essa nova proposta é uma resposta interessante para o Estado, para o mercado interno e internacional, e para a comunidade civil, uma vez que "a longa duração do processo, o seu custo global em valores tangíveis e intangíveis e a álea natural que o sistema envolve despertaram alguns nichos da socieda-

66. CARMONA, Carlos Alberto. **Arbitragem e Processo: um comentário a lei nº9.307/96**. 3. ed. São Paulo: Atlas, 2009. p.33.

67. Conforme explica Cândido Dinamarco "O direito moderno não se satisfaz com a garantia da ação como tal e por isso é que procura extrair da formal garantia desta algo de substancial e mais profundo. **O que importa não é oferecer ingresso em juízo, ou mesmo julgamento de mérito. Indispensável é que, além de reduzir os resíduos de conflitos não jurisdicionalizáveis, possa o sistema processual oferecer aos litigantes resultados justos e efetivos, capazes de reverter situações injustas.** Tal é a ideia de efetividade da tutela jurisdicional, coincidente com a plenitude do acesso à justiça e a do processo civil de resultados. DINAMARCO, Cândido Rangel. **Fundamentos do Processo Civil Moderno**. t. 2. 4. ed. São Paulo: Malheiros, 2001, p. 798 (grifo nosso).

de para a busca de meios mais racionais de se resolver uma questão concreta"[68].

Afirmar que a "popularidade" do modelo decorre tão somente da insatisfação generalizada com o sistema judiciário estatal e seu grande número de processos pendentes é a resposta mais rápida, mas não explica tudo[69]. Destacam-se quatro dos diversos motivos inter-relacionados que podem explicar esse fenômeno: i) o Poder Judiciário está sobrecarregado, consequentemente, os processos judiciais tornam-se mais demorados (podendo durar décadas), tanto pelo número de casos quanto pelas possibilidades de recursos e impugnações possíveis[70]; ii) há, atualmente, uma complexidade muito maior de problemas, consequência de uma sociedade de informação e consumo globalizados. Assim, algumas questões ainda não são analisadas como deveriam ou, simplesmente, não são abrangidas por leis específicas, fazendo com que os juízes demorem a entendê-las e julgá-las;

68. NALINI, José Renato. **É urgente construir alternativas à justiça**. in ZANETI JR, Hermes; CABRAL, Trícia Navarro Xavier. Justiça Multiportas: mediação, conciliação, arbitragem e outros meios de solução adequada para conflitos. Salvador: Juspodivm, 2016, p. 29.

69. STONE, Katherine. **Alternative Dispute Resolution**. Oxford University Press: 2004, p. 3.

70. Em processos contra a Fazenda Pública as ações costumam realmente demorar. Os limites do impossível do Judiciário brasileiro nos surpreendem a cada dia. É de se destacar, muito embora seja um caso completamente fora de curva o caso envolvendo a família Orleans e Bragança vs. Estado do Rio de Janeiro. O processo demorou mais de 120 anos para ser concluído (?) conforme se noticifou ""A "ação de força velha" (possessória) foi iniciada em 1895 pela princesa Isabel de Orleans e Bragança. O objetivo era reaver a posse do imóvel, onde ela foi morar depois do casamento com o príncipe Gastão de Orleans, o conde d'Eu. Desde então, a família Orleans e Bragança alega na Justiça que o governo brasileiro não a indenizou pela tomada do palácio. **Em 123 anos de tramitação, o caso teve muitas decisões permanecendo no arquivo do Supremo Tribunal Federal por mais de 60 anos, até que foi remetido ao antigo Tribunal Federal de Recursos, quando voltou a tramitar**. A ação reivindicatória, por sua vez, foi proposta pelos herdeiros em 1955. Nas ações, os Orleans e Bragança pediam a restituição do imóvel e o reconhecimento do domínio dos legítimos sucessores da princesa sobre ele, de forma que o palácio fosse considerado integrante do espólio da família imperial. Pediam ainda, se a Justiça entendesse ser impossível a devolução do imóvel, que a condenação fosse convertida em perdas e danos pelo seu valor atual. A Quarta Turma do Superior Tribunal de Justiça (STJ) rejeitou a pretensão dos herdeiros da família imperial brasileira de receber indenização pela tomada do Palácio Guanabara após a Proclamação da República, em 15 de novembro de 1889. A decisão ocorreu nesta quinta-feira, quando a turma julgou dois recursos especiais interpostos naquele que é considerado o mais antigo caso judicial do Brasil. Por unanimidade, o colegiado negou provimento aos recursos apresentados pelos herdeiros da princesa Isabel, que reivindicavam a posse do palácio onde hoje funciona a sede do governo do Rio de Janeiro. Prevaleceu a tese de que a família imperial possuía, até a extinção da monarquia no Brasil, o direito de habitar no palácio, mas a propriedade do imóvel sempre foi do Estado. Segundo o relator, ministro Antonio Carlos Ferreira, ficou comprovado que o imóvel era bem público destinado apenas à moradia. Para ele, o fim da monarquia fez com que as obrigações do Estado perante a família imperial fossem revogadas. "A extinção da monarquia fez cessar a destinação do imóvel de servir de moradia da família do trono. Não há mais que se falar em príncipes e princesas", destacou." (grifo nosso) Notícia disponível em < https://bit.ly/2B1e19c> acesso em 06 de dezembro de 2018.

iii) é possível não só resolver os conflitos, mas, também preveni-los, com destaque para as técnicas colaborativas e de autocomposição; iv) o modelo permite solucionar o conflito de forma completa – ir na questão de fundo, que ultrapassa as linhas da lei e pode ser, na verdade, um problema muito mais complexo[71].

A proposta realmente merece atenção e destaque. Deve-se observar e, posteriormente, escolher a forma mais apropriada de resolver conflitos. Recomenda-se que se disponibilizem facilitadores especializados para melhorar a comunicação entre as partes ou ajudá-las a descobrir suas necessidades e interesses subjacentes[72]. Conforme se explica, "o conflito, quando bem conduzido, evita a violência e pode resultar em mudanças positivas e novas oportunidades de ganho mútuo"[73]. Assim, as brigas familiares, disputas fazendárias empresariais, crises internacionais, dissidências coletivas, divergências individuais e estatais, inevitáveis e decorrentes de interação social, cada uma delas, pode ser resolvida ou amenizada por meio de mecanismos específicos.

A ideia teve como um dos pioneiros Frank Sander, que, na década de 1970, asseverou que o sistema de solução de litígios tradicionais, com destaque para o adjudicatório judiciário, deveria ser utilizado apenas para determinados tipos de demanda, sugerindo que as outras técnicas deveriam ser implantadas para se atingir resultados melhores. Assim, segundo o professor, as demandas recebidas deveriam ser analisadas, classificadas e diagnosticadas por meio de uma triagem e, posteriormente, encaminhadas para a "porta" mais apropriada. Assim, cada conflito teria seu tratamento apropriado[74]. O modelo, que se popularizou nos Estados Unidos, foi implantado nas comunidades locais, teve apoio do *American Bar Association*, estabeleceu-se como disciplina nos cursos de direito em diversas universidades americanas e, atualmente, é algo corriqueiro[75].

71. RAY, Larry; CLARE, Anne L. **The multi-door courthouse idea: building the courthouse of the future ... today**. In Ohio State Journal on Dispute Resolution. n. 1, 1985, p. 12.

72. MENKEL-MEADOW, Carrie, **What Will We Do When Adjudication Ends? A Brief Intellectual History of ADR**. UCLA Law Review, v 46, n. 7, 1997, p .1616.

73. VASCONCELOS, Carlos Eduardo de. **Mediação de conflitos e práticas restaurativas.** 5 ed. Rio de Janeiro: Forense, 2017, p. 24.

74. MOFFITT, Michael. **Before the Big Bang: The Making of an ADR Pioneer.** Negotiation Journal, v. 22, 2006, p. 437.

75. Cf. MENKEL-MEADOW, Carrie, **What Will We Do When Adjudication Ends? A Brief Intellectual History of ADR**. UCLA Law Review, v 46, n. 7, 1997.

O modelo multiportas propõe mais do que apenas simples alternativa. Indica o possível melhor caminho a se seguir em busca da solução do conflito. Ele existe para que, ao invés de ser o Poder Judiciário o espaço no qual o conflito tem início, seja esse, na verdade, mais um entre tantos outros ambientes a se procurar. Cabe ao interessado escolher o que melhor atende às suas necessidades[76]. Isso justifica a reflexão proposta por Carlos Alberto Carmona: "é razoável pensar que as controvérsias tendam a ser resolvidas, num primeiro momento, diretamente pelas partes interessadas; em caso de fracasso deste diálogo primário, recorrerão os conflitantes às fórmulas heterocompositivas". Ele conclui afirmando que "um sistema multiportas de resolução de disputas, em resumo, oferecerá aos litigantes diversos métodos, sendo necessário que o operador saiba escolher aquele mais adequado ao concreto"[77].

Uma característica marcante desse modelo é que ele tende a se desenvolver em ambientes privados e, na maioria das vezes, em um sistema de parceria entre instituições particulares e o poder público. Como bem observava José Carlos de Barbosa Moreira, "a consagração desses meios importa negar ao Estado a exclusividade do exercício, por seus órgãos judiciais, da função de compor conflito de interesses, assim tal exercício pode ser confiado - nalgumas hipóteses e sob certas condições, provavelmente com vantagem - a pessoas ou instituições estranhas aos quadros do Judiciário"[78]. De fato, tem-se aqui uma participação maior de setores da sociedade interessados em desenvolver uma cultura de paz.

No Brasil, a necessidade de desenvolver novas formas de resolver conflitos foi proposta por Kazuo Watanabe. Segundo o jurista, seria por meio de uma política pública que os jurisdicionados teriam uma solução adequada dos conflitos. Além disso, "o Judiciário Nacional estará adotando um importante filtro da litigiosidade, que ao

---

76. O articulista começa seu ensaio com uma questão interessante: "Se um paciente está doente, o médico sempre opera? Claro que não. O médico e o paciente discutem todas as soluções possíveis. Da mesma forma com o campo jurídico - para cada "doença" legal, uma variedade de opções precisam ser discutidas" RAY, Larry; CLARE, Anne L. **The multi-door courthouse idea: building the courthouse of the future ... today**. In Ohio State Journal on Dispute Resolution. n. 1, 1985, p. 8.

77. CARMONA, Carlos Alberto. **Arbitragem e Processo: um comentário à Lei 9.307/96.** São Paulo: Atlas, 2009, p. 32- 33.

78. MOREIRA, José Carlos Barbosa. **Privatização do Processo?.** Revista da EMERJ, v.1, n.3, 1998, p. 16.

contrário de barrar o acesso à justiça, assegurará aos jurisdicionados o acesso à ordem jurídica justa"[79]. A voz do professor ecoou nas instituições judiciárias, nos órgãos de classe e teve frutos.

Nesse sentido, merece particular destaque a Resolução n. 125 do Conselho Nacional de Justiça, que dispõe sobre a Política Judiciária Nacional de tratamento adequado dos conflitos de interesses no âmbito do Poder Judiciário. A concepção de mera alternatividade deu lugar à adequação de meios e instrumentos. Assim, "a adequação da tutela revela a necessidade de análise do direito material posto em causa para, a partir daí, se estruturar um processo dotado de técnicas processuais aderentes à situação levada a juízo"[80].

Dentre as motivações da diretriz, está a necessidade de o Estado, por meio dos seus órgãos, estabelecer uma política pública de tratamento adequado dos problemas jurídicos e dos conflitos de interesses, que ocorrem em larga e crescente escala na sociedade. Não somente os serviços prestados nos processos judiciais, como também os que possam sê-lo mediante outros mecanismos de solução de conflitos[81].

A proposta é fruto de uma ampla mudança de entendimento e postura: a doutrina especializada no tema cresce, estudos multidisciplinares são realizados, as instituições realizam campanha de conscientização, a legislação processual sofreu alterações, tudo com o escopo de sair da cultura da decisão e estabelecer uma cultura de solução[82]. Aliás, nos termos da própria resolução antes da solução

---

79. WATANABE, Kazuo. **Política Pública do Poder Judiciário Nacional para tratamento adequado dos conflitos de interesses**. Parecer. Disponível em < https://bit.ly/2GyFVL8> acesso em 19 de março de 2018.

80. Cf. MARINONI, Luiz Guilherme. **Novo Código de Processo Civil comentado**. 3 ed. São Paulo: Editora Revista dos Tribunais, 2017, p. 157 Conforme comentário do autor "Em outras palavras: de métodos alternativos passaram a métodos adequados, sendo daí oriunda a ideia de que o sistema encarregado de distribuir justiça não constitui um sistema que comporta apenas uma porta, contando sim com várias portas (*multi-door dispute resolution*), cada qual apropriada para um determinado tipo de litígio". p. 158.

81. Cf. AQUINO, Maria da Glória Costa Gonçalves de Sousa. **Considerações sobre a Resolução CNJ n. 125/2010: uma avaliação política da política judiciária brasileira: a solução dos conflitos de interesses?** Brasília: Conselho da Justiça Federal, Centro de Estudos Judiciários, 2017.

82. Para mais detalhes na evolução do sistema nos Cf. STIPANOWICH, Thomas. **ADR and the Vanishing Trial: The Growth and Impact of 'Alternative Dispute Resolution**. Journal of Empirical Legal Studies, v. 1, n 3, 2004; HERNANDEZ-CRESPO, Mariana. **A Dialogue between Professors Frank Sander and Mariana Hernandez Crespo Exploring the Evolution of the Multi-Door Courthouse**. Disponível em <http://bit.ly/2pniWvk> acesso em 19 de março de 2018.

mediante sentença, deve-se orientar o cidadão e oferecê-lo outros mecanismos de soluções de controvérsias.

Atualmente, e no mesmo caminho da resolução, vieram as diretrizes implantadas novo Código de Processo Civil, na Lei de Mediação e na Lei de Arbitragem.

O tratamento adequado dos conflitos faz parte das normas fundamentais do processo civil. A pacificação das relações não é encontrada apenas no ambiente judiciário, nem constitui propriedade deste ou daquele setor: "a realidade da vida mostra que direitos e obrigações nascem e extinguem-se sem qualquer interferência judicial e sem a intercessão de qualquer outro meio de pacificação ou composição"[83].

O legislador discerniu, de forma acertada, que a solução das demandas não precisa ser apenas pela via judicial. O CPC garante a inafastabilidade da jurisdição, seja por meio do Poder Judiciário ou pela arbitragem, estabelece que o Estado promoverá, sempre que possível, a solução consensual dos conflitos e que esse modelo deve ser estimulado por juízes, advogados, defensores públicos e membros do Ministério Público em qualquer fase do processo (art. 3º)[84].

O Código, atualmente, dispõe sobre a conciliação e mediação, seja nos conflitos entre particulares, seja nas demandas em que a Fazenda Pública está envolvida. É bem verdade que inseriu, em sua própria estrutura, a possibilidade de modelos autocompositivos quando, na verdade, poderia ampliar mais a atuação da iniciativa privada. Assim, no modelo estatal, tem-se formas de autocomposição induzidas, ou transação por indução. Estabeleceu-se, ainda, a criação de centros judiciários e um corpo específico de profissionais, além de programas destinados a auxiliar, orientar e estimular a autocomposição. (CPC, art. 165).

83. DINAMARCO, Candido Rangel. **Instituições de Direito Processual Civil**, v. 1. São Paulo: Malheiros, 2016. p. 227.

84. "O Novo Código de Processo Civil adota e aprofunda essas reformas para a maioria dos casos transacionáveis. Como regra, antes de o caso prosseguir para uma solução adjudicatória, ele deverá ser submetido aos processos de solução consensual. Na verdade, o art. 3º do NCPC estabelece que a solução adequada de conflitos é uma norma fundamental do processo. É fundamental, portanto, dentro do modelo processual adotado, a criação de espaços adequados para a negociação das partes, que retomam o protagonismo na solução da disputa, o que explica a conformação dada ao procedimento comum". LESSA NETO, João Luiz. **O Novo CPC adotou o modelo multiportas! E agora?!.** Revista Brasileira de Direito Processual, v. 92, 2015, p. 99.

Há uma nova fase, agora pré-processual. As sessões de conciliação e mediação prévias à instrução judicial são realizadas sem a presença de um juiz e, preferencialmente, em um ambiente que não remeta à órbita judicial. Esses procedimentos são regidos conforme o interesse das partes, inclusive no que diz respeito à definição das regras procedimentais. São informadas pelos princípios da independência, da imparcialidade, da autonomia da vontade, da confidencialidade, da oralidade, da informalidade e da decisão informada. (CPC, art. 165 §4º e art. 166).

A intenção é reduzir ao mínimo a distância entre a propositura da demanda e a realização da sessão/audiência. É esse o momento oportuno para um primeiro encontro das partes e seus respectivos advogados e, assim, o diálogo pode fluir de forma mais ampla e os representados podem se expressar mais ativamente, criando um cenário mais propício à construção de um acordo.

Os mediadores e conciliadores são os novos atores do processo civil (CPC, art. 149). Eles funcionam como auxiliares da justiça e devem ser habilitados. "Deles esperam-se maior sensibilidade e vivência das realidades do ambiente em que vivem do que dos juízes profissionais, que são ordinariamente mais sujeitos a vê-las através das normas rígidas da lei"[85]. Atuam, cada um, de acordo com o tipo de conflito e auxiliando as partes a construírem a melhor solução possível.

O conciliador atua nos casos mais simples, em que não houver vínculo anterior nem necessidade de preservação da relação entre as partes. O mediador, por sua vez, atua nas áreas mais sensíveis, opera nos casos em que houver vínculo anterior entre as partes, auxilia os interessados a compreender as questões de fundo, os interesses implícitos e os reflexos posteriores do conflito. É seu dever auxiliar os contendores para que se reestabeleça comunicação. Não há aqui, a princípio, uma solução, e sim, uma superação do conflito[86]. (Cf. CPC, art. 165).

---

85. DINAMARCO, Candido Rangel. **Instituições de Direito Processual Civil** , v. 1. 8 Ed. São Paulo: Malheiros, 2016. p. 879.

86. "De fato, a ideia é que a mediação ocorra para as situações de relações continuativas, como aquela ocorrente entre familiares, vizinhos, ou pessoas que por algum motivo convivam intensamente. Isto porque a mediação atua justamente para resolver o vínculo, e não o problema isolado, definindo um espaço mínimo de convivência entre os litigantes; seu resultado tenta reconstruir, dentro do possível, o relacionamento entre as partes, ajudando estas a resolver suas disputas

O código impõe a obrigatoriedade de comparecimento dos envolvidos no processo e a respectiva punição no caso de ausência injustificada (CPC, art. 334, §8°). O comparecimento não possui qualquer influência na decisão do juiz, sem prejuízo à aplicação da multa sancionatória. Essa medida pode parecer severa, mas dá força ao modelo, impõe uma seriedade ao sistema e deixa claro que o processo é um ambiente de garantia de direitos e também de deveres, já que todos os sujeitos do processo devem cooperar entre si para que se obtenha, em tempo razoável, decisão de mérito justa e efetiva (CPC, art. 6). Além disso, podem ser oportunizados às partes outros encontros com auxílio de conciliadores e mediadores no intuito de estruturar composição amigável (CPC, art. 139, V).

Direcionando mais uma vez ao tema em questão, deve-se ter em mente que, assim como particulares, a Administração Pública também contrata, atua no mercado e realiza atividades privadas. Também está autorizada por lei a fazer uso desses outros métodos de solução de conflitos. Da mesma forma, é autorizado à Fazenda, no curso de um processo judicial, transigir por meio da conciliação ou mediação.

A lei processual possui diversas orientações em conjunto com a Lei de Mediação no que se refere a formas autocompositivas que podem ser utilizadas pelo Estado e por particulares. Existem outros meios que, muito embora não estejam expressos no sistema legal, podem ser desenvolvidos, sobretudo em ambientes particulares.

Para uma solução amigável, além dos métodos já pré-determinados, podem ser construídas, criadas e desenvolvidas "soluções específicas para determinados casos concretos, identificando objetivos, criando prioridades e para os problemas apresentados para superar relutâncias e afinar o seu desenvolvimento"[87]. Da doutrina, pode-se extrair alguns dos métodos de solução de conflitos: i) *dispute bo-*

e administrar melhor os seus conflitos". MENDES, Aluisio Gonçalves de Castro; HARTMANN, Guilherme Kronemberg. **A audiência de conciliação ou de mediação no novo Código de Processo.** in ZANETI JR, Hermes; CABRAL, Trícia Navarro Xavier. Justiça Multiportas: mediação, conciliação, arbitragem e outros meios de solução adequada para conflitos. Salvador: Juspodivm, 2016, p. 112.

87. GUERRERO, Luis Fernando. **Os métodos de solução de conflitos e o processo civil**. São Paulo: Atlas, 2015, p. 34.

ards[88]; ii) *neutral evalutation*[89]; iii) *rent-a-judge*[90]; iv) *ombudsman*[91]; v) *mediation-arbitration* ou *Med-Arb*[92]; vii) práticas colaborativas, ou *colaborative law*[93], dentre outros.

Assim, um conflito não é a ausência de consenso, mas a ausência de um canal se chegar a ele. São vários os caminhos e existem diversas maneiras de solucionar ou superar um conflito. Cada uma das formas tem suas qualidades e ônus próprios, não há método perfeito e imune a erros e defeitos. A experiência mostra que, muitas vezes, os contendores sequer sabem o que querem, desconhecem até a origem do conflito, o gatilho do dissenso. É necessário avaliar toda a conjuntura da disputa, não em abstrato, não com superficialidade, mas ouvir as partes, não por meio de petições ou manifestações processuais, mas com racionalidade, diálogo e dados concretos. É essencial que, na escolha da técnica, se considere o tipo de disputa a ser resolvido. O êxito do modelo depende, acima de qualquer coisa, da natureza e das circunstâncias inerentes ao caso concreto.

É bom frisar que os métodos adequados de solução de conflitos não configuram uma novidade. A doutrina dá conta de um grande número de instrumentos normativos que tratavam do tema[94]. Mas, ao mesmo, concordam que a utilização dessas técnicas ganhou maior profusão nos últimos anos. As novas leis, ao implantarem determinadas diretrizes, mostram a intenção do legislador em consolidar o modelo multiportas, antes inoculadas e desconhecidas.

---

88. Cf. LACRETA, Isabela. **Dispute Boards: o caráter vinculante de suas decisões**. In: PINTO, Ana Luiza; SKITNEVSKY, Karin Hlavnicka. Arbitragem nacional e internacional. Rio de Janeiro: Elsevier, 2012, p. 209 e ss.

89. Cf. BRAZIL, Wayne. **Early Neutral Evaluation or Mediation: When Might ENE Delivery More Value**. Berkeley Law Scholarship Repository, 2007; ZAKIYY; Norman; HASSAN, Kamal. **Prospects of Using Early Neutral Evaluation in Case Management of Complex Civil Cases in Malaysia**. European Journal of Economics and Business Studies, 2015.

90. Cf. HASAN, Cigdem. **Rent-a-judge**. University of Lund, 2009; KIM, Anne. **Rent-a-Judges and the Cost of Selling Justice**. Duke Law Journal, 1994.

91. Cf. ROWE, Mary. **The Ombudsman's Role in a Dispute Resolution System**. Negotiation Journal, n. 7, 1991.

92. LEVY, Fernanda Rocha Lourenço. **Cláusulas escalonadas: a mediação comercial no contexto da arbitragem**. São Paulo: Saraiva, 2013.

93. CUNHA, Leonardo Carneiro da; CABRAL, Antonio do Passo. **Negociação direta ou resolução colaborativa de disputas (collaborative law): 'Mediação sem mediador'**. Revista de Processo, v. 259, 2016.

94. MAZZEI, Rodrigo; CHAGAS, Bárbara Seccato Ruis. **Breve ensaio sobre a postura dos atores processuais em relação aos métodos adequados de resolução de conflitos**. in ZANETI JR, Hermes; CABRAL, Trícia Navarro Xavier. Justiça Multiportas: mediação, conciliação, arbitragem e outros meios de solução adequada para conflitos. Salvador: Juspodivm, 2016, p. 87.

Se há uma tentativa de mudar o comportamento social através da lei, só o tempo dirá os reflexos da implantação do sistema. É prematura qualquer conclusão dos reflexos sociais e jurídicos do novo modelo implantado pelo sistema processual atual. O sistema não apresenta soluções definitivas e traz consigo alguns problemas e indagações.

A complexidade dos problemas socioeconômicos, somada às limitações e burocracias administrativas e judiciais do Poder Judiciário, tornou o modelo tradicional de adjudicação esgotado. Exige-se dos procuradores e advogados públicos competências além das técnico-jurídicas. O perfil do Estado, com seus tradicionais limites, prerrogativas e estruturas, deve se adequar e corresponder à nova realidade dos métodos de solução de disputas.

Não se deve alegar que esse perfil consensual da Fazenda Pública nega vigência ao interesse público, já que a opção de formas privadas de solução de conflitos não impede – nem poderia – ou inibe a adoção de eventuais mecanismos de controle a ser exercido pelos órgãos competentes. Assim, se houver malversação da coisa pública através de acordos e transações, o Estado e os particulares prejudicados terão à sua disposição meios de controle judicial e administrativo para promover a devida correção[95].

O modelo multiportas amplia o raio de atuação da Fazenda Pública. O Estado atualmente não precisa estar em juízo público, numa perspectiva contenciosa, para atuar em prol do interesse público e na defesa dos interesses patrimoniais da sociedade. Deve ser qualificada como Fazenda Pública a atuação do Estado nos procedimentos de conciliação, mediação e negociação direta, como também no processo de arbitragem, uma vez que nesses ambientes estão envolvidos os direitos e interesses financeiros públicos e deles podem ser decorrer consequências patrimoniais.

Dentro dessa visão, é possível prever que, em curto prazo, haverá o reconhecimento dessa nova postura Estatal em todas as esferas da Administração Direta e Indireta e em todos os níveis da Federação ainda não incluída no contexto da atuação tradicional.

95. Cf. FERREIRA FILHO, Marcílio da Silva; NEVES, Cleuler Barbosa das. **Contrapesos de uma Administração Pública consensual: legalidade versus eficiência**. Interesse Público, v. 1, 2017.

O Legislador deu o primeiro passo; é visível o esforço dos órgãos do Poder Judiciário de todo país em transformar o legislado em realidade prática e produzir resultados convincentes[96]. A consolidação do modelo depende de tempo e esforço de todos os setores da sociedade e dos órgãos públicos. Com a lei tenta-se mudar a mentalidade, estimular e desenvolver um novo comportamento por parte dos administradores e administrados.

1.5. ARBITRAGEM, JURISDIÇÃO E PROCESSO

O debate em torno da natureza jurídica da arbitragem ocupou nas últimas décadas um espaço que atualmente possui pouca ou quase nenhuma relevância., esse debate em torno das "naturezas jurídicas" que a arbitragem possui é facilmente encontrada nos manuais de arbitragem[97].

A nossa premissa é a de que a natureza jurídica da arbitragem é, não obstante sua origem contratual, jurisdicional[98].

Não podemos deixar de ressaltar, contudo, que a corrente crítica à natureza jurisdicional da arbitragem atualmente é bastante reduzida. Esse pequeno grupo aliás, ao contrário do que pensou, contribuiu – e muito – para a arbitragem, estimulando juristas a estudar e pesquisar dentro e fora do Brasil formas de aperfeiçoar o instituto que hoje possui espaço relevante na legislação, na academia, na prática de escritórios e sobretudo na confirmação da tendência *favor arbitrandum* nos tribunais.

Pois bem, prossigamos.

A concepção de jurisdição era tida como a atividade praticada apenas pela autoridade estatal destina a solucionar os conflitos da sociedade, atuando em caráter substitutivo em relação as partes[99].

---

96. Vide a criação dos CEJUSCs, centros de justiça e cidadania.

97. Cf. CARREIRA ALVIM, José Eduardo. **Direito arbitral.** 2. ed. Rio de Janeiro: Forense, 2004; CAHALI, Francisco José. **Curso de Arbitragem.** 5 ed. São Paulo: Editora Revista dos Tribunais, 2015.

98. Posição adotada pela mais especializada doutrina arbitral e processual como Selma Lemes, Clávio Valença Filho, Fredie Didier Jr, Carlos Alberto Carmona dentre tantas outros.

99. "A jurisdição constitui importante serviço público **a cargo do Estado**. O signo mais evidente do poder, na história da humanidade, reponta na administração da Justiça, mas atividade do órgão judiciário representa especialização no contexto das funções do Estado. Nessa qualificação não se menoscaba a função do juiz no mundo contemporâneo, nem se adere à concepção de jurisdição forjada em séculos passados, buscando-se somente apresentá-la na forma direta e simples pela qual o litigante visualiza o aparato judiciário. Se ela não corresponde às expectativas,

Atualmente, tem-se concordado que é possível o exercício de jurisdição por sujeitos particulares e escolhido pelas próprias partes: na arbitragem, os próprios envolvidos confiam a solução do conflito ao árbitro[100-101]. Essa possibilidade representa considerável evolução no sistema de solução de conflitos, no qual destacamos a arbitragem que escapa à via estritamente judicial. A esse respeito, Antonio do Passo Cabral destaca que a existência de um procedimento com garantias processuais, conduzido por um terceiro imparcial, seria a nota característica que inclui a arbitragem no conceito de jurisdição[102].

Realmente, há uma nova experiência vivenciada pelo direito, e mais precisamente no sistema de solução de conflitos: um processo civil não estatal em que os sujeitos, mediante a uma convenção processual, pactuam e criam suas próprias regras, escolhem seu órgão jurisdicional e o autoriza a resolver a questão de forma definitiva. Assim, a expressão processo arbitral remete à ideia de que há exercício de jurisdição através de um processo, que existe equivalência entre as "esferas estatal e arbitral como mecanismos jurisdicionais nos quais juiz e árbitro exercem as mesmas funções"[103].

O escopo da arbitragem é a pacificação dos conflitos. É um serviço privado voltado à estabilização das relações comerciais e manutenção da ordem econômico-social. É pela via do processo arbitral que a sua jurisdição se opera. O processo arbitral é uma garantia de jurisdição assim como o processo judicial. Essa jurisdicionalidade advém dos próprios desígnios da Lei de Arbitragem, desenhada para proporcionar um mecanismo apto a resolver controvérsias, interpretar a lei, pacificar situações, dizer o direito exatamente como o ocorre no processo judicial[104].

Se a jurisdição é exercício de poder é preciso ponderar então que o processo arbitral é a garantia de limitação a esse poder, garantia

ou à tarefa que a História impõe nas elucubrações filosóficas, é outro problema. A função judicial aqui retratada corresponde à realidade. A jurisdição **é um dever do Estado**, uma função estatal, contrapartida do veto à autotutela, e prestado através da mecânica do processo". (grifo nosso) ASSIS. Araken. **Processo Civil Brasileiro**. v.1. São Paulo: Revista dos Tribunais, 2015.

100. CABRAL, Antonio do Passo. **Per un nuovo concetto di giurisdizione**. Revista da Faculdade Mineira de Direito, v. 18, 2015, p. 366 e ss.

101. ASSIS. Araken. **Processo Civil Brasileiro**. v.1. São Paulo: Revista dos Tribunais, 2015.

102. Cf. ALVIM, Arruda. **Manual de direito processual civil**. 3. ed. São Paulo: Thomson Reuters Brasil, 2019.

103. PARENTE, Eduardo de Albuquerque. **Processo arbitral e sistema**. São Paulo: Atlas 2012, p. 91.

104. PARENTE, Eduardo Albuquerque. **Processo Arbitral e Sistema**. São Paulo: Atlas, 2010. 92.

de que os contratantes possam alcançar tutela jurisdicional pela via privada, garantia de respeito ao devido processo legal, garantia de que a autonomia da vontade será preservada sem interferência judicial e dentro dos limites da convenção de arbitragem. Utilizando as lições de Eduardo Fonseca Costa é possível dizer que o processo arbitral "garante à parte a liberdade de decidir pelo que entende e pelo que lhe convém no processo. Para o autor, as partes têm "o poder de autodeterminar-se por sua própria vontade e, a partir dela, escolher autonomamente os seus comportamentos no processo". Isso implica, segundo o autor , dentre outras coisas: i) a liberdade de escolher o modelo procedimental; ii) a liberdade de alegar fundamentos de fato e de direito; iii) a liberdade de formular pedidos; iv) a liberdade de provar os fatos alegados como fundamento; v) a liberdade de convencer árbitro[105].

Cabe ressaltar, portanto, que o exercício de poderes coercitivos não é inerente e nem exclusivo à atividade judicial. A função jurisdicional pode ser caracterizada como aquela destina a solucionar controvérsias, cujo exercício poderia ser feito pelo particular, demonstra a incoerência em se negar o caráter jurisdicional à atividade do árbitro. Com efeito, o árbitro, ao aceitar tal encargo, exerce função jurisdicional - decide controvérsia - para a qualificação dessa atividade interessa a função que o árbitro cumpre e não a forma como ele é designado. A fonte de poder é diferente, é contratual, mas isso não pode ser argumento apto a desnaturar a aptidão de decidir a lide como se magistrado fosse[106].

Na arbitragem as partes instauram verdadeiro processo, desse modo, a função do árbitro não consiste em proferir apenas uma decisão, mas, sim, dirigir todo o processo, com o objetivo de resolver de forma definitiva o conflito aplicando a legislação convencionada pelas partes[107].

É natural que o estudo do Direito Processual Civil se aproxime da arbitragem e vice e versa. Conforme explica Georges Abboud:

---

105. P COSTA, Eduardo José da Fonseca. **Processo: garantia de liberdade [freedom] e garantia de «liberdade» [liberty].** Disponível em < https://bit.ly/2ISLCt4> acesso em 22 de agosto de 2018.

106. ABBOUD. Georges. **Processo Constitucional Brasileiro**. 2 ed. São Paulo: Revista dos Tribunais, 2018.

107. Cf. ABBOUD, Georges**. Jurisdição Constitucional vs. arbitragem: os reflexos do efeito vinculante na atividade do árbitro**. Revista de Processo, v. 214, 2012.

diante do árbitro as partes instauram verdadeiro processo, desse modo, a sua função não representa em proferir mera sentença, mas, sim, dirigir todo o processo, com o escopo de decidir a lide aplicando a legislação convencionada pelas partes" [108]. Na arbitragem "tem em si um autêntico processo civil no qual se exerce verdadeiro poder, jurisdição, e que as atividades inerentes a esse exercício têm natureza inegavelmente processual"[109].

A Lei de Arbitragem é norma que trata, dentre outros assuntos, do processo arbitral e, por consequência, "do exercício de jurisdição dos árbitros e da ação e da defesa pelas partes, bem como sobre o método de exercício de dessas atividades por todos eles"[110]. Essa legislação foi consequência de diversos movimentos advindos da sociedade e representa uma inédita revolução sociocultural, já que a antiga ideia de exclusividade estatal para solucionar conflitos vem sendo superada pela "crescente consciência da legitimidade político-social da arbitragem como meio de solução de conflitos atuado pelas forças da própria sociedade" [111-112].

As regras processuais da arbitragem e o próprio procedimento são estipuladas pelas instituições especializadas ou também podem ser formuladas pelo árbitro e pelas próprias partes. A LArb autoriza às partes a instituírem diretrizes específicas para construir os arranjos do seu processo em conformidade com a sua vontade e adequada com as peculiaridades de cada caso.

Nesse particular, a Fazenda Pública, presentada pelos procuradores ou advogados na arbitragem, está igualmente autorizada, pela

---

108. Cf. ABBOUD, Georges. **Jurisdição Constitucional vs. arbitragem: os reflexos do efeito vinculante na atividade do árbitro**. Revista de Processo, v. 214, 2012.

109. DINAMARCO, Candido Rangel. **Arbitragem na Teoria Geral do Processo**. São Paulo: Malheiros, 2013. p.15-23. O autor ainda complementa "Da inclusão da arbitragem na teoria geral do processso decorre a propriedade de seu exame, pelo aspecto técnico-processual, segundo os conceitos e estruturas desenvolvidos em relação a esta, sendo pois imperioso examiná-la sobre o pano de fundo de certos temas fundamentais como o das condições da ação, pressupostos processuais, situações ativas e passivas dos sujeitos processuais, normas de procedimento, demanda, sentença, correção entre estas, etc. (p. 23).

110. DINAMARCO, Candido Rangel. **Instituições de Direito Processual Civil**, v. 1. 8. Ed. São Paulo: Malheiros, 20161. p 151.

111. WALD. Arnold. MARTINS, Ives Gandra da Silva. **Dez anos da lei de arbitragem**. In:_____; _____. Dez anos da lei de arbitragem – aspectos atuais e perspectivas para o instituto. Rio de Janeiro: Lúmen Juris, 2007. p. 1.

112. DINAMARCO, Candido Rangel. **Arbitragem na Teoria Geral do Processo**. São Paulo: Malheiros, 2013,p. 33.

sua própria qualidade institucional, a propor a elaboração de uma estrutura procedimental que encontre aderência com seu caráter de ente público (estrutura, tempo, quadro de pessoal, recursos disponíveis, etc) e pelo direito material envolvido. O ambiente, na arbitragem, é diferente; permite-se que, ao invés de aplicar imperativamente as prerrogativas processuais da Fazenda, se adapte o processo às suas características subjetivas, não por imposição, mas por convenção.

A Lei de Arbitragem trata do seu procedimento em apenas três dispositivos. Isso releva o elevado grau de flexibilidade proporcionado pela arbitragem, à medida que permite os seus usuários construírem sua própria dinâmica processual (criando suas próprias regras do jogo). Existe a possibilidade de cada instituição arbitral estabelecer, em seu regimento interno, a forma como cada conflito pode ser resolvido e o procedimento mais adequado, seja pelo valor da causa, tempo necessário para resolvê-la, características das partes, tipo da matéria, quantidade de árbitros e tantas outras variáveis. De fato, a lei reserva poucas disposições quanto ao procedimento a ser observado, em contraste com as diversas diretrizes inseridas no Código de Processo Civil no tocante ao processo judicial civil, mas sem dispensar observância e estreita conformidade com os princípios e garantias constitucionais do processo.

Essa liberdade na construção do procedimento se fundamenta na autonomia da vontade exercida na arbitragem. O processo arbitral se caracteriza, conforme Cândido Rangel Dinamarco, "por um menor formalismo em relação ao estatal e pela possibilidade de definição de seu procedimento por ato de vontade das partes, preponderando, pois, o princípio da liberdade das formas sobre o da legalidade"[113].

É necessário, no entanto, compatibilizar a flexibilidade processual com a observância dos direitos e garantias fundamentais aplicados ao processo: o processo de arbitragem, por mais privado que possa ser, não se afasta do Direito Processual Constitucional, exige que cada um de nós operadores interpretem o processo a partir desta cláusula-garantia inserida na Constituição. Naturalmente, a atividade jurisdicional exercida pelo árbitro pressupõe a observância dos direi-

113. DINAMARCO, Candido Rangel. **Instituições de Direito Processual Civil**, v. 1. 8. Ed. São Paulo: Malheiros, 2016. p. 491.

tos e garantias fundamentais que, no âmbito processual, se traduzem nas garantias constitucionais do processo[114].

Essa concepção constitucional do processo, inclusive, está encartada no Código de Processo Civil, o qual estabelece que o processo civil seja ordenado, disciplinado e interpretado conforme os valores e as normas fundamentais estabelecidos na Constituição Brasileira (CPC, art. 1º). Ficou claro que o legislador não se referiu apenas ao processo judicial desenvolvido pelo Poder Judiciário, mas todo e qualquer processo.

Nessa mesma linha, a LArb estabelece que serão, sempre, respeitados, no procedimento arbitral, os princípios do contraditório, da igualdade das partes, da imparcialidade do árbitro e de seu livre convencimento. Esse é o devido processo arbitral. O processo da arbitragem produz efeitos sobre a esfera jurídica dos sujeitos nele envolvidos através de decisões proferidas pelo árbitro. As atividades ali realizadas se submetem aos ditames contidos naquelas garantias constitucionais relativas ao processo (Lei de Arbitragem, art. 21 §2º)[115].

O processo arbitral deve ser observado de forma diversa do processo judicial devido ao alto grau de autonomia e flexibilidade presente na arbitragem, mas tendo como orientação a premissa de que a arbitragem deve obedecer às regras processuais decorrentes da Constituição (e não do Código de Processo Civil).

O processo arbitral encontra seu fundamento na ordem constitucional e complementa-se nas leis processuais, quando assim dispuser a expressamente a LArb.

Na medida em que existe procedimento realizado através do exercício de poder por agente que se sobrepõe aos demais, há processo. A referência ao poder como centro de emanação de decisões imperativas é elemento de convergência responsável pela imposição das garantias processuais constitucionais, com especial atenção a do devido processo legal[116]. O órgão jurisdicional de decisão é o árbitro,

114. ALVIM, Eduardo Arruda. **Direito Processual Arbitral: natureza processual da relação jurídica arbitral e incidência do Direito Constitucional Processual** in Revista de Processo n. 234. São Paulo: Editora Revista dos Tribunais, 2014 p. 365.

115. Cf. PARENTE, Eduardo de Albuquerque. **Processo arbitral e sistema**. São Paulo: Atlas 2012 DINAMARCO, Candido Rangel. **Instituições de Direito Processual Civil**, v. 1. 8. Ed. São Paulo: Malheiros, 2016. p 488; ______. **Arbitragem na Teoria Geral do Processo**. São Paulo: Malheiros, 2013. p. 23.

116. DINAMARCO, Candido Rangel. **Arbitragem na Teoria Geral do Processo**. São Paulo: Malheiros, 2013. p. 22.

esse ente, diz o direito, com apoio em um poder que não vem da soberania do Estado, mas do autêntico e legítimo poder dos litigantes manifestado pela livre, consciente e autônoma vontade de valer-se da arbitragem para resolver conflitos.

O processo seja judicial ou seja arbitral é uma "estrutura jurídico-fenomênica, uma série de atos logicamente concatenados formando um todo, um ato complexo estruturado para gerar efeitos"[117], um conjunto de atos e diálogos inseridos numa relação jurídica angularizada que se desenvolve através de um procedimento agitado pelo contraditório, direcionando-se a uma decisão final[118]. Com efeito, na arbitragem, há relação jurídica processual. O objeto dessa relação é a tutela jurisdicional, conforme explica Roberto Campos Gouveia Filho, "a relação processual não é mera representação estática de algo: é o próprio direito em desenvolvimento que se desenvolve por relações jurídicas, condição de possibilidade da própria juridicidade"[119]. O arranjo dos vínculos conduzidos pela lei que interligam os sujeitos do processo forma a sua relação jurídica. Na arbitragem, essa relação se apresenta entre os seus próprios sujeitos na formação da convenção de arbitragem, no seu diálogo durante procedimento e também entre os sujeitos e o árbitro. O processo arbitral é o ambiente no qual se desenvolve a relação jurídica contenciosa entre os integrantes da arbitragem, uma vez que, antes de instaurado o processo, as partes estão ligadas apenas, e a princípio, pela convenção de arbitragem.

O processo arbitral é um processo de conhecimento por excelência, em outras palavras, a arbitragem engloba toda a fase cognitiva do conflito. Preponderam-se nessa fase arbitral, atos de intelecção tanto do árbitro quanto dos participantes envolvidos. O processo de arbitragem possui fase postulatória, instrutória e decisória. O árbitro, quando nomeado, dá início ao processo arbitral. Cabe a ele, no desempenho de sua função, proceder com imparcialidade, independência, competência, diligência e discrição. Esse julgador apreciará a realidade do caso concreto, instruirá o processo avaliando os fun-

---

117. GOUVEIA FILHO, Roberto Pinheiro. Campos. **Uma crítica analítica à ideia de relação processual entre as partes.** Revista Brasileira de Direito Processual. Belo Horizonte:, n. 93, 2016, p. 259.

118. CINTRA, Antônio Carlos de Araújo; GRINOVER, Ada Pellegrini; DINAMARCO, Cândido Rangel**. Teoria geral do processo**. 28. ed. São Paulo: Malheiros, 2012. p. 309 e ss.

119. GOUVEIA FILHO, Roberto Pinheiro. Campos. **Uma crítica analítica à ideia de relação processual entre as partes**. Revista Brasileira de Direito Processual. Belo Horizonte: Editora Forum, n. 93, 2016, p. 261.

damentos elencados pelas partes, observará todos os fatos alegados, verificará e avaliará as provas e sua pertinência – pode, inclusive recusá-las –, enfim, caberá ao eleito exercer o seu poder de instrução e convicção, aplicar a lei material pertinente ao caso e decidir o conflito por meio da sentença arbitral[120].

O CPC estabelece que a arbitragem é garantia de prestação de tutela jurisdicional e garantia de sua inafastabilidade com competência para processar os seus próprios conflitos (Cf. CPC, art. 3º, §1º e art. 27). Essa disposição realça a participação e autonomia da arbitragem no sistema processual e deixa a vista dos leitores do novo Código o instituto como técnica de solução de conflitos[121].

Há referência à arbitragem e sua atividade coordenada com o Poder Judiciário "como forma de concretizar o princípio de que a jurisdição, no Brasil, é inafastável e universal – há a jurisdição civil estatal, regulada pelo Código de Processo Civil, e a jurisdição civil arbitral, regulada por lei extravagante"[122]. Como ressalta Clávio Valença Filho, "essa complementaridade contribui para acentuar os aspectos que assemelham justiça arbitral e justiça estatal. A primeira, de um lado, encontra-se sufocada pelo crescente formalismo e sofisticação que acometem o procedimento da arbitragem, efeito da natureza jurisdicional que se lhe reconhece; de outro lado, o papel do juiz estatal já não se restringe à aplicação fria da lei (...) a possibilidade de decidir com fundamento na *lex mercatória* são alguns traços que caracterizam a moderna tecnologia judiciária, aproximando o juiz estatal do árbitro"[123].

Também foi introduzida no sistema a carta arbitral (Cf. art. 237, IV), que é um instrumento processual de cooperação e colaboração entre jurisdições estatal e arbitral. É o principal meio de comunicação

---

120. CAHALI, Francisco José. **Curso de Arbitragem.** 5 ed. São Paulo: Editora Revista dos Tribunais, 2015.

121. "Técnica é predisposição ordenada de meios destinados a obter certos resultados preestabelecidos. Toda técnica será cega e até perigosa se não houver a consciência dos objetivos a realizar, mas também seria estéril e de nada valeria a definição de objetivos sem a predisposição de meios técnicos capazes de promover sua realização. A técnica do processo visa em primeiro lugar à pacificação de indivíduos e grupos de indivíduos, eliminando os conflitos mediante a realização de justiça.. DINAMARCO, Candido Rangel. **Instituições de Direito Processual Civil**, v. 1. 8. Ed. São Paulo: Malheiros, 2016, p. 123.

122. DIDIER JÚNIOR, Fredie. **A arbitragem no novo código de processo civil** (versão da câmara dos deputados, Dep. Paulo Teixeira) - disponível em < https://bit.ly/2L7lrfN > Acesso em 10 de julho de 2018.

123. VALENÇA FILHO, Clávio de Melo. **Poder Judiciário e Sentença Arbitral**. Curitiba: Juruá, 2002, p. 22.

entre sistemas jurisdicionais não subordinados e não vinculados para a efetivação da tutela jurisdicional. A utilização desse instrumento permite um canal direto entre as instituições de arbitragem, árbitro e o Poder Judiciário para a efetivação das medidas necessárias ao bom cumprimento do que foi estabelecido, decidido ou requerido na arbitragem.

São válidas, portanto, as considerações da professora Ada Pellegrini Grinover ao afirmar que "jurisdição, na atualidade, não é mais poder, mas apenas função, atividade e garantia. Seu principal indicador é o acesso à justiça, estatal ou não, e seu objetivo, o de pacificar com justiça. Esse conceito de jurisdição abrange a justiça estatal, a justiça arbitral e a justiça conciliativa"[124].

É atribuído ao árbitro o poder de decisão sobre os fatos e os direitos do conflito através de sentença que põe a arbitragem. Essa decisão é título executivo judicial e não está sujeita a recurso ou a homologação pelo Poder Judiciário. A sentença arbitral é o ato processual que encerra a jurisdição do árbitro e produz, entre as partes e seus sucessores, os mesmos efeitos da sentença proferida pelos órgãos do Poder Judiciário (Cf. Lei de Arbitragem, arts. 18, 29, 31 e CPC, art. 515, VII). Como se observa, a atual legislação dispensa a homologação judicial da decisão arbitral. Eliminada a necessidade de homologação, a sentença arbitral é eficaz por si própria, um título executivo judicial, passível de execução no Poder Judiciário.

Aliás, como bem adverte Fredie Didier Jr, o fato do árbitro não poder executar suas próprias decisões não parece argumento apto a contrariar a natureza jurisdicional da arbitragem. Salienta o autor que essa questão refere à *incompetência* e não de falta de jurisdição: "a lei, ao permitir a arbitragem, atribui-lhe competência apenas para certificar direitos, não para efetivá-los"[125]. Realmente, o árbitro não possui poder jurisdicional além da medida conferida pelas partes assim, "na justiça arbitral, o exercício do poder jurisdicional não se distribui em esferas de competência atribuída a cada órgão, como ocorre na justiça estatal. Naquela o árbitro abrange só uma lide específica e ocupa

124. GRIVOVER, Ada Pellegrini. **Ensaio sobre a processualidade: fundamentos para uma nova teori geral do processo**. Brasília: Gazeta Jurídica, 2018, p. 29.

125. DIDIER JR. Fredie. Curso de Direito Processual Civil. 17 ed. Salvador: Juspodium, 2017, p. 195.

apenas a extensão quistas pelas partes; ou seja, a jurisdição do árbitro tem os mesmos limites da convenção de arbitragem".[126]

Embora se discuta há anos na doutrina, a possibilidade de a Administração Pública resolver seus conflitos através do processo arbitral, não está tão claro o como se desenvolve o contencioso dessas possíveis controvérsias. É isso que iremos investigar no decorrer desse estudo.

126. VALENÇA FILHO, Clávio de Melo. **Poder Judiciário e Sentença Arbitral**. Curitiba: Juruá, 2002, p. 25.

Capítulo 2

ARBITRABILIDADE

Arbitrabilidade é a possibilidade ou autorização para que a matéria possa se submeter ao juízo arbitral. Também se refere à capacidade das partes em participar da arbitragem. Optamos por inserir o termo "autorização" para melhor adequar a arbitragem no contexto da Administração Pública. Desta forma, os particulares "podem" e a Administração está "autorizada" a utilizar essa técnica privada de resolver conflitos.

A arbitrabilidade é o requisito de admissibilidade para servir-se da arbitragem. Nesse sentido, "não é qualquer litígio que está apto a ser resolvido por esse mecanismo de resolução de controvérsias, mas somente aqueles que satisfação os requisitos de admissibilidade pela lei"[1].

É nesse sentido que a LArb estabelece, em seu dispositivo inaugural, que as pessoas capazes de contratar poderão valer-se da arbitragem para dirimir litígios relativos a direitos patrimoniais disponíveis: "depreendem-se da letra da lei dois elementos essenciais ao estudo da teoria geral da arbitragem, duas facetas do que se convencionou chamar de "arbitrabilidade subjetiva" e "arbitrabilidade objetiva"[2].

Há, como se observa, dois desdobramentos do sentido de arbitrabilidade: a objetiva e a subjetiva. O primeiro diz respeito ao objeto do con-

1. MAGALHÃES JÚNIOR, Danilo Brum de. **Arbitragem e direito concorrencial: a arbitragem como método para a resolução de disputas privadas que envolvam matéria concorrencial no direito brasileiro.** Dissertação de Mestrado. Universidade do Vale do Rio dos Sinos. 2018, p. 90.

2. TELLECHEA, Rodrigo. **Arbitragem nas Sociedade Anônimas: direitos individuais e princípio majoritário**. São Paulo: Quartier Latin, 2016.

flito, a matéria que está sendo discutida, que deve ser patrimonial e disponível. Será esse o objeto de jurisdição e o limite de atuação dos árbitros; o segundo refere-se à capacidade e legitimidade para contratar, firmar convenção de arbitragem e compor um dos polos do procedimento de arbitragem. Sobre esse ponto, precisa é a observação de Ana Luiza Nery quando afirma que "engloba a capacidade objetiva, questões processuais e relativas a elaboração de eficácia de cláusulas arbitrais"[3].

A doutrina nacional indica que a resolução do litígio deve preencher todos os requisitos que autorizam a resolução do litígio dirimido por arbitragem. Aponta-se, ainda, que "tais requisitos exsurgem de razões de caráter político e econômico, social ou moral, diferentemente valoradas pelas sociedades em seus mais variados períodos históricos"[4].

Por certo, a autonomia privada e a liberdade para contratar encontram restrições ou limitações legais sobre quais temas podem ser resolvidos por arbitragem, notadamente no que se refere ao Estado. Isso dependerá sempre das leis e da cultura de cada país. Nesse sentido, Eduardo Damião Gonçalves assevera que "a admissibilidade de arbitrar uma controvérsia específica depende dos conceitos fundamentais que levam um Estado a reservar para seus tribunais estatais o monopólio no julgamento de algumas questões"[5].

Há um limite da autonomia da vontade das partes, sendo necessário verificar também quanto poder as partes podem conferir aos julgadores privados, concluindo que "é esse limite de poderes que as partes estão autorizadas a conceder aos árbitros que está compreendido na noção de arbitrabilidade objetiva"[6]. Por consequência, a estipulação em convenção de arbitragem que ultrapassar esses limites não será considerada válida, não estabelecerá a jurisdição dos árbitros e a sentença subsequente não poderá ser aplicada[7].

João Luiz Lessa Neto, em sentido semelhante, explica que "a jurisdição arbitral é decorrente e limitada pela convenção de arbitra-

---

3. NERY, Ana Luiza. **Arbitragem Coletiva.** São Paulo: Editora Revista dos Tribunais, 2016, p. 82.
4. MARIANI, Romulo Greff. **Arbitragens Coletivas no Brasil**. São Paulo: Atlas, 2015, p. 50-51.
5. GONÇALVES, Eduardo Damião **Arbitrabilidade Objetiva**. Tese de Doutorado. Universidade de São Paulo, 2007, p. 4.
6. GONÇALVES, Eduardo Damião **Arbitrabilidade Objetiva**. Tese de Doutorado. Universidade de São Paulo, 2007, p. 8.
7. LEW, Julian D. M; MISTELIS, Loukas; KRÖLL, Stefan M. **Comparative international commercial arbitration**. Haia: Kluwer, 2003 p. 188.

gem firmada pelas partes, mas a legislação nacional também limita o campo em que pode se desenvolver a arbitragem". Com efeito, para o autor, "a arbitrabilidade constitui uma delimitação decisiva para a prática arbitral. Entretanto, há uma tendência de expansão das matérias consideradas como arbitráveis, enquanto se observa uma retração da ordem pública interna enquanto fator limitador da arbitragem"[8].

A doutrina internacional aponta que arbitrabilidade alude tanto a matérias que podem, quanto as que não podem ser submetidas à arbitragem em razão de existirem determinadas questões que estão proibidas de serem objeto de formas privadas de solução de conflito diante do seu alto grau de sensibilidade ou que o Estado tenha criado reserva legal e determinado que somente através de seus órgãos poderão tais conflitos possam ser resolvidos[9-10-11].

Uma das razões identificadas por Mistelis e Brekoulakis para esses limites, ou mesmo reserva de confiança, é que os árbitros são vistos como agentes do comércio, enviesados para os negócios privados e hostis à regulamentação pública da atividade comercial. Argumentam que esses julgadores poderiam, em tese, ser incapazes de lidar com questões complexas de direito público, acumulando, também, o fato de as sentenças arbitrais serem irrecorríveis, o que poderia ter um risco de eventual má interpretação e aplicação do interesse público[12-13].

---

8. LESSA NETO, João Luiz. **Arbitragem e Poder Judiciário: A definição da competência do árbitro**. Salvador: Juspodivm, 2016, p. 119.

9. MISTELIS, Loukas; BREKOULAKIS, Stavros. **Arbitrability: International and Comparative Perspectives**. Haia: Kluwer International, 2009, p. 3-4.

10. Como bem adverte Eduardo Damião Gonçalves "É necessário entender que o legislador, ao conferir um regime jurídico de proteção especial a determinada categoria de direitos visava igualmente conceder exclusividade do Poder Judiciário para dirimir litígios às matérias em questão, como se o juiz togado fosse o único em condição de dar uma decisão para efetiva tutela do direito posto em discussão" p. 15.

11. A maioria das referências à arbitrabilidade que se encontra na doutrina da especialidade tem em vista a natureza do objeto do litígio. Mas, por vezes, recorre-se também ao termo "arbitrabilidade" (ou ao seu oposto, inarbitrabilidade) para designar a susceptibilidade (insusceptbilidade) de resolução do litígio por árbitros em atenção à qualidade das partes e, mais particularmente, a susceptibilidade de resolução por essa via de controvérsia em que sejam partes o Estado ou entes públicos autônomos, CARMELO. Antonio Sampaio. **Critérios de arbitrabilidade dos litígios: revisitando o tema**. Revisa de Arbitragem e Mediação. São Paulo: Editora Revista dos Tribunais, 2010.

12. MISTELIS, Loukas; BREKOULAKIS, Stavros. **Arbitrability: International and Comparative Perspectives**. Haia: Kluwer International, 2009, p. 51.

13. Parte consagrada da doutrina entende dessa forma confira-se "Não é aceitável perante a Constituição que particulares árbitros, possam solver contendas nas quais estejam em causa interesses concernentes a serviços públicos, os quais não se constituem em bens disponíveis,

Com base nessa questão, Manoel Barrocas orienta que a inarbitabilidade "resulta quer de disposição expressa da lei, baseada em razões de interesse público quer de razões de ordem pública no sentido de repositório geral de princípios e convicções inalienáveis de uma comunidade"[14]. Em sentido semelhante, Thomas Carbonneau entende que a arbitrabilidade estabelece os respectivos domínios de direito e adjudicação arbitral: "é a linha divisória essencial entre a justiça pública e privada"[15].

Como se extrai da ponderação feita por Antônio Luiz Monteiro, "a definição da arbitrabilidade objetiva decorre de uma decisão política do Estado, a partir daquilo que o Estado entende que deva reservar sob sua jurisdição e aquilo em que admite que os particulares, no exercício de autonomia privada, deleguem à jurisdição arbitral". Assim sendo, "as leis de arbitragem ao redor do mundo costumam adotar diversos critérios para definir o campo da arbitrabilidade objetiva, valendo mencionar a ordem pública, a transacionabilidade, a livre disponibilidade e a patrimonialidade"[16].

Será inarbitrável a matéria ou as pessoas que não preencherem os requisitos inseridos no art. 1º da Lei de Arbitragem. Logo questões não patrimoniais, direitos indisponíveis e pessoas incapazes de contratar fazem com que a matéria não possa ser resolvida por arbitragem.

A base fundamental da inarbitabilidade encontra-se justamente nas situações de conflito que não admitem satisfação voluntária de

mais indisponíveis, coisas *extra commercium*. Tudo que diz respeito ao serviço público, portanto – condições de prestação, instrumentos jurídicos compostos em vista desse desiderato, recursos necessários para bem desempenhá-los, comprometimento destes mesmo recursos -, é questão que ultrapassa por completo o âmbito decisório de particulares. Envolvem interesses de elevada estatura, pertinentes à Sociedade como um todo; e, bem por isto, quando suscitar algum quadro conflitivo entre as partes, só pode ser soluto pelo Poder Judiciário. Permitir que simples árbitros disponham sobre matéria litigiosa que circunde um serviço público que esteja, destarte, com ele imbricada ofenderia o papel constitucional do serviço público e a própria dignidade que o envolve" MELLO, Celso Antônio Bandeira de**. Curso de Direito Administrativo.** 26. ed. rev. e atual. São Paulo: Malheiros, 2009. p. 783.

14. Barrocas, p. 112.

15. CARBONNEAU. Thomas. **Liberal Rules of Arbitrability and autonomy of labor arbitration in the United States** in MISTELIS, Loukas A. International & Comparative Perspectives. Kluwer Law International, 2009, p. 143.

16. MONTEIRO, Antonio Luiz. **Algumas questões sobre a recente decisão do STJ na arbitragem Petrobras v. ANP: princípio da competência-competência, arbitrabilidade e Convenção de Nova Iorque**. Revista de Arbitragem e Mediação. n, 57, 2018, p. 63.

pretensão tornando o Poder Judiciário o único ente responsável para solução do conflito. Com efeito, a natureza inarbitrável de determinados temas está relacionada ao elo existente entre elas e os fundamentos de organização econômica e social do Estado, ou ao que a lei entendeu por bem proteger, ou ainda a matérias que o apenas e tão somente o juiz estatal tem a missão de fazer respeitar[17].

Há mais nuances que merecem toda atenção e crítica e, pelo desdobramento do instituto em seus aspectos subjetivos e objetivos, será feita a análise de cada um deles de forma separada.

2.1. A ARBITRABILIDADE SUBJETIVA: CAPACIDADE, LEGITIMIDADE, AUTORIZAÇÃO, PRESENTAÇÃO, POSTULAÇÃO. A FUNDAMENTAL IMPORTÂNCIA DA QUALIFICAÇÃO DOS ADVOGADOS E PROCURADORES

A arbitrabilidade subjetiva é uma forma arbitralista de se referir à capacidade no aspecto civil do termo. Diz-se isso porque é muito comum, na ciência jurídica, cunhar termos para melhor representar os temas e institutos em análise. Na arbitragem não é diferente: "na dimensão subjetiva, a LArb estabelece que apenas as pessoas capazes de contratar, poderão subscrever uma convenção de arbitragem. Diante disso, tratando-se de um negócio jurídico de índole negocial e processual, tem-se entendido que tal exigência refere-se à capacidade de fato ou de exercício, isto é, à possibilidade de que a pessoa realize, sem o auxílio de terceiros, os atos da vida civil"[18].

Pois bem, como ressaltamos no início do presente estudo, o Estado não apenas tem capacidade negocial, mas deve fazê-la para adquirir recursos e ativos que lhe permitam melhor gerir a coisa pública. Sua atuação privada não poderia deixar de se manifestar através da arbitragem. Assim, a Administração não apenas possui capacidade para contratar, como também deve fazê-lo, já que o Estado também atua na atividade privada.

O Estado, cada vez mais, vem realizando atividades negociais praticadas nos diversos ramos da economia. Essas atividades pos-

---

17. GONÇALVES, Eduardo Damião **Arbitrabilidade Objetiva**. Tese de Doutorado. Universidade de São Paulo, 2007, p. 26 e 153.

18. ROQUE, André Vasconcelos. **A evolução da arbitrabilidade objetiva no Brasil: tendências e perspectivas**. Revista de Arbitragem e Mediação, v. 33, , 2012. p. 304.

suem características próprias que envolvem altos valores e riscos altíssimos que exigem não apenas segurança jurídica, mas também considerável nível de previsibilidade, de modo a estimular cada vez mais a inserção do país no cenário internacional. Há aqui uma forte influência econômica, devendo-se levar em consideração não apenas os instrumentos normativos e jurídicos, mas também o ambiente em que os agentes exercem suas atividades. Um país que possui ambiente jurídico propício para a arbitragem, seja através de suas leis autorizativas e não intervencionistas, seja através do respeito do instituto perante órgãos oficiais, viabiliza a utilização da técnica para a solução de conflitos econômicos. Por essa razão, é possível afirmar que a arbitragem no setor público influenciou e incitou atores internacionais para investirem no país através de associações e parcerias privadas com Estado.

O uso da arbitragem pelo Estado consiste "num atrativo ao empresário, que se vê mais inclinado a contratar com o Poder Público; ele poderá utilizar, em caso de desavença, um procedimento que já é adequado à resolução de seus conflitos com outros particulares"[19]. Dessa forma, o sistema de solução de conflitos pela via arbitral opera movimentos renovadores, notadamente "na área especifica dos contratos firmados entre o setor público com empresas privadas, em decorrência das peculiaridades presentes nas novas formas de parcerias firmadas". Se o agente privado, ciente que o negócio celebrado com o Estado disporá sobre arbitragem (processo mais célere e especializado do que o Judiciário) para resolver eventuais divergências, levará em consideração este fator e isso refletirá nos valores de transação, reduzindo seus custos[20].

É precisa a observação de Rafael Wallbach Schwind de que há um notável "engajamento do Estado na exploração de atividades econômicas por meio da adoção de formatações empresariais distintas do modelo das empresas estatais"[21]. Isso justifica a adoção de novas técnicas negociais e novas estratégias de resolução de conflitos.

---

19. CARNAÚBA, César Augusto Martins. **Adequação da arbitragem aos litígios envolvendo o Poder Público**. Revista Brasileira de Arbitragem. n. 58, p 13.

20. LEMES, Selma Maria. Ferrreira. **Arbitragem na administração pública. Fundamentos jurídicos e eficiência econômica**. São Paulo: Quartier Latin, 2007, p 169.

21. SCHWIND. Rafael. **O Estado acionista: empresas estatais e empresas privadas com participação estatal**. São Paulo: Almedina, 2017, p. 417.

Essa questão também foi abordada por Hely Lopes Meireles ao lecionar que as prerrogativas do Estado "não lhe são outorgados em consideração pessoal, mas sim para serem utilizados em benefício da comunidade administrada". O ente público, por consequência, deve exercer "os poderes necessários à consecução dos fins sociais, que constituem a única razão de ser da autoridade pública de que é investido para atingir os objetivos da Administração"[22].

Eros Grau, na mesma trilha, ensina que "a administração, para realização do interesse público, pratica atos da mais variada ordem, dispondo de determinados direitos patrimoniais ainda que não possa fazê-los em relação a outros deles". Além disso, para o Ministro do STF "na relação contratual administrativa o Estado-aparato atua vinculado pelas mesmas estipulações que vinculam o particular; a Administração não exerce atos de autoridade no bojo da relação contratual"[23].

Pois bem, a arbitrabilidade subjetiva refere-se aos sujeitos da arbitragem ("*ratione personae*") e a capacidade, ou autorização, para uma pessoa física ou jurídica de direito público ou privado contratar arbitragem e dela participar.

João Luiz Lessa Neto atenta que "a questão da capacidade das partes para contratar não representa em si um requisito de arbitrabilidade, mas um requisito para a existência ou eficácia do contrato de arbitragem". Para o autor, "se a parte não for capaz de contratar em geral, o efeito prático é que o caso não poderá ser julgado por arbitragem, mas não é o mesmo que dizer que há uma inarbitratbilidade: o vício está no negócio jurídico"[24].

A Lei de Arbitragem atribui a arbitrabilidade subjetiva a quem possui capacidade de contratar no aspecto civil do termo. No que se refere à Administração Pública, não restava dúvidas quanto à sua capacidade para contratar, exigindo-se, no entanto, prévia autorização para praticar tal ato em respeito ao princípio da legalidade. Os

---

22. MEIRELLES, Hely Lopes. **Direito administrativo brasileiro.** 42. ed. São Paulo: Malheiros, 2016, p. 91.

23. GRAU, Eros Roberto. **Da arbitrabilidade de litígios envolvendo sociedades de economia mista e da interpretação de cláusula compromissória,** Revista de Direito Bancário, do Mercado de Capitais e da Arbitragem, n. 18, 2002. p. 814-821.

24. LESSA NETO, João Luiz. **Arbitragem e Poder Judiciário: A definição da competência do árbitro.** Salvador: Juspodivm, 2016 , p. 119.

debates travados na doutrina e nos tribunais judiciais e de contas persistiram por décadas com históricos julgados, ora permitindo, ora proibindo[25].

A reforma advinda pela Lei 13.129/15 parece ter sanado a discussão incluindo os §1º e §2º no art. 1º da LArb. Logo, restou autorizado à Administração Pública - direta e indireta - utilizar-se da arbitragem para dirimir conflitos relativos a direitos patrimoniais disponíveis, estabelecendo-se, também, que a autoridade ou o órgão competente da administração pública direta, para a celebração de convenção de arbitragem, é a mesma para a realização de acordos ou transações.

Como se observa, o legislador não se preocupou, apenas, em sedimentar a capacidade da Administração em participar do juízo, mas, também, em fixar quem teria legitimidade para firmar a convenção.

No que se refere ao primeiro instituto, segundo Giovanni Etore Nanni, a capacidade do agente é requisito de validade da convenção de arbitragem por esta ser, para todos os efeitos, um negócio jurídico. Porém, ele alerta que não se pode confundir a capacidade de direito (aptidão para exercer direitos e contrair obrigações) com a capacidade de fato (aptidão para exercer direitos por si mesmo). Assim, "só quem detém capacidade de fato pode optar pelo juízo arbitral", indicando que "a arbitrabilidade subjetiva regula-se pela capacidade contratual". Mais ainda, "a arbitrabilidade subjetiva diz respeito à capacidade negocial pelo que não se inserem no seu bojo eventuais restrições às pessoas jurídicas de direito público já que dispõem de tal capacidade"[26].

25. "No que concerne à arbitrabilidade subjetiva, o Brasil tradicionalmente manteve um ranço estatista e de hostilidade em relação à arbitragem, particularmente quanto à possibilidade de entes públicos serem parte em processos arbitrais. O desconhecimento leva ao medo. Há uma clara tendência de abertura e expansão da possibilidade de entes públicos serem partes em processos arbitrais. Um importante exemplo de abertura do direito brasileiro nesse ponto é a Lei das Parcerias Público-Privadas (Lei n. 11.079/2004) que estabelece ser possível, nos contratos regidos por essa lei, o emprego de mecanismos privados de resolução de disputas, incluindo a arbitragem. A lei procurou estabelecer um equilíbrio ao determinar que a arbitragem tem que ser realizada no Brasil e em língua portuguesa. O objetivo é definir que o Brasil será a sede dessas arbitragens, resguardando ao Poder Judiciário pátrio um papel de supervisão sobre o processo arbitral" Lessa, livro, p. 119.

26. NANNI. Giovanni Ettore. **Direito Civil e Arbitragem**. São Paulo: Atlas, 2014, p. 53-54.

Carlos Alberto Carmona lembra que é "condição *sine qua non* para a utilização da arbitragem é capacidade dos contratantes, sem o que não pode ser firmada convenção de arbitragem. Carlos Alberto Salles, por sua vez, traz certas contribuições para a questão. Para o autor, "a arbitrabilidade subjetiva não apresenta maiores dificuldades não se podendo pôr em dúvida a capacidade contratual da Administração Pública"[27]. Contudo, alerta que essa capacidade para contratar, deve ser "regida por diversos condicionantes jurídicos estranhos aos particulares" e ser realizada "com atenção e alguns condicionantes do regime de direito público e aplicar a essa modalidade contratual a disciplina jurídica que lhe é específica"[28].

Por seu turno, a legitimidade é igualmente necessária para participação da Administração na arbitragem, tanto na fase contratual, quanto na processual. O Estado, como já visto, é o titular do interesse público. Ele possui a prerrogativa de dispor de tais direitos com determinados condicionantes, já que o poder de disposição é um efeito direto da legitimidade que o Estado possui no exercício de suas prerrogativas com respeito às regras constitucionais e legais.

Leonardo Carneiro da Cunha, por sua vez, leciona que a legitimidade pode ser definida "como a pertinência ao atuante de uma relação jurídica; consiste numa aptidão subjetiva para a prática de atos jurídicos". Para o professor, a legitimidade é uma qualificação jurídica ou normativa. Diferencia-se a capacidade de legitimidade explicando que a capacidade geral "para a prática de atos jurídicos ao passo que a legitimidade consiste na aptidão específica para a prática de determinado ato diante de uma situação jurídica e perante dada pessoa"[29].

Donaldo Armelin, por seu turno, orienta que legitimidade é "a qualidade para a prática de determinado ato decorre de uma situação jurídica fática da qual emerge a titularidade do sujeito e constitui pressuposto jurídico para a origem dessa qualificação". Anota, ainda, que "a compreensão do conceito de legitimidade exige uma correlação direta entre o sujeito legitimado para praticar o ato e o

---

27. SALLES, Carlos Alberto de. **Arbitragem em contratos administrativos.** Rio de Janeiro: Forense, 2011., p. 217.
28. SALLES, Carlos Alberto de. **Arbitragem em contratos administrativos.** Rio de Janeiro: Forense, 2011, p. 215.
29. CUNHA, Leonardo Carneiro da. **Jurisdição e Competência**. 2 ed. São Paulo: Editora Revista dos Tribunais, 2013, p. 31-32.

seu objeto concreto", e previne: "não é possível falar em legitimidade genérica para a prática de todos os atos da vida civil ou comercial, como ocorre com a capacidade"[30]. Conforme o jurista: "a capacidade para contratar há de se aditar a legitimidade para dispor, que com ela não se confunde. A disponibilidade do direito patrimonial resulta da aptidão de seu titular dele se desfazer sem restrições legais. Enquanto a primeira, a capacidade, constitui um pressuposto de validade do ato jurídico, a segunda é um pressuposto subjetivo-objetivo de sua eficácia. O descompasso entre essas duas exigências legais para a celebração da convenção de arbitragem implica a sua invalidade. Destarte, qualquer arbitragem que se inicie ou se encerre tarjada de vício dessa natureza - ausência de tais requisitos - estará inexoravelmente fadada a ver declarada sua nulidade[31].

Rodrigo Tellechea, fundamentando-se no mesmo autor, explica ainda que a análise da existência ou não de legitimidade do ente deve acontecer "no momento em que o ordenamento lhe garante idoneidade para a prática de determinado ato aliada à concomitante inexistência de vedação legal, negocial ou judicial, que pode resultar de circunstâncias supervenientes ou preexistentes"[32].

A legitimidade é, portanto, o resultado da união da situação subjetiva do ente, somada à qualidade do objeto do ato jurídico. Será ineficaz a prática de um ato jurídico por um sujeito que não detenha legitimidade, isto é, sem o devido título. Em nosso contexto, e em outros termos, se a clausula compromissória for firmada por ente ou órgão sem autorização legal para tanto, tal estipulação não terá eficácia.

Cabe também sublinhar que a legitimidade não se confunde com poder de disposição: "o poder de disposição de um indivíduo tem como pressuposto necessário sua legitimidade para agir, que, por sua vez, decorre de uma posição jurídica subjetiva prévia desse mesmo sujeito com relação ao objeto". Assim, "o poder de dispor de

30. ARMELIN, Donaldo. **Legitimidade para agir no direito processual brasileiro**. São Paulo: Revista dos Tribunais, 1979, p.18-21.

31. ARMELIN, Donaldo. **A Arbitragem, a Falência e a Liquidação Extrajudicial**. Revista de arbitragem e mediação. n. 13. São Paulo: Revista dos Tribunais, 2007, p. 20.

32. TELLECHEA, Rodrigo. **Arbitragem nas Sociedade Anônimas: direitos individuais e princípio majoritário**. São Paulo: Quartier Latin, 2016. p. 140.

um direito próprio é geralmente concretizada na titularidade do direito"[33].

A diferença entre a capacidade para contratar arbitragem estabelecida no art. 1º, e a legitimidade para celebrar compromisso, abarcada pelo §2º do mesmo dispositivo, ficam ainda mais latentes quando observamos as orientações trazidas por Antônio Junqueira Azevedo ao estabelecer que a legitimidade é requisito que age sobre a validade do negócio e é definida como "a qualidade do agente consistente na aptidão, obtida por consentimento de outrem, para realizar com validade um negócio jurídico"[34].

A legitimidade da parte, para integrar o procedimento arbitral, se fixa entre os envolvidos da relação negocial: "a única via de legitimação, ativa ou passiva, para quem queria participar, ou seja, chamado a participar da arbitragem condiciona-se à própria convenção arbitral"[35].

Conforme exposto, a autoridade – ou o órgão competente – da Administração Pública direta para a celebração de convenção de arbitragem é a mesma para a realização de acordos ou transações (Lei 9.307/96, §2° do art. 1º). Se a Administração dispõe de órgão ou autoridade específica a quem lhe atribui poderes para realizar acordos, ou seja, transigir, a esse sujeito também deverá ser dado competência para celebrar convenção arbitral.

O legislador foi atento ao fato de que não basta apenas ter capacidade para contratar, mas, também, que esse ato seja praticado por autoridade legítima e competente com habilitação específica decorrente de prévia autorização legal[36]. Mais, a convenção de arbitragem, enquanto negócio jurídico processual que é, exige do representante da Administração, poderes específicos para firmá-la. Essa legitimi-

---

33. TELLECHEA, Rodrigo. **Arbitragem nas Sociedade Anônimas: direitos individuais e princípio majoritário**. São Paulo: Quartier Latin, 2016, p. 142 e ss.

34. AZEVEDO, Antônio Junqueira. **Negócio jurídico: existência, validade e eficácia**. 4. ed. São Paulo: Saraiva, 2010, p. 58-59.

35. THEODORO JÚNIOR. Humberto. **Arbitragem e terceiros – litisconsórcio fora do pacto arbitral – outras intervenções de terceiros**. Revista de Direito Bancário e do Mercado de Capitais, v. 14. 2001, p. 357.

36. "Quando indagamos se a produção de lei especifica que venha autorizar o Estado a celebrar convenção arbitral e medida adequada, notamos que a resposta e afirmativa. Afinal, o Estado, ao obedecer as disposições normativas postas, atende as diretrizes democráticas que lhe foram estabelecidas pela Constituição Federal" SALLA, Ricardo Medina. **Arbitragem e Direito Público**. Revista Brasileira de Arbitragem. n. 22. 2009, p. 83.

dade pode ser identificada no âmbito do Poder Executivo, em regra, responsável pelas tratativas e negócios por ela firmados.

Na opinião de José dos Santos Carvalho Filho, a competência para celebrar convenção de arbitragem é "normalmente atribuída à autoridade de maior escalão, ou delegada, quando a lei ou o ato administrativo encerrar a transferência dessa função" acentuando, ainda, que a convenção de arbitragem será inválida se celebrada por autoridade incompetente, "mas, em se tratando de vício de competência, é lícito que se processe sua convalidação, ratificando-se ulteriormente a vontade administrativa pela manifestação da autoridade competente"[37].

Analisada a questão da capacidade e legitimidade, é necessário compreender quem representará a Administração e defenderá seus interesses na arbitragem.

Consoante interpreta a doutrina a exigência do §2º do art. 1 da LArb faz "é de que tais atos sejam autorizados por determinadas autoridades. Não é qualquer advogado público que, por sua própria decisão, pode confessar, desistir, fazer transação, no curso de um processo judicial em que atua como representante do Estado"[38].

A Fazenda Pública se fará presente em juízo arbitral através de seus procuradores. Essa afirmação encontra base no CPC, em seu art. 182, o qual prevê que incumbe à Advocacia Pública defender, representar e promover, em âmbito judicial e extrajudicial, os interesses públicos da União, dos Estados, do Distrito Federal e dos Municípios em todos os âmbitos federativos, das pessoas jurídicas de direito público que integram a administração direta e indireta.

É possível inferir que cabe ao representante processual da Administração firmar o termo de arbitragem, marco inicial do procedimento jurisdicional privado. Leciona Leonardo Carneiro da Cunha que "cada advogado público, que tem poder para praticar atos processuais, pode celebrar negócios jurídicos processuais"[39] dos quais a convenção e o termo de arbitragem se incluem.

---

37. CARVALHO FILHO, José dos Santos. **Manual de direito administrativo**. 31. Ed. São Paulo: Atlas, 2017., p. 1063.
38. DI PIETRO, Maria Sylvia Zanella. **Direito Administrativo.** 31. Ed. Rio de Janeiro: Forense, 2018. Cf. capítulo 20.
39. CUNHA, Leonardo Carneiro da. **A Fazenda Pública em juízo**. 14. Rio de Janeiro: Forense, 2017, 668.

Leonardo Carneiro da Cunha assevera que a Fazenda Pública é representada, via de regra, "por procuradores judiciais, que são titulares de cargos públicos privativos de advogados regularmente inscritos na OAB, detendo, portanto, capacidade postulatória". O professor anuncia ainda que "como a representação decorre da lei, é prescindível a juntada de procuração, de forma que os procuradores representam a Fazenda Pública sem necessidade de haver procuração; a representação decorre do vínculo legal mantido entre a Administração Pública e o procurador"[40].

Ao que tudo indica, no processo de arbitragem, a regra se aplica da mesma forma. Não entendemos necessário que o procurador, ou advogado público, tenha que apresentar, perante o tribunal arbitral, procuração com poderes específicos para tal fim, assinada pelo chefe do executivo respectivo. A apresentação feita pelos procuradores públicos é diferente da realizada por advogados privados, conforme anota Hélio do Valle Pereira "a procuração é materialização de negócio jurídico, circunstância incompatível com a natureza da relação que se estabelece entre o órgão público e seus procuradores"[41].

Em âmbito federal, uma das atribuições do Advogado-Geral da União é nas ações de interesse da União (Lei Complementar 73/93, art. 4°, VI). O texto contempla a convenção de arbitragem em eventual demanda arbitral da qual a União e seus órgãos participem. No entanto, o Decreto 10.025/19 entabula que a União e suas entidades autárquicas serão representadas perante o juízo arbitral pela Advocacia-Geral da União (AGU) e seus órgãos vinculados, conforme as suas competências constitucionais e legais (art. 13). O texto vai além, estabelece que caso já tenha sido proposta ação judicial, a celebração de compromisso arbitral o órgão competente para a celebração do compromisso arbitral solicitará ao órgão da Advocacia-Geral da União responsável pelo acompanhamento da ação judicial um relatório sobre as possibilidades de decisão favorável à administração pública e a perspectiva de tempo necessário para o encerramento do litígio perante o Poder Judiciário (art. 6º §3º).

40. CUNHA, Leonardo Carneiro da. **A Fazenda Pública em juízo**. 14. Rio de Janeiro: Forense, 2017, p. 5-6.

41. PEREIRA, Hélio do Valle. **Manual da Fazenda Pública em Juízo**. Rio de Janeiro: Renovar, 2003. p. 82.

Além disso, fazendo uso do §2º do art. 1º da LArb junto ao art. 1º da Lei nº 9.469/97[42], pode-se indicar que a convenção de arbitragem tem que ser autorizada pela AGU, diretamente ou mediante delegação, ou pelos encarregados máximos das empresas públicas federais, e associado com o dirigente estatutário da área referente ao assunto[43].

De igual forma, os procuradores e advogados, no âmbito de Estados e Municípios, tendem a possuir a mesma autorização, já que representam, em processo judicial ou arbitral, os interesses dos seus entes e "a competência para fazer transação ou firmar acordos depende do que dispuser a respectiva legislação. As leis estaduais e municipais que organizam a respectiva advocacia pública costumam indicar a quem compete autorizar as transações ou acordos em juízo. A essa mesma autoridade caberá autorizar a arbitragem"[44].

Pelo que se extrai das entrelinhas dos dispositivos acima analisados somado ao atual contexto do contencioso da Fazenda e a participação desta em procedimentos de arbitragem, exigirá maior reflexão no momento de celebração dos contratos com cláusulas compromissórias e gerenciamentos dos riscos por parte da Advocacia Pública que terá esse novo campo de atuação[45]. Por essa razão, Selma Lemes

---

42. "Art. 1º O Advogado-Geral da União, diretamente ou mediante delegação, e os dirigentes máximos das empresas públicas federais, em conjunto com o dirigente estatutário da área afeta ao assunto, poderão autorizar a realização de acordos ou transações para prevenir ou terminar litígios, inclusive os judiciais. §1º Poderão ser criadas câmaras especializadas, compostas por servidores públicos ou empregados públicos efetivos, com o objetivo de analisar e formular propostas de acordos ou transações §3º Regulamento disporá sobre a forma de composição das câmaras de que trata o § 1º, que deverão ter como integrante pelo menos um membro efetivo da Advocacia-Geral da União ou, no caso das empresas públicas, um assistente jurídico ou ocupante de função equivalente. §4º Quando o litígio envolver valores superiores aos fixados em regulamento, o acordo ou a transação, sob pena de nulidade, dependerá de prévia e expressa autorização do Advogado-Geral da União e do Ministro de Estado a cuja área de competência estiver afeto o assunto, ou ainda do Presidente da Câmara dos Deputados, do Senado Federal, do Tribunal de Contas da União, de Tribunal ou Conselho, ou do Procurador-Geral da República, no caso de interesse dos órgãos dos Poderes Legislativo e Judiciário ou do Ministério Público da União, excluídas as empresas públicas federais não dependentes, que necessitarão apenas de prévia e expressa autorização dos dirigentes de que trata o caput. §5º Na transação ou acordo celebrado diretamente pela parte ou por intermédio de procurador para extinguir ou encerrar processo judicial, inclusive os casos de extensão administrativa de pagamentos postulados em juízo, as partes poderão definir a responsabilidade de cada uma pelo pagamento dos honorários dos respectivos advogados."

43. DI PIETRO, Maria Sylvia Zanella. Direito Administrativo. 31. Ed. Rio de Janeiro: Forense, 2018. Cf. capítulo 20.

44. DI PIETRO, Maria Sylvia Zanella. **Direito Administrativo.** 31. Ed. Rio de Janeiro: Forense, 2018. Cf. capítulo 20.

45. "É recomendável a existência de uma advocacia pública colaborativa entre os entes da federação e seus respectivos órgãos públicos, nos casos em que haja interesses públicos conflitantes/divergentes. Nessas hipóteses, União, Estados, Distrito Federal e Municípios poderão celebrar pacto de não propositura de demanda judicial e de solicitação de suspensão das que estiverem

alerta que "os advogados públicos devem estudar as regras da arbitragem e participar de grupos de discussão sobre a matéria. Assim, poderão desenvolver estratégias mais eficazes para defender a administração pública nos procedimentos"[46].

A qualidade da arbitragem não está apenas atrelada aos árbitros. A boa qualidade do contencioso desenvolvido pelos representantes das partes é fundamental. Para Arnoldo Wald, "a qualidade da arbitragem também está atrelada à atuação dos advogados. Quando eles não se comportam de forma adequada na arbitragem, fica, normalmente, afetada a relação com o árbitro e, por conseguinte, o resultado da arbitragem pode não ser satisfatório" O autor explica que a advocacia que auxilia o árbitro no cumprimento de seu papel integra valor substancial à demanda, a advocacia que, por outro lado, não contribui com o tribunal torna a arbitragem um campo judicioso e em total contraste daquilo que se busca em um ambiente privado.[47] No mesmo ensaio o arbitralista exemplifica algumas questões que vale nossa leitura: "A prática tem mostrado que os advogados atuantes em arbitragem devem observar determinadas regras de conduta específicas a fim de manter intacto o espírito do instituto. O advogado deverá, portanto, ser objetivo e preciso e saber ser sintético. Uma descrição clara e concreta dos fatos efetivamente relevantes é essencial para se atingir a melhor solução possível para o caso. Quando o árbitro não entende os fatos não pode decidir bem. A produção volumosa de provas, além de tumultuar o procedimento, acaba tirando o foco das questões que são realmente importantes, ocultando, muitas vezes, a verdade. Ela também acaba minando a credibilidade dos advogados em face dos árbitros, que podem vislumbrar nesse comportamento uma tática de distração ou dilação. Em qualquer dos casos, o resultado não é proveitoso para a arbitragem, que se desvirtua e acaba por impedir o tribunal arbitral de alcançar a sua finalidade precípua, que

propostas com estes, integrando o polo passivo da demanda, para que sejam submetidos à oportunidade de diálogo produtivo e consenso sem interferência jurisdicional". Enunciado n. 31 da I Jornada Prevenção e Solução Extrajudicial de Litígios.

46. Disponível em https://www.conjur.com.br/2018-ago-10/procuradores-publicos-aprender-arbitragem-advogada acesso em 30 de setembro de 2018.

47. WALD. Arnoldo. **O espírito da arbitragem**. Revista do Instituto dos Advogados de São Paulo n. 23. São Paulo: Revista dos Tribunais, 2009.

é a prolação de uma sentença justa, no menor prazo e com os menores custos possíveis"[48].

O Campo territorial de atuação também amplia, ainda que o procurador ou advogado público tenha a sua atuação principal no país e suas unidades federativas, "pode também participar de arbitragens internacionais que ensejam maiores desafios e nos obrigam, em certos casos, a estudar o direito estrangeiro, mas propiciam, em geral, grandes satisfações pela contribuição, que pode ser dada à pacificação dos conflitos, e o conhecimento de culturas distintas da nossa, assim como, o convívio fecundo com juristas de outras nacionalidades"[49].

As cortes nacionais têm pronunciamentos interessantes no que se referem à questão da convenção de arbitragem firmada por representante ou procurador. O Tribunal de Justiça de Goiás, na Apelação Cível n. 200893867691, em que se discutia a validade de compromisso celebrado por advogado das partes, assentou que "através de mandato alguém confia a outrem a gestão de seus interesses, gerando obrigações ao mandatário nos termos da manifestação volitiva de seu mandante". No caso concreto, entendeu-se que "as procurações outorgadas pelos apelantes, conferiu poderes à procuradora para firmar compromisso. Vê-se, então que esta última não excedeu os poderes que lhe foram conferidos, ao contrário, agiu exatamente dentro do que lhe foi confiado"[50].

Em outro caso, o Tribunal de Justiça de São Paulo entendeu que se a previsão mandamental autorizativa para a prática de atos em nome do representado perante o juízo arbitral, torna desnecessária a assinatura do termo de compromisso firmada pelo representado, já que este, quando outorga de poderes específicos mediante instrumento especial, "permite que o outorgado faça as vezes de quem lhe conferiu tal função"[51].

---

48. WALD. Arnoldo. **O espírito da arbitragem**. Revista do Instituto dos Advogados de São Paulo n. 23. São Paulo: Revista dos Tribunais, 2009.

49. WALD. Arnoldo. **A arbitragem e o mercado de trabalho dos advogados**. Revista de Arbitragem e Mediação n. 32. São Paulo: Editora Revitsta dos Tribunais, 2012. p. 105.

50. TJGO, 5ª CC, **Apel 386769-75.2008.8.09.0051**, Relator Alan Sebastião de Sena Conceição j. 20.10.2011.

51. TJSP APL n. 0114725-76.2012.8.26.0100, 27ª Câmara de Direito Privado Relatora: Ana Catarina Strauch, Data de Julgamento: 10/11/2015,

Tomando como base essas questões e trazendo as boas propostas de Gustavo Schmidt, entendemos que cabe ao Poder Executivo, através de instrumentos legais específicos, levando a efeito as especificidades administrativas do ente estatal e as cautelas impostas pelo interesse público, estabelecer regras para tratar do tema caso queira conferir maior segurança jurídica na participação da Administração em futuras arbitragens.

Aliás, o mesmo autor propõe *lege ferenda* que a competência para firmar eventual compromisso arbitral, em se tratando de conflito envolvendo a Administração Direta, é do Procurador Geral do Município (ou Estado)[52].

Nos casos em que existam conflitos tramitando no Poder Judiciário e interesse de resolver pela via arbitral, será celebrado compromisso arbitral também pelo procurador, por termo nos autos, perante o juízo ou tribunal, onde tem curso a demanda nos moldes do §1º art. 9º da Lei de Arbitragem e art. 6º, §2º do Decreto 10.025/19.

Com base nessas considerações, é possível depreender que a arbitrabilidade subjetiva da Administração Pública se manifesta da seguinte forma:

- A Administração tem capacidade para contratar e celebrar convenção de arbitragem.
- A autoridade ou o órgão competente da administração para a realização de acordos também será a mesma celebração de convenção de arbitragem.
- A legitimidade de representar a administração em juízo arbitral e firmar o termo de arbitragem é exercida pelo procurador do ente.

Como se vê, a capacidade, legitimidade e o poder de disposição têm grande relevância na atuação da Administração Pública na Arbitragem, em especial, no que concerne à possibilidade de a Fazenda Pública celebrar negócio jurídico processual e defender os direitos do Estado no procedimento arbitral.

52. SCHMIDT, Gustavo. **A arbitragem nos conflitos envolvendo a administração pública: uma proposta de regulamentação.** Dissertação (mestrado) – Escola de Direito do Rio de Janeiro da Fundação Getúlio Vargas, 2016, p. 119.

2.2. ARBITRABILIDADE OBJETIVA: PATRIMONIALIDADE, DISPONIBILIDADE E INTERESSE PÚBLICO

A arbitrabilidade objetiva é a arbitrabilidade em essência. Diz respeito à matéria que pode ser apreciada em juízo arbitral. Refere-se à conjugação da natureza patrimonial e disponível do direito o qual poderá ser, ou já vem sendo, objeto de conflito; é o limite material a ser observado pelo representante do Estado para resolver seus conflitos por via da arbitragem.

A arbitrabilidade, seja no aspecto subjetivo, seja no objetivo, conforme dito, é fruto de uma opção legislativa. Fica a cargo do legislador estabelecer qual campo em que a jurisdição privada poderá atuar[53]. Nas palavras de Patrícia Ferreira Baptista, tal questão "acha-se dependente das condições e limites de cada ordenamento jurídico nacional. Característica que se mostra ainda mais clara nas arbitragens envolvendo entes públicos, submetidos integralmente às leis do país a cuja Administração Pública pertencem"[54].

No que se refere à opção política adotada pelo legislador, Antônio Luiz Monteiro observa que "a área de abrangência da arbitrabilidade [objetiva] vem crescendo bastante nas últimas décadas, contando cada vez mais com o apoio dos Estados soberanos, seja por meio da edição de leis abrangentes a esse respeito"[55].

---

53. "A autorregulação dos interesses, também ela demonstra que a arbitragem está inserida no âmbito da autonomia privada, o que torna necessário que o direito tutelado por essa via seja disponível. Importante ressaltar, contudo, que em quaisquer dessas situações de abrangência legal da convenção arbitral, as partes sempre haverão de obedecer às normas de ordem pública que, por serem cogentes, não admitem que a vontade individual as derroguem. Desse modo, conclui-se que poderá ser arbitrado todo e qualquer direito classificável como patrimonial e disponível, cujos conceitos e definições jurídicas procuramos delinear acima, ficando de fora desse espectro os extrapatrimoniais e os patrimoniais indisponíveis. Como exemplos dessa última classe, citam-se aqueles direitos concernentes à condição humana (direitos personalíssimos), os bens fora do comércio (por sua própria natureza, como a luz, o vento, a água marinha), os créditos da Fazenda Pública (insuscetíveis de transação), os direitos difusos e coletivos (metaindividuais), qualquer matéria antitruste (por carregar questão de ordem pública atinente a regulação do mercado), questões de procedimento de jurisdição voluntária (igualmente, pelos interesses de ordem pública encerrados nessas questões), concurso de credores, certos casos de falência, dentre outros. Isso se justificaria porque, ao limitar a arbitragem (na verdade, a sua abrangência, por meio da restrição de seus objetos) estar-se-ia pendendo para a noção de tutela jurisdicional como manifestação do poder soberano, em vez de simples serviço, vale dizer, a liberdade de escolher o juiz é sacrificada em favor da soberania do Estado. FERRAZ, Renato de Toledo Piza. **Reflexões sobre arbitrabilidade subjetiva e objetiva**. Revista de Direito Empresarial, v. 8, 2015. p. 188.
54. BAPTISTA, Patrícia Ferreira. **A inarbitrabilidade objetiva do conflito entre Petrobras e a ANP** Revista de Direito Administrativo, Rio de Janeiro, v. 275, 2017, p. 255.
55. MONTEIRO, Antonio Luiz. **Algumas questões sobre a recente decisão do STJ na arbitragem Petrobras v. ANP: princípio da competência-competência, arbitrabilidade e Convenção de**

A LArb estipula que essa matéria deve ter duas características cumulativas: a patrimonialidade e a disponibilidade[56] (art. 1). Já o Código Civil, complementa a questão ao vedar que convenção de arbitragem trate de questões de estado, de direito pessoal de família e de outras que não tenham caráter estritamente patrimonial (art. 825) Além deles, o Decreto n. 10.025/19[57], para auxiliar o administrador, trouxe exemplos de possíveis conflitos que podem ser resolvidos pela via arbitral, notadamente aqueles em que se fazem presentes atividade negocial da Administração Pública. Conforme se estipula, incluem-se entre os litígios relativos a direitos patrimoniais disponíveis, a inadimplência de obrigação contratual, questões relacionadas à recomposição do equilíbrio econômico-financeiro dos contratos e questões relacionadas ao inadimplemento no recolhimento de tarifas portuárias ou outras obrigações financeiras (art. 2).

A doutrina também traz diversos exemplos de normas sobre os quais permitiu-se o uso da arbitragem. Selma Lemes[58], Leonardo Carneiro da Cunha[59], Marcelo Ricardo Escobar[60] e Eugenia Cristina Marolla[61] em suas respectivas obras apresentam os diversos campos da Administração Púbica em que se é possível a atuação arbitral, tais como litígios relativos à infraestrutura, exploração de petróleo, PPPs, concessões, telecomunicações, transporte, etc[62]. Ao que tudo indi-

---

Nova Iorque. Revista de Arbitragem e Mediação. n, 57, 2018, p. 61.

56. GONÇALVES, Eduardo Damião. **Arbitrabilidade objetiva**. Tese de doutorado. Faculdade de Direito da Universidade de São Paulo, São Paulo, 2008, p. 173; LEMES, Selma M. F. **Arbitragem na administração pública. Fundamentos jurídicos e eficiência econômica**. São Paulo: Quartier Latin, 2007. p. 124.

57. Art. 1º Este Decreto dispõe sobre a arbitragem, no âmbito do setor portuário e de transportes rodoviário, ferroviário, aquaviário e aeroportuário, para dirimir litígios que envolvam a União ou as entidades da administração pública federal e concessionários, subconcessionários, permissionários, arrendatários, autorizatários ou operadores portuários.

58. Cf. **Arbitragem na administração pública. Fundamentos jurídicos e eficiência econômica**. São Paulo: Quartier Latin, 2007, p. 123 e ss.

59. CUNHA, Leonardo Carneiro da. **A Fazenda Pública em juízo**. 14. Rio de Janeiro: Forense, 2017,, p. 649-651.

60. Cf. **Arbitragem Tributária no Brasil.** São Paulo: Almedina, 2017, pp.131-159.

61. Cf. **Arbitragem e os contratos com a Administração Pública**. Rio de Janeiro: Lumen Juris, 2016, p. 87 e ss.

62. Selma Lemes em parecer de sua lavra traz interessantes apontamentos: "Na área especifica dos contratos firmados entre o setor público (Estado e Empresas Estatais) com empresas privadas, em decorrência das peculiaridades presentes nas novas formas de parcerias firmadas e notadamente o vulto e envergadura dos empreendimentos, aos quais o Estado não pode dispensar a colaboração e o aporte de capital privado, houve a flexibilização da relação contratual, priorizando o equilíbrio de interesses das partes. Passa-se a dar maior relevo à igualdade de tratamento contratual, tal como no direito privado, sem com isso deixar de acatar as cláusulas exorbitantes, peculiares aos contratos

ca, diante da imatura resistência à utilização da arbitragem por entes públicos e tribunais (que se justificavam por ausência de autorização expressa) fez com que o legislador adotasse uma espécie de guerrilha legislativa, operando mudanças pontuais em leis esparsas para conformar o sistema e, só depois de maturação do instituto, perpetrar a alteração legislativa concretizada pela Lei nº 13.129/15[63].

Francisco José Cahali, sobre tais disposições legislativas, afirma que "esses diplomas legais não criaram a possibilidade do Poder Público solucionar seus conflitos por arbitragem, apenas vieram reiterar essa opção uma vez que a lei de arbitragem já autorizava a sua utilização há anos"[64].

Enfim, é o requisito legal estipulado: para ser objeto de arbitragem, o direito precisa ser patrimonial e também disponível, como bem prescreve Antonio José de Mattos Neto. "O legislador circunscreveu o direito a ser posto em juízo privado, não apenas por sua patrimonialidade, mas concentrou ainda mais o universo, limitando-se aos disponíveis"[65-66].

administrativos. À luz desses novos paradigmas, alicerçados nos princípios jurídicos da igualdade, legalidade, boa-fé, justiça, lealdade contratual, do respeito aos compromissos recíprocos das partes, da eficiência, da subsidiariedade, etc. Neste sentido pode-se dizer que todas as questões disciplinadas no contrato de concessão que gravitam em torno dos interesses patrimoniais do contrato são suscetíveis de solução arbitral. **O objetivo é o de preservar e conciliar os interesses dos envolvidos e dos respectivos usuários das obras e serviços prestados relativos à boa, correta e justa governança dos contratos que explorem atividades econômicas de quaisquer tipos, sejam de concessão de serviço público, sejam de atividades correlatas, tais como contratos de geração, transmissão, distribuição e compra e venda de energia elétrica**". (grifo nosso) Parecer disponível em < http://selmalemes.adv.br>.

63. Essa ponderação foi feita por meu amigo João Luiz Lessa em nossas conversas no Grupo Marco Maciel de Arbitragem.

64. CAHALI, Francisco José. **Curso de Arbitragem**. 5 ed. São Paulo: Editora Revista dos Tribunais, 2015, p. 429.

65. MATTOS NETO, Antonio José de. **Direitos patrimoniais disponíveis e indisponíveis à luz da Lei da Arbitragem**. Revista de Processo, São Paulo, v. 27, n. 106, p. 221-236, abr./jun. 2002

66. Fernanda Davidoff e Diego Franzoni em estudo que busca um interpretação do critério da disponibilidade com vistas à arbitragem envolvendo o poder público aduzem que "A patrimonialidade diz respeito à possibilidade de atribuição de valor monetário à pretensão deduzida pela parte, ou seja, que se possa reparar, compensar ou neutralizar o direito requerido com uma prestação de cunho econômico.1 O critério da patrimonialidade permite que certos direitos sejam objeto de negociação e, por conseguinte, possam se sujeitar à arbitragem: "pelos princípios que orteiam o direito de propriedade, entre outros os direitos patrimoniais, por sua natureza, podem ser objeto de negócio jurídico". Nesse sentido, a patrimonialidade seria aplicada às matérias disponíveis, restringindo o âmbito de aplicação da arbitragem, resultando ainda numa gama de questões tratadas nos contratos administrativos que poderiam ser submetidas à arbitragem. Assim, é possível concluir pela inexistência de incompatibilidade entre a arbitragem e os direitos derivados dos contratos firmados com o Poder Público, seja pela Administração Indireta ou Direta Os litígios mais comuns envolvendo tais avenças não escaparão à característica da

Convém observar o que a doutrina especializada também explica sobre o tema da arbitrabilidade objetiva, primeiramente analisando a patrimonialidade, e seguindo pela disponibilidade e a conjugação de ambos.

Luiz Scavone Junior sustenta que, "entre os direitos de cunho patrimonial, encontramos as relações jurídicas de direito obrigacional, aquelas que encontram sua origem nos contratos, nos atos ilícitos e nas declarações unilaterais de vontade". Ademais, para o autor, "a disponibilidade dos direitos se liga à possibilidade de alienação e, demais disso e principalmente, àqueles direitos que são possíveis de transação"[67].

Selma Lemes e Pedro Batista Martins, em síntese, entendem que "direitos patrimoniais disponíveis são aqueles passíveis de conversão monetária e seus detentores têm livre disposição, para praticar atos da vida civil tais como alienar, vender etc"[68-69].

Romulo Greff Mariani assevera que patrimonialidade decorre tanto do direito em si, quanto dos reflexos que sua eventual violação pode representar. Por isso, esse aspecto financeiro da arbitrabilidade "abrange não somente aquela considerada mais evidente, como oriunda do direito das obrigações – cujo melhor exemplo é o próprio direito a uma prestação em dinheiro –, mas também direitos que, nada obstante não sejam patrimoniais em sua essência, uma vez violados poderão ser quantificados e, sob essa perspectiva reparados"[70]. Maria Sylvia Zanella di Pietro observa que, conquanto o patrimônio público possa ter um conceito abrangente, que inclui o patrimônio social e o patrimônio cultural, o que importa para os fins do artigo

patrimonialidade, que, como se viu acima, é o critério mais seguro para o exame da arbitrabilidade objetiva No mais, o julgamento pelo juízo arbitral, além de compatível com os princípios que regem a atuação da Administração Pública (notadamente a eficiência e a moralidade), não pode ser presumido como menos imparcial ou menos favorável ao Estado do que o julgamento feito pelo Poder Judiciário. Pressupor o contrário seria o mesmo que admitir o total desvirtuamento dos princípios do devido processo legal, do contraditório e da ampla defesa, que regem o processo, tanto arbitral quanto judicial. FRANZONI. Diego; DAVIDOFF, Fernanda. In **Interpretação do critério da disponibilidade com vistas à arbitragem envolvendo o Poder Público**. Revista de Arbitragem e Mediação n. 41, 2014.

67. SCAVONE, Luiz Scavone. **Manual de Arbitragem**. 7 ed. Rio de Janeiro: Forense, 2016, p. 16.
68. LEMES, Selma M. F. **Arbitragem na administração pública. Fundamentos jurídicos e eficiência econômica.** São Paulo: Quartier Latin, 2007, p. 124.
69. MARTINS, Pedro Batista. Apontamentos sobre a lei de arbitragem. Rio de Janeiro: Forense, 2008, p. 3
70. MARIANI, P. 70.

1º da LArb é o patrimônio econômico, isto é, aquele que é passível de valoração econômica[71].

Será patrimonial, portanto, aquele direito que se manifesta monetariamente e aquelas obrigações e matérias com reflexos patrimoniais. O conteúdo patrimonial revela-se a uma percepção valorativa em dinheiro, em acepção econômica-financeira do objeto respectivo, sobretudo associado às relações jurídicas negocias. O objeto ou obrigação os quais a Fazenda Pública litiga em juízo arbitral, precisa possuir um substrato com valor patrimonial agregado, levando em conta ainda o fato de que, via de regra, os pontos pertinentes ao direito contratual ou decorrentes da atividade pública negocial são disponíveis patrimonialmente.

No que se refere à disponibilidade, a polêmica e os debates travados pela doutrina e jurisprudência nos levariam a uma discussão sem fim – e pouco produtiva – para esse estudo. Não se está descartando a importância da questão, pelo contrário. O Código de Processo Civil, por exemplo, traz inúmeras regras as quais emprega especial proteção aos sobre direitos indisponíveis[72].

A questão é que se confundiu, durante anos, a indisponibilidade enquanto característica do regime de direito público, com a disponibilidade de direitos exigida pela lei para submeter conflitos à arbitragem. Maria Sylvia Zanella di Pietro vai nesse mesmo sentido, aduzindo que "é correto afirmar que o interesse público é indisponível. Mas isto não significa que todos os direitos patrimoniais, no âmbito do direito público, sejam indisponíveis. Por vezes, a disponibilidade de

71. "No âmbito do direito público também existem direitos que admitem valoração econômica e outros que não a admitem. Por exemplo: é possível dizer que determinadas atividades exercidas pelo Estado são passíveis de valoração econômica (são as atividades econômicas por ele exercidas direta ou indiretamente). Outras não admitem essa valoração, como determinados serviços sociais do Estado, que correspondem aos direitos sociais do homem, considerados como direitos fundamentais. É evidente que os direitos fundamentais do homem não possuem valor econômico, não admitindo qualquer tipo de negociação ou transação, ainda que alguns produzam efeitos patrimoniais passíveis de negociação, como o direito de propriedade, por exemplo". DI PIETRO, Maria Sylvia Zanella. **Direito Administrativo.** 31. Ed. Rio de Janeiro: Forense, 2018. Cf. captiulo 20.

72. Observemos por exemplo os casos da distribuição do ônus da prova, o código determina que não pode ser objeto de convenção se a questão recair sobre direitos indisponíveis (CPC, art. 373, §3º, I). A revelia por sua vez, não produz efeitos totais se o litígio versar sobre direitos indisponíveis (CPC, art. 345, I) etc.

um patrimônio público pode ser de mais interesse da coletividade do que a sua preservação"[73].

Concordamos com a ponderação de Carlos Alberto Salles: "a arbitragem pode abranger apenas aqueles litígios relativos à matéria tipicamente contratual, envolvendo a Administração Pública e o particular contratante". Dessarte, "não obstante a série de equívocos e imprecisões contidas nessas afirmações tal objeção contrária a arbitragem resta prejudicada naquelas modalidades contratuais nas quais o legislador autoriza à administração utilizar esse mecanismo"[74].

De fato, quando o legislador permite que a Administração faça uso da arbitragem em determinadas matérias que orbitam dentro de sua esfera de disposição. Evidente que não há renúncia de direitos. O objetivo que seus conflitos sejam resolvidos adequadamente para assim atingir o interesse público. já que este último "é uma regra de vinculação da Administração a determinados interesses protegidos pelo ordenamento jurídico[75]".

Dessa forma, seja envolvendo particulares, seja envolvendo a Administração, será disponível o direito que se encontra juridicamente desimpedido. O objeto, o bem ou direito não terá restrições judiciais ou legais para ser objeto de transação e uso pelo seu titular.

Há quem relacione a disponibilidade como possibilidade de dispensar a intervenção judiciária. Sendo assim, os bens e direitos indisponíveis são aqueles aos quais o Estado reserva uma especial atenção e proteção, ainda que gire em torno de questões particulares. É o que afirma Aline Licia Klcin: "a disponibilidade é relacionada com a possibilidade de dispensar a intervenção da justiça estatal para a definição da situação. Nos casos em que a própria Administração poderia definir a questão de forma unilateral ou em comum acordo com o particular, opta por submetê-la ao juízo arbitral. No tocante às relações de que participa a Administração Pública, não há nenhuma regra geral no sentido de que seja imprescindível a intervenção do

73. DI PIETRO, Maria Sylvia Zanella. **Direito Administrativo**. 31. Ed. Rio de Janeiro: Forense, 2018. Cf. captiulo 20.
74. SALLES, Carlos Alberto. Arbitragem nos contratos... p. 287-295.
75. SALLES, Carlos Alberto. Arbitragem nos contratos... p. 287-295.

Poder Judiciário. Por isso, a indisponibilidade nessa matéria consiste em exceção, a ser prevista por lei específica"[76].

Bernardo Lima, em sintonia de ideias, apreende que "a indisponibilidade do interesse público se traduz na impossibilidade de vulnera-lo, isto é, de permitir que o interesse púbico sucumba a interesse particular". Com efeito, os direitos indisponíveis não se concentram ao livre alvedrio das partes por deterem proteção institucional diferenciada. É o caso dos bens públicos, que "submetem-se a um regime de disponibilidade condicionada, devendo sua disposição atender a determinados requisitos de ordem material, como a vinculação a determinada finalidade, e processual"[77].

Carlos Alberto Salles conclui apontando que "o regime de direito público não implica uma absoluta e generalizada indisponibilidade de bens e interesses relativamente aos bens, há, isto sim, uma disponibilidade condicionada, no sentido de dever-se respeitar determinado requisitos na ordem material e processual"[78].

Dessa forma, a indisponibilidade do interesse público não se confunde com a indisponibilidade do direito que pode ser objeto de arbitragem[79-80]. O regime de direito administrativo não é óbice à arbitragem. O que se exige é a observância dos limites e condições específicas por se tratar da coisa pública, de recursos advindos do erário e sobre as quais todas as cautelas devem ser empregadas.

O que se deve ter em mente é que "a existência de uma disponibilidade condicionada, indicativa da necessidade de se observar determinados requisitos substanciais e processuais para disposição de

76. KLEIN, Aline Licia. A Arbitragem nas Concessões de Serviço Público. In: PEREIRA, César Augusto Guimarães; TALAMINI, Eduardo (coord). **Arbitragem e Poder Público**. São Paulo: Editora Saraiva. 2010.

77. SALLES, Carlos Alberto. Arbitragem nos contratos... p. 287 e ss.

78. SALLES, Carlos Alberto. Arbitragem nos contratos... p. 287 e ss.

79. EROS GRAU. GRAU, Eros Roberto. **Da arbitrabilidade de litígios envolvendo sociedades de economia mista e da interpretação da cláusula compromissória**. Revista de Direito Bancário, do Mercado de Capitais e da Arbitragem, São Paulo, ano 5, n. 18, 2002,p. 400.

80. "Cabe ressaltar que ao optar pela arbitragem o contratante público não está transigindo com o interesse público nem abrindo mão de instrumento de defesa de interesses públicos. Está sim, escolhendo a forma mais expedita ou um meio mais hábil para a defesa do interesse público; Assim como o juiz, no procedimento arbitral, deve ser imparcial também o árbitro deve decidir com imparcialidade. O interesse público não se confunde com o mero interesse da Administração ou da Fazenda Pública; o interesse público está na correta aplicação da lei e se confunde com a realização concreta da justiça. Inúmeras vezes, para defender o interesse público, é preciso decidir contra a Administração Pública. DALLARI, Adilson Abreu. **Arbitragem na Concessão de Serviço Público**. Revista de informação legislativa, v. 32, n. 128, 1995, p. 66.

bens dessa espécie"[81]. O campo material é, sem dúvida, mais restrito do que aquele existente nas relações entre particulares, mas observadas as condições não há óbice legal-proibitivo para a arbitragem envolvendo relações contratuais e negociais da Administração Pública.

Cabe trazer uma questão importante.

Não se pode confundir os atos de império (interesse público primário) com atos de gestão (interesse público secundário). A doutrina explica que "o primeiro é a meta, o objetivo a ser atingido pela Administração no atendimento das necessidades sociais, enquanto o "segundo é instrumental, é a utilização de meios capazes de permitir a consecução do primeiro"[82].

A Administração Pública tutela interesses indispensáveis para a sociedade e a indisponibilidade pressupõe a inegociabilidade de tais interesses, mas existem as atividades-meio que existem para operacionalizar interesses, com natureza e essência patrimonial e, por essa razão, são disponíveis e suscetíveis de apreciação arbitral[83].

Eliana Calmon já se manifestou no sentido de que não se pode "confundir interesses públicos, e esses são realmente indisponíveis, com interesses da Administração Pública, que é diferente. E todas as vezes que em um contrato a Administração está firmando regras de contratos com o particular, nesse momento ele se coloca não a serviço do interesse público, a não ser de forma secundária, porque de imediato estamos ali diante do interesse da Administração Pública. E a ideia é que, todas as vezes onde não está presente este direito público primário, de interesse público, é possível a utilização da mediação. Esses direitos disponíveis para a Administração Pública situam-se na esfera principalmente dos contratos administrativos"[84].

Não existe relação entre disponibilidade de direitos patrimoniais e indisponibilidade de interesse público: "dispor de direitos patrimoniais é transferi-los a terceiros; disponíveis são os direitos patrimoniais que podem ser alienados". Essa ideia merece particular atenção porque enfraquece a ideia de que o interesse público vedaria

81. SALLES, Carlos Alberto. **Arbitragem nos contratos administrativos**... p. 288.

82. MEIRELES, Hely Lopes. **Direito Administrativo Brasileiro**, p. 284.

83. LEMES, Selma Maria. Ferrreira. **Arbitragem na administração pública. Fundamentos jurídicos e eficiência econômica**. São Paulo: Quartier Latin, 2007.

84. CALMON, Eliana. **Arbitragem e o Poder Público**. Revista de Arbitragem e Mediação. n. 24. São Paulo: Editora Revista dos Tribunais, 2010.

a atuação dos árbitros. Administração Pública, para atender e concretizar o interesse público, pratica diversos atos, públicos e privados, e nos mais das vezes dispõe de direitos patrimoniais[85]. Com efeito, dispor de direitos patrimoniais não significa dispor do interesse público, tampouco inobservá-lo, uma vez que a sua realização pode ser alcançada mediante a sua disposição. E remata: "sempre que puder contratar, o que importa disponibilidade de direitos patrimoniais, poderá a Administração, sem que isso importe em disposição do interesse público, convencionar cláusula de arbitragem"[86].

Carlos Alberto Carmona, no que se refere ao tema, explica que a Administração pratica atos de gestão e, assim, desveste-se da sua supremacia que caracteriza sua atividade típica, igualando-se aos agentes particulares nas contratações[87]. Escolher a arbitragem é um ato de gestão do administrador, que após avaliar e ponderar os riscos, consequências, vantagens e custos do serviço de solução de conflitos entende por bem prevenir-se e garantir a via privada para resolver conflitos para assim atender aos interesses públicos.

No que se refere aos custos César Augusto Martins Carnaúba alerta que "o custo administrativo leva em conta os dispêndios financeiros, mas não pode se resumir a eles, devem ser consideradas outras possíveis vantagens de um meio alternativo, ainda que mais custoso". O autor, exemplificando com base em casos práticos já experimentados, afirma que se o Estado "este pretende contratar uma concessionária para reformar e operar uma de suas linhas do metrô, um conflito daí decorrente que paralise as obras deve ser solucionado com urgência, mesmo que isso implique a assunção de gastos por parte do Poder Público"[88].

Bernardo Lima elucida uma questão importante no que se refere a atividade dos árbitros perante essas matérias sensíveis. Para o jurista baiano, no procedimento de arbitragem, o árbitro não promove a

85. GRAU, Eros Roberto. **Da arbitrabilidade de litígios envolvendo sociedades de economia mista e da interpretação da cláusula compromissória**. Revista de Direito Bancário, do Mercado de Capitais e da Arbitragem, São Paulo, ano 5, n. 18, out./dez. 2002.

86. GRAU, Eros Roberto. **Da arbitrabilidade de litígios envolvendo sociedades de economia mista e da interpretação da cláusula compromissória**. Revista de Direito Bancário, do Mercado de Capitais e da Arbitragem, São Paulo, ano 5, n. 18, out./dez. 2002.

87. CARMONA, Arbitragem e processo, p. 45.

88. CARNAÚBA, César Augusto Martins. **Adequação da arbitragem aos litígios envolvendo o Poder Público.** Revista Brasileira de Arbitragem. n. 58, p. 23-24.

disposição do objeto conflituoso. O julgador privado está tão-somente autorizado a aplicar o direito, observando a ordem pública, regras e princípios jurídicos, no âmbito do conflito, e declarar se assiste razão a quem demandou tal direito.

De fato, "sua missão não é compor o litígio através da disposição de direitos, mas sim prestar a efetiva e adequada tutela jurisdicional". O árbitro deverá observar os limites objetivos e subjetivos da demanda. Dessa forma, "não estão as partes transferindo aos árbitros poderes seus, mesmo porque não lhes é atribuído o poder de julgar, mas, tão somente, quando for possível, conforme o objeto em litígio, o de realizar concessões".

Existem matérias inabitáveis e isso não representa, necessariamente, algo que possa preocupar os interessados. Como indica Eduardo Damião Gonçalves, "as áreas excluídas da arbitragem, hoje estão cada vez mais reduzidas" e, na essência, as áreas inarbitráveis pouco importam para o mercado que faz uso de tal serviço privado. O autor traz bons exemplos de matérias que para ele são "absolutamente inarbitráveis", tais como relativas à capacidade, ao estado civil; direitos personalíssimos, litígios relativos aos bens fora do comércio, créditos da Fazenda Pública; créditos decorrentes da falência e institutos próximos[89]; litígios de direito administrativo relativo a interesses públicos primários; litígios do direito da concorrência, dentre outros[90].

No rol de matérias inarbitráveis estão aquelas contidas no art. 852 do Código Civil: questões de estado, de direito pessoal de família e de outras que não tenham caráter estritamente patrimonial. O primeiro impedimento indicado na norma faz alusão a questões de soberania ou a atos de império. Dessa forma, legislador resguardou para o próprio Estado a prerrogativa de resolver conflitos relativos a essa questão. Há quem diga ainda que "esse termo é desacertado, pois tem duplo sentido, podendo expressar tanto questões relativas ao estado civil das pessoas quanto questões envolvendo estatais. Ao fim e ao cabo a interpretação que prevalece é a de que questões de estado

89. Lei 11.101/05, art.82 (...) §2º **O juiz poderá**, de ofício ou mediante requerimento das partes interessadas, **ordenar a indisponibilidade** de bens particulares dos réus, em quantidade compatível com o dano provocado, até o julgamento da ação de responsabilização; Art. 154 (...) § 5º A sentença que rejeitar as contas do administrador judicial fixará suas responsabilidades, **poderá determinar a indisponibilidade** ou o sequestro de bens e servirá como título executivo para indenização da massa.

90. Gonçalves, Eduardo Damião **Arbitrabilidade Objetiva**..., p. 192.

dizem respeito à validade ou invalidade do casamento, à separação judicial dos cônjuges, e ao divórcio"[91].

As questões que orbitam em torno do poder-dever do Estado por meio de seus órgãos e agentes de fiscalizar o contrato/negócio firmado, para analisar a sua correta execução, são patrimoniais, não são disponíveis e não podem ser objeto da arbitragem. De fato, a prerrogativa pública de supervisionar a implementação do ajuste é uma *obrigação,* a qual se mostra um verdadeiro interesse público primário, ainda que com efeitos patrimoniais, e não se trata de matéria apta a ser apreciada por árbitros.

Cândido Rangel Dinamarco, nessa linha, leciona que "são objetivamente indisponíveis e, portanto, não comportam a via arbitral todos os direitos da personalidade, os que envolvam as sanções à improbidade administrativa, o jus puniendi de que é titular exclusivo do Estado"[92].

Essa questão merece sucinto realce. A indisponibilidade é traço destacado na Lei de Improbidade Administrativa. O art. 17 §1º da Lei 8.429/92 veda a transação, acordo ou conciliação nas ações de improbidade administrativa. O dispositivo não abre margem para dúvidas acerca do impedimento de práticas negociais nessas demandas de natureza notadamente administrativo-penais. O artigo em questão havia sido alterado pela já revogada Medida provisória nº 703 de 2015 que tinha por escopo adequar a mencionada Lei 8.429/92 à dinâmica da lei 12.846/13 (acordo de leniência) e da lei 12.850/14 (colaboração premiada). Realmente, a alteração prevista pelo art. 2º da Medida Provisória nº 703/2015 havia inovado o modelo negocial em questões administrativo-criminais. O sistema permitia transação em ação de improbidade administrativa nas hipóteses descritas no § 4º do art. 36 da lei nº 13.140/2015. Essa possibilidade, por outro lado, era restrita às hipóteses em que houvesse controvérsia jurídica na qual estivesse inserido ente público federal. O dispositivo da MP, já revogado, possibilitava a transação nas demais espécies de ações de improbidade administrativa. A vedação em questão deve ser observada em senti-

---

91. MUNIZ. Joaquim de Paiva. **Os Limites da arbitragem nos contratos de concessão de exploração e produção de petróleo e gás natural**. Revista de Arbitragem e Mediação n. 2. São Paulo: Editora Revista dos Tribunais, 2004.

92. DINAMARCO, Candido Rangel. **Arbitragem na Teoria Geral do Processo**. São Paulo: Malheiros, 2013., p. 92.

do processualmente amplo, isto é, não está adstrita à fase processual, mas também se aplica no momento pré-processual. Dessa forma, "o legislador desejou foi proibir a celebração de termos de ajustamento de conduta, em matéria de improbidade, de modo a que se afastasse o ajuizamento da ação em busca da aplicação das sanções previstas no artigo 12"[93-94].

Enfim, retornando à arbitragem explica-se que podem ser objeto de procedimento arbitral as relações contratuais celebradas pela Administração Pública que detenham reflexo patrimonial e que incluam, por exemplo, questões relativas ao equilíbrio econômico-fi-

93. GARCIA, Emerson; ALVES, Rogério Pacheco. Improbidade Administrativa. 9. ed. São Paulo: Saraiva, 2017, p. 908.

94. Em parecer que tivemos oportunidade de colaborar destacamos que a Lei nº 13.140 estabelece que pode ser objeto de mediação o conflito que verse sobre direitos disponíveis ou sobre direitos indisponíveis que admitam transação. (Art. 3º). No que se refere a esses últimos o consenso das partes envolvendo direitos indisponíveis, mas transigíveis, deve ser homologado em juízo, exigida a oitiva do Ministério Público (§2º do art. 3º). No contexto da referida Lei de Mediação a expressão "autocomposição" tem sentido elástico abrangendo diversas modalidades, como a resolução administrativa de conflitos (art. 32), a mediação (art. 33), a mediação coletiva de conflitos relacionados com a prestação de serviços públicos (art. 33, parágrafo único), a transação por adesão (art. 35) e a composição extrajudicial de conflitos (arts. 36 e 37). Todo esse arcabouço normativo deixa delineado as partes, ferramentas e também a órbita de aplicação do sistema multiportas quando da participação da Administração Pública. A ressalva que não escapa aos diplomas concentra-se no fato de se estar diante de conflitos envolvendo os direitos indisponíveis, nos quais a borda de negociabilidade é mínima pela própria natureza desses direitos. O erário público não pertence ao Estado, na verdade é apenas por ele administrado. Os princípios aplicáveis à Administração Pública ainda que por vezes conflitantes com outros princípios não podem ser ignorados. Da mesma forma, o legislador entendeu que aquele enriquece de forma ilícita deve ressarcir integralmente os cofres públicos. Todas essas questões, pelo teor da lei, não admitem transação, pois implicaria em verdade renúncia ao direito transindividual, de titulares indeterminados, da coletividade os quais são representados pela atuação do Estado, e que não se encontram passíveis de livre disposição. Ainda que a prática consensual a adoção de práticas consensuais pela Administração Pública parece claro que o legislador optou por restringi-las em determinados assuntos, em especial nas ações que envolve improbidade administrativa onde os princípios constitucionais aplicáveis atuação do Estado foram inobservados e também nos casos em que atos que causaram prejuízo ao Erário público ou enriquecimento ilícito por parte de agentes públicos. Pelo que se observa da lei e em consonância com a jurisprudência, na ação de improbidade administrativa não é possível e tampouco autorizado a interpretação flexível a despeito da vedação à utilização de técnicas autocompositivos plasmadas no artigo 17, §1º, da Lei nº 8.429/92. O que é possível, e nada além disso, vale ressaltar, é a realização de ajustes que fixam ou estabelecem as condições, o prazo e a forma de reparação dos danos provocados ao erário ou quanto à perda da vantagem ilicitamente obtida pelo sujeito passivo, igualmente a utilização do compromisso de ajuste de conduta com vista à prevenção do dano. De fato, o ajuste se dá no âmbito procedimental e não incide sobre a matéria em discussão pois trata-se de matéria indisponível. Por todo o aqui exposto, conclui-se que é defeso ao Estado, representado pela Administração Pública, conceder direitos, criar obrigações ou impor vedações aos administrados sem expressa previsão legal. A observância a proibição legal é que se impõe. Trata-se, portanto, de obstáculo legal instransponível no qual o princípio da legalidade administrativa veda a utilização da solução negociada nas ações de improbidade administrativa. Repita-se ainda que a exaustão: a lei impede expressamente e inequivocamente a utilização de transação, acordo ou conciliação no âmbito da Lei nº 8.429/92 que versa sobre Improbidade Administrativa.

nanceiro. Faz, entretanto, uma importante ressalva: "por outro lado, as disposições classificadas como regulamentares e atinentes à Administração, previstas no contrato, estariam fora da zona de direito disponível e, portanto, sujeitas à jurisdição estatal"[95].

Também poderíamos incluir como inarbitráveis os bens e demais direitos indisponíveis por decisão judicial, tais como os ativos financeiros a que se refere o art. 854 do CPC. Nesse e em outros casos similares, a indisponibilidade tem por escopo impedir a alienação de bens e direitos do executado em proveito próprio, o que poderia findar provocando prejuízo a terceiros, é dizer, procura-se dar eficácia a atos futuros de constrição patrimonial. Trata-se de indisponibilidade legalmente estipulada mas sujeita confirmação casuística em decisão judicial.

2.2.1. Arbitrabilidade envolvendo desapropriações (Lei n. 13.867/19)

A desapropriação é forma de intervenção do Estado na propriedade privada que objetiva transferir a propriedade de bem particular para o seu acervo. Conforme explica a doutrina "a desapropriação é o procedimento administrativo pelo qual o Poder Público ou seus delegados, mediante prévia declaração de necessidade pública, utilidade pública ou interesse social, impõe ao proprietário a perda de um bem, substituindo-o em seu patrimônio por justa indenização"[96].

A utilização da arbitragem nos procedimentos de desapropriação teve tímida análise doutrinária e esbarrava na inexistência de autorização legal. Aliás, é um problema do sistema brasileiro tentar resolver problemas sérios apenas com inovações legislativas sem se preocupar em oferecer garantias ou implementar políticas públicas de caráter prático. De qualquer forma, observando a lacuna legislativa foi promulgada a Lei n. 13.867/19 que alterou o Decreto n. 3.365/41 que dispõe sobre desapropriações por utilidade pública.

A Lei é fruto do Projeto de Lei do Senado nº 135, de 2017 de autoria do Senador Antônio Anastásia. Conforme ficou apontado na

---

95. LEMES, Selma. **Arbitragem na Concessão de Serviços Públicos-Arbitrabilidade Objetiva. Confidencialidade ou Publicidade Processual?** Parecer disponível < http://selmalemes.adv.br/artigos>.

96. DI PIETRO. Maria Sylvia Zanella. Direito Administrativo. 27 Ed. São Paulo: Atlas, 2014, p. 166.

proposta legislativa "a Constituição considera a indenização justa e prévia como uma garantia fundamental do cidadão que vai ter sua propriedade desapropriada". Um dos subsídios utilizados para a proposta foi a Tese de Doutorado de Frederico Nunes de Matos intitulada "*Novas Fronteiras das Arbitragem Aplica aos Litígios da Administração Pública: Incidência sobre conflitos extrajudiciais, especialmente na desapropriação*". Além disso, destacou-se que uma das razões da proposta é a tentativa de superar a morosidade dos processos judiciais que tratam do tema.

Nos parece que a nova tendência é amadurecer o quadro normativo para com isso ampliar a utilização da arbitragem nas searas do direito público sem maiores percalços e atender o princípio da legalidade. A lacuna legislativa foi suprida por autorizações genéricas e, com o passar do tempo, a arbitrabilidade objetiva das matérias vem sendo a identificada através de leis exemplificativas, uma delas é a Lei n. 13.867/19.

Realmente, trata-se de um problema antigo que envolve questões jurídicas econômicas e sociais bastante sensíveis. O legislador entendeu que a arbitragem, assim como a mediação, pode ser ferramenta útil para de uma só vez atender o interesse público transferindo a propriedade de terceiro para si fundado em razões de utilidade ou necessidade públicas e interesse social como também ao particular com a justa e prévia indenização em dinheiro.

Prevê a lei acima mencionada incluía possibilidade da utilização de arbitragem após o exaurimento da fase declaratória, onde o Poder Público atribui a utilidade pública ou interesse social do bem por meio de decreto expropriatório (art. 6). Destaca-se que "embora a declaração de utilidade pública ou interesse social não seja suficiente para transferir o bem para o patrimônio público, ela incide compulsoriamente sobre o proprietário, sujeitando-o, a partir daí, às operações materiais e aos atos administrativos e judiciais necessários à efetivação da medida. Trata-se de decisão executória do Poder Público, no sentido de que não depende de título fornecido pelo Poder Judiciário para subjugar o bem"[97].

97. DI PIETRO. Maria Sylvia Zanella. Direito Administrativo. 27 Ed. São Paulo: Atlas, 2014, p. 171.

Ficou reservada ao Estado a avaliação do interesse público primário, é dizer: a utilidade pública ou interesse social, são, nos termos da lei, inarbitráveis. A questão não é tão diferente se for levada a seara judicial onde é vedada a verificação de utilidade pública pelo magistrado (art. 9º).

A lei também estabelece que a desapropriação deverá efetivar-se mediante acordo ou intentar-se judicialmente, dentro de cinco anos, contados da data da expedição do respectivo decreto e findos os quais este caducará (art. 10).

O art. 10-A trata da fase administrativa da desapropriação, estabelecendo a notificação do expropriado para a aceitação do preço apresentado pela Fazenda ou concessionários e demais empresas privadas. Caso a proposta for aceita, a desapropriação será consensual, conforme dito acima.

Uma novidade relevante está contida no art. 10-B que permite a opção pela mediação ou pela via arbitral para decidir a questão indenizatória. É esse o campo de arbitrabilidade (Lei 9.307/96, art. 1º) da disputa envolvendo desapropriação: o valor da indenização.

A sentença arbitral fixará o valor da indenização a ser paga pelo Poder Público expropriante. O conteúdo do art. 27 da Lei de Desapropriação se aplica ao árbitro com as devidas adaptações: órgão jurisdicional que indicará na sentença os fatos que motivaram o seu convencimento e deverá atender, especialmente, à estimação dos bens para efeitos fiscais; ao preço de aquisição e interesse que deles aufere o proprietário; à sua situação, estado de conservação e segurança; ao valor venal dos da mesma espécie, nos últimos cinco anos, e à valorização ou depreciação de área remanescente, pertencente ao réu. Para atender os critérios de justiça, precedência e pecuniariedade o árbitro deverá levar em consideração não apenas o valor do bem expropriado, mas também eventuais danos e lucros cessantes decorrentes da perda da propriedade, incluindo ainda os juros moratórios e compensatórios e demais custas (Lei 9.307/96, art. 27).

A sentença arbitral que trata da desapropriação terá, necessariamente, dois efeitos principais: permite a imissão definitiva na posse do bem em favor do expropriante e será título executivo judicial apto para a transcrição da propriedade do bem no registro imobiliário competente.

Também não se descarta a possibilidade de o árbitro homologar acordo fruto de consenso das partes ou mesmo delas utilizarem-se de cláusulas escalonadas prevendo em um primeiro momento a mediação para acordos parciais e posteriormente levar o tema controvertido para a arbitragem.

Não é demais ressaltar que não se aplicam na demanda arbitral o recurso de apelação previstos no art. 28. A decisão do árbitro será irrecorrível (Lei 9.307/96, art. 18).

Outra questão foi objeto da reforma legislativa. Está prevista a possibilidade de uma câmara de mediação criada pelo poder público para administrar esses procedimentos (art. 10-B, §2º). Deixando clara a ideia que a arbitragem se desenvolve somente na seara privada. A afirmação não é à toa: ainda existem expressões como "arbitragem extrajudicial" por aí, um pleonasmo bastante grosseiro.

Enfim, podem haver conciliação e mediação judicial ou extrajudicial, mas a arbitragem será sempre privada.

A lei também reforça a ideia de que o procedimento arbitral será regido por normas institucionais (art. 10-B, §4º) isto é, os regulamentos das câmaras de arbitragem é que tratarão das questões procedimentais que têm por caraterística principal a flexibilidade.

Foram vetados os dispositivos que atribuíam ao poder público o ônus de custear as despesas com a arbitragem e mediação[98], o Ministério da Infraestrutura opinou pelo veto: porque "os dispositivos estabelecem que os honorários dos mediadores e dos árbitros sejam obrigatoriamente adiantados pelo poder público, o que contraria o interesse público ao afastar a possibilidade de adesão a regulamentos eventualmente mais vantajosos ao Erário, que prevejam pagamentos parcelados ou ao final do procedimento".

Pode-se concluir que a desapropriação é matéria arbitrável. O legislador atribuiu ao Poder Público e aos sujeitos privados nova possibilidade de resolver questões relativas à desapropriação, chegou-se a

98. No projeto original estavam incluídos os §§ 3º e 5º com a seguinte redação:

"§ 3º Os honorários dos mediadores, se houver, serão adiantados pelo poder público e, ao final do procedimento, serão pagos na forma estabelecida nos regulamentos do órgão ou instituição responsável.

"§ 5º Os honorários dos árbitros serão adiantados pelo poder público e, ao final do procedimento, serão pagos pela parte perdedora ou proporcionalmente, na forma estabelecida nos regulamentos do órgão ou instituição responsável."

afirmar ainda que "a arbitragem neste cenário é um ganho institucional para o poder público, como para os particulares, não dependendo unicamente de solução judicial"[99]. De fato, há mais um estimulo o modelo multiportas e o uso de formas extrajudiciais de solução de disputas. Cabe observar os impactos da lei no decorrer do tempo.

2.3. APLICAÇÃO ESPECÍFICA PERANTE OS TRIBUNAIS JUDICIAIS E ARBITRAIS

Superado esse apanhado doutrinário e, para tornar mais pragmático o presente estudo, trazemos interessantes casos julgados pelos nossos tribunais nacionais, que trataram do tema, alguns entendendo pela indisponibilidade da matéria e como consequência sua inarbitrabilidade, outros considerando pela possibilidade de o conflito ser decidido pela via arbitral para, ao fim, trazer uma decisão arbitral lavrada por José Carlos Barbosa Moreira quando atuou como árbitro na Câmara de Arbitragem da FGV. Também apresentaremos uma decisão de procedimento arbitral envolvendo o Estado de Pernambuco. Há, ainda, dois casos apreciados pela Corte de Arbitragem da CCI acerca da legitimidade para firmar compromisso arbitral por representante do Estado e seus possíveis efeitos. É ler e conferir.

2.3.1. Caso das Adutoras do Sertão

No TRF da 5ª Região, em conflito relativo um consórcio de pactuado entre o Estado de Pernambuco, a União e uma determinada Companhia de Saneamento, asseverou-se que "a submissão à arbitragem só inibe a jurisdição quando o objeto do contrato é sinetado com direito disponível". O relator do caso refutou a disponibilidade do direito envolvido por se tratarem de verbas públicas destinadas à construção de adutoras para o Sertão pernambucano e questionou: "serão disponíveis os direitos incidentes sobre verbas públicas destinadas à construção de adutoras de água para a dessedentação de populações pobres no sertão nordestino, vassalo de secas? "; prosseguiu: "para debelar a seca para quem morre de sede, não! Correta a via jurisdicional agitada, não havendo nulidade pelo desprezo à cláusula

99. Disponivel em <https://www.conjur.com.br/2019-ago-27/publicada-lei-permite-mediacao-arbitragem-desapropriacoes>.

de arbitragem"[100]. Pelo que se extrai do julgamento, o caráter patrimonial da questão envolvida era incontroverso, mas para o julgador a disponibilidade do direito não se fazia presente, o que inviabilizaria a via arbitral para solucionar a questão.

2.3.2. Caso SABESP v. Franca Expansão S.A

O Tribunal de Justiça de São Paulo, no caso SABESP v. Franca Expansão S.A, que versava sobre contrato de concessão, interpretou como indisponíveis os direitos envolvidos, apontando que a via arbitral pode ser provocada para solucionar questões de natureza patrimonial advindas de contrato administrativo, no entanto ressalvou-se que a técnica não é apropriada quando essas questões referem-se a direitos indisponíveis nele previstos. Na espécie, a SABESP (cujo principal acionista é o governo do Estado de São Paulo, que controla a gestão da companhia) defendeu que a natureza propriamente do litígio não possuía vertente apenas patrimonial, discussões de cláusulas contratuais obrigatórias e de caráter cogente atinentes às obrigações válidas no contrato, mas adentraria no próprio poder de fiscalização e império da Administração Pública. Ressaltou também que "o pleito não está voltado aos interesses meramente econômicos e/ ou patrimoniais, mas a pretensão resvala no poder de império e suas cláusulas inderrogáveis". A Desembargadora Maria Laura Tavares, relatora do processo, pronunciou que a fiscalização da execução do contrato, a aplicação direta de sanções e as restrições à oposição da exceção do contrato não cumprido são prerrogativas de direito público da administração contratante (cláusulas exorbitantes), configurando direito indisponível. Assim, a matéria não deve ser submetida ao juízo arbitral, que poderá dirimir conflitos apenas relativos a direitos patrimoniais disponíveis[101].

2.3.3. Caso TERRACAP

Há outros julgados que também entenderam pela indisponibilidade da matéria discutida e bloquearam o uso da arbitragem. O

100. (...) A submissão à arbitragem só inibe a jurisdição quando o objeto do contrato é sinetado com direito disponível. Não há que se falar em disponibilidade quando o trato envolve verba pública para a construção de obras de transporte de água para regiões carentes de dessedentação humana, como é o sertão nordestino. (APELREEX34676/PE, Desembargador Federal Edílson Nobre, Quarta Turma, DJE 20/10/2017).

101. TJSP, 5ª Cam Dir Pub, Apel 1016607-87.2015.8.26.0053, j. 01.08.2016.

Tribunal de Justiça do Distrito Federal e Territórios, em determinado caso, assim entendeu: "não é arbitrável a discussão referente à cessão de direito real de uso de imóvel objeto do Programa de Promoção do Desenvolvimento Econômico integrado e Sustentável do Distrito Federal – Pró/DF, porque não configura direito patrimonial disponível". Na oportunidade, o TJDFT julgou procedente a ação que buscava anular sentença arbitral proferida por determinada entidade[102].

Em sede de ação de homologação de laudo arbitral (expressão utilizada antes da Lei de Arbitragem de 1996), julgou-se como improcedente pedido homologatório em primeira instância. Defendia-se que o laudo apreciara direito patrimonial indisponível. O TRF da 2ª Região manteve a decisão do juiz primário, por entender que o objeto da questão envolvia "verba pública *stricto sensu*" decorrente do Fundo da Marinha Mercante administrados pelo BNDES, o que para a Corte Judicial era considerado direito indisponível[103].

2.3.4. Caso Petrobrás v. ANP

Já o Superior Tribunal de Justiça, em caso envolvendo a Petrobras e a Agência Nacional do Petróleo, realizou pronunciamento interessante sobre a questão[104-105]. Trata-se de Conflito Positivo de Competência

102. Confira-se ainda outro trecho do julgado: "Noutra perspectiva, tem-se como nulo de pleno direito o ato praticado por quem não tenha competência para praticá-lo e a Lei que dispõe sobre a arbitragem não lhe atribui competência para dirimir acerca de "litígios relativos a direitos patrimoniais disponíveis" (art. 1º Lei 9.307/96). DesSe modo, além de nulo o negócio efetuado pelas partes, por ilicitude do objeto, a solução arbitral não possui nenhuma validade, porque não possui competência para conhecer de litígios relativos a direitos patrimoniais indisponíveis, como sói ocorrer na hipótese dos autos"TJDFT, 5ª Turma Cível, Apel 20061010028508, j. 05.08.2010.

103. Nos termos do voto do relator, "O Fundo da Marinha Mercante, como se sabe, é constituído, desde a origem, por verbas tributárias e dotações orçamentárias da União. Vale dizer: não se trata de exploração de atividade econômica de produção ou comercialização de bens ou de prestação de serviços Nessa perspectiva, afigura-se correta a sentença que negou a homologação do laudo arbitral, pois não se poderia considerar disponíveis os direitos em litígio, por tratar-se de verbas públicas stricto sensu. Se assim é, não há que se cogitar de disponibilidade dos direitos relativos aos recursos do FMM, muito menos na possibilidade de tais recursos serem objeto de Juízo Arbitral, onde não foi parte a União Federal." TRF2, 7ª Turma Esp, Apel 0004103-63.1997.4.02.0000, j. 19.11.2008, unânime.

104. STJ -CC: 139519 RJ 2015/0076635-2, Relator: Ministro Napoleão Nunes Maia Filho, Data de Julgamento: 11/10/2017, Data de Publicação: DJe 10/11/2017.

105. Houve quem opinasse contra a arbitrabilidade do conflito. Em denso parecer, Patrícia Ferreira Baptista fez considerações relevantes, as quais aqui colacionamos: "A arbitrabilidade objetiva de um litígio, portanto, acha-se dependente das condições e limites de cada ordenamento jurídico nacional. Característica que se mostra ainda mais clara nas arbitragens envolvendo entes públicos, submetidos integralmente às leis do país a cuja Administração Pública pertencem. (...). Além disso, a Administração Pública, ainda que adote a via contratual, está sempre subordinada

envolvendo Petrobras e ANP que tinha como suscitados um painel de árbitros da CCI, o TRF da 2ª Região e o Juízo Federal do Estado do Rio De Janeiro, em que se debatia a competência para sediar os dissensos decorrentes da validade e aplicabilidade da Resolução de Diretoria/ ANP 69/2014, considerando-se a existência de cláusula compromissória em contrato de concessão e consequente constituição de juízo arbitral para solução das respectivas controvérsias sobre o tema. A Ministra Regina Helena Costa registrou que "sempre que a Administração contrata, há disponibilidade do direito patrimonial, podendo, desse modo, ser objeto de cláusula arbitral, sem que isso importe em disponibilidade do interesse público" e concluiu que "o direito patrimonial objeto do

ao atendimento de um dado interesse público. E, nesse contexto, a qualificação de um interesse público como indisponível pode decorrer simplesmente do relevante valor social do seu objeto. Petróleo e gás natural não constituem apenas commodities de propriedade da União, mas bens públicos de importância estratégica para a economia nacional e das unidades federadas, algumas das quais têm economia fortemente vinculada ao setor. O valor social das atividades de exploração e produção de petróleo para o desenvolvimento econômico do país é inquestionável. Grande parte dos países que têm reservas de petróleo e gás considera a exploração e produção destes bens uma questão de Estado, fortemente vinculada ao exercício da soberania nacional. Ao longo deste opinamento, já foram feitas asserções capazes de infirmar a validade deste argumento: (i) havendo divergência de interpretação quanto a sentido de conceito legal, deve prevalecer a autoridade interpretativa da agência; (ii) a interpretação sistemática de dispositivos legais e cláusulas contratuais aponta em favor da competência regulatória da ANP para determinar os perímetros dos campos de exploração; e (iii) a interpretação pragmática do contrato de concessão de exploração e produção do petróleo deve conduzir a igual reconhecimento de poder à agência, sob o risco de ficarem sem tutela interesses públicos veiculados na lei do petróleo. A livre-iniciativa e a liberdade de empresa são expressões da autonomia privada em regra afastadas quando se trata do exercício de atividades econômicas sujeitas a regime de monopólio legal Entretanto, a amplitude dos poderes conferidos ao agente econômico para persecução da sua agenda privada na execução da atividade econômica monopolizada vai depender diretamente do título jurídico habilitante. E isso não se quer dizer, em absoluto, que o concessionário não tem margem para decisões empresariais na execução do objeto do contrato. Apenas que, nos contratos de exploração e produção de petróleo, esta margem de atuação empresarial é restrita a domínios que não digam respeito à implementação de comandos e fins postos pelo legislador, nem à realização da política regulatória para o setor. A livre-iniciativa, como dimensão da autonomia privada que é, tem um espaço muito restrito na relação entre a ANP e os concessionários de produção e exploração de petróleo. A leitura dos extensos comandos legais, contratuais e regulatórios, indica neste sentido. Aqui, é a autoridade pública que ocupa um espaço maio [...] Não sendo signatários da cláusula compromissória, os entes federados não estão sujeitos aos efeitos da decisão arbitral, podendo submeter a matéria ao Poder Judiciário. A instauração do juízo arbitral mostra-se, pois, ineficaz ao ângulo prático — porque não conseguirá cumprir o seu mister de resolução da controvérsia e pacificação do litígio —, além de ineficiente, porque gerará elevado dispêndio público com os custos da arbitragem. A presença de cláusula arbitral redigida de forma abrangente no contrato de concessão e exploração de petróleo do bloco BC- 60, sem especificar o seu alcance, não importa em que todas as controvérsias havidas entre a Petrobras e a ANP possam ser submetidas à arbitragem. O cabimento do procedimento arbitral não depende apenas da vontade das partes manifestada no contrato, mas também — e principalmente — da ordem jurídica nacional. **No caso, o litígio submetido a juízo arbitral pela Petrobras envolve direito indisponível e, por isso, objetivamente inarbitrável**." Cf. BAPTISTA, Patrícia Ferreira. **A inarbitrabilidade objetiva do conflito entre Petrobras e a ANP** Revista de Direito Administrativo, Rio de Janeiro, v. 275, 2017. (grifo nosso).

contrato de concessão é direito disponível da Administração, podendo ser objeto de jurisdição arbitral". No mesmo sentido, o Ministro Benedito Gonçalves, que entendeu que "a controvérsia travada entre a Petrobrás e a ANP relativa ao contrato de concessão para exploração petrolífera tangencia direito patrimonial disponível, passível de solução via arbitragem", ao fim, restou decidido que há compatibilidade "entre o direito patrimonial disponível da Administração Pública com o princípio da indisponibilidade do interesse público". Nesse toar, é possível que a Administração Pública se utilize de arbitragem para solucionar conflitos que tenham por objeto direitos patrimoniais disponíveis, em atenção ao art. 1° da Lei de Arbitragem[106].

2.3.5. Caso Proteus Power v. CBEE

Em arbitragem administrada pela Câmara de Arbitragem da FGV, travada entre a Proteus Power Brasil Ltda. vs. Comercializadora Brasileira de Energia Emergencial – CBEE, suscitou-se a inarbitrabilidade da matéria que se referia a contrato de suprimento de energia celebrado entre as partes. A tese foi repelida pelo árbitro, que ressaltou a natureza comercial da atividade desenvolvida, sublinhando que "nem sequer cuida-se diretamente da prestação de serviço público, mas tão somente do suprimento de energia elétrica cabendo a CBEE, noutra e posterior etapa, prestar serviço público". José Carlos Barbosa Moreira, presidente do Painel Arbitral também assinalou que

106. Necessários são os comentários de Antonio Luiz Monteiro na análise do caso: "Ocorre, porém, que no caso concreto a questão da arbitrabilidade da matéria não dizia respeito exatamente a uma análise generalista sobre os direitos e as obrigações decorrentes de contrato de concessão para exploração de petróleo e gás natural. O ponto central relativo à arbitrabilidade objetiva da matéria não foi, na verdade, discutido pelo Superior Tribunal de Justiça. Na realidade, o ponto nevrálgico do debate se relacionava à arbitrabilidade objetiva do pedido feito na arbitragem no sentido de declarar a nulidade da Resolução de Diretoria 69/2014. O que interessava no debate a respeito da arbitrabilidade, pois, não era a natureza do contrato em discussão, mas os contornos do ato administrativo atacado pelo requerente da arbitragem. Em outras palavras, o que escapou à discussão do Superior Tribunal de Justiça é que esse pedido feito pela Petrobras na arbitragem em face da ANP representava, na verdade, uma tentativa de anulação de ato administrativo que aplicou cláusula exorbitante (alteração unilateral do contrato) de contrato administrativo. Como se não bastasse, o mencionado ato administrativo é ainda ato regulatório. Essa é a questão que realmente importava no caso. As perguntas, pois, carentes de resposta são as seguintes: É possível submeter à arbitragem pedido de nulidade de ato administrativo que aplica cláusula exorbitante? É possível submeter à arbitragem pedido de nulidade de ato regulatório ? Essas questões, porém, sequer foram mencionadas na decisão." MONTEIRO, Antonio Luiz. **Algumas questões sobre a recente decisão do STJ na arbitragem Petrobras v. ANP: princípio da competência-competência, arbitrabilidade e Convenção de Nova Iorque**. Revista de Arbitragem e Mediação. n, 57, 2018, p. 63.

a questão submetida à arbitragem não dizia respeito ao conteúdo do contrato e sim à eventual obrigação decorrente da rescisão contratual e possível ressarcimento de dados. Entendeu o árbitro, ainda, que "o negócio celebrado entre as partes tem fisionomia análoga à do que poderia ser celebrado entre particulares, para fornecimento de determinado bem, mediante pagamento em dinheiro"[107].

2.3.6. Caso Itaquitinga

É também de se destacar o caso envolvendo o Estado de Pernambuco contra duas sociedades limitadas em contrato de concessão de serviço público. O conflito foi administrado pela CAMARB e tinha como árbitra presidente a experiente Selma Lemes.

Na espécie, o processo n. 04/2014 decorreu do Contrato de Concessão Administrativa. As empresas requerentes pretendiam que fosse declarada a nulidade e ineficácia da reversão manifestada pelo Estado à anuência que havia dado para a transferência a uma terceira empresa das suas participações na SPE Reintegra Brasil S/A e a restituição da anuência manifestada pelo Requerido ao estado anterior ou, na impossibilidade de se restaurar tal anuência, a condenação do Requerido ao pagamento de indenização. Ao final seu pedido foi julgado improcedente. Mas, durante o procedimento, uma das questões levantadas pelo Estado de Pernambuco para tirar a demanda da arbitragem foi a alegada tese de inarbitrabilidade objetiva do litígio.

Os árbitros entenderam que a matéria objeto era arbitrável. Confira trecho da decisão "O Tribunal Arbitral entende que a matéria objeto da presente arbitragem é arbitrável. Em que pese as Requerentes concentrarem seu pleito na validade ou não da revogação da autorização para transferência do controle acionário da SPE para a DAG, não se discute na arbitragem a legalidade do ato administrativo, mas sim suas consequências patrimoniais, não havendo que se falar, pois, em inarbitrabilidade objetiva. A matéria abordada está delimitada e vinculada à seara contratual (Contrato de Concessão Administrativa). No que concerne aos seus efeitos patrimoniais são perfeitamente disponíveis e arbitráveis, estando na órbita dos interesses secundários ou derivados do Requerido, na qualidade de agente público. O objeto da controvérsia gira em torno do ato de autorização da transferência da participa-

107. Procedimento Arbitral n. 01/2003. Camara de Arbtiragem da FGV.

ção societária das Requerentes na SPE, por força da Cláusula 10.5 do Contrato. Ademais, encontram-se no âmbito da arbitragem as questões decorrentes dos efeitos patrimoniais, cujos fundamentos remotos vinculam-se a uma esfera alheia a este procedimento. Impedir o exame da matéria pelo fundamento deduzido pelo Requerido seria equivalente a restringir a discussão patrimonial sobre atos de revogação ou de anulação de procedimentos licitatórios. Mais ainda, seria inviabilizar por completo a arbitragem envolvendo entes públicos, na medida em que boa parte dos atos determinantes de litígios são de caráter administrativo, mas que se desenvolvem, quanto a seus efeitos, na esfera privada. Violar expectativas legítimas é algo que não se admite no âmbito público e a incidência do princípio da boa-fé é também possível quando existem pessoas jurídicas de direito público na relação jurídica".

2.3.7. Caso CCI n. 3493

No âmbito da Corte de Comércio Internacional, houve uma interessante questão sobre arbitrabilidade objetiva que sobreleva as colocações trazidas em torno do §2º do art. 1 da nossa Lei de Arbitragem. No caso n. 3493, houve um debate em torno das "várias capacidades" dos signatários. Um das partes argumentou que o Estado representante do Oriente Médio ficou vinculado à convenção de arbitragem nos contratos que teriam sido assinados por ministros do governo. O painel de árbitros entendeu que a espécie se concentrava na prova da capacidade representativa do signatário. Em sua sentença arbitral parcial, ficou observado que a personalidade jurídica dos ministérios é compatível com o fato de que tal ente tem capacidade de representar o Estado. Assim, entendeu-se que a legitimidade do Ente Púbico se fazia presente já que este atua tanto de forma política quanto administrativa por meio dos seus agentes que representam o Estado – tal como o ocorre no âmbito das companhias privadas – por meio de acordos, contratos e ajustes nos quais a convenção de arbitragem se insere. A doutrina internacional, ao analisar o caso, considerou que capacidade para firmar acordo de arbitragem de indivíduo designado pelo Estado para dirigir uma entidade estatal nem sempre é óbvia e não pode ser subentendida carente de provas concretas.[108]

108. DUNHAM, Philip; GREENBERG, Simon. **Balancing Sovereignty and the contractor's rights in International Construction Arbitrations involving State Entities.** Interncional Constrution Law Review, n. 130, 2006, p.140-141.

2.3.8. Caso CCI n. 8035

O Caso n. 8035 da CCI envolveu um determinado ente privado, o Estado Líbio e uma entidade pública líbia. No caso concreto, o Estado Líbio firmou um contrato de concessão. Em momento posterior, todos os envolvidos firmaram um "acordo de participação" para a exploração da concessão. Ocorre que a política internacional tem seus revezes e, como resultado de sanções econômicas do Governo dos Estados Unidos em desfavor da Líbia, a entidade pública líbia e o empreiteiro estabeleceram um "acordo de interrupção" para suspender o cumprimento daquele primeiro acordo de participação. Tal acordo de interrupção continha uma convenção de arbitragem da CCI. Em seguida, o particular instaurou procedimento arbitral contra o Estado líbio e a sua entidade. Na espécie, o funcionário líbio que firmou o "acordo de interrupção" o fez na qualidade de representante daquela entidade, tanto foi assim que o instrumento contratual assinado continha a expressão "aprovada e endossada" pelo Estado Líbio. O tribunal arbitral, contudo, acolheu o argumento do Estado Líbio de que essa segunda assinatura não o vinculava à convenção contida no segundo acordo. Para o painel, a segunda assinatura, que aparece sob as palavras "aprovado e endossado", tinha como finalidade mostrar que a entidade líbia estava agindo dentro do âmbito de seus poderes e que o Estado confirmou e autorizou tudo o que a entidade estava empreendendo, incluindo responsabilidade – efeito obrigacional do acordo – que a entidade da Líbia poderia enfrentar, o que inclui eventual resultado de uma arbitragem. A doutrina estrangeira, com base nesse caso, recomendou que a capacidade do representante do Estado esteja estipulada no contrato. Como vimos, essa representação do agente público pode ser identificada por meio da lei ou regulamento da entidade[109].

---

109. DUNHAM, Philip; GREENBERG, Simon. **Balancing Sovereignty and the contractor's rights in International Construction Arbitrations involving State Entities**. Interncional Constrution Law Review, n. 130, 2006, p.142.

Capítulo 3

O PAPEL DAS INSTITUIÇÕES ARBITRAIS E DOS ÁRBITROS

3.1. AS INSTITUIÇÕES ARBITRAIS E O DESTAQUE DA ARBITRAGEM INSTITUCIONAL

Com a introdução da arbitragem nas práticas da Fazenda Pública, há uma tendência em fazer com que esses processos privados se desenvolvam em instituições especializadas.

O termo "arbitragem institucional" é uma classificação doutrinária. Costuma-se traçar um paralelo entre *ad hoc* (ou avulsa)[1] e arbitragem institucional (ou administrada)[2].

No primeiro modelo, as partes negociam regras procedimentais que orientaram a arbitragem, "o próprio árbitro ou tribunal arbitral é

1. O termo é utilizado por SCAVONE JR, Luiz Scavone. **Manual de Arbitragem**. 7 ed. Rio de Janeiro: Forense, 2016, p. 16.

2. Cooley e Lubet utilizam a expressão "arbitragem administrada". É ler e conferir: "Se a arbitragem é administrada, a organização de solução de controvérsias pode agendar uma conferência administrativa para coordenar a troca de informações e considerar outros temas que possam agilizar o processo de arbitragem". Advocacia de Arbitragem, p. 43. Além dele Cf. **PUCCI, ADRIANA NOEMI; AZEVEDO NETO, M. C. Introdução ao Procedimento Arbitral. In: Francisco Maia Neto; Flavio Fernando de Figueiredo. (Org.). Perícias em Arbitragem. São Paulo: LEUD, 2012**. Além deles, valioso é o apontamento de Montoro ao explicar que "a arbitragem institucional, ou administrada, é aquela que ocorre perante um órgão institucional arbitral, que é uma pessoa jurídica (ou um departamento de uma pessoa jurídica) que tem como missão institucional organizar arbitragens. Um órgão institucional arbitral não deve ser confundido com o árbitro ou com o Tribunal Arbitral (que é o colegiado de árbitros)". MONTORO, Marcos André Franco. **Flexibilidade do procedimento arbitral.** Tese (Doutorado em Direito) Faculdade de Direito, Universidade de São Paulo, São Paulo, 2010, p. 64.

que cuidará de trâmite do processo"[3]. Para a doutrina, arbitragem *ad hoc* é aquela que se realiza sem a participação de um órgão especializado. A lei de arbitragem permite que as partes contratem um terceiro que, após analisar as suas pretensões, decida a questão com base no direito escolhido no contrato de arbitragem, isto é, será o próprio árbitro ou tribunal arbitral que administrará o trâmite do processo. Como se indica, "o próprio árbitro ou tribunal arbitral é que cuidará do trâmite do processo"[4].

No segundo modelo, as partes escolhem uma instituição de arbitragem para administração do seu processo e se submetem a um determinado regulamento que ditará todas as regras procedimentais tais como prazos, questões relativas à escolha, indicação e impugnação do árbitro ou constituição do painel arbitral, entre outras[5].

Flávio Amaral Garcia, em análise específica sobre as implicações da arbitragem com a Administração Pública, elucida que "a arbitragem institucional é aquela instalada perante uma Câmara Arbitral, o que pressupõe aderir ao seu regulamento, contar com o apoio administrativo e escolher os árbitros que a ela se vinculam"[6].

Gary Born enuncia que, nesse modelo de arbitragem, o processo é conduzido de acordo com regras institucionais, sob a supervisão de uma autoridade responsável[7]. Há quem diga também que "a arbitragem institucionalizada é organizada por centros permanentes que funcionam junto das associações comerciais ou desenvolvida por determinados setores econômicos"[8].

Seja como for, o serviço de organização e condução do conflito pelo árbitro e a gestão em geral do processo pode ser contratada por centro de arbitragem, que se encarregará dessas matérias e, no que se refere à Administração Pública, concordamos com a doutrina que

3. BERALDO, Leonardo Faria. **Curso de Arbitragem.** São Paulo: Atlas, 2014. p. 31.
4. BERALDO, Leonardo Faria. **Curso de Arbitragem.** São Paulo: Atlas, 2014, p. 31.
5. Cf. NUNES, Thiago Marinho, SILVA, Eduardo Silva da, GUERRERO, Luís Fernando. **O Brasil como sede de arbitragens internacionais: a capacitação técnica das câmaras arbitrais brasileiras**. Revista de Mediação e Arbitragem, n. 34, p. 119-158.
6. GARCIA, Flávio Amaral. **A escolha dos árbitros e das Câmaras Arbitrais: licitar ou não?** In: Revista do Estado, 150, 2016.
7. Cf. BORN, Gary. **International arbitration: cases and materials.** New York: Aspen Publishers, 2011.
8. LIMA PINHEIRO, Luis. **Arbitragem transnacional**. Almedina, 2005. p. 51-52).

esse é o modelo mais indicado[9]. É que "o suporte ao processo arbitral fornecido pela secretaria de tais instituições, a maior credibilidade conferida ao laudo no caso de ser necessária uma execução judicial, a existência de um processo interno de revisão do projeto de laudo (caso da CCI) ou mesmo a existência de precedentes que facilitam o tratamento de questões procedimentais e ajudam a coibir a adoção pelas partes de posturas antiprocedimentais, além de um processo interno de questionamento da autuação de algum árbitro que possa estar atuando de forma indevida, tudo colabora para que se prefira a arbitragem institucional"[10].

Em recente estudo, Andréia Propp Arend relata que esse modelo reduz o risco de problemas no procedimento e na sentença arbitral, já que "os regulamentos preveem meios de fazer com que os procedimentos transcorram de forma mais confiável e expedita"[11].

O modelo institucional possui outras vantagens, tais como:

- Expertise que garante qualidade na condução no procedimento e na gestão dos atos procedimentais da arbitragem.
- Disponibilidade de regras já pré-estabelecidas, o que garante certo grau de previsibilidade e garante um planejamento prévio acerca dos ritos do procedimento;
- Suporte administrativo-operacional com secretários e outros colaboradores para atendimento de advogados.
- Corpo permanente de profissionais e listas de árbitros qualificados, frequentemente divididos por áreas de especialização;
- Infraestura instalações físicas adequadas e serviços de suporte para arbitragens.[12]

9. CARMONA, Carlos Alberto. Arbitragem e administração pública - primeiras reflexões sobre a arbitragem envolvendo a administração pública. Revista Brasileira de Arbitragem n. 51. 2016, p. 9.

10. ANDRADE, Carlos César Borromeu. **A solução de controvérsias no setor de óleo e gás. A tendência ao uso de meio menos adversariais na solução de tais conflitos**. In: Ferraz, Rafaella; Muniz, Joaquim de Paiva. Arbitragem doméstica e internacional. Rio de Janeiro: Forense, 2008.

11. AREND, Andréia Propp A análise econômico-jurídica da arbitragem expedita. São Leopoldo, 2018, p. 33.

12. "A sede da arbitragem deve ter estrutura logística adequada para que os atos procedimentais, especialmente as audiências, se realizem sem percalços, apesar de não ser imprescindível que os atos procedimentais aconteçam na sede. A estrutura compreende hotéis, locomoção, tradução, possibilidade de obtenção de vistos, serviços de degravação das audiências, etc". BRAGHETTA,

Cabe destacar que, na arbitragem institucional, as partes e os árbitros possuem uma assessoria institucional, quaisquer dúvidas ou empecilhos podem ser esclarecidos ou solucionados sem a intervenção judicial com um simples telefonema ou mesmo e-mail. Assim, todos os impasses podem se concentrar na arbitragem. Realmente, utilizar-se da arbitragem institucional possui "a inquestionável vantagem de fornecer às partes e aos árbitros, além da facilidade de utilização de regulamentos no mais das vezes práticos, objetivos e transparentes no que tange às regras procedimentais básicas do procedimento, a prestação de serviços de gerenciamento que vão desde a garantia do rápido fluxo e registro de informações, até a administração dos recursos necessários ao pagamento dos honorários dos árbitros e outras despesas (honorários de peritos, serviços de suporte a audiências, entre outros). Para tanto, as instituições de arbitragem contam, cada vez mais, com profissionais especializados em secretariado, contabilidade e finanças. O custo-benefício de uma arbitragem institucional tem se mostrado bastante vantajoso para as partes, cujos advogados ficam livres para focar no trabalho postulatório em defesa das pretensões e dos interesses de seus clientes, enquanto os árbitros se concentram no papel de julgador, ainda que, claro, tenham sempre a última palavra no tocante à condução do procedimento naquilo que o regulamento da instituição for omisso ou inaplicável"[13].

Ainda sob ponto de vista financeiro, é possível reduzir despesas futuras, já que eventual despesa com arbitragem realizada por uma atual gestão não se tornaria restos a pagar da próxima; evitar-se-ia um desequilíbrio das finanças ante a possibilidade de resolver um conflito na esfera arbitral de forma célere. De fato, o fator econômico não pode passar inoculado. Já foi dito aqui que a Fazenda defende, sobretudo, os recursos públicos. Dessa forma, "a dimensão econômica dos litígios não permite que se coloque em risco o bom e regular andamento do procedimento arbitral, com a escolha de uma entidade incapaz de prestar os serviços correlatos"[14].

Adriana. **A escolha da sede da arbitragem.** Revista do Advogado, São Paulo: AASP, ano XXVI, p. 13, set. 2006.

13. GIUSTI, Gilberto. **A Ética das Instituições de Arbitragem. Revista Brasileira de Arbitragem.** n. 40, 2016, p. 79-80.

14. SCHMIDT, Gustavo. **A arbitragem nos conflitos envolvendo a administração pública: uma proposta de regulamentação.** Dissertação (mestrado) – Escola de Direito do Rio de Janeiro da Fundação Getúlio Vargas, 2016.

A propósito, Flávio Amaral Garcia sustenta que "a tendência natural será o incremento e à previsão de cláusulas compromissórias nos contratos administrativos mais sofisticados e de maior expressão econômica"[15]. Nessa mesma trilha, Rafael Rezende de Oliveira recomenda que os entes federados, através de legislação própria, "estabeleçam, preferencialmente, a utilização da arbitragem institucional ao invés de árbitros isolados para solução de litígios oriundos de contratações administrativas, notadamente nos casos de grande vulto econômico"[16].

Para melhor atender às necessidades dos conflitos envolvendo a Fazenda Pública, o modelo institucional é o que vem sendo adotado pela União e pelos Estados.

É o que ocorre, por exemplo, no Estado de Pernambuco (Lei n. 15.627/15), no Rio de Janeiro (Decreto n. 46.245/18), em Minas Gerais (Lei n.19477/11). Eles estabelecem que o juízo arbitral instituir-se-á "exclusivamente" por meio de órgão arbitral institucional.

Já em âmbito federal, a Lei 13.448/17, que regulou a Medida Provisória n. 752 introduzindo inovações acerca da arbitragem envolvendo a Administração Pública, também exige que a arbitragem seja desenvolvida em câmaras de arbitragem (Art. 31 §5º)[17-18].

Ainda que não se trate diretamente da arbitragem, o CPC, que, como dito no início desse estudo, incluiu o modelo multiportas de solução de conflitos, no seu sistema, estabeleceu que a União, os Estados, o Distrito Federal e os Municípios criarão "câmaras de mediação e conciliação" com atribuições relacionadas à solução consensual de conflitos no âmbito administrativo (art. 174, *caput)*. Mais ainda, permite que a conciliação e mediação extrajudiciais vinculadas a "órgãos

15. GARCIA, Flávio Amaral. **Licitações e Contratos Administrativos (Casos e Polêmicas)**. 5 ed. São Paulo: Malheiros, 2018, p. 332.
16. OLIVEIRA. Rafael Carvalho Rezende**. Inexigibilidade de licitação na escolha do árbitro ou instituição arbitral nas contratações públicas.** In: Revista do Estado, 285, 2016.
17. "Art. 31. As controvérsias surgidas em decorrência dos contratos nos setores de que trata esta Lei após decisão definitiva da autoridade competente, no que se refere aos direitos patrimoniais disponíveis, podem ser submetidas a arbitragem ou a outros mecanismos alternativos de solução de controvérsias. §5° Ato do Poder Executivo regulamentará o credenciamento de câmaras arbitrais para os fins desta Lei."
18. Cf. PEREIRA, Cesar A. Guimarães. **Arbitragem na Lei 13.448 e os contratos com a Administração Pública nos setores de rodovias, ferrovias e aeroportos.** Revista de Arbitragem e Mediação: RArb, São Paulo, v. 14, n. 55, 2017.

institucionais" que poderão ser regulamentadas por lei específica (Art. 174).[19]

Pelo texto, fica claro que a solução de conflito de forma heterocompositiva, pode ser resolvida por meio da adjudicação judicial no âmbito do Poder Judiciário ou de forma privada, utilizando-se arbitragem, descartando-se qualquer possibilidade da arbitragem desenvolvida por um órgão público. Não só isso, fica claro que o legislador, em mais de uma oportunidade, manifestou interesse que os conflitos que envolvam o Estado e seus órgãos se desenvolvam em âmbito institucional, opção bem avaliada pela doutrina[20].

Enfim, a arbitragem estabelecida, administrada e processada numa organização, que é o centro da arbitragem, denomina-se arbitragem institucionalizada[21].

Vale dizer que a esta instituição não possui qualquer poder para resolver o litígio, tão somente fornecer as bases para que os árbitros o façam. A instituição arbitral, provida de organização interna e recursos operacionais e humanos para administrar casos, não possui qualquer poder ou permissão para a análise de mérito dos conflitos que lhes oferecidos para cuidar, esse encargo é exclusivo do árbitro ou árbitros. O órgão jurisdicional é o árbitro e não a câmara. Não é admissível, por exemplo, que uma instituição de arbitragem componha o polo passivo de uma anulação de sentença arbitral ou seja responsável por uma sentença de arbitragem desfavorável, como se verá mais a frente.

19. Vale destacar o comentário de José dos Santos Carvalho Filho: "A norma em tela é meramente programática e, coo tal, depende de providências concretas ulteriores. No caso, diz-se que a União, os Estados, o Distrito Federal e os Municípios criarão câmaras de mediação e conciliação, o que evidencia a necessidade de serem adotadas medidas para sua efetivazação por leis advindas de cada um daqueles entes. E, por isso mesmo, é de reconhecer que nem sempre normas desse tipo se revestem de verdadeira eficácia". (O estado em juízo, p. 97).

20. Não obstante a discricionariedade administrativa na definição do tema, **entendemos que o ideal seria a utilização da arbitragem institucional** com a escolha de Câmara de Arbitragem já existente, com experiência e reconhecida pela comunidade jurídica, o que garante, em tese, maior segurança jurídica às partes. Além disso, a Câmara de Arbitragem tem a vantagem de contar com regulamento próprio e prestar serviços de secretaria às partes com a elaboração de documentos, recebimentos das manifestações, realização de audiências e outros atos que serão praticados ao longo do procedimento. OLIVEIRA. Rafael Carvalho Rezende. **Inexigibilidade de licitação na escolha do árbitro ou instituição arbitral nas contratações públicas**. In: Revista do Estado, 285, 2016 (grifo nosso).

21. BARROCAS, p. 92.

A arbitragem não se qualifica como atividade estatal, razão pela qual as instituições privadas constituídas para o seu exercício não estão autorizadas à utilização dos signos da República Federativa do Brasil. É de grande estranheza observar expressões como "Tribunal Arbitral" ou "Corte de Justiça Arbitral", e pior: "Superior Tribunal de Justiça Arbitral".

O uso de tais termos pode levar a erro, conforme já se alertou: "a denominação dúbia for somada a outros expedientes, como o uso do Brasão da República, outros símbolos estatais, adjetivação própria de órgãos do Poder Judiciário ou papéis timbrados, revela-se o escopo mercantil de atração popular, sem respeito a qualquer ditame ético, moral ou cívico"[22]. Não é recomendável que tais entidades privadas sejam compreendidas como integrantes do sistema estatal de resolução de disputas. Arbitragem é serviço privado e, como tal, deve ser considerado. As instituições prestadoras desses serviços, enquanto pessoas jurídicas de direito privado, não podem ser confundidas como órgãos detentores de uma oficialidade que é exclusiva do Estado[23]. A desinformação da população somado a atuação de entidades

22. "Atualmente, é grande o número de entidades privadas de administração de procedimentos arbitrais que utilizam em sua denominação a expressão 'tribunal' ou o vocábulo similar 'corte'. Tal prática provoca, como já foi notado ao longo destes dez anos de vigência da Lei de Arbitragem, o risco de mimetizarem-se órgãos privados que se dedicam à administração de arbitragens e órgãos públicos que integram a administração da justiça estatal. Assim, denominações como 'Tribunal de Justiça Arbitral', 'Superior Tribunal de Justiça Arbitral', 'Corte Federal de Justiça Arbitral', 'Tribunal de Alçada Arbitral' tendem a causar alguma confusão em quem não compreende bem (ou não está afeito) à organização judiciária dos Estados ou da União. Pior: se tais denominações vêm acompanhadas de timbres e brasões, a névoa e a nebulosidade tornam-se muito densas, e tudo isto tende a provocar equívocos graves, a ponto de o leigo poder acreditar que está se reportando a um órgão da justiça local quando, em verdade, está se submetendo a uma arbitragem. O risco de confusão é considerável: imagine-se uma agência bancária que receba a visita de um funcionário de uma entidade arbitral (um 'Tribunal Arbitral'), com um 'mandado de citação arbitral' (convite para participar de uma arbitragem); o gerente ou um funcionário graduado da agência recebe o 'papel' e apõe o seu 'recebido e de acordo' (com o carimbo do Banco), sem perceber que está concordando com a instituição de uma arbitragem; encaminhado o 'papel', burocraticamente, dentro da instituição financeira, o advogado responsável que recebe o expediente comparece a uma 'audiência arbitral' que tem todos os requintes, pompas e circunstâncias de uma audiência judicial, audiência essa que se realiza em prédio que ostenta, em sua entrada, o Pavilhão Nacional, a bandeira do Estado e, por luxo, a bandeira do Município, tudo isso acompanhado do Brasão da República. Proferida a sentença arbitral, o advogado, tendo em vista a derrota da instituição financeira que representa, remete o dossier a consultores da instituição para estudo de recurso (apelação). Só então percebe o Banco que participou, de forma inusitada, de uma arbitragem!". CARMONA, Carlos Alberto. **Uso do Termo Tribunal.** Parecer dirigido ao Conselho Nacional das Instituições de Mediação e Arbitragem – CONIMA. Disponível em < http://www.conima.org.br/arquivos/1297> Acesso em 10 de março de 2018.

23. "O Conselho Nacional de Justiça veda que as câmaras privadas utilizem "brasões e demais signos da república bem como a denominação de "tribunal" ou expressão semelhante para a entidade e a de "juiz" ou equivalente para seus membros" (Resolução 125/2010). Ofende o sentimento

mal-intencionadas pode levar o instituto ao descrédito. Ainda que possa ser explorado economicamente os serviços de administração de procedimentos arbitrais devem possuir critérios elevados de seriedade. Aliás, o Conselho Nacional de Justiça é enfático em vedar o uso de brasão e demais signos da República Federativa do Brasil pelos órgãos referidos nesta Seção, bem como a denominação de "tribunal" ou expressão semelhante para a entidade e a de "Juiz" ou equivalente para seus membros" (Resolução n. 125/2010, art. 12- F). Em linha complementar, o Conselho da Justiça Federal já enunciou que "são vedadas às instituições de arbitragem e mediação a utilização de expressões, símbolos ou afins típicos ou privativos dos Poderes da República, bem como a emissão de carteiras de identificação para árbitros e mediadores"[24].

Tecidos esses breves esclarecimentos, abordaremos a seguir três principais atividades desenvolvidas pelas instituições arbitrais reconhecidas pela doutrina para, posteriormente, trazer uma problemática enfrentada pelos tribunais no que diz respeito à legitimidade passiva das administradoras de arbitragem e, ao fim, abordar a necessidade de cooperação entre às instituições arbitrais e os órgãos do Poder Judiciário.

3.1.1. A função de gestão

Uma instituição arbitral é pessoa jurídica de direito privado cuja função é proporcionar a infraestrutura para as partes resolverem seus conflitos[25]. Esse tipo de instituição é prestador de serviço privado e

comunitário a conduta de quem expõe, intencionalmente, aparência de oficiosidade que sabe não ter. Ilude o sentimento do cidadão comum que confia na conduta oficial e a ela se sujeita." Ainda que figure corno alternativa ao sistema oficial de resolução de disputas, a arbitragem - exercida por sujeitos estranhos as hostes do Poder Judiciário (que se submetem a regras próprias de investidura) e apenas instituída mediante o concurso de vontades dos atores envolvidos no dissídio - não se qualifica corno atividade tipicamente estatal, razão pela qual as instituições privadas constituídas para seu exercício não estão autorizadas a utilização das Armas e demais signos da República Federativa do Brasil". RODRIGUES, Douglas Alencar. **Parecer em resposta ao pedido de providência n. 553 dirigido ao Conselho Nacional de Justiça**.

24. Enunciado n. 8 da I Jornada Prevenção e Solução Extrajudicial de Litígios.

25. "A função do centro de arbitragem, que processará a arbitragem administrada, é o da organização do procedimento, observação dos prazos processuais, elaboração de minutas do Termo de Arbitragem em conjunto com as partes, organização e convocação das audiências, enfim, é o responsável pela condução do procedimento até o final". PUCCI, ADRIANA NOEMI; AZEVEDO NETO, M. C.. **Introdução ao Procedimento Arbitral**. In: Francisco Maia Neto; Flavio Fernando de Figueiredo. (Org.). Perícias Em Arbitragem.São Paulo: LEUD, 201, p. 3.

nela há um planejamento e a execução dessa estrutura exige o trabalho conjunto de profissionais de diferentes áreas do conhecimento[26-27].

Para Marçal Justen Filho, a instituição arbitral exerce atividades auxiliares, ou seja, "um conjunto de atividades orientadas a assegurar o desenvolvimento da arbitragem, de modo a preservar e a garantir a ampla defesa, o contraditório e a imparcialidade do árbitro". Para o autor, a atuação da câmara "é um meio para assegurar o desenvolvimento satisfatório da função arbitral" [28].

Gilberto Giusti, por seu turno, aponta que, dentre os serviços, o mais destacado é "a prestação de serviços administrativos e financeiros, que dão suporte organizacional à condução do procedimento arbitral". Explica o articulista que entre as atividades inseridas nessa função administrativa estão: i) abertura de procedimentos; ii) logística; iii) gerenciamento de documentos; iv) fluxo de informações; v) calendarização, agendamento e controle de prazos[29].

Os avanços em tecnologia da informação farão com que essas instituições também disponibilizem serviços específicos de transmissão e armazenamentos de dados (nuvem), diante do grande número

---

26. Conforme conceito cunhado pela doutrina, "uma instituição arbitral (ou centro de arbitragem) é uma pessoa jurídica criada para o fim de organizar um procedimento arbitral, dispondo de regras que vinculam as partes litigantes, os árbitros e o próprio centro, que devem primar pelo bom e regular processamento da arbitragem, garantindo eficácia mínima à sentença arbitral, sendo a sua atuação de caráter administrativo-organizacional, sem qualquer elemento de jurisdicionalidade.". **O Brasil como sede de arbitragens internacionais: a capacitação técnica das câmaras arbitrais brasileiras** / Thiago Marinho Nunes, Eduardo Silva da Silva, Luís Fernando Guerrero. -- v. 9, n. 34, p. 138, jul./set., 2012.

27. "Na arbitragem institucional será observado o regulamento do centro de arbitragem, sendo a função da secretaria impulsionar o procedimento arbitral de forma dinâmica, cabendo ao secretário ou gestor de procedimentos receber e expedir às partes notificações, comunicações, ofícios e avisos em geral relativos aos atos procedimentais, além do que, prestar às partes as informações necessárias à sua operacionalização, oferecendo aos árbitros o apoio necessário ao desenvolvimento das suas atividades, devendo ainda praticar atos necessários para assegurar o regular funcionamento do centro de arbitragem". PUCCI, ADRIANA NOEMI; AZEVEDO NETO, M. C.. **Introdução ao Procedimento Arbitral. In: Francisco Maia Neto; Flavio Fernando de Figueiredo**. (Org.). Perícias Em Arbitragem.São Paulo: LEUD, 201, p. 4.

28. JUSTEN FILHO, Marçal. **Administração Pública e Arbitragem: o vínculo com a Câmara de Arbitragem e os árbitros**. Revista Brasileira da Advocacia, v. 1, p. 118. O autor entende que "numa terminologia menos técnica, pode-se afirmar que uma câmara de arbitragem "presta serviços" às partes. Mas não se instaura entre a parte e a câmara arbitral um contrato para prestação de serviços. Sob o prisma mais rigoroso, a atuação da câmara de arbitragem é orientada a satisfazer os interesses transcendentes da comunidade. Não existe uma relação contratual entre as partes e a câmara. Nem há qualquer manifestação de comutatividade no relacionamento estabelecido".

29. GIUSTI, Gilberto, **'A Ética das Instituições de Arbitragem'**, Revista Brasileira de Arbitragem, Volume X Issue 40) pp. 78-79.

de atividades que podem ser desenvolvidas por meio de comunicação instantânea via e-mails e outros aplicativos no processo arbitral.

Semelhante aos órgãos judiciários, a instituição arbitral é responsável por receber os pedidos de instauração de arbitragem, bem como convocar o demandado para participar do procedimento através das cartas-convite. Lá são desenvolvidas, também, atividades típicas de cartório como protocolo, atos de comunicação para as partes e árbitros, guarda de registros e documentos, recolhimento de custas, taxas administrativas e os honorários dos árbitros e peritos[30].

Nas audiências arbitrais, é muito comum que todos os diálogos sejam transcritos para, posteriormente, auxiliar os advogados na elaboração de memoriais e os árbitros para fundamentar suas decisões. Algumas instituições, inclusive, oferecem serviços de estenotipia que, através do software específico, permite a transcrição simultânea do registro oral do discurso das partes, testemunhas, advogados e árbitros para o escrito.

Como se observa, delegar a uma instituição de arbitragem a gestão do processo tem vantagens atrativas, traz mais qualidade para o procedimento e justifica a inclinação dos legisladores em estabelecer o uso da arbitragem institucional.

Para as procuradorias, os reflexos positivos se concentram na organização do contencioso: essas instituições privadas de solução de litígios possuem um corpo de profissionais especializados em secretariado, administração, tecnologia da informação, contabilidade, finanças etc. Isso permite que os procuradores e advogados públicos condensem suas energias na atividade postulatória em defesa das pretensões e dos interesses da Fazenda[31].

3.1.2. A função de regulação

Como se percebe, a arbitragem institucional é aquela em que uma instituição especializada com caráter permanente intervém e assume as funções de auxiliar e administrar o processo arbitral. Mas não é só isso.

30. MONTORO, Marcos André Franco. **Flexibilidade do procedimento arbitral.** Tese (Doutorado em Direito) Faculdade de Direito, Universidade de São Paulo, São Paulo, 2010, p. 65.
31. GIUSTI, Gilberto, **'A Ética das Instituições de Arbitragem'**, Revista Brasileira de Arbitragem. n. 40, 2016. pp. 78-79.

Escolher uma câmara de arbitragem também pode significar submeter-se ao seu regulamento, já que essa entidade não apenas organiza o processo arbitral, mas estabelece regras que devem visar o êxito da arbitragem como um todo, como indica a doutrina, "em termos gerais, o centro de arbitragem deve zelar pelo bom e regular desenvolvimento do procedimento"[32].

A criação de regras específicas para cada tipo procedimento arbitral é necessária para contemplar as necessidades das partes numa realidade econômica sempre cambiante e complexa e, muitas vezes, incompatível com códigos pré-fabricados e agudamente rígidos. Cada conflito a ser arbitrado tem singularidades seja em razão da natureza das partes (fazenda pública ou companhia internacional), seja em razão da natureza do conflito (rescisão contratual, dissenso societário, etc), dentre tantas outras circunstâncias. Não seria possível, tampouco recomendável uma espécie de Código Processual Arbitral, mas pode ser de todo conveniente a adoção de regulamentos institucionais cujo escopo é dotar sistematicidade e, sobretudo, garantia de coerência e estabilidade ao processo arbitral.

O processo de arbitragem administrado por uma instituição será regido conforme previsto no seu regulamento. Essas entidades, além de organizar os procedimentos, também exercem função de regulação – estabelecendo regras cujo escopo é de proporcionar eficácia ao procedimento, já que "os regulamentos dos órgãos institucionais costumam refletir os anos de experiência acumulada por tal entidade"[33-34].

Os regulamentos são dotados de juridicidade e capacidade vinculante entre as partes, os árbitros e a própria instituição[35]. Não poderia ser de outra forma. Quando as partes escolhem a instituição onde será administrada a demanda, "o regulamento da instituição

32. NUNES, Thiago Marinho, SILVA, Eduardo Silva da, GUERRERO, Luís Fernando. **O Brasil como sede de arbitragens internacionais: a capacitação técnica das câmaras arbitrais brasileiras**. Revista de Mediação e Arbitragem, n. 34, 2012.

33. MONTORO, Marcos André Franco. **Flexibilidade do procedimento arbitral.** Tese (Doutorado em Direito) Faculdade de Direito, Universidade de São Paulo, São Paulo, 2010, p. 66.

34. NUNES, Thiago Marinho, SILVA, Eduardo Silva da, GUERRERO, Luís Fernando. **O Brasil como sede de arbitragens internacionais: a capacitação técnica das câmaras arbitrais brasileiras**. Revista de Mediação e Arbitragem, n. 34, 2012.

35. SILVA, Eduardo Silva da. **Regras arbitrais brasileiras: a fase dos regulamentos** in: Arbitragem-Estudos sobrea Lei n. 13.129, de 26-5-2015. CAHALI, Francisco José RODOVALHO, Thiago; FREIRE, Alexandre (Org.). São Paulo: Saraiva, 2016, p. 196.

escolhida passará a fazer parte do contrato, integrando a convenção e gerando o efeito processual futuro de fixar as regras do procedimento arbitral"[36].

As regras arbitrais são definidas pelas partes ou, conforme o caso, pelo regimento da instituição escolhida. Essas regras "são o conjunto de normas que regulam a instauração e o desenvolvimento do processo de arbitragem, bem como a produção e aplicação da decisão arbitral"[37]. E é por essa razão que Eduardo Silva da Silva orienta que "os regulamentos servem, como baliza para a conferência e observância do devido processo legal arbitral; trata-se de um estatuto normativo, com direitos, obrigações e encargos que as partes assumiram no exercício de sua autonomia privada"[38].

Acerca da questão, o legislador estipulou que, aludindo as partes na convenção de arbitragem às regras de algum órgão arbitral institucional ou entidade especializada, a arbitragem será instituída e processada de acordo com tais regras, podendo, igualmente, as partes estabelecer, na própria cláusula ou em outro documento, a forma convencionada para a instituição da arbitragem (Lei 9.307/96, art. 5º).

Ao interpretar o dispositivo, Fernando Montoro anota que "se as partes tiverem escolhido aplicar o regulamento de um órgão institucional arbitral, basta seguir as regras desse regulamento", já que esse instrumento institucional procedimental prevê ferramentas específica de regulação para que a arbitragem possa ser instaurada e desenvolvida[39].

O mesmo autor comenta que, ao levar a efeito o dispositivo acima mencionado, os participantes e interessados em instaurar arbitragem também têm ampla disponibilidade para criarem, modificarem, ou mesmo adaptarem, as regras no regulamento da instituição que regerão o procedimento arbitral. O devido processo legal na arbitra-

36. AREND, Andréia Propp **A análise econômico-jurídica da arbitragem expedita**. São Leopoldo, 2018, p.55.
37. SILVA, Eduardo Silva da. **Regras arbitrais brasileiras: a fase dos regulamentos** in: Arbitragem-Estudos sobrea Lei n. 13.129,de 26-5-2015. CAHALI, Francisco José RODOVALHO, Thiago; FREIRE, Alexandre (Org.). São Paulo: Saraiva, 2016,. P. 182.
38. SILVA, Eduardo Silva da. **Regras arbitrais brasileiras: a fase dos regulamentos** in: Arbitragem-Estudos sobrea Lei n. 13.129,de 26-5-2015. CAHALI, Francisco José RODOVALHO, Thiago; FREIRE, Alexandre (Org.). São Paulo: Saraiva, 2016, p. 189
39. MONTORO, Marcos André Franco. **Flexibilidade do procedimento arbitral.** Tese (Doutorado em Direito) Faculdade de Direito, Universidade de São Paulo, São Paulo, 2010. p. 57.

gem tem a característica de poder ser materializado através das regras convencionadas pelas partes ou quando estas se submetem às regras de alguma instituição especializada[40].

O sistema oferece ampla liberdade para regulação procedimental e, ao optarem por uma arbitragem institucional, as partes deverão se submeter àquelas regras, não como um exercício limitador de liberdade, mas como efeito de sua consciente e espontânea liberdade negocial. O regulamento, enfim, ordena as atividades processuais das partes e estabelece limites à atuação do árbitro. O julgador, ao assumir o seu encargo e ao submeter-se a determinadas as regrais arbitrais institucionais, orienta-se segundo as diretrizes daquela norma no que concerne à sua atividade procedimental e ao tipo de decisão que emanará[41]. Descumprindo as normas do regulamento, estará descumprindo os termos contratuais, violando o devido processo legal arbitral e, assim, frustrando as legítimas expectativas das partes.

É necessário ter ciência de quais regras institucionais serão empregadas no litígio, atentando-se também ao fato de que cada instituição tem a sua estrutura e regulamento próprios. Ao escolher a arbitragem institucional, deve-se ter em mente não apenas os aspectos estruturais e econômicos que se representam pelos custos e tempo de duração do processo[42].

3.1.3. A função de decisão

A instituição arbitral, além de administrar e regular o procedimento arbitral, também possui poderes para examinar determinadas questões, tais como a indicação de tal instituição na convenção de arbitragem ou mesmo exame prévio (*prima facie*) da arbitrabilidade da matéria.

O regulamento também pode estabelecer órgãos ou comissões específicas para a escolha do terceiro árbitro, decisão acerca de eventual impugnação contra a nomeação de árbitro que, eventualmente,

40. BAPTISTA, Luiz Olavo. **Constituição e Arbitragem: o dever de revelação, devido processo legal**. Revista do Advogado, 2005, p. 108.

41. SILVA, Eduardo Silva da. **Regras arbitrais brasileiras: a fase dos regulamentos** in: Arbitragem-Estudos sobrea Lei n. 13.129, de 26-5-2015. CAHALI, Francisco José RODOVALHO, Thiago; FREIRE, Alexandre (Org.). São Paulo: Saraiva, 2016, p. 194.

42. AREND, Andréia Propp. **A análise econômico-jurídica da arbitragem expedita**. São Leopoldo, 2018, p. 66.

seja parcial[43], ou para outras questões que, nem sempre previsíveis, podem ser necessárias para a boa e adequada resolução do conflito. Esse poder decisório é essencial para impedir que o conflito tenha que ser direcionado para o Poder Judiciário, constrangendo as partes que, muitas vezes, evitam o ambiente judiciário.

O poder de decisão da instituição tem cunho administrativo, e não jurisdicional, "ao contrário de uma sentença arbitral prolatada por tribunal arbitral constituído, o exame *prima face* de uma instituição arbitral não se reveste do caráter de sentença arbitral. Assim, a questão continua em aberto"[44].

Apenas os árbitros que foram nomeados possuem jurisdição sobre a demanda. Gilberto Giusti explica que, "em maior ou menor intensidade, praticamente todos os regulamentos de instituições de arbitragem preveem algum tipo de atividade decisória por parte de seus administradores". E assiná-la que, "algumas decisões versam sobre pedidos de consolidação de procedimentos ou mesmo de integração de partes não listadas no requerimento de instauração da arbitragem"[45].

Essa função de decisão é absolutamente natural, já que, "por mais completo que um regulamento arbitral seja, sempre podem existir omissões, situações não previstas, não reguladas". Assim, a instituição tem poder, tanto para estabelecer regras até então inexistentes quando necessário, quanto para decidir questões incidentais antes da instauração do procedimento arbitral[46].

Ao optarem pela arbitragem institucional, os envolvidos estão concedendo poder ao órgão arbitral, que, como dito, não apenas irá administrar a arbitragem, mas irá regular e decidir algumas questões

---

43. "Na especialmente sensível e denodada tarefa de julgar impugnação a árbitro, seja diretamente pelos seus administradores, seja por um colegiado por eles apontado para esse fim, pode-se dizer que a instituição atua como "o primeiro árbitro" da controvérsia, aquele que vai dizer se o árbitro indicado pode ou não exercer sua função. Vê-se, pois, a enorme responsabilidade que se impõe à instituição, a lhe exigir conduta isenta, indiscutivelmente ética e de impecável respeito à lei, ao regulamento e à vontade das partes manifestada na convenção de arbitragem". GIUSTI, Gilberto. **A Ética das Instituições de Arbitragem.** Revista Brasileira de Arbitragem. n. 40, 2016. p. 82-83.

44. VALLE, Martin Della. **Considerações sobre pressupostos processuais em arbitragens.** Revista Brasileira de Arbitragem. n. 12, Curitiba: Comitê Brasileiro de Arbitragem, 2007, p. 18.

45. GIUSTI, Gilberto. **A Ética das Instituições de Arbitragem.** Revista Brasileira de Arbitragem. n. 40, 2016. p. 82-83.

46. MONTORO, Marcos André Franco. **Flexibilidade do procedimento arbitral.** Tese (Doutorado em Direito) Faculdade de Direito, Universidade de São Paulo, São Paulo, 2010, p. 90.

procedimentais. Dessa forma, os atores da arbitragem passam a se sujeitar ao exercício desse poder por parte do órgão institucional, nos termos e limites previstos no regulamento de tal entidade[47].

3.1.4. A necessária introdução do compliance na administração de arbitragens

O compliance e arbitragem foram preconcebidos para a mais adequada solução a conflitos[48].

Em artigo que trata do *compliance* e da arbitragem Martin Della Valle afirma que o tema pode ser observado de três formas: na falta de *compliance* como "causa de pedir" na arbitragem; na corrupção como objeto da arbitragem, e na falta de *compliance* no próprio procedimento arbitral. Naquela oportunidade, o autor concentrou-se no primeiro aspecto trazendo questionamentos importantes e também destacando corretamente que "o avanço do *compliance* traz questões que vão muito além da dimensão criminal"[49].

Seguindo a mesma metodologia iremos nos concentrar no terceiro aspecto, qual seja: a necessária introdução do *compliance* no procedimento arbitral.

O compliance "é um conjunto de regras, padrões, procedimentos éticos e legais, que, uma vez definido e implantado, será a linha mestra que orientará o comportamento da instituição no mercado em que atua, bem como a atitude dos seus funcionários". Não se restringe, portanto, ao mero cumprimento (*comply)* de regras formais, se destina às ferramentas de concretização da missão, da visão e dos valores de uma instituição[50].

O compliance aplica-se às instituições de arbitragem, notadamente aquelas em que há participação da Administração Pública? Estamos convencidos que sim.

---

47. MONTORO, Marcos André Franco. **Flexibilidade do procedimento arbitral.** Tese (Doutorado em Direito) Faculdade de Direito, Universidade de São Paulo, São Paulo, 2010, p. 67.
48. LAMY, Eduardo de Avelar. **Compliance e Arbitragem.** Empório do Direito. Disponível em <https://emporiododireito.com.br/leitura/compliance-e-arbitragem> acesso em 25 de abril de 2019.
49. VALLE, Martim Della. **Arbitragem encontra complaince.** Valor Econômico. Disponível em <https://www.valor.com.br/legislacao/6161561/arbitragem-encontra-compliance> acesso em 18 de março de 2019.
50. CANDELORO, Ana Paula; RIZZO, Maria Balbina Martins de; PINHO, Vinícius. **Compliance 360º: riscos, estratégias, conflitos e vaidades no mundo corporativo.** São Paulo: Trevisan Editora Universitária, 2012, p. 30.

O instituto engloba temas estratégicos e se aplica a todos os tipos de entidade, incluídas ai também as câmaras de arbitragem, na medida em que o mercado exige cada vez mais condutas éticas e consolidação das melhores práticas por parte das organizações[51]. Aliás, essas câmaras são prestadoras de serviços privado e exercem atividade essencialmente empresarial. Estão, assim, sujeitas à ética empresarial, isto é, aquela que se espera do agente probo e consciente dos avanços atingidos e compromissos assumidos pela empresa na sociedade moderna[52].

No conjunto de valores de uma instituição de arbitragem deve estar contemplada a ética e a integridade de suas ações; devem ser observadas as melhores práticas internacionais - *guidelines* - no treinamento dos *cases manegers*, na organização dos documentos, no armazenamento e transmissão de dados, na redação das minutas e ordens processuais, e na boa comunicação com os advogados, usuários da arbitragem e árbitros.

Dessa forma, o *compliance* aplica-se introduzindo os pilares de sustentação imprescindíveis para o bom desenvolvimento dos procedimentos arbitrais. Dentre eles estão o apoio da alta administração, existência conselho para situações de crise, órgão colegiado para impugnação de árbitros, a formatação de um código de conduta ética dos árbitros colaboradores, a criação de um bom canal de comunicação com advogados e partes, o monitoramento e validação de ações internas etc. Essas e outras medidas têm a potencialidade de mitigar riscos, atos corrupção e outros ilícitos além de colaborar com o bom andamento das atividades arbitrais.

Essas questões regulatórias são fundamentais. Observe-se por exemplo a CCI e seus programas internacionais de instrução e fomento. A entidade emite periodicamente estudos, artigos de informação das partes e dos árbitros para auxiliar na condução dos procedimentos arbitrais. Essas instruções abordam vários aspectos da prática arbitral sobretudo nas questões procedimentais. Todo esse material é constantemente atualizado de acordo com as mudanças

51. PEREIRA RIBEIRO, Marcia Carla; DINIZ, Patrícia Dittrich Ferreira. **O compliance e a lei anticorrupção nas empresas**. Revista de Informação Legislativa, v. 205, 2015, p. 87.
52. GIUSTI, Gilberto. A Ética das Instituições de Arbitragem. Revista Brasileira de Arbitragem. n. 40, 2016, p. 80.

nas regras para atender as novas demandas que surgem durante os procedimentos[53].

Outro exemplo que merece especial destaque é o relatório elaborado Comitê Brasileiro de Arbitragem em conjunto com o Instituto Ipsos[54]. A pesquisa foi composta de entrevistas com profissionais que atuam com arbitragens (árbitros, advogados de escritórios, advogados internos e representantes de câmaras de arbitragem). Esse relatório apresentou as qualidades que justificam a utilização da arbitragem, as características mais importantes de uma câmara arbitral, os principais critérios para a escolha de árbitros dentre outros temas.

Na esfera pública, também já se ponderou a possibilidade de criação de órgãos, nas próprias estruturas governamentais ou nas respectivas procuradorias que possam supervisionar a transparência e a integridade na gestão de arbitragens envolvendo a Fazenda Pública[55]. Não é sem razão, portanto, a reforma e adequação dos regulamentos, atos normativos e resoluções administrativas das principais instituições de arbitragem do país. Em uma delas, por exemplo, determinou-se que em arbitragens envolvendo entidades da administração pública direta (União, estados e municípios) será possível divulgar a existência do procedimento arbitral, a data do requerimento de arbitragem e o nome das partes[56].

---

53. Disponível em https://iccwbo.org/dispute-resolution-services/arbitration/practice-notes-forms-checklists/.

54. Disponível em http://www.cbar.org.br/PDF/Pesquisa_CBAr-Ipsos-final.pdf.

55. SARAIVA, Leonardo. **Arbitragem na Administração Pública**. Rio de Janeiro: Lumen Juris, 2019, p. 112.

56. Confira-se a fundamentação: CONSIDERANDO que o art. 2º, §3º, da Lei nº 9.307/96, com a redação dada pela Lei nº 13.129/15, no art. 2º, § 3º, estabelece que a arbitragem em que seja parte a administração pública direta será observado o princípio da publicidade; CONSIDERANDO o previsto no art. 14 do Regulamento, que determina que o procedimento arbitral é sigiloso, ressalvadas as hipóteses previstas em lei ou por acordo expresso das partes ou diante da necessidade de proteção da parte envolvida na arbitragem; CONSIDERANDO que o CAM-CCBC tem por objetivo administrar os procedimentos arbitrais que lhes são submetidos na forma disposta no Regulamento (art. 1.1 e 2.2); CONSIDERANDO que a arbitragem é uma forma extrajudicial de solução de conflitos (art. 1º da Lei nº 9.307/96); CONSIDERANDO que compete aos árbitros, por ser juiz de fato e de direito, apreciar a controvérsia submetida pelas partes (art. 18 da Lei nº 9.307/96); e CONSIDERANDO que o Termo de Arbitragem é o instrumento organizador do procedimento arbitral (art. 4.17 do Regulamento), podendo as Partes disciplinar, além do previsto no art. 4.18 do Regulamento, tudo o mais que seja de interesse das partes, inclusive as questões referentes às informações e documentos que poderão ser divulgados, observando o disposto na legislação de regência no que concerne à administração pública direta, O Presidente do CAM-CCBC, no uso das atribuições que lhe são conferidas pelo artigo 2.6, alíneas 'c' e 'd', do Regulamento do CAM-CCBC, aprovado em 1 de setembro de 2011, ouvido o Conselho Consultivo, resolve expedir a seguinte resolução, que dispõe sobre a interpretação do Regulamento desta instituição à aplicação do princípio da

Como se observa, a regulação envolve ações educacionais, realização de entrevistas, pesquisas e coleta de informação e se direciona aos usuários ou potenciais usuários da arbitragem, advogados, peritos, árbitros e instituições arbitrais. A questão é realmente séria: a disseminação de instituições arbitrais que não observam critérios mínimos de qualidade e de regulação reverberam negativamente na sociedade e acentuam seu impacto negativo no ambiente empresarial nacional e internacional; cria-se situações de instabilidade e desconfiança no instituto não apenas nos usuários, mas também no Poder Judiciário – agente fundamental para a efetividade da arbitragem.

Realmente, enquanto instituição privada destinada a prestação de serviços para agentes empresariais e mais recentemente para a Administração Pública, o alcance ético da governança corporativa e suas repercussões na atribuição de responsabilidade na instituição de arbitragem é muito mais relevante do que já se pode conceber. As demandas atuais são mais sofisticadas do que já foram quando da promulgação da Lei Brasileira de Arbitragem na década de noventa e demandará de todos e cada um de nós a introdução das melhores práticas e permanente aperfeiçoamento.

3.1.5. A escolha da instituição arbitral

A Lei 9.307/96 é aberta para elaboração de conceitos e interpretações. Após a reforma decorrente da Lei nº 13.129/15, há expressamente a possibilidade de realização da Administração Pública fazer uso de arbitragem para resolver conflitos. Contudo, não se regulou a forma como isso se concretizaria. O silêncio legal abre espaço para todos os tipos de construções teóricas e, longe de extremismos sem rigor científico, é necessário abordá-lo[57]. Mais ainda, o tema poderia, e mereceria, ser objeto de um estudo específico diante das suas inúmeras nuances. A importância do tema também é notável, uma vez

publicidade em procedimentos arbitrais que envolvem a administração pública.Disponível em https://ccbc.org.br/cam-ccbc-centro-arbitragem-mediacao/resolucao-de-disputas/resolucoes-administrativas/ra-15-2016-publicidade-em-procedimentos-com-a-adm-publica-direta/.

57. Foi, aliás, o que fez Débiora Fiszman Igrejas Lopes em sua monografia "Arbitragem e Administração Pública: a escolha da Câmara Arbitral nas arbitragens com a Administração Pública Direta", a qual muito contribuiu para a elaboração desse tópico. Cf. também OLIVEIRA. Rafael Carvalho Rezende. **Inexigibilidade de licitação na escolha do árbitro ou instituição arbitral nas contratações públicas**. In: Revista do Estado, 285, 2016. GARCIA, Flávio Amaral. A escolha dos árbitros e das Câmaras Arbitrais: licitar ou não? In: Revista do Estado, 150, 2016.

que algumas leis são expressas em determinar que a Administração Pública faça uso da arbitragem na modalidade *institucional* para gerir seus conflitos em que estejam abarcados por cláusula compromissória. Assim sendo, a opção aqui escolhida foi ir além dos debates e expor, de forma objetiva e crítica, as possíveis respostas já propostas pela doutrina[58].

A premissa fundamental é que a Administração deverá fundamentar sua escolha no princípio constitucional da legalidade. (CFRB'88, art. 37, *caput*). Se, eventualmente, optar pela realização de processo licitatório ou aplicar a inexigibilidade de licitação, o Administrador não poderá atuar à margem de lei. E não apenas isso, a doutrina alerta que "a contratação dos árbitros ou da instituição arbitral não se dá exclusivamente pelas Administração Pública, o particular também figura, necessariamente, como contratante. Dessa forma, não existe ação unilateral da Administração Pública em relação à Câmara, ou aos árbitros, a relação entre as partes contratantes é absolutamente simétrica. O consenso é necessário à contratação dos árbitros e da câmara arbitral, assim como à definição dos procedimentos que serão adotados na arbitragem"[59].

Deve-se considerar também que as leis que exigem a arbitragem institucional devem favorecer uma ampla margem de possibilidades. Não nos parece de bom tom que se estabeleça, por exemplo, "que a câmara arbitral escolhida para compor litígio deverá estar regulamento escrita por, pelo menos, 5 (cinco) anos"[60]. Realmente, deve-se destacar que a qualidade da decisão não vem da câmara e sim dos árbitros que decidirão o litígio. Não é recomendável que se crie por lei uma verdadeira reserva de mercado para instituições arbitrais tradicionais e impeça que novas instituições igualmente sérias e bem equipadas possam disponibilizar sua infraestrutura para administrar os procedimentos de arbitragem. É necessário ter em mente que a arbitragem institucional se refere a estrutura da câmara, o tempo de sua constituição é questão pouco relevante diante de outros aspectos essenciais. Assim, criar critérios incompatíveis com a dinâmica da

58. cf. LOPES, Debora Fiszman Igrejas. **Arbitragem e Administração Pública: a escolha da Câmara Arbitral nas arbitragens com a Administração Pública Direta.** Rio de Janeiro: 2016.
59. MAROLLA, Eugênia Cristina Cleto. **Arbitragem e os contratos com a Administração Pública**. Rio de Janeiro: Lumen Juris, 2016, p. 213.
60. Trata-se da Lei Estadual 15.627/15 do Estado de Pernambuco (art. 6, III).

arbitragem através de lei não nos parece ser um bom caminho a ser seguido.

Não se pode perder de vista que a arbitragem envolvendo a Administração Pública não pode ser desestimulada com exigências excessivas. Dito de outra maneira, o instrumento pelo qual se estabelecerá a escolha da instituição de arbitragem não pode ser estipulado de forma absolutamente unilateral e inflexível, pensando exclusivamente nos interesses de uma das partes do contrato. A autonomia da vontade do particular que deseje contratar com o Estado e de resolver eventuais demandas por meio privado não pode ser ignorada. É necessário abrir determinada margem de participação na escolha da câmara. A forma de resolver o conflito deve ser uma opção mútua e construída, atendendo o interesse dos dois contratantes. Assim, o método de designação da instituição especializada deve ser o mais abrangente possível, a fim de possibilitar o maior número de interessados, tudo isso a viabilizar a escolha da câmara mais adequada. Lado contrário, estaremos diante de um verdadeiro pacto por adesão, o que pode inibir muito os investidores e particulares nacionais e estrangeiros.

A partir disso, elaboramos três cenários possíveis com base nas construções doutrinárias que já enfrentaram o tema.

3.1.5.1. *Primeiro cenário: licitação para escolha da instituição arbitral*

Assumindo a necessidade de licitação para escolha da instituição arbitral, deve-se levar em conta, mesmo diante de claros problemas de harmonização entre a esfera privada da arbitragem e prática pública do Estado, que não há como sobrepujar os limites e ordens legais já estabelecidos.

A regra geral sobre contratações públicas encontra fundamento no art. 37, XXI, da Constituição. Além disso, o art. 2º da Lei de Licitações estabelece que os serviços para a Administração Pública, quando contratados com terceiros, serão precedidos de licitação. O mesmo dispositivo, no parágrafo único, considera como contrato todo e qualquer ajuste entre órgãos ou entidades da Administração Pública e particulares em que haja um acordo de vontades para a formação de vínculo e a estipulação de obrigações recíprocas. Também não restam dúvidas de que as atividades prestadas pelas instituições arbitrais se encaixariam como "serviços", já que, nos termos da lei, considera-se serviço toda atividade destinada a obter determinada utilidade de interesse para a Administração (Art. 6, II).

A partir dessa base normativa, propôs-se o seguinte esquema no que se refere ao momento da realização, ao modelo a ser adotado e aos critérios que devem ser considerados para escolha da instituição arbitral por via da licitação[61]:

a) o **momento de realização** seria na formalização do contrato onde os conflitos não existem e as partes ainda estão com os interesses harmonizados e direcionados para o aperfeiçoamento da relação negocial. Isso permite que a Administração fixe critérios compatíveis com as especificidades do objeto contratual[62]. Em sentido semelhante, Flávio Amaral Garcia afirma que esse momento de escolha é mais viável e célere, já que o processo decisório fica reservado à Administração Pública, excluindo do particular a participação escolha da instituição[63].

---

61. "Embora a necessidade de licitação nasça da simples existência de uma relação contratual, diante da busca por isonomia, esta se concretiza com a possibilidade de competição entre as Câmaras Arbitrais. Surgem então diferentes questionamentos: é possível escolher objetivamente uma Câmara frente à outra? A atuação é peculiar e técnica ao ponto de ser incompatível diferenciá-las? O fim a ser atingido na contratação das Câmaras será basicamente o mesmo independente de qual instituição prestar o serviço? Deve-se verificar se as características atreladas à prestação de serviços de cada Câmara são apenas acessórias ou especialidades técnicas que geram uma impossibilidade de efetivamente distinguir o trabalho prestado por cada instituição. Em princípio, sob a ótica de gerenciadoras de procedimentos que, de forma macro, prestam basicamente os mesmos serviços (recolhimento de custas, envio de documentos, organização, indicação de árbitros e apoio em audiências) e contam com estruturas similares (lista de árbitros, regulamentos e tabela de custas), que razões formais estariam presentes para não se sujeitarem à licitação? Ao considerar tais características, as Câmaras são colocadas em pé de igualdade e, em regra, devem observar o princípio da isonomia, garantindo um procedimento que resulte na melhor escolha para a Administração, de forma imparcial e baseada em critérios objetivos". LOPES, Debora Fiszman Igrejas. **Arbitragem e Administração Pública: a escolha da Câmara Arbitral nas arbitragens com a Administração Pública Direta.** Rio de Janeiro: 2016, p. 16-17.
62. JUSTEN FILHO, Marçal. **Administração Pública e Arbitragem: o vínculo com a Câmara de Arbitragem e os árbitros.** Revista Brasileira da Advocacia, v. 1, 2016, p. 8.
63. O autor aponta ainda que, "no momento da licitação, qualquer participante poderá impugnar a cláusula compromissória e a definição prévia da Câmara Arbitral, exigindo a demonstração das razões que levaram a esta escolha. É direito subjetivo dos licitantes conhecer os critérios que orientaram este processo de escolha. Possivelmente, eventual impugnação apenas ocorrerá no caso dos licitantes entenderem inadequada a opção por determinada instituição, seja pelo custo, pela qualidade do Regulamento, pela especialização ou mesmo pelos árbitros disponíveis. Mas uma vez assinado o contrato, com a cláusula compromissória definindo a Câmara Arbitral, presume-se a concordância do contratado. Muito embora não se vislumbre qualquer vício ou defeito jurídico na solução acima cogitada, parece mais consentâneo com o instituto da arbitragem que a escolha da Câmara Arbitral ocorra consensualmente e quando da ocorrência do litígio". GARCIA, Flávio Amaral. **A escolha dos árbitros e das Câmaras Arbitrais: licitar ou não?** In: Revista do Estado, 150, 2016.

b) a **modalidade de licitação** que deve ser adotada, se levarmos a efeito os valores estabelecidos na legislação sobre serviços e o montante usualmente presente nos contratos que possuem cláusula compromissória, é a de concorrência. No entanto, Débora Fiszman Lopes adverte que "com essa modalidade, os receios a respeito da burocratização e do afastamento das vantagens do procedimento arbitral retornam, já que o montante envolvido tem como caraterística seu formalismo acentuado", e, para além disso, "tal procedimento restaria custoso, burocrático e exigiria das experientes e consolidadas Câmaras uma adequação profunda, além de atitudes totalmente novas para conseguirem se moldar a tal cenário"[64-65].

c) os **critérios** objetivos que devem ser considerados são diversos, tais como: os custos totais (taxas de administração, despesas com árbitros, peritos e outros profissionais), a estrutura física e as instalações, o local onde a instituição arbitral está estabelecida, o tempo de sua fundação, a histórico e a quantidade de procedimentos instaurados e/ou concluídos, o corpo permanente e o grau de especialidade de árbitros, a qualidade do regulamento, entre outros.

Sérgio Ciquera Rossi, em interessante artigo sobre o tema, argumenta que a escolha da via arbitral deve estar prevista no edital da licitação e, bem assim, na minuta de contrato que deve acompanhá-lo, já que qualquer modelo de contratação deve ser prévio e estabelecido de seleção licitatória nos exatos contornos da lei. Entende, ainda, que a legalidade deve radiar os negócios da Administração Pública e, por essa razão, não desobriga à observância do princípio da vinculação ao edital e, muito menos, ao princípio da economicidade. Ele alerta que não é razoável que "a administração estabeleça negociação sem estar ciente de prévia estimativa de custos, ponto de enorme relevância quando envolvidos recursos públicos".

O articulista expõe, também, que "a obrigatoriedade de respeito ao princípio da publicidade nas arbitragens envolvendo a administração pública, sinaliza para a imprescindibilidade do controle social e institucional dos atos administrativos". Por fim, indica que é necessária a atuação dos Tribunal de Contas para que se verifique "a ade-

64. Art. 23 da Lei 8.666/93.

65. LOPES, Debora Fiszman Igrejas. **Arbitragem e Administração Pública: a escolha da Câmara Arbitral nas arbitragens com a Administração Pública Direta**. Rio de Janeiro: 2016, p. 20.

quação da opção pela arbitragem e de seu processamento, de modo a coibir práticas que, ao final, mostrem-se danosas ao Erário, e, via de consequência, não preservem o interesse público"[66].

Por mais legalmente cuidadoso que se seja, a escolha da câmara para resolver conflitos da Administração Pública não é tarefa fácil e encontra um nebuloso quadro ainda sem respostas precisas. Aliás, é por essa razão que se recomendou tanto o credenciamento prévio de instituições arbitrais, já que tal técnica conta com o resultado positivo de permitir a escolha da instituição diante do caso concreto, através de um procedimento menos burocrático e custoso quanto a regulamentação, para oferecer ferramentas para a Administração, de modo a de nortear sua atuação, bem como de promover mais segurança jurídica na sua escolha[67], como se verá mais à frente.

3.1.5.2. Segundo cenário: a inexigibilidade de licitação para escolha da instituição arbitral

Autorizadas vozes defendem que a escolha de uma instituição arbitral se enquadra em hipótese de inexigibilidade de licitação. Já houve, inclusive, legislação expressa nesse sentido, dispondo que a escolha de árbitro, ou de instituição arbitral, será considerada contratação direta por inexigibilidade de licitação, devendo ser observadas as normas pertinentes[68].

Carlos Alberto Carmona não recomenda a realização de licitação para selecionar uma entidade administradora de arbitragem. O autor entende que "não há como comparar duas entidades distintas, já que estarão em jogo critérios muito diferentes: serviços oferecidos, preços, qualidade das instalações, regulamento, existência ou não de lista de árbitros, experiência anterior na solução de determinadas questões, entre tantos outros". E conclui: "trata-se de caso típico em que a dispensa de licitação se impõe"[69].

---

66. ROSSI, Sérgio Ciquera. **O Tribunal de Contas e a Arbitragem**. Disponível em <https://bit.ly/2RPgBXy> Acesso em 10 de março de 2018.

67. LOPES, Debora Fiszman Igrejas. **Arbitragem e Administração Pública: a escolha da Câmara Arbitral nas arbitragens com a Administração Pública Direta**. Rio de Janeiro: 2016, p, 29 e 33

68. (Decreto 8.465/2015, art. 7º §3º).

69. CARMONA, Carlos Alberto. **Arbitragem e administração pública - primeiras reflexões sobre a arbitragem envolvendo a administração pública.** Revista Brasileira de Arbitragem n. 51. 2016, p. 9-11.

Marçal Justen Filho, por sua vez, aponta que a convenção de arbitragem não é um contrato entre as partes, os envolvidos na arbitragem (partes e árbitros) e a câmara de arbitragem, o que conduz à inaplicabilidade do art. 37, XXI. O publicista defende que a licitação, conquanto seja um instrumento destinado a escolher a proposta de contratação mais conveniente para a Administração Pública, não encontraria viabilidade prática em se tratando de escolha de câmara de arbitragem para processar conflitos. Ele aponta que a Administração Pública é parte na arbitragem, não se estabelece relação contratual entre ela e os árbitros ou entre ela e a instituição arbitral. Com efeito, não estariam preenchidos os requisitos para uma licitação nas hipóteses de escolha de câmara de arbitragem. No seu entendimento, a relação é de natureza institucional, pois "concentra uma pluralidade de posições jurídicas em que o desempenho da atividade se faz visando à realização de certos interesses socialmente relevantes". Por fim, o autor não considera o credenciamento uma alternativa válida, uma vez que provocaria "efeitos desastrosos" e se traduziria numa espécie de "banco de dados", contendo informações de sujeitos distintos com uma falsa identidade de competências [70].

Flávio Amaral Garcia, em sentido semelhante, afirma que "a licitação é meio e não fim e não pode ser interpretada ou estendida como um dever universal e única salvação para inibir ilicitudes", e assevera que "existem situações nas quais realizar licitação será um desserviço ao interesse público". Para o autor, esse processo de escolha deverá ter considerado grau de discricionariedade e subjetividade, já que, na arbitragem, esse tipo de escolha é fundado na confiança, o que inviabilizaria a realização de uma licitação, que pressupõe padrões comparativos providos de objetividade. Conclui asseverando que "os processos licitatórios são rigorosamente incompatíveis com escolhas norteadas por critérios ancorados na confiança, não podendo o interesse público ficar refém de um processo no qual os árbitros supostamente acudiriam interesse em participar". Com efeito, defende que é a escolha de instituição é razão para incidir a hipótese de inexigibilidade, "seja pela absoluta inviabilidade de competição, ou por notória especialização, dada a singularidade do objeto e dos atri-

70. JUSTEN FILHO, Marçal. **Administração Pública e Arbitragem: o vínculo com a Câmara de Arbitragem e os árbitros**. Revista Brasileira da Advocacia, v. 1, 2016.

butos personalíssimos do árbitro e o seu conhecimento especializado na matéria"[71].

Rafael Rezende de Oliveira, na mesma trilha, entende que a licitação é incompatível para selecionar o ente arbitral para conflitos decorrente de contratos administrativos. Avalia, o autor, que a incidência de variáveis como diversidade de regulamentos, valores e listagem de árbitros e a singularidade do serviço não poderiam ser adequadamente abarcadas por licitação. Aduz ainda que "a realização da licitação, após a instauração da controvérsia, também teria o inconveniente de gerar morosidade para instituição da arbitragem e, portanto, para solução da questão". Por essas razões, a "a contratação dos árbitros ou de instituições arbitrais, em princípio, não se submete à licitação, uma vez que se trata de hipótese de inexigibilidade de licitação".

Observa-se que essa parcela da doutrina justifica a inexigibilidade da licitação diante do elevado grau de especialização do que poderia ser contratado, levando em consideração a pluralidade de entidades especializadas e pelo fato da atividade arbitral ser muito específica em razão da singularidade subjetiva dos pretensos executantes. Enfim, entendem que as características variáveis tornariam inviável a competição, impedindo, assim, o uso da técnica administrativa.

3.1.5.3. Terceiro cenário: regulamentação da questão e credenciamento da instituição arbitral

Gustavo da Rocha Schmidt, em estudo próprio, traz alternativas interessantes para escolha da instituição arbitral, seja pelo credenciamento prévio, seja através de sua proposta de regulamentação. O Procurador entende que o credenciamento prévio de instituições arbitrais se mostra como alternativa interessante "para fomentar a competição entre elas na prestação de tais serviços". O autor propõe um modelo em que todas as instituições que preenchessem requisitos mínimos estabelecidos em regulamento editado pela Administração Pública poderiam postular o seu credenciamento. Defende a indispensável exigência de comprovação prévia à efetiva experiência e infraestrutura necessárias para a gestão de procedimentos arbitrais,

71. GARCIA, Flávio Amaral. **A escolha dos árbitros e das Câmaras Arbitrais: licitar ou não?** In: Revista do Estado, 150, 2016.

instalações físicas apropriadas, inclusive com aparato tecnológico para a acomodação e participação de testemunhas e peritos. E, em contrapartida, previne que "as exigências impostas para o credenciamento têm que se limitar ao mínimo absolutamente necessário para salvaguardar a qualidade dos serviços a serem prestados e a idoneidade da instituição arbitral", já que rigores desmedidos são incompatíveis com os princípios administrativos da impessoalidade e da competividade e, pior, "podem servir para indevidamente direcionar a contratação de determinada entidade, em prejuízo dos legítimos interesses dos litigantes"[72].

Há quem se posicione de modo diverso. Marçal Justen Filho entende que o credenciamento "pode afastar instituições internacionais ou mesmo outras mais renomadas que, eventualmente, não se interessem em tomar a iniciativa de demonstrar que atendem aos requisitos a serem fixados por cada ente público". A consequência disso seria "afastar excelentes opções e alternativas, restringindo indevidamente o universo de Câmaras Arbitrais"[73].

No que tange à regulamentação, Schmidt compreende que a edição de regulamento ajudaria a orientar os agentes públicos na indicação das entidades arbitrais e/ou árbitros e co-árbitros, quando da instauração da arbitragem. Dando ênfase ao inescusável respeito ao princípio da legalidade, ratifica que a regulamentação poderia definir parâmetros mínimos (ainda que abertos) à qualificação técnica a ser preenchida por aqueles que sejam indicados para o processamento de processos arbitrais[74].

O Decreto n. 10.025/19 trata da questão estipulando que os procedimentos de arbitragem deverão ser administrados uma câmara arbitral previamente credenciada pela Advocacia-Geral da União deverá ser escolhida para compor o litígio (art. 3, VI).

O credenciamento prévio aparenta atender às necessidades fazendárias e dos particulares. Bom atentar que, sem dúvida, câmaras

72. SCHMIDT, Gustavo. **A arbitragem nos conflitos envolvendo a administração pública: uma proposta de regulamentação**. Dissertação (mestrado) – Escola de Direito do Rio de Janeiro da Fundação Getúlio Vargas, 2016.

73. GARCIA, Flávio Amaral. **A escolha dos árbitros e das Câmaras Arbitrais: licitar ou não?** In: Revista do Estado, n. 150, 2016.

74. SCHMIDT, Gustavo. **A arbitragem nos conflitos envolvendo a administração pública: uma proposta de regulamentação**. Dissertação (mestrado) – Escola de Direito do Rio de Janeiro da Fundação Getúlio Vargas, 2016.

com mais tempo no mercado teriam espaço garantido nesses conflitos, o que poderia impedir novas (e boas) instituições arbitrais de resolver conflitos de alta repercussão pública.

3.1.5.4 Caso concreto: a arbitragem ad hoc envolvendo o Estado de São Paulo

Esse caso merece nossa atenção: ao contrário do que se recomenda, a Fazenda Pública utilizou arbitragem *ad hoc* para solucionar seu conflito. O Decreto n. 64.356/19 do Estado de São Paulo dispõe sobre o uso da arbitragem para resolução de conflitos em que a Administração Pública Estadual direta e suas autarquias sejam parte. Lá está estipulado que o procedimento arbitral será regido pelo regulamento de arbitragem da câmara arbitral eleita ou, nos casos de procedimento "ad hoc", pelas regras de arbitragem da "United Nations Commission on International Trade Law" (UNCITRAL), vigentes no momento da apresentação do requerimento de arbitragem.

É um *case* que enseja nossa análise, vamos a ele.

Os envolvidos na arbitragem são a Construcciones y Auxiliar De Ferrocarriles S.A, o Estado de São Paulo e a Companhia Paulista de Trens Metropolitanos e o conflito decorreu de um contrato decorrente de Concorrência Internacional, com pagamento de pouco mais de 1 bilhão de reais envolvidos que previa o fornecimento de 40 trens a serem utilizados pela sociedade de economia mista.

Conforme indicado pela Companhia Espanhola, o Estado de São Paulo passou a lhe exigir a apresentação dos comprovantes de recolhimento de determinados tributos e, desde então, os pagamentos devidos por força do Contrato passaram a ser retidos pelo Estado de São Paulo. Tal retenção ao que tudo indica era vedada pelo *General Conditions of Contract*.

Diante do impasse, a Empresa procedeu então com a notificação de instauração de arbitragem para o Estado de São Paulo e para a CPTM com o objetivo de iniciar a procedimento arbitral para ser decidido: a) se a retenção de pagamentos realizada pelo Estado de São Paulo era legal e legítima diante dos termos do Contrato; e b) se os pagamentos do Contrato, que ainda estava em execução, deveriam ser retomados.

Duas questões chamaram nossa atenção: a primeira foi a utilização da arbitragem na modalidade *ad hoc*, isto é, o procedimento arbitral seria administrado pelos próprios árbitros e não por qualquer instituição nacional ou estrangeira. Algo bastante incomum com arbitragens envolvendo a Administração Pública e com valores tão expressivos. A segunda, e realçando a internacionalidade desse sistema de solução de conflitos, foi a indicação do regulamento da UNCITRAL para orientar processualmente à arbitragem.

Ao fim do procedimento, o painel arbitral presidido por Nelson Laks Eizirik na companhia de Maurício Moura Portugal Ribeiro e Carlos Alberto Carmona acolheu todos os pedidos da Empresa Estrangeira, confira-se:

> "Diante de todo o exposto, o Tribunal decide: (i) Julgar procedente o pedido da CAF para (a) condenar o GESP [Estado de São Paulo] ao pagamento dos valores correspondentes a todas as faturas emitidas e não pagas pelos Requeridos e das inadimplidas durante o curso deste procedimento, todas elas acrescidas dos encargos previstos na Cláusula 15.5 das SCC do Contrato, (b) em relação às faturas ainda a serem emitidas, reconhecer a ilegalidade da recusa de pagamento, por parte dos Requeridos, que esteja fundada na exigência de demonstração do pagamento de tributos, em interpretações a respeito do regime de drawback ou na ocorrência de falhas técnicas alegadas neste processo; (ii) julgar procedente o pedido da CAF para determinar que os Requeridos se abstenham de obstaculizar a emissão de novas faturas ou de reter novos pagamentos em razão do suposto não recolhimento de tributos especificados na Tabela 1A do Contrato ou de quaisquer outras exigências que tenham por base descumprimento de obrigações contratuais analisadas no âmbito deste procedimento arbitral; (iii) condenar os Requeridos a reembolsar à CAF os montantes relativos aos honorários dos árbitros por ela arcados; e(iv) por consequência, julgar totalmente improcedentes todos os pedidos formulados pelos Requeridos".

Os problemas não param por aí. Procedeu-se a execução a referida sentença arbitral no Judiciário Paulista. Em sua demanda, além de requerer o pagamento devido na condenação, a Companhia espanhola defendeu que a decisão (envolvendo valores altíssimos) não deveria se submeter ao regime de precatórios. Lado outro, após destacar a natureza jurídica do regime constitucional de pagamentos pela Fazenda Pública, defendeu que "de forma alguma a liberação dos valores indevida e ilegalmente retidos pelo Estado de São Paulo se enquadra na finalidade do regime constitucional de pagamento por meio de precatórios" já que "todos os valores relativos ao preço do Contrato deveriam estar/estão – conforme se demonstrará mais adiante – previstos no orçamento estadual".

O Estado de São Paulo por meio de sua procuradoria, apresentou impugnação defendendo, dentre outras coisas que, "não se pode admitir o argumento de que o primeiro capítulo da sentença arbitral se cumpre pela simples prestação de fazer "a liberação dos pagamentos": trata-se de obrigação de pagar", ressaltando a aplicação do regime de precatórios.

O tema de sentença arbitral x precatórios será melhor abordado no último capítulo dessa obra, o qual remetemos o leitor.

Em primeiro momento a juiz de primeiro grau decidiu que a execução imediata da sentença arbitral seria inviável "pois, além do cumprimento de sentença contra a Fazenda Pública ter rito próprio, a obrigação de não fazer, neste caso concreto, na verdade retrata a liberação de verbas públicas, e de valores vultosos, havendo, portanto, de se aguardar a instalação do contraditório".

A decisão foi ataca com manejo de agravo de instrumento que não foi admitido pelo Tribunal de Justiça de São Paulo.

O processo ainda se encontra em andamento, seu desfecho, portanto, será analisado nas edições que se seguirem.

3.1.6. A responsabilidade da instituição arbitral

Os centros de arbitragem são prestadores de serviço, exercem atividade eminentemente empresarial e, por essa razão, estão sujeitas à ética empresarial, aquela que se exige de toda instituição do mercado ciente dos compromissos de lisura e probidade requeridas na sociedade moderna. Instituições arbitrais cujos valores são percebidos como positivos pelos setores que direta ou indiretamente se interagem com estas sejam empresas, advogados e o Poder Judiciário tendem a ter uma vida longa e credibilidade no mercado. Se não for assim, tornam-se frágeis, sem competitividade e ficam suscetíveis a prática de ilícitos, riscos de imagem e reputação. A reputação aliás, é o que fez com que câmaras de arbitragem estrangeiras resistirem ao passar do tempo e terem ampla atuação em órgãos internacionais como é o caso da CCI. Enfim, os princípios éticos e a implantação de boas práticas devem compor a base da cultura de uma instituição arbitral, orientando sua conduta e fundamentando sua missão social.[75]

Eventuais responsabilizações das câmaras de arbitragem girarão em torno de possíveis falhas na prestação de serviço que oferecem (extravio de documentos, falhas nos serviços de comunicação, atrasos ou falta de organização no procedimento, etc.), pois já se anotou que "o centro de arbitragem deve zelar pelo bom e regular desenvolvimento do procedimento, sob pena de se submeter às sanções civis competentes"[76].

O resultado do serviço – a sentença arbitral – não pode ensejar responsabilidade civil da instituição, uma vez inexiste influência desta na decisão do(s) árbitro(s). A insatisfação com o resultado não se confunde com falha na prestação do serviço. Enfim, os árbitros ou instituições arbitrais não possuem legitimidade para figurar no polo passivo da ação prevista no art. 33, caput, e § 4º, da Lei 9.307/1996, no cumprimento de sentença arbitral e em tutelas de urgência[77].

Os tribunais brasileiros, em mais de uma oportunidade, confirmaram essa questão. O Tribunal de Justiça do Rio de Janeiro (TJRJ), em determinado caso, entendeu que apenas os envolvidos que submeteram a solução do litigio ao juízo arbitral e aos efeitos da sua decisão devem compor uma lide em que se requeira a anulação de sentença arbitral. Nesse caso, em sua pretensão, o agravante não demonstrou fática e juridicamente na causa de pedir tampouco fez qualquer pedido relacionado à instituição arbitral responsável pela administração do conflito. Mcsmo assim, a inclui no processo de anulação do laudo. Nos termos do voto do relator, o órgão arbitral atuou como mero

75. GIUSTI, Gilberto. **A Ética das Instituições de Arbitragem.** Revista Brasileira de Arbitragem. n. 40, 2016, p. 80.

76. NUNES, Thiago Marinho, SILVA, Eduardo Silva da, GUERRERO, Luís Fernando. **O Brasil como sede de arbitragens internacionais: a capacitação técnica das câmaras arbitrais brasileiras.** Revista de Mediação e Arbitragem, n. 34, 2012.

77. Enunciado n. 7 da I Jornada Prevenção e Solução Extrajudicial de Litígios.

organizador do processo, e não pode responder pelas decisões proferidas por seus árbitros[78].

O Tribunal de Justiça de São Paulo, em caso semelhante, assentou que "seria, no mínimo, teratológico admitir que Tribunal Arbitral possa figurar no polo passivo da lide, até porque esta é composta por aqueles que fazem parte da relação jurídica material controvertida". Entendeu-se que a instituição não possui nenhum interesse no objeto do conflito[79].

Cabe, para encerrar a questão, expor o recente julgado do STJ sobre o tema. O debate teve origem no Tribunal de Justiça de Minas Gerais que, em segunda instância, já havia decidido que "a empresa administradora do procedimento arbitral é parte legítima para figurar no polo passivo da ação em que se busca a anulação do expediente". O debate continuou e, em momento posterior, a Câmara de Mediação e Arbitragem Empresarial (CAMARB) manejou Recurso Especial que, ao ser apreciado pelo ministro Ricardo Cueva, com robusto subsídio doutrinário, decidiu que "a instituição arbitral, por ser simples administradora do procedimento arbitral, não possui interesse processual nem legitimidade para integrar o polo passivo da ação que busca a sua anulação"[80].

---

78. "somente as partes que submeteram a solução do litígio ao juízo arbitral e se sujeitam aos efeitos da decisão proferida devem integrar a lide em que se postula a anulação do procedimento ou da decisão arbitral. Como simples organizadora, a instituição arbitral carece de legitimidade para compor o pólo passivo na ação de nulidade de sentença arbitral fundada em parcialidade do árbitro" TJRJ - AI 006987-77.2005.8.19.0000. Décima Sétima Câmara Cível. Relator: Henrique Carlos de Andrade Figueira, Data de Julgamento: 14/09/2005.

79. TJSP AP 9162656-77.2002.8.26.0000, Vigésima Oitava Câmara de Direito Privado. Relator Neves Amorim. Data de Julgamento: 01/03/2007.

80. STJ - **REsp: 1433940 MG**. Relator: Ministro Ricardo Villas Bôas Cueva, Data de Julgamento: 26/09/2017, T3 - Terceira Turma, Data de Publicação: DJe 02/10/2017. Vale conferir o julgado no informativo n. 613: "Cinge-se a controvérsia a definir se a câmara arbitral tem legitimidade para integrar o polo passivo de ação de anulação de procedimento arbitral. Vale registrar que nem mesmo os árbitros, embora prolatores do ato considerado viciado, teriam, em tese, legitimidade para integrar o polo passivo de demanda anulatória de sentença arbitral. Assim é porque a ação anulatória de sentença arbitral guarda certa semelhança com a ação rescisória de sentença judicial. Logo, não se cogita da inclusão do órgão julgador no polo passivo da demanda visando a sua desconstituição, somente figurando como partes legítimas da ação anulatória aquelas que integraram a relação original, ou seja, que submeteram a solução do litígio ao juízo arbitral. Nesse sentido a doutrina já se manifestou: '(...) Com esse perfil, a ação anulatória de sentença arbitral guarda alguma semelhança com a ação rescisória de sentenças ou acórdãos judiciais, dela diferindo em alguns aspectos (supra, n. 81). São legitimados a ela, (a) no polo ativo, aquele ou aqueles que houverem sucumbido no processo arbitral, interessados na desconstituição do laudo, e (b) no passivo, o vencedor ou vencedores, interessados em sua manutenção. São esses os sujeitos cujas esferas jurídicas serão de algum modo atingidas pelo julgamento de mérito a ser proferido na ação anulatória. O árbitro ou árbitros, embora sejam eles os autores do ato a ser anulado, não

Ao escolher a arbitragem, as partes devem estar conscientes de todos os riscos que podem advir dessa escolha. Sair vitorioso ou derrotado do procedimento é consequência do debate processual e da decisão dos árbitros. Em estudo específico sobre o tema, conclui-se que a atuação da entidade arbitragem concentra-se na supervisão e administração procedimental decorrente de uma relação contratual – prestação de serviço –, que lhes confere tal prerrogativa. Assim, ainda que essas instituições possam tomar decisões, a competência de julgar o litígio é exclusiva dos árbitros[81].

De fato, a instituição nada tem a ver com o resultado do conflito e, por essa razão, não possui legitimidade para compor o polo passivo de uma ação que objetiva anular uma sentença arbitral ou mesmo responsabilizá-la pelo resultado do processo que administrou.

3.1.7. Em busca de um ambiente neutro

No que se refere às instituições arbitrais estrangeiras, é bom sublinhar que nada impede que o processo arbitral seja desenvolvido integralmente no Brasil e em língua portuguesa. Aliás, o ambiente internacional de arbitragens já é conhecido por alguns entes estatais. É a opção mais indicada quando a arbitragem versa sobre contratos internacionais e envolve sujeitos estrangeiros.

No que se refere às câmaras internacionais de arbitragem, concordamos com Carlos Alberto Carmona ao afirmar que esses entes que possuem sede no exterior "têm capacidade de administrar arbitragens em qualquer país do globo, com o emprego dos mais diversos idiomas". Mais que isso, o arbitralista assevera que "a escolha de alguns destes órgãos de reputação internacional muitas vezes será a saída para o impasse em contratos de que tomem parte entidades estrangeiras" [82]. De fato, a expertise e a tradição, de determinadas instituições arbitrais pode garantir um ambiente neutro.

---

têm legitimidade para figurar na ação anulatória, tanto quanto o juiz estatal não é parte legítima à rescisória".

81. LOPES, DEBORA FISZMAN IGREJAS. **Arbitragem e Administração Pública: a escolha da Câmara Arbitral nas arbitragens com a Administração Pública Direta**. Rio de Janeiro: 2016, p. 7. A autora em sua monografia traz inúmeros precedentes que fundamentam a essa conclusão e nesse estudo afirma ainda que "Ao passo que a relação entre as partes e Câmara tem como base aspectos de direito privado, a atuação dos árbitros, embora originária de uma relação contratual, não é capaz de afastar seu cunho jurisdicional. A partir dessa distinção é possível compreender como inadequada a caracterização jurisdicional e pública da atuação das Câmaras, ao contrário da função dos árbitros, em que esses aspectos vão além de um impacto indireto." Idem, p. 10.

82. CARMONA, Carlos Alberto. **Arbitragem e administração pública - primeiras reflexões sobre a arbitragem envolvendo a administração pública**. Revista Brasileira de Arbitragem n. 51. 2016, p. 9-11.

A Administração Pública quando pretende realizar obras de grande monta e complexidade pode abrir a possibilidade desse empreendimento ser realizado por empresas estrangeiras que desconhecem as nuances da jurisdição local. Incluir arbitragem como método de solução de conflitos resolve esse problema. Evita-se ambientes jurídicos parciais, seja o brasileiro ou estrangeiro, restando certo que a escolha de qualquer um deles tenderia, de regra, a favorecer uma das partes, dada a maior familiaridade com que essa teria caso ocorresse algum litígio. Nessa conjuntura, uma instituição de arbitragem surge como ambiente mais adequado, pois se presta bem a esta finalidade de imparcialidade. Cria-se uma órbita em que ambos os contratantes possam se sentir confortáveis diante de eventual conflito pois, independente da nacionalidade dos árbitros, as regras procedimentais e o próprio direito aplicável, seriam aplicadas práticas usualmente utilizadas no comércio internacional[83].

A preocupação de um ambiente neutro é importante, sobretudo sob aspecto econômico. Já foi alertado por Adriana Braghetta que ninguém do mercado internacional quer se submeter ao Judiciário. Assim, surge a necessidade de um foro neutro[84]. O ambiente jurídico do país parceiro é fundamental para atrair investimentos. Joaquim Paiva Muniz, em sentido semelhante com o da autora mencionada, explica que "o que está em jogo é a possibilidade ou não de o Estado alterar regras em desfavor do investidor estrangeiro, pois a arbitragem oferece um foro neutro e relativamente rápido para o investidor reclamar direito eventualmente violado, com decisão que pode ser executada tanto internamente quanto no exterior"[85].

Um ambiente de duvidosa imparcialidade – no sentido territorial/institucional –, poderia gerar nulidades e desconfortos desnecessários. "Pense-se, ainda, na escolha de um órgão arbitral cujo procedimento seja mais vantajoso para a defesa dos interesses específicos do Estado no caso concreto". Essa escolha poderia ter impactos negativos para a arbitragem, ensejando inúmeros incidentes no

83. Essa questão foi bem trabalhada na obra: MACHADO, Rafael Bicca. **A arbitragem empresarial no Brasil.** Porto Alegre: livraria do advogado editora, 2009.

84. Cf. BRAGHETTA, Adriana. **A Importância da Sede da Arbitragem - Visão a partir do Brasil.** Rio de Janeiro: Editora Renovar, 2010.

85. MUNIZ, Joaquim de Paiva. **Guia Politicamente Incorreto da Arbitragem IV - Arbitragem e Estado: entre tapas e beijos.** Disponível em <https://bit.ly/2RZ80Bc> acesso em 10 de novembro de 2018.

Poder Judiciário e, até mesmo, a anulação da sentença arbitral "que se refletiria em perda de dinheiro e tempo (dinheiro público, é bom lembrar)"[86].

3.1.8. Cooperação institucional com o Poder Judiciário e a carta arbitral

Cooperar significa atuar em conjunto, atuação sincrônica para atingir um mesmo fim. Nesse sentido, é essencial que exista cooperação não apenas jurídica, mas institucional entre instituições arbitrais, árbitros e o Poder Judiciário. A necessidade de dessa interação interinstitucional entre o público e o privado "em geral, dá-se quando terceiros, não participantes do processo arbitral, mas a quem é dirigida a decisão do árbitro, deixam de cumpri-la, ou, mais comumente, quando as decisões dos árbitros não são voluntariamente cumpridas pelos partícipes do processo arbitral, bem como quando os árbitros, provocados por uma parte, entendem que necessitam solicitar o auxílio do Estado-juiz para a prática de determinado ato"[87].

No âmbito judicial, o magistrado possui restrições de atuação de acordo com os limites de sua circunscrição territorial. Assim, diante da necessidade de cumprimento de suas decisões em território de outra comarca, não possui competência para cumprir a ordem diretamente, será necessário solicitar à autoridade judiciária competente para praticar o ato: assim funciona a cooperação jurisdicional[88-89].

O instituto da cooperação interna busca dar celeridade e eficácia aos atos praticados além dos limites de competência territorial ou material dos juízes. É possível apresentar pedido de cooperação para

86. CARMONA, Carlos Alberto. **Arbitragem e administração pública - primeiras reflexões sobre a arbitragem envolvendo a administração pública**. Revista Brasileira de Arbitragem n. 51. 2016, p. 9-11.

87. NASCIMBENI, Asdrubal Franco; FINKELSTEIN, Cláudio. **Carta arbitral: possíveis situações de não cooperação do juízo estatal**. Revista de Arbitragem e Mediação, v. 54. São Paulo: Editora Revista dos Tribunais, 2017. p. 130.

88. THEODORO JÚNIOR, Humberto. **Curso de Direito Processual Civil - Teoria Geral do Direito Processual Civil e Processo de Conhecimento**. Rio de Janeiro: Forense, 2009. p. 257.

89. É importante para esse estudo distinguir cooperação interna da internacional. A cooperação interna ocorre entre órgãos jurisdicionais do nosso país sejam eles do Poder Judiciário ou cortes de arbitragem. A cooperação internacional (art. 26 e ss) pode ser ou não jurisdicional; é cabível em diversos casos como por exemplo as questões de direito penal no caso de extradição, ou civil, no caso de auxilio direto (CPC, art. 28 e ss.), carta rogatória (CPC, art. 36), homologação de sentença estrangeira (CPC, art. 960) além das possibilidades de assistência jurídica, ou outros instrumentos previstos em tratados bilaterais ou multilaterais.

prática de atos processuais diversos. Este pedido deve ser atendido de imediato, sem necessidade de forma específica (CPC, arts. 68 e 69).

Dentre as formas de cooperação jurisdicional, tem-se a reunião de apensamento de processos, prestação de informações, atos concertados e as cartas de ordem, precatória e a carta arbitral (CPC, art. 69 e art. 237. IV). A esse respeito, aliás, restou enunciado que a cooperação jurisdicional se aplica entre o árbitro e o Poder Judiciário[90], o que nos leva a crer que conquanto não exerça a função jurisdicional as instituições arbitrais poderão atuar de forma cooperativa com as cortes judiciais.

Deve-se considerar a possibilidade de um processo arbitral se desenvolver sem qualquer tipo de intervenção ou apoio judicial, é esperado que assim o seja. Se isso ocorre, o Estado não terá, nem mesmo, conhecimento do litígio, os seus envolvidos, o seu procedimento e nem a decisão que lhe pôs termo. Para o Estado, o processo arbitral sequer existiu[91-92]. De fato, conforme identificou João Luiz Lessa Neto, "há diversas situações em que será imprescindível a cooperação do juiz estatal para o suporte ao processo arbitral. O Judiciário em determinadas situações pode ser demandando para dar suporte à arbitragem e em qualquer uma das suas fases[93]. Diante dessas situações árbitros e juízes atuam como se estivessem "em uma corrida de bastões numa relação cooperativa pressupõe que cada uma das instâncias tem uma função importante a exercer ao seu turno. Na corrida com bastão, os atletas têm de atuar de modo conjunto, cada um por sua vez, passando o bastão ao próximo para que possam chegar ao final da corrida"[94].

---

90. Enunciado n. 5 do FPPC, (art. 69, § 3º). O pedido de cooperação jurisdicional poderá ser realizado também entre o árbitro e o Poder Judiciário. (Grupo: Arbitragem – Enunciado aprovado por aclamação).

91. COUTO, Jeanlise Velloso. **Árbitro e Estado: interesses divergentes?**. São Paulo: Atlas, 2010. p. 31.

92. O processo arbitral, na maioria das vezes, prescinde completamente de qualquer intervenção do Poder Judiciário para se desenvolver corretamente. Como a cláusula compromissória é vinculante, uma vez pactuada, as partes efetivamente terão de se submeter à arbitragem, sendo desnecessário firmar um compromisso arbitral. Caso uma das partes se recuse a comparecer ao processo arbitral, sofrerá efeitos semelhantes aos da revelia do processo civil. Assim, salvo nas hipóteses de uma cláusula compromissória patológica ou de uma arbitragem ad hoc sem regras de escolha dos árbitros, não é preciso qualquer intervenção do Poder Judiciário para instalação e desenvolvimento do processo arbitral. LESSA NETO, João Luiz. **Arbitragem e Poder Judiciário: A definição da competência do árbitro**. Salvador: Juspodivm, 2016, p. 37.

93. LESSA NETO, João Luiz. **Arbitragem e Poder Judiciário: A definição da competência do árbitro**. Salvador: Juspodivm, 2016, p. 37-38.

94. LESSA NETO, João Luiz. **Arbitragem e Poder Judiciário: A definição da competência do árbitro**. Salvador: Juspodivm, 2016, p. 37-38.

Muito embora se considere como jurisdicional a atividade desenvolvida pelo árbitro, não lhe é atribuído o poder de *imperium*[95], não lhe é autorizado praticar atos constritivos ou executórios. O mesmo se aplica às instituições arbitrais. É necessária a interação com a jurisdição estatal para a concretização da tutela que foi demandada na jurisdição privada, isto é, o poder judicial que "fornece seu suporte, sem, contudo, privar a liberdade contratual pela qual as partes optaram ao escolher a justiça arbitral em detrimento da justiça estatal"[96].

A inter-relação entre juízos encontra previsão na LArb, com destaques para a execução específica da cláusula compromissória (art. 7°), condução de testemunhas recalcitrante (art. 22. §2°), solicitação de cumprimento de medidas cautelares e urgentes (art. 22-A) e o próprio cumprimento da sentença arbitral[97].

Entretanto, mesmo com essas disposições expressas, faltava a previsão de instrumentos jurídicos pelos quais se realizaria essa interação.

A reforma da Lei de Arbitragem e o Código de Processo Civil supriram essa lacuna: "diversos foram os motivos da criação da carta arbitral, dos quais, destacam-se: a uniformidade do procedimento em juízo estatal, e, como as providências são processuais no Judiciário, esta razão tem relevância tal qual toda norma relativa a processo civil em geral; segurança na prática dos atos em favor das partes na efetivação da tutela jurisdicional, evitando-se que venham a ser exigidas dos atores da arbitragem (partes e árbitros) formas, protocolos, providências ou documentos diversos, a critério pessoal do magistrado, congestionando ou mesmo inviabilizando a realização, oportuno tempore, da medida; ainda, confere-se segurança ao próprio juízo estatal, para se preservar de medidas cuja autenticidade ou legitimidade sejam duvidosas, sem afrontar a autoridade arbitral"[98].

---

95. CARMONA, Carlos Alberto. **Arbitragem e Processo**. 3.ed. São Paulo: Atlas, 2009. p. 26. Cf. DINAMARCO, Candido Rangel. **A Arbitragem na Teoria Geral do Processo**. São Paulo: Malheiros, 2013. p. 39.
96. COUTO, Jeanlise Velloso. **Árbitro e Estado: interesses divergentes?** São Paulo: Atlas, 2010. p. 22.
97. Cf CAIS, Maria Eugênia Previtalli. **Inter-relação entre o processo arbitral e o processo judicial** Dissertação (Mestrado em Direito) - Faculdade de Direito, Universidade de São Paulo, São Paulo, 2013.
98. Cf artigo que merece atenda leitura: BIANCHI, Beatriz Homem De Mello. **Provas na arbitragem e a carta arbitral**. Revista de Arbitragem e Mediação. n. 59. São Paulo: Editora Revista dos Tribunais, 2019.

É possível que se utilize a carta arbitral como instrumento de cooperação. Esta modalidade de carta se constitui como uma ferramenta para comunicação entre juízos – uma das formas de colaboração entre a jurisdição arbitral e a jurisdição estatal com escopo de dar efetividade à arbitragem, fazendo cumprir as decisões e solicitações do juízo arbitral.

Acerca do instituto, o art. 237, IV do CPC estabelece que será expedida carta arbitral para que órgão judiciário pratique, ou determine, o cumprimento, na área de sua competência territorial, de ato objeto de pedido de cooperação judiciária formulado por juízo arbitral, inclusive os que importem efetivação de tutela provisória.

O sistema autoriza que o árbitro, ou o tribunal arbitral, expeça carta arbitral para que o órgão jurisdicional pratique, na área de sua competência territorial, ato solicitado pelo árbitro (LArb, art. 22-C). Essa carta arbitral poderá ser processada diretamente pelo órgão do Poder Judiciário do foro onde se dará a efetivação da medida ou decisão[99]. Como se observa, não há obrigatoriedade, se houver previsão diversa no contrato a carta pode ser processada em unidade judiciária previamente estabelecida pelas partes.

Há uma comunicação entre sistemas jurisdicionais não subordinados e não vinculados para a efetivação da tutela jurisdicional. Conforme aponta Candido Rangel Dinamarco, "para tais resultados cumpre-lhes deprecar ao juiz togado a realização de medidas que eles [árbitros] não podem realizar[100]".

Ao receber a carta arbitral, o juiz averiguará se o árbitro é competente para solicitar tal pedido de cooperação. É um exame de regularidade formal, já que "não compete ao juízo estatal analisar o mérito do pedido, medida ou decisão arbitral cuja efetivação se requer por meio da carta arbitral"[101]. Ademais, "trata-se de instrumento que reforça ainda mais a jurisdição exclusiva do árbitro, nas questões que lhe foram submetidas pelas partes. E, como não há hierarquia entre os juízes e os árbitros, àqueles caberá mero juízo de análise formal da

99. Enunciando n. 3 da I Jornada Prevenção e Solução Extrajudicial de Litígios.

100. DINAMARCO, Candido Rangel. **A Arbitragem na Teoria Geral do Processo**. São Paulo: Malheiros, 2013, p. 230.

101. Enunciado 27 do FPPC - "Não compete ao juízo estatal revisar o mérito da medida ou decisão arbitral cuja efetivação se requer por meio da carta arbitral" (Grupo Arbitragem).

carta, não devendo aferir o acerto das medidas determinadas pelo árbitro, dando, destarte, mero e efetivo cumprimento à decisão"[102].

A esse respeito, Carlos Alberto Carmona indica que a semelhança entre a solicitação que o árbitro dirige ao juiz e o mecanismo da carta precatória "não é mera coincidência". Para o autor, "não tendo o árbitro competência para realizar o ato de forca, depreca (solicita, pede, roga) a quem tenha tal poder"[103].

É necessário que a carta arbitral esteja acompanhada da convenção de arbitragem e com as provas da nomeação do árbitro e de sua aceitação da função (CPC, art. 260, §3°). Além disso, a carta arbitral atenderá, no que couber, aos requisitos das demais cartas[104].

Estando a carta arbitral devidamente instruída, será o juiz togado que concretizará as providências ordenadas pelo árbitro[105]. Caso contrário, se ocorrer algum dos casos previstos no art. 267 do CPC, o juiz recursará, de forma fundamentada, o pedido[106].

É importante frisar que o juiz não poderá avaliar os motivos os quais foi fundamentada a decisão do árbitro. Não pode verificar, por exemplo, se os requisitos para concessão de eventual medida de urgência foram aplicados. O juiz, em casos de cooperação, é auxiliar da arbitragem, e não um fiscal.

Cumpre ressaltar, por fim, que a arbitragem é um instituto autônomo e não permite avaliação judicial acerca da pertinência, oportunidade e justeza das decisões emanadas do seu processo[107]. A relação estabelecida entre árbitros e juízes, e entre instituições arbitrais e

102. NASCIMBENI, Asdrubal Franco; FINKELSTEIN, Cláudio. **Carta arbitral: possíveis situações de não cooperação do juízo estatal**. Revista de Arbitragem e Mediação, v. 54. São Paulo: Editora Revista dos Tribunais, 2017. p. 130.

103. CARMONA, Carlos Alberto. **Das boas relações entre os juízes e árbitros.** Revista do Advogado, v. 51, 1997. p. 20.

104. Art. 260. São requisitos das cartas de ordem, precatória e rogatória I - a indicação dos juízes de origem e de cumprimento do ato; II - o inteiro teor da petição, do despacho judicial e do instrumento do mandato conferido ao advogado; III - a menção do ato processual que lhe constitui o objeto; IV - o encerramento com a assinatura do juiz. §3º A carta arbitral atenderá, no que couber, aos requisitos a que se refere o caput e será instruída com a convenção de arbitragem e com as provas da nomeação do árbitro e de sua aceitação da função.

105. DIDIER JR. Fredie **A arbitragem no novo código de processo civil** (versão da câmara dos deputados, Dep. Paulo Teixeira) - disponível em <http://www.oabrs.org.br/arquivos/file_527a401a62404.pdf>.

106. CARMONA, Carlos Alberto. **Arbitragem e Processo.** 3.ed. São Paulo: Atlas, 2009. 325-326.

107. DINAMARCO, Candido Rangel. **A Arbitragem na Teoria Geral do Processo**. São Paulo: Malheiros, 2013. 210 e ss.

cortes judiciais, deve ser de cooperação, coordenação institucional de apoio, jamais de subordinação.

3.2. A ATUAÇÃO DO ÁRBITRO

Sua importância é ressaltada por todos os autores e estudiosos do assunto. É ente especial da arbitragem, e ninguém dentro do procedimento, pode desconsiderar os efeitos positivos ou negativos que sua atuação pode ter. Não é exagero, como acentuam diversos autores, em dizer que a qualidade da arbitragem depende da qualidade dos árbitros, seu valor moral, sua qualidade acadêmico-profissional, sua diligência e o estrita observância ao devido processo legal. Enfim, o bom desfecho do processo arbitral está relacionado diretamente com os bons árbitros que o conduziram.

O árbitro não é uma profissão. É uma função, é atividade com poderes determinados e limitados pela vontade das partes. Diverge, portanto, da figura do magistrado, mas com o mesmo poder de decidir conflitos. Atua em espaço privado é verdade, mas isso, por si só, não desnatura sua notável função econômico-social.

Esse profissional deve ser nomeado pelas partes. A aceitação de tal encargo deve ser feita de maneira expressa e por escrito e, quando a fizer, considerar-se-á instituída a arbitragem. A assinatura do termo de nomeação, ou qualquer outro instrumento destinado a esse fim, não é formalismo inútil. O aceite da missão de árbitro estabelece o marco inicial do procedimento a partir do qual o árbitro passa a desempenhar suas funções e encarregar-se de todas as responsabilidades a ela inerentes.

As nuances de sua atuação serão analisadas a seguir.

3.2.1. Esclarecimentos iniciais: adequada interpretação do "juiz de fato e de direito"

Primeiramente, cabe frisar, em definitivo, que não existe, no direito brasileiro, a figura do "juiz arbitral". Nem a LArb, nem em qualquer outro instrumento legal, utiliza tal termo. Não se sabe ao certo de onde surgiu tal expressão. No entanto, a confusão não se justifica porque o árbitro decide, comunica-se com as partes por meio de ordens processuais, decisões e sentença, mas não é magistrado investido pelo Estado.

A expressão empregada pela lei brasileira foi correta, mas, ainda assim, pode levar à confusão os mais desatentos. O art. 18 da LArb dispõe que o árbitro é juiz de fato e de direito. Ele julga os fatos e o direito. Não é um magistrado, é pessoa privada contratada pelas partes para decidir a disputa. Explica-se que o juiz e o árbitro têm função análoga, qual seja: resolver conflitos, "todavia o modo como exercem a sua função é diferente. O juiz administra a justiça em nome do povo. O árbitro administra a justiça em nome das partes. A arbitragem é uma fonte lícita de justiça privada. O sistema judicial administra justiça pública"[108].

Alertou, Carlos Alberto Carmona que "o intuito da Lei foi o de ressaltar que a atividade do arbitro e idêntica a do juiz togado, conhecendo o fato e aplicando o direito"[109]. Parece-nos mais correta a interpretação no sentido de que o árbitro é o órgão jurisdicional da arbitragem, responsável pela condução do procedimento e por decidir o conflito para qual foi contratado.

O magistrado, como cidadão, pode atuar eventualmente fora do "exercício de suas funções", pois é agente público, um funcionário do Estado e assim se qualifica profissionalmente. O árbitro, por sua vez, "somente atua nessa qualidade quando nomeado para resolver determinada controvérsia. Antes disso e fora dessa atividade específica, é cidadão comum, exercendo profissão própria que o qualifica como advogado, engenheiro, químico ou outra". De fato, o ser 'árbitro' não é uma profissão e sim uma função[110].

A tentativa do legislador foi deixar claro a inexistência de hierarquia entre árbitro e juízes. O sistema estabeleceu identidade de

---

108. BARROCAS, Manoel Pereira. **Manual de Arbitragem**. Almedina, 2010 p. 265.

109. "É possível que o legislador, ao empregar a consagrada expressão 'juiz de fato e de direito', tenha tido em mente a ideia de que em alguns juízos separam-se as decisões de fato e de direito (como ocorre com o julgamento do júri, onde apenas os fatos são submetido aos jurados, enquanto toca ao juiz togado aplicar o direito), querendo deixar consolidada a ideia de que no juízo arbitral se fará tal separação; talvez tenha o legislador querido ressaltar que, por conta de sua investidura privada, os árbitros são juízes de fato (privados), mas sua decisão produz a mesma eficácia da decisão estatal (daí serem também juízes de direito); talvez tenha o legislador querido ressaltar que o árbitro lidará tanto com as *questiones facti* quanto com as *questiones juris*. Seja como for, resulta claro desta fórmula verdadeiramente histórica, que o intuito da Lei foi o de ressaltar que a atividade do árbitro é idêntica à do juiz togado, conhecendo o fato e aplicando o direito". CARMONA, Carlos Alberto. **Arbitragem e Processo: um comentário à Lei 9.307/96**. São Paulo: Atlas, 2009. p.268-269.

110. MAGALHÃES, José Carlos de. **O árbitro e a arbitragem**. Revista de Arbitragem e Mediação n. 29. São Paulo: Editora Revitsta dos Tribunais, 2011.

efeitos das decisões que cada um profere. A paridade entre o árbitro e os magistrados "é meramente instrumental e não autoriza que se traga para o mesmo plano personagens diferentes", é o que explica Carlos Stefen Elias. Segundo ele, "para o árbitro, ser juiz de fato e de direito é somente ter autoridade para decidiras questões fáticas e jurídicas colocadas pelas partes para a solução da controvérsia". Assim, conforme o mesmo autor, "essa identificação está sempre ligada a um complemento, seja para imunizar a decisão contra recurso, seja para imunizá-la contra a homologação pelo Poder Judiciário"[111].

Não há, enfim, juiz arbitral no direito brasileiro.

3.2.2. A relação contratual entre as partes e o árbitro

Pode ser árbitro, qualquer pessoa capaz e que tenha a confiança das partes (LArb, art.13). O primeiro requisito se concentra na esfera da capacidade civil, uma vez que, entre as partes e o árbitro, há típica relação contratual. O árbitro, tal como as partes, deve ter capacidade plena, assim entendida como aquela disposta no art. 5 do Código Civil[112].

Ao verificar a natureza jurídica do negócio firmado entre o árbitro e as partes, observa-se que a relação estabelecida é contratual, uma espécie de contrato atípico[113], que não pode ser classificado de acordo com as normas preestabelecidas mas preenchendo os requisitos mínimos do negócio jurídico é ajuste plenamente válido. Desta forma, "esse contrato tem características próprias que decorrem do poder/dever atribuído ao árbitro de decidir o litígio que opõem os contratantes"[114].

111. ELIAS, Carlos Eduardo Stefen Elias. **O Árbitro é (Mesmo) Juiz de Fato e de Direito? Análise dos Poderes do Árbitro vis-à-vis os Poderes do Juiz no Novo Código de Processo Civil Brasileiro**. Revista de Arbitragem e Mediação, v. 14, 2017, p. 87-88.

112. "Ao prever que o árbitro deve ser pessoa capaz, o art. 13 da Lei n. 9.307 refere-se à capacidade civil para atuar e contrair obrigações; pode também ser entendido como a capacidade técnica, pois as partes podem estabelecer os requisitos e as habilidades profissionais de um árbitro, haja vista o tipo de contrato e as suas peculiaridades. Pode-se estipular que um dos árbitros seja engenheiro ou um especialista em aferição de sinistros (seguros)". LEMES, Selma. **Árbitro. Dever de Revelação. Inexistência de Conflito de Interesses**. Revista Brasileira de Arbitragem. Curitiba: Comitê Brasileiro de Arbitragem, 2014, p. 15.

113. Cf. CLAY, Thomas. **El Árbitro**. Bogotá: Grupo Editorial Ibanez, 2012.

114. BATISTA. Luiz Olavo. **Arbitragem comercial e internacional**. São Paulo: Lex Editora, 2011, p. 177.

Conforme orienta Luiz Olavo Batista, o árbitro "é um prestador de serviços". A relação estabelecida entre as partes é contratual, diante de um acordo estabelecido com direitos e obrigações mútuas representado em ato formal constituído na nomeação e aceitação. Nesse sentido, o autor conclui que "a característica principal desse contrato é que o árbitro não está vinculado à parte que o indicou, pois seu dever de independência se sobrepõe a essa relação inicial"[115].

A relação contratual entabulada entre as partes e os árbitros é atípica e multilateral. É atípica porque não se confunde com a convenção de arbitragem, tampouco é prevista contrato típico, enquadra-se, na verdade, na disposição do art. 425 do Código Civil[116]. Também é multilateral pois vincula os dois, ou mais, contendentes e o árbitro, ou o conjunto de árbitros. É um contrato peculiar que apenas pode ser encontrado na realidade arbitral.

O árbitro é contratado para decidir o conflito e todas as questões a ele relativas. A atividade desenvolvida pelo árbitro é um serviço privado e devidamente remunerado. Esse serviço inicia-se com a aceitação do encargo e encerra-se com prolação da última decisão acerca do conflito. A atividade do árbitro é, nesse sentido, uma função com prazo determinado, estabelecida por instrumento contratual específico, com obrigações recíprocas entre ele e as partes e com respeito ao regulamento que por eles e para eles é estabelecido.

O árbitro, como dito, é contratado pelas partes, mas a elas se submetem à Constituição e à ordem jurídica estabelecida e escolhida pelas partes. Fazenda Pública ou particular, nacional ou estrangeiro, não exerce poder sob o árbitro porque o convidou e o admitiu e para tal missão.

3.2.3. Jurisdição (e competência) do árbitro

O árbitro é juiz de fato e de direito e a sentença que proferir não fica sujeita a recurso ou a homologação pelo Poder Judiciário (LArb, art. 18). Do latim *arbitru*, o árbitro é "aquele que é chamado para, como juiz, dirimir dúvidas, opinar em debates, julgar algum assunto e decidir sobre alguma coisa". Mais ainda, "o árbitro equipara-se ao

115. BATISTA. Luiz Olavo. **Arbitragem comercial e internacional**. São Paulo: Lex Editora, 2011, p. 177.

116. Código Civil, 2002: Art. 425. É lícito às partes estipular contratos atípicos, observadas as normas gerais fixadas neste Código.

juiz estatal, uma vez que ele é o terceiro que compõe o conflito de interesses, atuando como se fosse o Estado"[117].

Conforme Pedro Batista Martins: "encontramos na arbitragem o trinômio ação, processo e jurisdição. O instituto se presta a solucionar conflitos. O árbitro exerce o *iudicium* e deve suprir as partes com a justa tutela cuja missão foi encarregado. Dessa forma, ele cumpre sua obrigação e presta assistência ao Estado na realização da justiça"[118].

O árbitro possui a capacidade de conhecimento (*cognitio*) e a autorização de julgamento (*iudicium*), não detém, contudo, o poder de coerção (*coertio*), nem tampouco o de execução (*executio*). De acordo com Candido Rangel Dinamarco, "não se cogita uma tutela jurisdicional executiva em sede arbitral, simplesmente porque a jurisdição arbitral não vai além das atividades e decisões inerentes ao processo de conhecimento"[119-120].

O argumento da ausência de *imperium* do árbitro não pode ser confundido com impossibilidade de conceder provimentos de natureza jurisdicional. O árbitro tem poder geral de cautela e poder de decisão; está autorizado a realizar cognição sumária e verificação dos pressupostos legais para a concessão de medidas urgentes, como também cognição exauriente para resolução definitiva do conflito.

Evidente que, se a concretização da medida arbitral requeira meios de execução forçada, será necessária a participação cooperativa-institucional do juiz estatal, mas isso, por si só, não tira o poder e a legitimidade de exame do arbitro, em verdade o escopo comum entre o processo judiciário e o arbitral permite dar-lhes o igual tratamento

---

117. COUTO. Jeanlise Velloso. **Árbitro e Estado: interesses divergentes?** São Paulo: Atlas, 2010, p. 18-20.

118. MARTINS, Pedro Batista. **Apontamentos sobre a Lei de Arbitragem.** Rio de Janeiro: Forense, 2008. p. 243.

119. DINAMARCO, Candido Rangel. **Arbitragem na Teoria Geral do Processo.** São Paulo: Malheiros, 2013. p. 69).

120. "(...) dispõe da *iurisdictio*, o que importa na *cognitio*, e que lhe permite fazer justiça, por convenção das partes, em nome do Estado, que é afinal quem garante a autoridade dos seus julgados. Por não dispor do poder de império, não pode o árbitro determinar a condução coercitiva de uma testemunha recalcitrante. Se a testemunha deixar de comparecer sem justa causa, poderá o árbitro ou presidente do tribunal arbitral requerer à autoridade judiciária que a faça conduzir, comprovando a existência da convenção de arbitragem (art.22, §2° da LA). CARREIRA ALVIM, José Eduardo. **Direito arbitral.** 3. ed. Rio de Janeiro: Forense, 2007. p. 332.

jurídico. Cabe esclarecer, ainda, uma importante questão acerca da competência.

Rafael Francisco Alves ressalta que "o aspecto jurisdicional da atuação do árbitro relaciona-se com outro elemento importante: o a competência para julgar sua própria competência."[121] A LArb garante ao árbitro decidir as questões acerca da existência, validade e eficácia da convenção de arbitragem e do contrato que contenha a cláusula compromissória (art, 8º. parágrafo único). João Luiz Lessa Neto, a esse respeito, indica que "as questões da validade do contrato e da competência do árbitro estão diretamente interligadas". Para o jurista pernambucano, "qualquer decisão de um árbitro que entenda que não há um contrato de arbitragem, é o mesmo que o árbitro decidir que não lhe cabe julgar a matéria, que ele não tem competência (jurisdição) para tanto".[122]

O fato de o árbitro decidir sobre sua própria competência manifesta o efeito positivo da convenção de arbitragem: é a autorização dada pelo sistema que o árbitro possui para analisar a sua própria competência antes que qualquer outro juiz.[123]

Jurisdição é o poder de solucionar conflitos; a competência, por sua vez, é medida de jurisdição, isto é, o limite para exercício do poder jurisdicional. A jurisdição é pressuposto da competência, de modo que não pode existir está sem aquela.

Há, sem dúvidas, uma jurisdição transitória – limitada ao tempo do procedimento que se inicia com a aceitação do encargo pelo árbitro e encerra-se com a sua sentença. Nesse sentido, o modelo clássico de competência não se aplica à arbitragem, já que não existe distribuição de atividades relacionadas ao exercício de jurisdição por árbitros. Repita-se: não existem órgãos arbitrais permanentes no sentido jurisdicional no termo. Só é possível o exercício desse poder

121. ALVES. Rafael Franscisco. **O Árbitro e o Direito: o julgamento do mérito na arbitragem**. São Paulo: Almedina, 2018, p. 67.

122. LESSA NETO, João Luiz. **Arbitragem e Poder Judiciário: A definição da competência do árbitro**. Salvador: Juspodivm, 2016. p. 122 e ss.

123. O efeito positivo determina, ainda, que a jurisdição para decidir todas as disputas cobertas pela convenção de arbitragem seja conferida ao Tribunal Arbitral. Sendo que a convenção de arbitragem delimita a extensão dos poderes dos árbitros para decidir a disputa e, portanto, os limites de sua jurisdição. A extensão da jurisdição, como visto, é muitas vezes questionada em casos de grupo de empresas, casos em que, normalmente, questiona-se também o consentimento das partes"VISCONDE, Débora. **A jurisdição do árbitro de seus efeitos**. Dissertação (Mestrado em Direito) – Faculdade de Direito da Universidade de São Paulo, 2009. p.83.

jurisdicional porque o árbitro é competente para tanto, já que "a atribuição de competência supõe que o órgão seja dotado de jurisdição", tendo em vista que o 'ter jurisdição' é condição de possibilidade para o 'ter competência[124].

É por isso que ser árbitro, na verdade, é estar árbitro – *provisoriamente*. Jurisdição e competência misturam-se para designar uma mesma situação jurídica. Se o árbitro tem jurisdição para decidir uma demanda, será também ele competente para decidir seus próprios limites de jurisdição e analisar toda a extensão do conflito abarcado pela convenção de arbitragem.

A jurisdição do árbitro, nessa linha, pode ser identificada a partir das seguintes disposições, dentre outras, extraídas da LArb: i) poder de decidir sobre sua própria competência; ii) poder de conceder medidas urgentes; iii) poder de decidir o conflito por meio de sentença final ou parcial; iv) sua decisão é título executivo judicial, não está sujeita à homologação do Poder Judiciário (arts. 8º, 18, 22-B e 23).

3.2.4. O árbitro de urgência

A arbitragem é serviço privado que contempla as necessidades do mercado. Permitir aos interessados utilizarem-se, por intermédio da arbitragem, de medidas urgentes, sem precisar instaurar ações preparatórias ao processo arbitral no Judiciário, é uma inovação com a marca da modernidade.

À medida que a sociedade e suas demandas vão se tornando mais complexas, expandem-se os conflitos e a necessidade de resolvê-los de forma célere e adequada. Quem procura a arbitragem busca não apenas resolver o seu conflito de forma apropriada, mas também, afastar-se das problemáticas existentes no judiciário. Dito de outra forma: os litigantes da arbitragem desejam resolver suas questões relativas a direitos patrimoniais disponíveis apenas na esfera arbitral utilizando de todas as vantagens e ônus que essa proporciona.

O processo de arbitragem pode desenvolver-se de forma completamente invisível aos olhos do Poder Público. "Para o Estado, o que transcorre nas relações privadas só chega ao seu conhecimento

124. GOUVEIA FILHO, Roberto Campos. et all. **Por que o STJ deve rever a decisão sobre a taxatividade do artigo 1.015**. Conjur. Acesso em 14 de agosto de 2018.

quando suas regras, sua força coercitiva e seu poder de *imperium* são solicitados", dessa forma, "a arbitragem pode ocorrer sem que haja necessidade de intervenção estatal"[125].

Dirigir-se ao judiciário para alcançar medidas urgentes é um caminho muitas vezes necessário, mas que ainda assim pode trazer descontentamentos, já que as partes, quando estipulam arbitragem em seus contratos, buscam evitar a judicialização do conflito. Além disso, a necessidade de uma medida pré-arbitral pode expor o conflito ao público e a ausência de conhecimento técnico do objeto por parte do órgão julgador pode trazer consequências irreversíveis. A necessidade de urgência tem um custo: esse tipo de serviço pode ser dispendioso[126].

Repita-se, a arbitragem é um serviço privado e fornecido por instituições especializadas. A comunidade empresarial – principal usuária da arbitragem em âmbito interno e internacional – é rigorosa e exige resultados eficazes. Da mesma forma, a Fazenda Pública, como gestora da coisa pública, deve agir e cobrar eficiência. As quantias envolvidas das transações inseridas nos processos arbitrais não são somente financeiras, há valores intangíveis, reputação e busca de liderança no mercado e, nesse caso, também interesse público.

A arbitragem é sigilosa, o que permite i) a preservação das relações comerciais; ii) eventuais máculas na reputação da corporação; iii) práticas de competitividade; iv) informações confidenciais; v) proteção de elementos imateriais essenciais para determinados ramos do mercado; vi) instabilidades internas etc. Esses fatores financeiros não são mensuráveis, mas têm vital importância nos negócios empresariais[127].

Com efeito, as cortes arbitrais buscam novos caminhos e tendem a proporcionar aos seus clientes garantias e desfechos satisfatórios nos processos de arbitragem. De fato, os que buscam esse serviço jurisdicional privado procuram uma prestação jurisdicional célere e

---

125. COUTO. Jeanlise Velloso. **Árbitro e Estado: interesses divergentes?** São Paulo: Atlas, 2010, p. 31.

126. Se formos tomar o exemplo da CCI, de acordo com o art. 7º do apêndice V (que trata especificamente o árbitro de emergência), "o solicitante deverá pagar o valor de US$ 40.000 (quarenta mil dólares), o qual inclui US$ 10.000 (dez mil dólares) pelas despesas administrativas da CCI e US$ 30.000 (trinta mil dólares) pelas despesas e honorários do árbitro de emergência".

127. FONSECA, Rodrigo Garcia; CORREIA, André de Luizi. **A confidencialidade da arbitragem: fundamentos e limites.** In LEMES, Selma Ferreira; BALBINO, Inês. (org) Arbitragem: temas contemporâneo. São Paulo: Quartier Latin, 2012. p. 417.

adequada, "uma vez que as demandas extensas têm custos operacionais maiores e prejudicam a rotatividade e o fluxo de capitais necessários para o desempenho de novos investimentos e operações comerciais"[128]. É esse o contexto em que o árbitro de urgência está inserido.

Antes mesmo de iniciar o processo de arbitragem, existem necessidades inadiáveis que só podem ser atendidas por meios de tutelas provisórias de urgência. As hipóteses são as mais variadas: i) preservar as provas; ii) conservar bens e ativos; iii) proteger de informações confidenciais; iv) garantir a continuação das obras e serviços; v) impedir ou permitir a inscrição em órgãos de registro; vi) evitar emissão de divisas ao exterior; vii) ordenar a manutenção de contrato de distribuição comercial ou o sequestro de cotas sociais, etc[129].

Sem a concretização dessas medidas, o processo arbitral pode ser vão, uma vez que o resultado final, eventualmente, depende da concessão de tutela de emergência. É por isso que se justificam as medidas urgentes prévias à arbitragem[130].

É bem verdade que, quando as partes escolhem a arbitragem, essa opção é delineada e planejada para iniciar, desenvolver-se, e concluir-se por si mesma, isto é, sem que as partes busquem apoio da jurisdição estatal. A prática, contudo, desenha-se de forma diversa. É comum a confluência de jurisdições tanto para dar viabilidade às práticas arbitrais (cooperação entre magistrados e árbitros) quanto para inibir o prosseguimento de processos de arbitragem, também chamadas *anti-suit injuncions*.

Para evitar que as partes busquem essas medidas no Judiciário, algumas instituições arbitrais implementaram a figura do *árbitro de urgência*, o qual tem a autorização de proferir medidas provisórias antes que o árbitro ou tribunal arbitral tenha sido constituído. É uma técnica pré-arbitral de natureza excepcional que deve estar estabelecida de forma expressa na convenção de arbitragem e possibilita

128. COSTA, Cynara Barros. **A arbitragem internacional e seus princípios norteadores: um estudo sobre o Princípio da Celeridade e da Flexibilidade e o Fast Track Arbitration**. in BARZA, Eugênia Cristina Nielsen; SILVA NETO, Francisco Antônio Barros. e; WEBERBAUER, Paul Hugo. (org). Integração regional, globalização e Direito internacional. Recife: UFPE, 2014, p. 103.

129. ABBUD. André Albuquerque Cavalcanti. **Homologação de sentenças arbitrais estrangeiras**. São Paulo: Atlas, 2008. p. 51-52.

130. Cf. TALAMINI, Eduardo. **Arbitragem e tutela provisória no CPC/15**. In: Fredie Didier Jr; Mateus Pereira; Roberto Gouveia; Eduardo José da Fonseca Costa. (Org.). Grandes temas do novo CPC: tutela provisória. Salvador: Editora Juspodivm, 2016.

o pleno acesso à tutela jurisdicional de urgência como mecanismo emergencial de proteção[131].

Em âmbito internacional, a arbitragem urgente existe em diversos centros especializados, como o Centro Internacional de Resolução de Disputas (CIRD) e a Câmara de Comércio Internacional (CCI). Conforme o regulamento da instituição, é possível, em um dia útil, a nomeação de um árbitro de urgência para concessão de tutelas provisórias que se mostrarem necessárias antes da constituição da arbitragem definitiva[132].

Há, contudo, uma ressalva importante. A previsão de árbitro de urgência não impede que as partes procurem o Estado para obterem medidas urgentes. Conforme se depreende do regulamento, as diretrizes sobre o Árbitro de Emergência não têm a finalidade de impedir que qualquer parte requeira medidas cautelares ou provisórias urgentes a qualquer autoridade judicial competente, a qualquer momento, antes de solicitar tais medidas e, em circunstâncias apropriadas, até mesmo depois de tal solicitação, além disso, qualquer requerimento de tais medidas a uma autoridade judicial competente não será considerado como infração ou renúncia à convenção de arbitragem. (Regulamento CCI, Art. 29, §7º).

O procedimento para a nomeação de um árbitro de emergência é relativamente simples: a parte realiza um requerimento específico e o apresenta à Secretaria da CCI, expondo as razões que fundamentam a atuação do árbitro de emergência. O árbitro, antes da sua nomeação, deve subscrever uma declaração de aceitação, disponibilidade, imparcialidade e independência. Esse requisito é extraído do art. 11, §2º do regulamento da CCI, que estipula, ainda, a necessidade de revelação por escrito de quaisquer fatos ou circunstâncias cuja natureza possa levar ao questionamento da sua independência, assim como quaisquer circunstâncias que possam gerar dúvidas razoáveis em relação à sua imparcialidade. De fato, seja qual for o tipo de atuação numa emergência ou na instrução propriamente dita, o árbitro deve ser sujeito imparcial para garantir o devido processo da arbitragem.

---

131. Cf. PITOMBO, Eleonora Coelho. **Arbitragem e o Poder Judiciário: Aspectos Relevantes**. In: GUILHERME, Luiz Fernando do Vale Almeida (Coord.). Aspectos Práticos da Arbitragem. São Paulo: Quartier Latin, 2006.

132. COSTA, Marcos Gomes da. **Tutela de Urgência e Processo Arbitral.** Dissertação de Mestrado. Universidade de São Paulo, 2012. p. 118.

Na esfera interna, instituições brasileiras como a Câmara de Arbitragem da CCBC e a Câmara de Arbitragem do Mercado (CAM - BM&FBovespa) também implementaram esse serviço.

A característica essencial é a celeridade na avaliação do caso em concreto e a precisão na decisão urgente. Esse tipo de decisão caracteriza-se, por uma cognição sumária e de provisoriedade. É muito comum, nas instituições adeptas a essa prática, estipularem uma lista específica de árbitros de urgência, em separado do conjunto ordinário de árbitros. Esses profissionais são selecionados com base em sua experiência e disponibilidade imediata. Nesse cenário de pressão, a competência técnica e a diligência são elevadas ao grau máximo.

O objetivo é claro: garantir às partes interessadas a possibilidade de, caso necessário, valer-se do árbitro de urgência para concessão de medidas provisórias, antes instituir o processo de arbitragem; evita-se desde logo a intervenção judiciária. Conforme bem explica Eduardo Talamini, "as partes podem definir a ocorrência de procedimento arbitral para a solução de demandas urgentes que surjam antes do procedimento arbitral de cognição exauriente" e complementa: "trata-se de um processo arbitral urgente antecedente à arbitragem propriamente dita"[133].

O interessado, na posse dessa decisão, deverá provocar o Judiciário, que seria originalmente competente para avaliar a questão e demonstrar no *writ* que o árbitro de urgência estava autorizado para emitir tal decisão. Nesse caso específico, será imprescindível informar que, segundo os termos do regulamento da instituição, é possível tomar tais medidas.

A Lei de Arbitragem autoriza que o árbitro ou o tribunal arbitral expeça carta arbitral para que o órgão jurisdicional pratique ou determine o cumprimento, na área de sua competência territorial, de ato solicitado pelo árbitro (art. 22-C).

Não se trata de uma demanda de iniciativa do árbitro de urgência, ele não se apresenta como parte demandante, e sim como juízo

133. TALAMINI, Eduardo. **Arbitragem e tutela provisória no CPC/15**. In: Fredie Didier Jr; Mateus Pereira; Roberto Gouveia; Eduardo José da Fonseca Costa. (Org.). Grandes temas do novo CPC: tutela provisória. Salvador: Editora Juspodivm, 2016, p. 117.

"deprecante", por meio de comunicado acompanhado pelo pacto de arbitragem, regulamento da instituição especializada e pedido realizado pela parte que o motivou. É importante notar que o árbitro não dá uma ordem ao juiz, nem tampouco solicita. Inexiste hierarquia entre os juízos. Há uma remessa ao juiz, um encaminhamento. O árbitro recebe o pedido, avalia os pressupostos inerentes à questão, decide e remete ao juízo estatal a decisão arbitral urgente para que seja integralizada.

Insiste-se em afirmar que a análise dos pressupostos substantivos da medida urgente é exclusiva do árbitro. Ao receber o requerimento do árbitro ou pedido da parte para o cumprimento da medida provisória, o juiz não profere comando igual ao proferido pelo juízo arbitral, não há novo provimento jurisdicional de conteúdo similar. Em verdade, nesse procedimento de cooperação, o magistrado estatal apenas desbloqueia a eficácia intrínseca da medida arbitral urgente e oferece os meios necessários para a sua realização.

A possibilidade de invocar um árbitro de urgência não deve ser usada extensivamente, mas apenas em casos atípicos. Alerta-se ainda acerca da inevitabilidade de previsão contratual expressa; há necessidade de que as partes, na convenção de arbitragem, estipularem tal expediente, caso contrário, será necessária a intervenção judicial pré-arbitral; é uma situação excepcional e, vale dizer, permite a concentração de todos os atos decisórios no juízo arbitral.

Essa técnica oportuniza que as medidas de urgência pré-arbitrais, outras decisões interlocutórias e a sentença final orbitem única e exclusivamente na esfera da arbitragem. Os agentes do judiciário só atuariam nos casos de descumprimento, dando-lhes executividade. A depender da complexidade da demanda, as partes podem entender ser mais prudente deixar que apenas os *experts* realizem toda e qualquer atividade cognitiva, seja sumária ou exauriente na arbitragem.

Não é de se descartar também uma maior garantia de imparcialidade daquele que profere a decisão final. Desvinculado de uma cognição sumária, precária e prévia acerca do conflito, é bem possível que o árbitro principal se mantenha distante do que foi decido, mais imparcial e, assim, menos enviesado, visto que é o árbitro de urgência e não aquele que concede as medidas antecedentes ao processo arbitral. Não haverá uma vinculação psicológica com o que foi decido antes da análise profunda dos fatos ocorridos, antes do contraditório e das alegações de ambas as partes e produção de provas do processo arbitral. Assim tem-se uma maior garantia de imparcialidade.

O fato é que existe uma irreversível tendência de as instituições arbitrais disponibilizarem esse tipo de serviço, ainda que oneroso, o que não deixa de ser uma técnica processual interessante para atender o novo modelo de sociedade em que vivemos. A concentração dos atos de decisão representa a condensação de exigências típicas de quem busca a arbitragem: celeridade, especialidade e sigilo.

3.2.5. Poderes do árbitro: ordenar, instruir e decidir

O árbitro, quando aceita o encargo, possui determinados poderes que muito se assemelham aos de um juiz. A "jurisdição" – o principal deles – foi examinado em separado por demandar uma justificação própria. Mas há mais. A doutrina indica que os poderes do árbitro podem ser classificados como i) ordinatórios; ii) instrutórios; iii) decisórios[134].

Consiste em poder-dever de o julgador privado coletar, identificar a compilar os elementos de fato e de direito necessários para propiciar, com maior qualidade possível, a Sentença Arbitral. Ademais, entre os poderes-deveres do árbitro está o de julgar, "segundo o seu melhor juízo, a questão e as provas que lhe são submetidas, no curso de um processo em que a formação da prova e igualdade de direitos são assegurados às partes"[135].

O árbitro será o responsável para garantir o respeito ao devido processo legal e impedir qualquer medida que vise transgredir a integridade do procedimento o qual é responsável. Assim, deve coibir todo e qualquer ato que busque atentar contra o bom seguimento da arbitragem. Foi contratado pelas partes, mas repita-se, a elas não se submete, o seu objeto de trabalho é o procedimento e a sua função é decidir.

---

134. ELIAS, Carlos Eduardo Stefen Elias. **O Árbitro é (Mesmo) Juiz de Fato e de Direito? Análise dos Poderes do Árbitro vis-à-vis os Poderes do Juiz no Novo Código de Processo Civil Brasileiro**. Revista de Arbitragem e Mediação, v. 14, 2017, p. 98.

135. BATISTA. Luiz Olavo. **Arbitragem comercial e internacional**. São Paulo: Lex Editora, 2011, p. 174.

A LArb "encarregou-se de ressaltar os princípios mais relevantes que devem sustentar a arbitragem, mostrando que o contraditório é valor que não pode ser violado, seja qual for a escolha das partes acerca do procedimento a ser adotado"[136].

Nesse sentido, o árbitro será responsável por dirigir a relação processual entre as partes, instruir o processo e a prática dos atos procedimentais. Ele decidirá sobre a pertinência da prática de cada ato e responderá as manifestações e requerimentos das partes; poderá tomar o depoimento das mesmas, ouvir testemunhas e determinar a realização de perícias ou outras provas que julgar necessárias mediante requerimento das partes ou de ofício. Mais ainda, o §7º do art. 13 da LArb dispõe que o árbitro poderá determinar às partes o adiantamento de verbas para despesas e diligências que julgar necessárias. Fica claro que ele não pede, tampouco solicita, ele ordena, emite um comando que deverá ser obedecido.

Thomas Clay aduz que cabe aos árbitros participarem da arbitragem não apenas no sentido de dirigir o procedimento, mas também estar disponível e não se ausentar quando solicitado[137]; deve sanar dúvidas, consultar as partes, controlar o procedimento organizando os atos de forma lógica e coerente, empregando esforços para a rápida solução do conflito[138].

Dessa forma, é aconselhável que os árbitros, dentro do que for possível, contenham eventuais ímpetos de agressividade e de revanchismo de qualquer um dos envolvidos. Caso contrário, isso poderá se traduzir em desconfortável atraso do prosseguimento da arbitragem e notável dispêndio de recursos (inclusive públicos, diante da participação da Fazenda Pública), energia e horas de trabalho.

---

136. CARMONA, Carlos Alberto. **Em torno do árbitro**. Revista de Arbitragem e Mediação, v. 28, 2011, p. 51.

137. "Sobre este último ponto (disponibilidade de tempo) convém tomar *cum grano salis* as informações do candidato a árbitro: muitos daqueles que fazem parte do *country club* tomaram gosto pela arbitragem (e especialmente pela participação em painéis arbitrais), de modo que criaram estrutura compatível com o manejo de vários processos ao mesmo tempo, liberando-se de outras atividades de modo a poderem dedicar-se aos processos arbitrais em que atuam. O fenômeno da gula arbitral é observável ainda naqueles indivíduos que não sabem quando parar: aceitam todas as indicações sem verificar sua real disponibilidade para se dedicar à causa e sem aferir se têm capacidade para cumprir o encargo". CARMONA, Carlos Alberto. **Os sete pecados capitais do árbitro.** Revista de Arbitragem e Mediação. n. 52, São Paulo: Editora Revista dos Tribunais, 2017, p. 393.

138. CLAY, Thomas. **Él Árbitro**. Bogotá: Pontifícia Universidad Javeriana. 2012, p. 25.

3.2.6. Deveres do árbitro: imparcialidade, impedimento, suspeição, independência e confiança

A imparcialidade, a independência, o impedimento e a suspeição são expressões que orbitam sob a conduta do árbitro e refletem na própria validade do processo arbitral. Contudo, não podem se confundir, e nesse tópico teceremos alguns comentários necessários à boa compreensão dos institutos e verificar como cada um deles se manifesta.

No desempenho de sua função, o árbitro deverá proceder com imparcialidade, independência, competência, diligência e discrição. Além disso, estão impedidos de funcionar como árbitros as pessoas que tenham, com as partes ou com o litígio que lhes for submetido, algumas das relações que caracterizam os casos de impedimento ou suspeição de juízes. (LArb, arts. 13 §7º, art. 14, caput).

Acerca do primeiro instituto, tem-se que a imparcialidade decorre da ausência de impedimento, suspeição. Eduardo Fonseca Costa elucida que "a função da jurisdição é de aplicar imparcialmente o direito"[139]. Nesses termos, é possível inferir que a imparcialidade do árbitro é necessidade para o próprio exercício de jurisdição; é o núcleo duro do próprio processo legal arbitral. A imparcialidade é o distanciamento das partes e do próprio direito discutido, revela-se como elevada ausência de interesse no que será decidido. (LArb, art. 22, §2º).

Carlos Stefen Elias explica que "a imparcialidade faz-se vital quando o sujeito não irá apenas avaliar, mas também decidir, em uma disputa estabelecida mediante pleitos formulados por outros sujeitos, qual deles deverá ter seu interesse desatendido e qual deles verá seu interesse prevalecer"[140].

Candido Rangel Dinamarco aponta que "sem ser um agente estatal, mas um julgador escolhido pela vontade bilateral das partes, o árbitro exerce, porém, autêntica jurisdição, estando, por isso, sujeito às normas que regem a figura do juiz no processo estatal, dispondo dos mesmos poderes semelhantes aos deste e tendo deveres também

---

139. COSTA, Eduardo José da Fonseca. **O processo como instituição de garantia**. Disponível em <https://bit.ly/2RLeJ1n> acesso em 08 de dezembro de 2018.

140. ELIAS, Carlos Eduardo Stefen. **Imparcialidade dos árbitros**. 2014. Tese (Doutorado em Direito). Faculdade de Direito, Universidade de São Paulo, São Paulo, 2014, p. 15.

semelhantes"[141]. A função do árbitro equivale à de um magistrado. Nesse sentido, a LArb estabeleceu que, sob aquele, aplicam-se os casos de suspeição e impedimento contidos no Código de Processo Civil. Atente-se que remissão à lei processual é referencial, não se exaure naquelas hipóteses, apenas encontra subsídios decorrentes da similitude de funções.

Segundo a lei processual, está impedido e, assim, vedado de exercer sua função o julgador que incidir nas hipóteses do art. 144 do CPC[142]. Indica-se que o impedimento revela proximidade maior em relação às partes e ao próprio objeto do conflito e pode ser verificado objetivamente; ao passo que a suspeição, prevista no art. 145 do CPC[143], "liga-se com situações pessoais e sob suspeita de que o julgador possa vir a ser parcial"[144].

Em maior ou menor grau, as situações previstas nos dispositivos acima analisados podem acontecer na realidade arbitral. Contudo, é necessário que esses sejam independentes e tenham a confiança das partes. A dinâmica arbitral, nesse sentido, exige um pouco mais dos árbitros: a eles cabe o dever de revelação (*duty of disclosure*).

---

141. DINAMARDO, Candido Rangel. **Instituições de direito processual civil**. v. 2. 7 ed. São Paulo: Malheiros, 2017, p. 258.

142. CPC/15, Art. 144. Há impedimento do juiz, sendo-lhe vedado exercer suas funções no processo: I - em que interveio como mandatário da parte, oficiou como perito, funcionou como membro do Ministério Público ou prestou depoimento como testemunha; II - de que conheceu em outro grau de jurisdição, tendo proferido decisão; III - quando nele estiver postulando, como defensor público, advogado ou membro do Ministério Público, seu cônjuge ou companheiro, ou qualquer parente, consanguíneo ou afim, em linha reta ou colateral, até o terceiro grau, inclusive; IV - quando for parte no processo ele próprio, seu cônjuge ou companheiro, ou parente, consanguíneo ou afim, em linha reta ou colateral, até o terceiro grau, inclusive; V - quando for sócio ou membro de direção ou de administração de pessoa jurídica parte no processo; VI - quando for herdeiro presuntivo, donatário ou empregador de qualquer das partes; VII - em que figure como parte instituição de ensino com a qual tenha relação de emprego ou decorrente de contrato de prestação de serviços; VIII - em que figure como parte cliente do escritório de advocacia de seu cônjuge, companheiro ou parente, consanguíneo ou afim, em linha reta ou colateral, até o terceiro grau, inclusive, mesmo que patrocinado por advogado de outro escritório; IX - quando promover ação contra a parte ou seu advogado.

143. CPC/15, art. 145. Há suspeição do juiz: I - amigo íntimo ou inimigo de qualquer das partes ou de seus advogados; II - que receber presentes de pessoas que tiverem interesse na causa antes ou depois de iniciado o processo, que aconselhar alguma das partes acerca do objeto da causa ou que subministrar meios para atender às despesas do litígio; III - quando qualquer das partes for sua credora ou devedora, de seu cônjuge ou companheiro ou de parentes destes, em linha reta até o terceiro grau, inclusive; IV - interessado no julgamento do processo em favor de qualquer das partes.

144. DINAMARDO, Candido Rangel. **Instituições de direito processual civil**. v. 2. 7 ed. São Paulo: Malheiros, 2017, p. 260-262.

A manifestação contratual tem como pressuposição a confiança dos envolvidos nas pessoas que serão escolhidas para decidir o conflito. Será essa confiança o atributo apto de exonerar a atividade judiciária. O árbitro deve expor, de forma clara e inequívoca para as partes, que nada pode comprometer seu desempenho. É uma ordem expressa que as pessoas indicadas para funcionar como árbitros revelem, ante da aceitação da função (e durante todo o processo arbitral), qualquer fato que denote dúvida justificada quanto à sua imparcialidade e independência (LArb, §1° do art. 14). Trata-se, como se observa, de dever pré-contratual e estende-se durante toda relação contrato-processual entre o árbitro e as partes.

Em parecer merecedor da leitura de todos os práticos da arbitragem Selma Lemes explica que "os códigos deontológicos editados por diversas instituições internacionais e nacionais, a título sugestivo, orientam os prováveis árbitros na pesquisa do que deve ser revelado e mencionado, esclarecendo que o árbitro deverá revelar às partes, frente à sua nomeação, qualquer interesse ou relacionamento de qualquer natureza (negocial, profissional ou social) que possa ter ou que tenha tido com qualquer uma delas ou com qualquer pessoa que possa ser considerada como testemunha potencial da arbitragem, e que possa de alguma forma, em relação de sua substancialidade, afetar a sua imparcialidade e ou sua independência. Portanto, dúvidas justificadas são aquelas que possam afetar a independência e a imparcialidade do árbitro no ato de julgar. Muitas vezes o árbitro indicado tem dúvidas se determinado fato ou situação seria importante a ponto de merecer a dita revelação. Neste momento, deve o árbitro efetuar a pergunta a si, se fosse parte gostaria de conhecer mencionado fato. O dever de revelação e transparência regem a indicação do árbitro no sentido de verificar a sua independência e imparcialidade. Após a revelação as partes aferirão se aquele fato poderá afetar o ato de julgar e podem, se for o caso, impugnar a indicação do árbitro em questão".

O dever de revelação é fundamental para que os litigantes tenham ciência de qualquer fato ou circunstância atual ou pretérita tenha o condão de afetar a confiabilidade no árbitro. Não sendo esse o caso, ainda que exista aspecto que represente impedimento ético é opção das partes nomeá-lo porque nos termos da lei, "a confiança é o elemento fundamental para a atuação do árbitro. A premissa, portanto, é a revelação e o conhecimento completo pelas partes de qualquer fato que possa afetar a credibilidade do árbitro"[145].

Como se vê esta revelação é um dever do árbitro e, ao mesmo tempo, consiste em um direito de informação da parte que, tendo ciência acerca dos fatos e circunstâncias que possam potencialmente comprometer a independência do árbitro, pode ter a confiança e a certeza que o respeito ao devido processo legal será respeitado. Realmente, a confiança deve orientar o instituto da arbitragem do início ao fim (da confiança no instituto em si, na contração da convenção de arbitragem, na escolha do árbitro, da instituição arbitral e na própria efetividade do sistema). É claro que no que se refere ao árbitro, a confiança é o principal vetor que viabiliza a resolução dos conflitos fora dos quadros estatais. Essa especial característica apenas pode ser avaliada pelas partes em razão do dever legal de informação, caso contrário a ausência do *duty of disclosure*, faria com que a arbitragem perdesse totalmente a credibilidade.

O livre conhecimento do árbitro decorre de sua independência. Aliás, a justeza da decisão depende da imparcialidade. Não pode haver conflito de interesses ou, em melhores termos, convergência de interesses entre o árbitro e qualquer uma das partes[146].

A independência, tal como a imparcialidade, pode ser observada de forma objetiva na medida em que não existem dúvidas acerca do interesse no resultado da demanda a ser apreciada pelo julgador. Não poderão pairar dúvidas que o julgador decidirá de forma imparcial o conflito[147].

---

145. MAGALHÃES, José Carlos de. **O árbitro e a arbitragem**. Revista de Arbitragem e Mediação n. 29. São Paulo: Editora Revitsta dos Tribunais, 2011.

146. "As justificativas para a identificação e proteção da independência na arbitragem giram entre uma perspectiva que põe foco no livre convencimento do árbitro, que considera que seria difícil a este, ao possuir relação ou vínculo próximo com uma das partes, decidir sem favorecê-la, e uma perspectiva focada na confiança depositada no método de solução de conflitos, que restaria quebrada por conta da relação ou vínculo próximo do árbitro com uma das partes" ELIAS, Carlos Eduardo Stefen. **Imparcialidade dos árbitros**. 2014. Tese (Doutorado em Direito). Faculdade de Direito, Universidade de São Paulo, São Paulo, 2014, p. 19.

147. "Enquanto a independência do árbitro estaria ligada à ausência de conexões próximas com as partes (ou até mesmo com seus advogados), a imparcialidade relacionar-se-ia com o prejulgamento do litígio, ou seja, com uma inclinação ou tendenciosidade inadmissível do árbitro em relação a uma das partes ou à matéria em disputa42. Essa inclinação ou tendenciosidade do árbitro para o favorecimento de uma das partes teria outras origens que não a conexão ou relacionamento entre ambos, podendo ser fruto de preconcepções do árbitro a respeito das partes (preconcepções ligadas, por exemplo, à honestidade, etnia, nacionalidade ou orientação política destas) ou a respeito da matéria envolvida (preconcepções ligadas à predeterminação sincera do árbitro

Selma Lemes explica que "a independência é definida como a manutenção pelo árbitro, em um plano de objetividade tal, que no cumprimento de seu mister não ceda a pressões nem de terceiros nem das partes". Enquanto "a imparcialidade vincula-se a critérios subjetivos e de difícil aferição, pois externa um estado de espírito". Para a autora, "a independência e a imparcialidade representam *standards* de comportamento" e, nesse sentido, "a confiança da parte depositada na pessoa do árbitro representa a certeza que este terá independência para julgar com imparcialidade, posto que a independência é um pré-requisito da imparcialidade"[148].

A confiança do árbitro se releva na certeza de independência, mas também na sua capacidade técnica. O *know-how* do árbitro, em certa medida, é a grande razão pela qual as partes escolhem aquela pessoa para julgar o seu conflito. O conhecimento profundo sobre a matéria ou a intelecção e compreensão acerca do que será exposto ao longo do procedimento despertará interesse do mercado que, confiante na aptidão técnico-jurídico-científica do profissional, o escolherá para ser árbitro[149].

Diante dessa questão peculiar à arbitragem, Diego Franzoni anota que "os árbitros são seres do mercado. Ao contrário dos juízes que em geral desde cedo se conformam aos quadros estatais, os árbitros, que geralmente são advogados ou outros profissionais liberais

---

quanto à tese vencedora, sem a análise dos argumentos jurídicos ou dos fundamentos fáticos da pretensão, ou mesmo derivada de corrupção)". ELIAS, Carlos Eduardo Stefen. **Imparcialidade dos árbitros.** 2014. Tese (Doutorado em Direito). Faculdade de Direito, Universidade de São Paulo, São Paulo, 2014, p. 20.

148. LEMES, Selma. **Árbitro. Dever de Revelação. Inexistência de Conflito de Interesses**. Revista Brasileira de Arbitragem. Curitiba: Comitê Brasileiro de Arbitragem, 2014, p. 14.

149. (...) lembro que há determinados contratos que pressupõem conhecimento (jurídico ou técnico) adequado, não podendo o ignorante (no sentido exato da palavra) aceitar o encargo de julgar algo que não consiga entender. Pense-se, a título de exemplo, nos litígios que envolvem energia elétrica ou nos conflitos decorrentes de uma pequena central hidrelétrica: quem não tem alguma familiaridade com o setor elétrico ou com o multifacetado contrato das usinas não estará apto a ocupar um lugar em tribunal arbitral que trate de um ou de outro tema. Guloso também é aquele árbitro que, no momento da revelação de fatos que possam infirmar sua independência ou imparcialidade às partes omite-se propositadamente, deixando de revelar situação que sabe (ou pelo menos pressente) que pode causar seu afastamento. Assim, cala-se em primeiro instante para, no momento da realização da audiência de instrução (ou após o fim da instrução probatória), realizar revelação adicional e, destarte, criar um desincentivo a possível impugnação, deixando as partes na delicada situação de contraditar o árbitro (e invalidar os atos processuais até então praticados, que talvez tenham que ser repetidos) ou relevar alguma circunstância ligada ao julgador que não estariam – em situação normal – dispostas a suportar. CARMONA, Carlos Alberto. **Os sete pecados capitais do árbitro.** Revista de Arbitragem e Mediação. n. 52, São Paulo: Editora Revista dos Tribunais, 2017, p. 395.

por formação, fazem parte da mesma dinâmica que os empresários". Para o autor, os árbitros, "pelo seu próprio perfil profissional e pela atividade que desenvolvem", poderão tratar dos conflitos postos a seu exame com mais especialidade e sensibilidade no que diz respeito aos interesses conflitantes em disputa[150].

Não é de se cogitar que a Fazenda Pública eleja alguém dos seus quadros para decidir uma disputa por arbitragem. Ainda que o profissional não seja da ativa, este não seria capaz de julgar o conflito de forma completamente imparcial. Assim, é possível que o profissional tenha larga experiência no setor público naquelas questões relativas às contratações com a Administração Pública e poderia, sem qualquer dúvida, entender com precisão qual seria a melhor solução para a disputa, mas lhe faltaria a imparcialidade necessária e indispensável para julgar.

150. FRANZONI, Diego. **Arbitragem societária**. São Paulo: Editora Revista dos Tribunais, 2015, p. 38 e ss.

Capítulo 4

NEGÓCIOS JURÍDICOS PROCESSUAIS E A CONVENÇÃO DE ARBITRAGEM CELEBRADOS PELA FAZENDA PÚBLICA

4.1. OS NEGÓCIOS JURÍDICOS PROCESSUAIS E A CONSENSUALIDADE

Há, atualmente, ampla gama de legislações e estudos que observam a consensualidade na atuação administrativa. No entanto, dentro do escopo deste trabalho, teceremos algumas considerações sobre aspectos processuais da consensualidade, sempre com especial referência ao contexto da Fazenda Pública, buscando subsídios no Código de Processo Civil e na Lei de Arbitragem.

O modelo multiportas tem fomentado uma visão cada vez mais cooperativa e menos adversarial no sistema processual de solução de disputas (CPC, art. 6º). Nos conflitos envolvendo a Fazenda Pública, essa dinâmica também tem ganhado relevo e aplicabilidade. Tanto é assim, que o Conselho da Justiça Federal enunciou que as vias adequadas de solução de conflitos são aplicáveis à Administração Pública e não se incompatibilizam com a indisponibilidade do interesse público (Enunciado n. 60)[1].

---

1. Na íntegro Enunciado n. 60 do CJF "As vias adequadas de solução de conflitos previstas em lei, como a conciliação, a arbitragem e a mediação, são plenamente aplicáveis à Administração Pública e não se incompatibilizam com a indisponibilidade do interesse público, diante do Novo Código de Processo Civil e das autorizações legislativas pertinentes aos entes públicos".

A gestão consensual da máquina pública tende a estabelecer novos paradigmas que não implicam, de forma alguma, em renúncia de autoridade, e sim, em formas mais hodiernas de atingir o interesse público[2].

Conforme observa Alexandre Luiz Monteiro, o manejo de instrumentos consensuais possui, pelo menos, três consequências: i) maior eficiência na atuação estatal; ii) maior probabilidade de se proteger os bens jurídicos tutelados; iii) menor oneração dos interesses dos particulares.

A consensualidade deve ser inserida como uma das finalidades do Estado na medida em que se busca eficiência da gestão administrativa. Destarte, assiste razão a doutrina quando afirma que a consensualidade, "seja numa perspectiva de prevenção, seja para resolução de conflitos, é uma exigência decorrente da própria noção de Estado Democrático"[3-4-5].

A consensualidade não substituirá as formas tradicionais de ação imperativa do Estado, na verdade, representa uma alteração nas prioridades de atuação, dando ênfase a uma atuação colaborativa – em parceria com a sociedade. A consensualidade pressupõe ainda a solução de conflitos, com a adoção da mediação, transação e arbitra-

---

2. "E a teoria da solução consensual dos conflitos guarda plena relação com tal afirmação: buscam-se os interesses comuns ou, ao menos, não divergentes, para que se possa obter uma solução não imposta por um terceiro ou unilateralmente escolhida por uma das partes. Portanto, resumidamente, tem-se que há plena possibilidade jurídica de a Administração Pública praticar atos consensuais, ante o fato de que, para atingir o interesse público, ela é dotada do poder-dever de contratar, dentro dos parâmetros legais. Acrescente-se a isso o fato de que também são princípios do regime jurídico administrativo a auto-executoriedade (a Administração não depende de pronunciamento judicial para agir) e a autotutela (a Administração deve reconhecer seus atos ilícitos de ofício), e se verá que não se sustentam argumentos que pretendam vedar a priori a possibilidade jurídica de a Administração participar de autocomposição em seus conflitos". MEGNA, Bruno Lopes. **A Administração Pública e os meios consensuais de solução de conflitos ou enfrentando o Leviatã nos novos mares da consensualidade?** Revista da Procuradoria Geral do Estado de São Paulo, v. 82, 2015, p. 9-10.
3. MONTEIRO, Alexandre Luiz Moraes do Rêgo. **Administração Pública consensual e a arbitragem**. Revista de Arbitragem e Mediação n. 35. São Paulo: Editora Revista dos Tribunais, 2012, p. 109.
4. Cf. FERREIRA FILHO, Marcílio da Silva; NEVES, Cleuler Barbosa das. **Contrapesos de uma Administração Pública consensual: legalidade versus eficiência**. Interesse Público, v. 1, 2017, p. 50.
5. "Admitir que os sujeitos do processo possam celebrar negócios jurídicos cujo objeto seja, em alguma medida, o instrumento utilizado para a tutela dos interesses em jogo significa reconhecer-lhes um espaço de participação, democratizando o processo dentro dos propósitos de cooperação entre os sujeitos processuais, consagrada no CPC (art.6) isso tudo sem que se cogite desconsiderar a autonomia da Ciência do Direito Processual e o caráter publicístico do processo jurisdicional". NOGUEIRA, Pedro Henrique. NPJ, p. 224.

gem, onde a participação dos envolvidos é mais destacada. Isso nos leva a crer que a força do consenso das partes em conflito deve ser levado a efeito e também estimulado pela Administração Pública. É isso aliás, o que afirma Diogo de Figueiredo Moreira: "tudo o que cabe ao Estado administrador, uma vez eleita a via solução consensual, é garantir, tal como nos contratos, o primado da autonomia da vontade e a eficácia da decisão arbitral no campo dos direitos disponíveis"[6].

Assim sendo, além de estruturar acordos administrativos consensuais atinentes ao mérito dos interesses públicos, atores públicos e privados estão autorizados a operar negociações relacionadas às formas pelas quais as possíveis e eventuais divergências surgidas no âmbito de seus contratos poderão ou deverão ser solucionadas[7].

Leonardo Carneiro da Cunha aponta que o Código de Processo Civil "é estruturado de maneira a estimular a solução do conflito pela via que parecer mais adequada a cada caso, não erigindo a jurisdição como necessariamente a melhor opção para eliminar a disputa de interesses"[8].

Esse estímulo pode ser verificado através de instrumentos processuais de declaração de vontade. De fato, o Código positivou o princípio do autorregramento da vontade para "promover uma prática e um ambiente processual no qual as partes podem autorregularem os seus direitos"[9].

Na visão de Cândido Rangel Dinamarco, "tais dispositivos oferecem significativas aberturas para que as partes ajustem entre si os modos como o processo se realizará, afastando-se dos *standards* ge-

---

6. MOREIRA NETO, Diogo de Figueiredo. **Mutações do Direito Público**. Renovar, Rio de Janeiro, 2006, pp. 262 e 263.
7. Alexandre Luiz Moraes Monteiro afirma que a opção pela arbitragem é um mecanismo de consensualidade de 2.º grau. Para o autor, "neste contexto, de formulação do que se designou chamar de contratos administrativos processuais, ou de consensualidade de 2.º grau, desponta, como mecanismo gradativamente mais negociado entre os setores público e privado, a arbitragem, como forma heterogênea de resolução de litígios **atinentes** aos contratos celebrados entre as partes". in **Administração Pública consensual e a arbitragem**. Revista de Arbitragem e Mediação n. 35. São Paulo: Editora Revista dos Tribunais, 2012, p. 112 e ss.
8. CUNHA, Leonardo Carneiro da. **A Fazenda Pública em juízo**. 14. Rio de Janeiro: Forense, 2017, p. 664.
9. NOGUEIRA Pedro Henrique. **Negócios Jurídicos Processuais**. Salvador: Editora Juspodivm, 2016, 226.

rais e abstratos da lei e configurando um novo regramento concreto ditado pelas vontades convergentes de ambas"[10].

Esses atos negociais para estruturação do processo caracterizam-se como condutas de autorregulação da vontade. Assim, as repercussões jurídicas que produzem são aquelas determinadas pela vontade dos envolvidos, os quais estabelecem, de forma livre, espontânea e consciente, o conteúdo substancial dessas declarações[11].

A doutrina aponta que o art. 190 do CPC estabeleceu uma cláusula geral de negociação sobre processo[12] e isso nos leva a crer que uma das formas de manifestação do modelo consensual se concretiza através dos "negócios jurídicos processuais", já que o dispositivo "abre espaços para celebração de acordos processuais"[13]. Mais ainda, "a negociação sobre o processo constitui uma das formas possíveis de solução consensual dos litígios, valorizando a possibilidade de acordo sobre o modo de resolver os conflitos"[14].

A doutrina indica que o *caput* do mencionado dispositivo permite, pelo menos, dois tipos de estipulação: i) negócios jurídicos que digam respeito ao tipo de procedimento, portanto, prévios à instauração da demanda; e ii) negócios jurídicos processuais, que estabelecem as configurações e diretrizes sobre o próprio procedimento, isto é, como este procedimento irá se desenvolver[15].

Essa abertura não é, necessariamente, uma novidade[16]. Mas precisamos concordar com Pedro Henrique Nogueira quando afirma

---

10. DINAMARCO, Cândido Rangel. **Teoria geral do novo processo civil**. São Paulo: Malheiros, 2016, p. 187.

11. DINAMARCO, Cândido Rangel. **Teoria geral do novo processo civil.** São Paulo: Malheiros, 2016, p. 187.

12. DIDIER JR. Fredie. **Curso de direito processual civil.** 19. ed. Salvador: Ed. Jus Podivm, 2017, p. 425.

13. CABRAL, Antonio do Passo. **Convenções Processuais**. Salvador: Editora Juspodivm, 2016, p.146-147.

14. NOGUEIRA Pedro Henrique**. Negócios Jurídicos Processuais**. Salvador: Editora Juspodivm, 2016, p. 226.

15. NOGUEIRA Pedro Henrique**. Negócios Jurídicos Processuais**. Salvador: Editora Juspodivm, 2016, p. 231.

16. É o que afirma Antonio do Passo Cabral em "Apesar de aparente inovação, é um equívoco pensar que as convenções sobre o processo são uma novidade no sistema processual brasileiro. Tampouco se pode afirmar que o tema é uma invenção do legislador do novo CPC. Trata-se de uma falsa percepção, pois os negócios jurídicos processuais já existem há muito tempo na lei". CABRAL, Antonio do Passo. **Convenções Processuais**. Salvador: Editora Juspodivm, 2016. p. 36. Leonardo Carneiro da Cunha observou que os negócios processuais existiam sob a égide do Código de 1973 e lista mais de 30 tipos de negócios jurídicos processuais. Cf. CUNHA. Leonardo Carneiro da. **Negócios jurídicos processuais no Processo Civil Brasileiro**. In CABRAL, Antonio do Passo;

que "nunca se teve tamanho espaço de participação dos litigantes no desenrolar da atividade jurisdicional, a ponto de possibilitar que as partes construam, negocialmente, o próprio procedimento".

Conceitua-se o negócio jurídico processual como "o negócio jurídico plurilateral, pelo qual as partes, antes ou durante o processo e sem necessidade da intermediação de nenhum outro sujeito, determinam a criação, modificação e extinção de situações jurídicas processuais, ou alteram o procedimento"[17].

Trata-se de uma convenção (ou acordo)[18] sobre o processo e para o processo; uma declaração negocial que, dentro dos limites estabelecidos pela norma cogente, irá regular a relação jurídica processual das partes seja no aspecto externo (tipo do procedimento), seja em âmbito interno (regras procedimentais).

Conforme bem se indica, o negócio processual "não visa solucionar o conflito, mas regulamentar, nos moldes desejados pelas partes, o próprio método de solução, isto é, o exercício da jurisdição"[19]. Esse ajuste processual permite às partes amoldarem as formas processuais de acordo com os seus interesses. Por essa razão, Bruno

---

NOGUEIRA, Pedro Henrique. (Org.). Negócios processuais. 3ªed.Salvador: JusPodivm, 2017, p. 42. Lucio Grassi e Marina Motta Benevides Gadelha notificam que "o artigo 190 do Código de Processo Civil de 2015 – que, a nosso ver, pode ser enxergado como um desdobramento do artigo 200 do mesmo diploma legal – surge para abolir todos os questionamentos acerca da possibilidade ou não de se celebrarem negócios processuais atípicos. De fato, se no regime processual anterior, o artigo 158 já autorizava a realização de negócios jurídicos processuais atípicos – como verificamos – e se esse mesmo artigo praticamente foi repetido pelo Código de Processo Civil atual, no artigo 200, o artigo 190 cumpre a necessária missão de encerrar definitivamente o debate sobre a possibilidade de realização de negócios processuais atípicos" GOUVEIA, Lúcio Grassi de; GADELHA, Marina.. **Negócios jurídicos processuais: 'libertas que sera tamen'**. Revista Brasileira de Direito Processual, v. 96, ,2016. p. 158.

17. CABRAL, Antonio do Passo. **Convenções Processuais**. Salvador: Editora Juspodivm, 2016., p. 68. Pedro Henrique Nogueira, por sua vez define Negócio Jurídico Processual como "o fato jurídico voluntário em cujo suporte fático, descrito em norma processual, esteja conferido ao respectivo, sujeito o poder de escolher a categoria jurídica ou estabelecer situações jurídicas processuais", p. 152. Cf. ainda DIDIER JR. Fredie. **Curso de direito processual civil.** 19. ed. Salvador: Ed. Jus Podivm, 2017, p. 425.

18. "As palavras "acordo" ou "convenção" expressam uma união de vontades quanto ao escopo do ato praticado, masse opõem a noção de contrato porque não há necessidade de que os objetivos, a causa ou os interesses subjacentes sejam diversos ou contrapostos. No acordo ou convenção, é possível que as vontades se encontrem para escopos comuns ou convergentes (...). Assim, os termos acordo ou convenção são inequívocos porque remetem tanto à disciplina do direito privado, quanto também a outros ramos do direito público, inclusive o processo. Ambos são os mais adequados para agrupar as modalidades de convenções relativas ao processo. CABRAL, Antonio do Passo. **Convenções Processuais**. Salvador: Editora Juspodivm, 2016. p. 56.

19. ALMEIDA, Diogo Assumpção Rezende de. **As convenções processuais na experiência francesa e no Novo CPC**. In: CABRAL, Antonio do Passo; NOGUEIRA; Pedro Henrique. (Org.). Negócios Processuais. 3ed. Salvador: Juspodivm, 2015, p. 258.

Garcia Redondo entende que "a forma pode ser adequada (adaptada, flexibilizada) em certas situações a fim de melhor adequar-se ao caso concreto"[20-21].

Com efeito, o negócio jurídico processual pode ser entendido como a possibilidade ou autorização dada às partes para estabelecerem o modelo e as configurações procedimentais que melhor se adequem, tanto as específicas do conflito como, também, as necessidades das partes.

Além disso, o art. 190 do CPC permite que as partes celebrem negócios jurídicos processuais já estabelecidos na lei (típicos) e estipulem negócios jurídicos processuais atípicos, aqueles que "não se encaixam nos tipos legais, sendo estruturados de modo a atender às conveniências e necessidades das partes" e "se caracterizam pela maior liberdade na definição dos termos e limites da negociação pelos sujeitos processuais"[22-23].

Essa atipicidade estimula a criatividade das partes, incentiva a sua participação e possibilita uma maior flexibilidade procedimental. Fredie Didier Jr. explica que o negócio processual atípico tem por objeto as situações jurídicas processuais e pode ter por objeto o ato processual. Para o autor, "negocia-se sobre o processo, alterando suas regras, e não sobre o objeto litigioso do processo"[24].

20. REDONDO, Bruno Garcia. **Adequação do procedimento pelo juiz.** Salvador: Editora Jusdivm, 2017. p. 31.
21. Esta alternativa se coloca para os litigantes em razão da autonomia que possuem de definir os contornos do próprio procedimento, que contemporaneamente não se justifica em conceitos privatistas, mas nessa nova perspectiva que reposiciona as partes como protagonistas na condução do procedimento e artífices de suas formalidades, inclusive pela celebração de negócios processuais. CABRAL, Antonio do Passo. **Convenções Processuais**. Salvador: Editora Juspodivm, 2016, p. 143.
22. RAATZ, Igor. **Negócios jurídicos processuais e elasticidade procedimental sob o enfoque do modelo democrático-constitucional de processo.** Revista Brasileira de Direito Processual, v. 101, 2018. p. 188. Ainda conforme o autor "o reconhecimento normativo dos negócios jurídicos processuais atípicos é, sem dúvida, uma das grandes mudanças operadas pelo atual Código de Processo Civil brasileiro, o que representa uma mudança paradigmática no direito processual, civil brasileiro, a qual traz consigo uma mudança cultural no sentido de prestigiar a autonomia das partes como elemento central da noção de processo democrático. Democrático é o processo em que as partes não somente têm direito de participar ativamente da formação dos provimentos jurisdicionais (roupagem contemporânea do contraditório), mas também de participar da estruturação do procedimento, de modo a torná-lo mais adequado às suas necessidades concretas. É inegável, pois, que o novo Código de Processo Civil deu maior estatura ao domínio das partes" p. 188-189.
23. PEIXOTO, Marcos Aurelio Ventura; PEIXOTO, Renata Cortez Vieira. **Fazenda Pública e Execução**. Salvador: Juspodivm, 2017, p. 126.
24. DIDIER Jr., Fredie. **Negócios jurídicos processuais atípicos no Código de Processo Civil de 2015**. Revista Brasileira da Advocacia, v. 1, 2016, p. 62.

Quanto aos requisitos para celebração, Antonio do Passo Cabral ensina que os acordos processuais se submetem aos requisitos da lei material aplicável aos negócios jurídicos. Assim, para celebração de negócio jurídico processual, é necessário i) capacidade do agente; ii) objeto lícito, possível, determinado ou determinável; iii) forma prescrita ou não defesa em lei (CC/02, art. 104)[25-26].

Vale relembrar que, quando tratamos da arbitrabilidade subjetiva, destacamos que o §2º do art. 1º LArb não apenas exigiu capacidade para contratar, mas também legitimidade para a celebração da convenção de arbitragem. Sobre esse aspecto, o mesmo autor explica que os requisitos exigidos do direito processual também deverão ser observados na formação válida e eficaz dos negócios jurídicos processuais. Com efeito, "os pressupostos objetivos compreenderão não apenas o exame da capacidade das partes mas também de sua legitimidade *ad actum*"[27].

A essa altura, já é possível observar que a Fazenda Pública pode celebrar negócio jurídico processual sobre direitos que admitam autocomposição, e, no caso específico da arbitragem, direitos patrimoniais disponíveis (CPC, art. 190 e Lei 9.307/96 art. 1º).

Não é também despiciendo ressaltar que "a indisponibilidade do interesse público comumente defendido no processo civil por meio das Fazendas Públicas não é impedimento à negociação processual"[28]. Aliás, já se enunciou, inclusive, que a indisponibilidade do direito material não impede, por si só, a celebração de negócio jurídico processual[29]. Realmente, não há incompatibilidade entre a arbitragem e os direitos derivados das pactuações celebradas com o Administração Pública, seja Indireta ou Direta. Os conflitos envolvendo esses contratos tem a característica da disponibilidade patrimonialidade preenchendo o critério da arbitrabilidade objetiva que lhes é exigido[30].

---

25. CABRAL, Antonio do Passo. **Convenções Processuais**. Salvador: Editora Juspodivm, 2016, p. 268;
26. Enunciado n. 403 do FPPC, "A validade do negócio jurídico processual, requer agente capaz, objeto lícito, possível, determinado ou determinável e forma prescrita ou não defesa em lei."
27. CABRAL, Antonio do Passo. **Convenções Processuais**. Salvador: Editora Juspodivm, 2016, p. 269.
28. NOGUEIRA, Pedro Henrique. **Enunciado 256. A Fazenda Pública pode celebrar negócio jurídico processual.**in PEIXOTO Ravi. Enunciados - FPPC Fórum Permanente de Processualistas Civis organizados por assunto, anotado e comentado. Salvador: Juspodivm, 2018, p. 204.
29. Enunciado n. 135 do FPPC.
30. JUSTEN FILHO, Marçal. **Comentários à Lei de Licitações e Contratos Administrativos: Lei 8.666/1993**. 3. ed. São Paulo: Thomson Reuters Brasil, 2019.

A convenção processual permite atender as peculiaridades da Fazenda Pública e seus procuradores sem que isso implique em quebra de isonomia. A doutrina explica que, no contexto das convenções processuais, as partes não podem praticar atos de disposição que ocasionem "uma situação concreta de inferioridade de uma parte em relação à outra"[31].

Não se pode desconsiderar que a estrutura administrativa dos órgãos públicos é complexa, em sua maioria, burocrática e, por vezes, intricada. Na arbitragem, os advogados públicos podem ter amplo e profundo conhecimento da matéria litigiosa, mas dependerão, muitas vezes, de outros órgãos (nem tão estruturados como as procuradorias) que lhe disponibilizarão subsídios e informações necessárias à elucidação das questões de fundo. A transmissão desses dados, como também a disponibilização de documentos e manifestações de dirigentes das repartições sobre os fatos da demanda, ocorre, na maioria das vezes, de forma lenta. De fato, em se tratando de arbitragem, não bastará que a Fazenda Pública tenha um corpo de profissionais qualificados, mas também carecerá de uma estrutura eficiente para que os seus representantes processuais tenham as ferramentas necessárias para melhor atender o interesse do Estado no decorrer procedimento. A pactuação processual pode, sem dúvida, levar a efeito essas questões.

Assim, dentro dos limites da coerência e razoabilidade, sem sobrelevar a Fazenda por ser ente público e nem lhe exigindo o dinamismo de um ator privado, antes de se instaurar o procedimento arbitral, será possível que se prescreva regras procedimentais específicas sem qualquer violação ao princípio da igualdade das partes. É permitido estabelecer e concretizar um desejável equilíbrio entre a Fazenda e o sujeito particular através de negócio jurídico processual.

Tecidas essas considerações, passaremos a analisar a convenção de arbitragem (cláusula compromissória e compromisso arbitral) e o termo de arbitragem. Todos esses instrumentos são, como se poderá observar, negócios jurídicos processuais próprios da arbitragem.

31. NOGUEIRA Pedro Henrique. **Negócios Jurídicos Processuais**. Salvador: Editora Juspodivm, 2016, p. 161.

4.2. CONVENÇÃO DE ARBITRAGEM

4.2.1. Conceito e tipos de convenção de arbitragem adotadas pelo direito brasileiro

A convenção de arbitragem é a manifestação contratual de interesse em resolver o conflito por meio de arbitragem e, também, espécie de negócio jurídico processual[32]. Luis Fernando Guerreiro a conceitua como "o acordo de vontades pelo qual as partes se vinculam à solução de litígios presentes ou futuros, por meio de juízo arbitral, sendo derrogada, em relação aos mencionados litígios, a jurisdição estatal"[33].

A doutrina internacional indica que a convenção de arbitragem é a pedra angular da arbitragem, sem a qual seu procedimento não pode ser instaurado. Consubstancia-se no fundamento, no escopo e também nos limites do procedimento arbitral. Expressa-se como manifestação do autorregramento das partes para submeter-se à jurisdição privada e determina a extensão dos poderes de decisão dos árbitros[34].

A Administração Pública somente poderá fazer uso da arbitragem para solucionar o conflito se manifestar tal interesse através de convenção de arbitragem, seja na modalidade de cláusula compromissória, seja através do compromisso. Prescreve a lei brasileira, que as partes interessadas podem submeter a solução de seus litígios ao juízo arbitral mediante convenção de arbitragem. Assim entendida a cláusula compromissória e o compromisso arbitral (art. 3º)[35].

---

32. Nesse mesmo sentido, Ricardo de Carvalho Aprigliano afirma que, além da sua "natureza contratual é preciso adicionar outras características, tais como a autonomia da cláusula compromissória e a sua elevada força vinculante, para então se concluir que esta modalidade de convenção arbitral é, efetivamente, um negócio jurídico processual". APRIGLIANO. Ricardo de Carvalho. **Cláusula compromissória: aspectos contratuais**. Revista do Advogado n. 116. 2012, p.176.

33. GUERRERO. Luis Fernando. **Convenção de Arbitragem e Processo Arbitral**. São Paulo: Atlas, 2009, p. 5. Em sentido semelhante José de Albuquerque Rocha define convenção de arbitragem como "o acordo escrito através do qual as partes se obrigam a submeter seus litígios civis, atuais ou futuros, ao juízo arbitral". ROCHA, José de Albuquerque. **A Lei de Arbitragem**. São Paulo: Malheiros, 1998. p. 43

34. FOLLONIER-AYALA, Alejandro. **La Convention d'arbitrage: notion et modalités**. Etude comparatives des régimes latino-américains et suisse. Disponível em <https://bit.ly/2ONjyFe> Acesso em 20 de agosto de 2017.

35. No âmbito da arbitragem internacional A Lei Modelo da UNCITRAL define que "Convenção de arbitragem" é o acordo pelo qual as partes decidem submeter à arbitragem todos ou alguns

A doutrina especializada indica que o legislador brasileiro seguiu o modelo processual francês estabelecendo dois tipos de convenção de arbitragem: a cláusula compromissória e o compromisso arbitral, consoante se observam nos artigos 4º e 9º da lei de arbitragem[36-37].

A primeira espécie de convenção tratada pela legislação é a cláusula compromissória, convenção através da qual as partes, em um contrato, comprometem-se a submeter à arbitragem os litígios que possam vir a surgir, relativamente ao tal contrato (LArb, art. 3º).

Já no segundo modelo, a convenção é firmada num conflito já instaurado. Aliás, é possível até que já esteja judicializado. Com efeito, o compromisso arbitral é a convenção através da qual as partes submetem um litígio à arbitragem. A esse respeito, a lei permite que o compromisso seja celebrado por termo nos autos, perante o juízo ou tribunal, onde tem curso a demanda (compromisso judicial), por escrito particular, assinado por duas testemunhas, ou por instrumento público (compromisso extrajudicial) (LArb, art. 9º, §1º e §2º).

O legislador permitiu que, na pendência de uma demanda judicial, as partes possam trocar de juízo, mesmo que em avançada fase do processo. Conforme explica Carlos Alberto Carmona, "há de se entender, então, que enquanto não transitar em julgado a sentença, podem os litigantes celebrar livremente compromisso, devendo o juiz extinguir o processo sem julgamento de mérito"[38].

O compromisso tem elementos obrigatórios listados no art. 10 da LArb, quais sejam: i) qualificação das partes; ii) qualificação do árbitro, ou dos árbitros, ou, se for o caso, a identificação da entidade à qual as partes delegaram a indicação de árbitros; iii) a matéria que

---

dos litígios surgidos entre elas com respeito a uma determinada relação jurídica, contratual ou extracontratual"(art. 7º).

36. GUERREIRO, Luis Fernando. **Convenção de Arbitragem e Processo Arbitral**. São Paulo: Atlas, 2009, p. 6.

37. Carlos Alberto Carmona oferece críticas ao modelo aduzindo que "A lei brasileira, infelizmente, preferindo seguir o modelo francês de 1981 que, sob o título "as convenções de arbitragem" abre dois capítulos ("a cláusula compromiss6ria" e "o compromisso") para, num terceiro, estabelecer "regras comuns". O legislador pátrio preferiu adotar sobre o tema posição ambígua e de certo modo conservadora, já que, ao mesmo tempo em que adotou a ideia da convenção de arbitragem, não quis abrir mão do antiquado e tradicional sistema da clausula como pré-contrato de compromisso." **Arbitragem e Processo: um comentário a Lei 9.307/96**. 3. Ed. São Paulo: Atlas, 2009, p. 79.

38. CARMONA, Carlos Alberto. **Arbitragem e Processo: um comentário a lei 9.307/96**. 3 ed. São Paulo: Atlas, 2009, p. 192.

será objeto da arbitragem; iv) o lugar em que será proferida a sentença arbitral.

A lei também autoriza que sejam inseridos outros elementos para melhor regulação do procedimento arbitral: i) local (ou locais) onde se desenvolverá a arbitragem; ii) a autorização para que o árbitro (ou os árbitros) julgue por equidade, se assim for convencionado pelas partes; iii) o prazo para apresentação da sentença arbitral; iv) a indicação da lei nacional ou das regras corporativas aplicáveis à arbitragem, quando assim convencionarem as partes; v) a declaração da responsabilidade pelo pagamento dos honorários e das despesas com a arbitragem; vi) a fixação dos honorários do árbitro (ou dos árbitros). (LArb, art. 11). Todas essas informações inseridas no compromisso levam a parte da doutrina entender que o termo de arbitragem, assunto que trataremos mais à frente, é materialmente um compromisso arbitral[39].

A doutrina também defende que "a ausência de um dos elementos obrigatórios não levará necessariamente à nulidade do compromisso de plano, mas pode gerar impedimento à instauração da arbitragem". De fato, "se necessitar de alguma complementação permite-se que os árbitros, e as partes elaborem adendos ao compromisso quando da instituição de arbitragem"[40].

Há um elemento distintivo temporal, já que a cláusula é celebrada antes da existência do conflito e o compromisso é firmado quando aquele já está estabelecido. No nosso entender, o legislador buscou disponibilizar às partes instrumentos diferentes para cada fase da relação jurídica delas, permitindo a inserção da cláusula no momento negocial com viés preventivo e o compromisso na fase contenciosa com escopo resolutivo.

39. "Ora, tal tipo de documento é, no fundo (materialmente), um compromisso arbitral, apesar de não ser denominado dessa forma pelo regulamento arbitral eleito pelas partes. O objetivo – em se exigir que o 'termo de arbitragem' contenha todos os requisitos previstos no art. 10 da Lei 9.307/96 – é proteger a arbitragem, criando outro documento que, materialmente, também é uma convenção arbitral (mais especificamente um compromisso arbitral). Isso ajudaria a evitar eventual alegação de nulidade da arbitragem em função da não assinatura de compromisso arbitral". MONTORO, Marcos André Franco. **Flexibilidade do procedimento arbitral.** Tese (Doutorado em Direito) Faculdade de Direito, Universidade de São Paulo, São Paulo, 2010. p. 107.

40. GUERREIRO, Luis Fernando. **Convenção de Arbitragem e Processo Arbitral**. São Paulo: Atlas, 2009, p. 21 e ss.

Nesse sentido, o Decreto n. 10.025/19, que dispõe sobre as normas para a realização de arbitragem para dirimir litígios que envolvam a União ou as entidades da administração pública federal indireta e as concessionárias, arrendatárias, autorizatárias ou os operadores portuários, estabelece que a ausência de cláusula compromissória de arbitragem no contrato não obsta que seja firmado compromisso arbitral para dirimir eventuais litígios abrangidos (art. 1º).

Além do critério temporal divergem-se quanto a função, a cláusula compromissória tende a ser mais abrangente. São comuns termos "os conflitos decorrentes do contrato entre as partes serão submetidos a arbitragem" definido em maior ou menor grau os detalhes a qual está inserida.

A cláusula é elemento autônomo do contrato, o compromisso é o contrato da resolução da disputa. Ambas constituem a manifestação do interesse pela arbitragem e a consequente renúncia do Poder Judiciário[41-42-43]. A convenção de arbitragem enfim, organiza, ao mesmo tempo, uma repartição dos litígios (competência) e fundamenta o poder jurisdicional conferido ao árbitro. Trata-se de uma convenção de investidura[44].

4.2.2. Uma consensualidade de efeitos processuais, a convenção de arbitragem enquanto negócio jurídico processual

Muito embora seja um modelo heterocompositivo de solução de conflitos, a arbitragem não deixa de possuir um viés consensual. É que as partes, apesar de possuírem divergências, convergem em ten-

41. LArb, art. 8º. A cláusula compromissória é autônoma em relação ao contrato em que estiver inserta, de tal sorte que a nulidade deste não implica, necessariamente, a nulidade da cláusula compromissória.

42. BAPTISTA. Luiz Olavo. **Arbitragem Comercial e Interncional**. São Paulo: Lex Editora, 2011, p. 95 e ss; CARMONA, Carlos Alberto. **Arbitragem e Processo: um comentário a lei 9.307/96.** 3 ed. São Paulo: Atlas, 2009, p. 183 e ss.

43. O código civil de 2002 inseriu o compromisso dentre as diversas espécies de contrato: CAPÍTULO XX.

    Do Compromisso Art. 851. É admitido compromisso, judicial ou extrajudicial, para resolver litígios entre pessoas que podem contratar. Art. 852. É vedado compromisso para solução de questões de estado, de direito pessoal de família e de outras que não tenham caráter estritamente patrimonial. Art. 853. Admite-se nos contratos a cláusula compromissória, para resolver divergências mediante juízo arbitral, na forma estabelecida em lei especial.

44. BOISSESON, Mathieu de. **As Anti-suit injunction e o princípio da "competência-competência".** Revista de arbitragem e mediação n. 7.São Paulo: Revista dos Tribunais, 2004.

tar solucioná-lo, estabelecem essa escolha mediante um negócio jurídico processual. Há um movimento mútuo em solucionar o conflito.

A convenção de arbitragem tem natureza consensual porque manifesta interesses comuns dos contraentes; o interesse pela arbitragem manifestado no bojo da relação negocial direciona-se para um objetivo partilhado: solucionar a controvérsia, pela via privada, com a consequente abdicação da via estatal[45].

A convenção de arbitragem tem natureza consensual já que representa o objetivo conjunto de solucionar a controvérsia pela via arbitral, com efeito, "bem delineada a convenção, há expectativa de um caminhar tranquilo para a solução do conflito"[46].

A doutrina arbitralista brasileira tem atribuído, há alguns anos, à convenção de arbitragem a natureza jurídica de negócio jurídico processual diante das suas consequências não apenas contratuais, mas, sobretudo, jurisdicionais[47].

Luís Fernando Guerreiro anota que "não há como negar que a convenção de arbitragem tem natureza de negócio jurídico processual, pois é nítido que o fim do acordo celebrado entre as partes é a solução de litígio, de modo estabelecido na convenção de arbitragem"[48].

Carlos Alberto Carmona, por sua vez, afirma que "a cláusula arbitral é um negócio jurídico processual, eis que a vontade manifes-

---

45. VISCONDE, Débora. **Jurisdição dos árbitros e seus efeitos**. São Paulo: Universidade de São Paulo, 2009, p. 38.

46. CAHALI, Francisco José. **Curso de Arbitragem**. 5 ed. São Paulo: Editora Revista dos Tribunais, 2015, p. 153. Cf.

47. Conforme prescrevia Pontes de Miranda, "[o compromisso] entra na classe dos chamados contratos processuais, que tem por fito eficácia em processo futuro ou pendente, de modo que a outra parte tenha de sofrer a eficácia positiva ou negativa da decisão arbitral, prevista pelo contrato. (...) sua eficácia consiste em impedir a constituição da relação jurídica processual (...). No fundo, compromisso é a renúncia ao juízo estatal, à processualidade estatal da relação jurídica entre as partes (...)". PONTES DE MIRANDA. **Comentários ao Código de Processo Civil**. 3. ed. Tomo XV, Rio de Janeiro: Forense, 1977, p. 239-240. Na doutrina portuguesa, José Lebre de Freitas afirma que "o poder de decisão do tribunal arbitral deriva da vontade das partes e por isso se contém dentro dos limites em que essa pode atuar segundo o direito constituído. O seu fundamento é assim semelhante ao negócio jurídico (...). Daí que haja prática unanimidade quanto à qualificação da convenção de arbitragem como negócio jurídico, ainda quando inserta, como cláusula compromissória no texto de um contrato de direito material. Avançando um pouco mais digamos que **a convenção de arbitragem deve ser qualificada como um negócio jurídico processual**" (grifo nosso) FREITAS. José Lebre. **Algumas Implicações da Natureza da Convenção de Arbitragem**. In: Estudos em Homenagem à Profa. Dra. Isabel de Magalhães Collaço. Coimbra: Almedina, 2002. v.2. p. 626.

48. GUERREIRO, Luis Fernando. **Convenção de Arbitragem e Processo Arbitral**. São Paulo: Atlas, 2009, p. 11-12.

tada pelas partes produz desde logo efeitos negativos em relação ao processo (estatal) e positivos em relação ao processo arbitral"[49]. E, em mesmo sentido, Araken de Assis defende que "este negócio jurídico constitui contrato processual porque surte efeitos unicamente no plano processual, como mecanismo de solução do litígio preexistente ou superveniente"[50].

A convenção arbitral tem força vinculante, não se reduzindo a apenas uma obrigação contratual, mas com evidentes repercussões processuais[51]. Contudo, João Luiz Lessa alerta que, para a efetiva submissão das partes à arbitragem, é preciso que a convenção que a estipulou exista validamente para que produza os seus respectivos efeitos. O autor também explica que esse instrumento é o que "legitima o desenvolvimento do processo arbitral e seus efeitos típicos têm não apenas o condão de obstar o processo judicial, mas também de obrigar as partes a recorrer à arbitragem para solução de suas disputas"[52].

Deve-se ressaltar ainda que a convenção de arbitragem só terá tal efeito jurídico se congregar as condições gerais de validade exigidas dos negócios jurídicos e abarcar matéria arbitrável. Com efeito, apenas "uma convenção validamente celebrada que abranja a matéria objeto do litígio conferirá jurisdição aos árbitros para resolver a disputa"[53].

Costuma-se afirmar que a convenção de arbitragem possui dois efeitos: um negativo e outro positivo. O primeiro afasta do Poder Judiciário a resolução do conflito no que se refere ao mérito da questão controvertida; o segundo atribui jurisdição aos árbitros para conhecer e julgar, com exclusividade, as questões delineadas na convenção.

---

49. CARMONA, Carlos Alberto. **Arbitragem e Processo: um comentário a Lei n. 9.307/96**. 3. ed. São Paulo: Atlas, 2009, p. 102.
50. ASSIS. Araken de. **Processo civil brasileiro**. v. 1. São Paulo: Editora Revista dos Tribunais, 2015, p. 643 (e-book).
51. Suzana Cremasco vai na mesma linha "A convenção de arbitragem é, na sua essência, um contrato celebrado entre as partes que gera obrigações na esfera civil e processual dos litigantes". CREMASCO, Suzana Santi et al. **A alegação de existência da convenção de arbitragem antes da contestação no CPC/2015**. In: DIDIER JR., Fredie; ZANETI JR., Hermes, CABRAL, Trícia Navarro Xavier. (Org.). Justiça Multiportas: mediação, conciliação, arbitragem e outros meios adequados de solução de conflitos. 2ed.Salvador: JusPodivm, 2018, v. 1, p. 858.
52. LESSA NETO, João Luiz. **Arbitragem e Poder judiciário: A definição da competência do árbitro**. Salvador: Juspodivm, 2016, p. 105.
53. VISCONDE, Débora. **Jurisdição dos árbitros e seus efeitos**. São Paulo: Universidade de São Paulo, 2009, p. 37.

O efeito positivo tem como destinatários os pactuantes. Devido à força vinculante da convenção, esses devem, obrigatoriamente, direcionar o seu litígio à arbitragem. O efeito positivo deriva da relação negocial entre as partes e não se dirige a juiz nacional. Assevera Luis Fernando Guerrero, que "essa obrigatoriedade decorre do princípio de direito material do *pacta sunt servanda* expresso pela força obrigatória dos contratos que devem ser adimplidos na sua integralidade"[54]. Esse efeito confere aos árbitros plenos poderes para analisar a controvérsia. Com efeito, os envolvidos transmitem ao árbitro a função jurisdicional, dando-lhe poder de conhecer todas as matérias relativas à controvérsia[55].

Assim, efeito positivo da convenção de arbitragem é a exclusão da jurisdição estatal. Ao celebrar o pacto arbitral, os particulares e entes públicos exercitam a pretensão de acesso à justiça privada, materializado na autorização de subtrair ao Poder Judiciário o exercício da função jurisdicional em relação ao seu conflito; de erigir sujeito particular – o árbitro – à condição de autoridade jurisdicional e, com isso, instaurar a instância arbitral. A Lei de Arbitragem estabeleceu um verdadeiro regime jurídico de proteção à pretensão de arbitrar, estabelecendo uma força vinculante decorrente do efeito positivo da convenção de arbitragem.[56]

De fato, o regime aplicável à convenção de arbitragem não constitui, como era no antigo regulamento processual civil, uma mera obrigação de fazer: há efeitos vinculantes passíveis, inclusive, de execução específica no caso da cláusula compromissória, nos termos do art. 7° da Lei de Arbitragem.

54. GUERREIRO, Luis Fernando. **Convenção de Arbitragem e Processo Arbitral**. São Paulo: Atlas, 2009, p. 121.

55. VALENÇA FILHO, Clávio de Melo. **A arbitragem em juízo.** Tese (Doutorado em Direito) - Faculdade de Direito, Universidade de São Paulo, São Paulo, 2015, p. 229. Cf. também o que explica Thiago Nunes Pinto "O efeito positivo da convenção de arbitragem, por sua vez, faz com que as partes sejam obrigadas a submeter aos árbitros por elas indicados todos os litígios decorrentes do contrato visados pela convenção arbitral, fundamentando, por conseguinte, a competência do tribunal arbitral, estabelecendo o princípio segundo o qual o árbitro deve decidir sobre a sua própria competência". NUNES, Thiago Marinho. **Análise dos efeitos da prescrição extintiva na arbitragem interna e internacional, com visão a partir do direito brasileiro**. Tese (Doutorado em Direito Internacional) - Faculdade de Direito, Universidade de São Paulo, São Paulo, 2011, p. 33-34.

56. VALENÇA FILHO, Clávio de Melo. **A arbitragem em juízo.** Tese (Doutorado em Direito) - Faculdade de Direito, Universidade de São Paulo, São Paulo, 2015, p. 96.

O legislador garantiu a pretensão e a obrigação de provocar a jurisdição privada com o manejo da ação de execução de cláusula compromissória, a ser instaurada no Judiciário nos casos em que a parte adversa recusar-se a participar da arbitragem. Ao comparar o artigo mencionado com o Código de Processo Civil Francês, Arruda Alvim é preciso ao afirmar que "a cláusula compromissória é categoricamente apta para a submissão do litígio ao Tribunal Arbitral"[57].

Cabe ressaltar que o procedimento se refere aos casos em que a cláusula arbitral "não contenha o elemento mínimo para que se possa instituir a arbitragem. Se tal elemento mínimo estiver presente, a instituição da arbitragem não dependerá de intervenção judicial"[58].

Dessa forma, tanto a Fazenda Pública quanto o particular terão garantido o direito de instaurar arbitragem. A lei determina que, existindo cláusula compromissória e havendo resistência quanto à instituição da arbitragem, poderá a parte interessada requerer, em juízo, o comparecimento da parte adversa para dar início à arbitragem através da pactuação de compromisso (art. 7 da LArb).

Nesse caso, configura-se uma particular situação em que Poder Judiciário atua como juízo de apoio, uma vez que há aperfeiçoamento da relação negocial a partir de uma intervenção direta do juiz estatal. Essa atuação, contudo, é limitada "à estrita escolha e nomeação do árbitro; deixa-se a este a competência para delimitar os contornos da lide, determinar o local da arbitragem, o direito aplicável etc"[59].

De outra banda, o efeito negativo fornece um ambiente jurídico de proteção ao procedimento arbitral. Tal efeito permite, em determinados casos e com respaldo na lei processual, que o Estado-juiz esteja impedido de ser provocado para analisar a demanda. Luis Fernando Guerrero aduz que "a eficácia negativa da convenção de arbitragem retira do Judiciário o poder jurisdicional para conhecer as questões que estejam nos limites da convenção de arbitragem celebrada pelas partes" e assevera que "o poder jurisdicional é transferido do juiz para o árbitro por previsão legal amparada em manifestação de vontade

57. ALVIM, Arruda. **Exegese dos artigos 6º e 7º da Lei n. 9.307, de 1996**. Reflexões sobre arbitragem: in memorian do desembargador Cláudio Vianna de Lima. São Paulo: LTr, 2002. p. 182.

58. CARMONA, Carlos Alberto. **Arbitragem e Processo: um comentário a Lei 9.307/96**. 3ª Ed. São Paulo: Atlas. 2009, p. 156.

59. VALENÇA FILHO, Clávio de Melo. **A arbitragem em juízo.** Tese (Doutorado em Direito) - Faculdade de Direito, Universidade de São Paulo, São Paulo, 2015, p. 137.

expressa das partes, ficando estas impedidas de utilizarem o judiciário de modo unilateral"[60].

Aponta-se, ainda, que o efeito negativo da convenção de arbitragem caracteriza-se pela ausência de jurisdição do juiz estatal. Eis que a subtração do seu poder jurisdicional não seria caracterizada por uma mera incompetência, mas por uma verdadeira ausência de juízo[61].

Luis Scavone Junior afirma que "ainda que o conflito verse sobre a competência do árbitro, a controvérsia deverá ser decidida inicialmente pela arbitragem e não pelo Poder Judiciário"[62]. Acrescentando-lhe, Candido Rangel Dinamarco explica que "o mais direto e visível efeito programado desse negócio jurídico consiste na exclusão da jurisdição estatal em benefício da arbitral"[63].

O sistema arbitral brasileiro permite dois instrumentos do controle da jurisdição do árbitro: i) a execução da convenção de arbitragem pelo autor; ii) contestação do réu ao alegar, em sede de preliminar, a existência de convenção de arbitragem.

O primeiro instrumento visa permitir a instauração da arbitragem diante da resistência de uma das partes. Sendo procedente a demanda, a sentença valerá como compromisso arbitral (LArb, art. 7º §1º). No segundo caso, se o juiz acolher a existência de convenção de arbitragem, extinguirá o processo sem julgamento do mérito (CPC, 485, VII). Em ambas as hipóteses, leva-se a efeito a opção dos envolvidos que teriam concordado em afastar a jurisdição arbitral e em abdicar da jurisdição estatal[64].

---

60. GUERREIRO, Luis Fernando. **Convenção de Arbitragem e Processo Arbitral**. São Paulo: Atlas, 2009, p. 125.

61. NUNES, Thiago Marinho. **Análise dos efeitos da prescrição extintiva na arbitragem interna e internacional, com visão a partir do direito brasileiro**. Tese (Doutorado em Direito) - Faculdade de Direito, Universidade de São Paulo, São Paulo, 2011, p. 33-34.

62. SCAVONE JUNIOR, Luiz Antônio. **Manual de Arbitragem**. 7. ed. São Paulo: Revista dos Tribunais, 2016, p. 100.

63. DINAMARCO, Candido Rangel. **Arbitragem na teoria geral do processo**. São Paulo: Malheiros, 2013, p, 73.

64. "Diante de convenção de arbitragem oposta à atuação do Estado-juiz, o juiz está obrigado a examinar-lhe a validade, antes de constatar a existência ou a inexistência de seu poder jurisdicional em relação ao caso concreto. Se é impossível a coexistência de árbitro e juiz para a mesma causa, certo é que ao reconhecer a própria jurisdição, este declara, indiretamente, a inexistência da jurisdição daquele. Eis o controle pela via defensiva, cujo exercício modera o efeito negativo da competência-competência e permite ao juiz nacional, antes do árbitro, decidir a respeito da existência e da validade da convenção". VALENÇA FILHO, Clávio de Melo. **A arbitragem em juízo**.

O art. 337, X do CPC estipula que pertence ao réu o ônus de, em sede de contestação, dentre outras matérias, alegar a existência de convenção de arbitragem. O dispositivo também dispõe que o magistrado conhecerá de ofício as matérias preliminares ali elencadas, com exceção da convenção de arbitragem. Em outros termos, a convenção de arbitragem não pode ser conhecida de ofício. Além disso, a arguição de convenção de arbitragem pode ser promovida por petição simples, a qualquer momento antes do término do prazo da contestação, sem caracterizar preclusão das matérias de defesa, permitido ao magistrado suspender o processo até a resolução da questão[65].

A lei é clara no sentido de que, se o autor ignora convenção de arbitragem e leva para o Estado-juiz matéria que as partes reservaram para a arbitragem, cabe ao réu invocar tal convenção em sede de contestação[66].

Consoante dispõe o parágrafo único do art. 8º da LArb, caberá ao árbitro decidir as questões acerca da existência, validade e eficácia da convenção de arbitragem. Sendo assim, o efeito negativo é uma proteção que confere eficácia processual ao negócio jurídico. É uma blindagem em favor da arbitragem. O mérito da questão é reservado ao árbitro. Se provocado, o magistrado só estará autorizado para avaliar aspectos formais tanto da convenção de arbitragem (LArb, art. 7º) quanto da posterior sentença arbitral (LArb, art. 32).

O árbitro tem prioridade cronológica para decidir sobre sua competência. Ele é o primeiro juiz a decidir sua competência. Não cabe ao juiz estatal, *prima facie,* avaliar se o eleito pelas partes pode

---

Tese (Doutorado em Direito) - Faculdade de Direito, Universidade de São Paulo, São Paulo, 2015 p.55 e ss.

65. Enunciado n. 5. I Jornada Prevenção e Solução Extrajudicial de Litígios.

66. "Se as partes ajustaram o compromisso para julgamento por árbitros, ilegítima será a atitude de propor ação judicial sobre a mesma lide. A defesa processual que opõe à ação a preexistência de compromisso arbitral é peremptória. Essa matéria, entretanto, não pode ser considerada de ofício pelo juiz (art. 337, § 5º) e, se não alegada pela parte, implica aceitação da jurisdição estatal e **a consequente renúncia ao juízo arbitral** (art. 337, § 6º). THEODORO JUNIOR, Humberto. **Curso de direito processual civil**. v 1. 58ª ed. Rio de Janeiro: Editora Forense, 2016. p. 819; Nesse mesmo sentido: "se a parte contrária deixar de invocar a existência da convenção arbitral na primeira oportunidade que tiver de se manifestar nos autos, o processo judicial prosseguirá normalmente. Terá havido a renúncia tácita ao pacto arbitral com relação ao conflito posto em juízo." WLADECK, Felipe Scripes. In: TUCCI, José Rogério et. al. (Coord.). **Comentários ao CPC-AASP**. São Paulo: AASP. 2015.

apreciar e julgar a demanda. Aliás, se o árbitro se julgar competente, o órgão judiciário deverá acatar tal decisão[67].

Essa regra não esgota de forma definitiva o debate. É possível que o Poder Judiciário revisite a questão e aprecie a decisão sobre a competência sob aspecto formal diante de ação que vise anular a sentença arbitral. De fato, a decisão do árbitro acerca de sua competência – seja ela tomada no bojo de sentença arbitral parcial ou final – estará sujeita à impugnação no Poder Judiciário com manejo de ação anulatória própria, com base no art. 32, II da LArb.

Como visto, na convenção de arbitragem, há um ajuste entre as partes que visa à produção de efeitos processuais específicos; escolhe-se a jurisdição privada e renuncia-se a jurisdição estatal. A escolha é decorrente de uma convergência de interesses direcionados a resolver o conflito pela arbitragem. Por outro lado, se a as partes podem convencionar a submissão de seus litígios ao juízo privado, também podem afastar a jurisdição arbitral no caso concreto, ao silenciar acerca da existência da convenção de arbitragem. A esse respeito, Débora Visconde aponta que "o autor, ao ajuizar a ação, e o réu, ao se defender sem alegar, preliminarmente, a existência da convenção de arbitragem, estão renunciando aos benefícios do procedimento arbitral"[68-69].

De fato, é possível a renúncia tácita à convenção de arbitragem. Nos termos do art. 337 §6º do CPC, se o réu é demandado por autor que ignora a convenção de arbitragem por eles entabulada e não se manifesta a respeito na contestação, entende-se que houve renúncia à jurisdição privada. Trata-se de omissão processual. Nesse caso, o

67. NETO, João Luiz Lessa. **A competência-competência no novo Código de Processo Civil: decisão arbitral como pressuposto processual negativo**. Revista Brasileira de Arbitragem. n. 48. Porto Alegre: Síntese, 2015, p. 36-37.

68. VISCONDE, Débora. **Jurisdição dos árbitros e seus efeitos**. São Paulo: Universidade de São Paulo, 2009, p. 81.

69. Fredie Didier Jr compreende desta mesma forma: "se é certo que a convenção de arbitragem é um negócio jurídico que somente pode ser celebrado por pessoas capazes, para solução de conflito em torno de direitos disponíveis, é certo também que essas mesmas partes podem fazer um outro negócio que extinga o primeiro, por mútuo consenso. Nada impede que as partes, portanto, façam uma outra convenção, com o objetivo de extinguir a convenção anterior. A autonomia privada, que é a fonte do poder normativo que gera a convenção de arbitragem, tem aptidão para também extingui-la" DIDIER JUNIOR, Fredie. **Curso de Direito Processual Civil**. v. 1. ,11. ed. 2009, p. 545.

silêncio é interpretado também como espécie de manifestação de vontade[70].

Há, enfim, o que se chama de triplo controle judicial da jurisdição arbitral: i) o realizado pelo juízo na alegação preliminar de convenção de arbitragem; ii) o exercido pelo árbitro ao avaliar seus próprios poderes jurisdicionais; iii) o empreendido em eventual ação anulatória de sentença arbitral ou na fase impugnação ao cumprimento de sentença[71].

Parece-nos válido, antes de encerrar esse tópico, reproduzir dois casos envolvendo Fazenda Pública sobre o tema. O primeiro especificamente sobre o procedimento do art. 7º da Lei de Arbitragem e o segundo sobre a incidência do art. 337, §6º do CPC.

4.2.2.1. Aplicação do art. 7 da LArb – O caso Prefeitura Municipal da Estância Turística de Itu vs. Águas de Itu Exploração de Serviços de Água e Esgoto S/A

Trata-se de ação com fundamento no art. 7º da Lei de Arbitragem. O ente municipal inseriu cláusula compromissória do tipo vazia (sem indicação da câmara arbitral) em contrato de concessão que tinha por objeto a prestação dos serviços públicos de abastecimento de água e esgotamento sanitário junto à determinada empresa privada. Passados alguns anos da relação contratual, o Município decretou caducidade do Contrato de Concessão sob o fundamento de supostos descumprimento das obrigações contratuais e irregularidades pela entidade privada.

Diante da divergência, o ente privado protocolou junto à CAMARB requerimento de arbitragem. Apresentando a convenção de arbitragem contida no contrato de concessão que continha a segunda redação: "Os conflitos desse contrato serão resolvidos preferencialmente por mediação e, na sua persistência, pela arbitragem, etapas durante as quais as partes darão normal cumprimento ao contrato e em suas atividades". Nessa solicitação, descartou-se a possibilidade de solução por mediação "em razão das diversas arbitrariedades co-

70. DIDIER JR. Fredie. **Curso de Direito Processual Civil**. v. 1. 17. Ed. Salvador: Editora Juspodivm, 2017, p. 547.

71. GUERREIRO, Luis Fernando. **Convenção de Arbitragem e Processo Arbitral**. São Paulo: Atlas, 2009, p. 126-127

metidas pelo Requerido no âmbito administrativo, que impedem o sucesso de uma solução negociada". Solicitou-se, ao fim, a notificação do Município.

Posteriormente, o Município foi notificado e compareceu à instituição arbitral; apresentou manifestação acerca do requerimento alegando a impossibilidade de instauração de procedimento arbitral pelas mais diversas razões.

O ente estava se negando, enfim, a participar do procedimento arbitral, o que ensejou o manejo da ação prevista no art. 7° da LArb.

Ao analisar o caso, observamos que, muito embora a cláusula arbitral entabulada fosse vazia, o ente particular justificou, acertadamente, a necessidade de se instituir arbitragem do tipo institucional diante das peculiaridades do caso concreto, da infraestrutura da câmara, da experiência na administração de casos envolvendo o Poder Público e da supressão de riscos e nulidade do procedimento arbitral.

O juízo de primeiro grau ordenou a audiência prevista no art. 7, §2o[72] "com o objetivo de obter a celebração consensual de compromisso arbitral que estipule as condições faltantes para a instauração da arbitragem ou o suprimento desse consenso pelo Poder Judiciário".

Não houve qualquer acordo em tal encontro.

Em paralelo, no procedimento arbitral, cada um dos envolvidos indicou um árbitro de sua escolha e estes indicaram um terceiro árbitro. Como se observa, mesmo oferecendo resistência quanto à arbitragem, o ente fazendário do município cumpriu com os termos do regulamento institucional.

O pedido de instauração de procedimento de arbitragem foi julgado procedente. Na decisão de primeiro grau, algumas questões importantes foram pontuadas, notadamente no contexto de contratações envolvendo entes públicos:

- Ficou destacado que, muito embora o contrato de concessão tivesse cláusula de eleição de foro e convenção de arbitragem, ambas poderiam coexistir, já que nem todos os tipos de controvérsias são arbitráveis. Assim, "o foro de eleição deve ser

72. "Comparecendo as partes à audiência, o juiz tentará, previamente, a conciliação acerca do litígio. Não obtendo sucesso, tentará o juiz conduzir as partes à celebração, de comum acordo, do compromisso arbitral."

aplicado nas hipóteses em que necessário se socorrer do Poder Judiciário para dirimir eventuais controvérsias que fogem da matéria de arbitragem";

- A instituição escolhida detinha características necessárias para administrar o procedimento, quais sejam: o preço compatível e a experiência de mercado. Assim, o valor do procedimento estava abaixo daquele ofertado pela CCI e teria melhor gestão em comparação à outra instituição indicada, que possuía pouca experiência na administração de procedimentos de arbitragem;
- Nenhum dos árbitros indicados para o julgamento do procedimento arbitral foram impugnados seja pelo ente público, seja pelo ente privado;
- Destacou que não havia risco de desabastecimento, de suspensão dos serviços públicos ou, tampouco, à ordem pública para a população do municio, tendo em vista "a criação de autarquia municipal que assumiu a responsabilidade pelo serviço de água e esgoto da cidade, sem prejuízo da reparação de todos os danos a serem apurados no juízo arbitral".

Da decisão de primeiro grau foi interposto recurso de apelação.

No julgamento pelo Tribunal, foram rejeitadas as razões apresentadas pelo munícipio e mantida a decisão de primeiro grau. O relator apontou ainda que "a pretensão do Município é de judicializar o conflito decorrente do contrato por ele mesmo concebido, extraído de edital de licitação elaborado por ele próprio, quando a cláusula convencionada tratou de atribuir sua solução à arbitragem".

4.2.2.2. Aplicação do art. 337, §6º do CPC – O caso Concessionária Move São Paulo S/A vs. Estado de São Paulo

No âmbito do TJSP, caso interessante travado entre o Estado de São Paulo e a Concessionária Move São Paulo S/A envolve a questão. Em brevíssima síntese, a concessionaria moveu ação em razão de supostos descumprimentos de obrigações contratuais enquanto, paralelamente, iniciou demanda perante a CAM-CCBC, requerendo a apuração de indenização no caso de extinção do contrato. Observe-se que, em tese, os objetivos das demandas eram distintos; alegou-se, inclusive, que a ação judicial era necessária para a declaração de rescisão contratual e a arbitragem para o reconhecimento do inadimplemento do contrato, reequilíbrio econômico e financeiro e indenização.

O Estado de São Paulo, quando citado, ofereceu contestação e não alegou convenção de arbitragem em suas preliminares. Para a Fazenda Estadual, o silêncio na sua peça de bloqueio após demandado pelo autor, implicou em aceitação por todos os participantes do processo da jurisdição estatal. Diante do contexto, a Procuradoria Paulista requereu a suspensão do procedimento arbitral, o que foi acolhido pelo juiz de primeiro grau[73]. Sem dúvida, a complexidade do caso exigiria de nós detalhes mais minuciosos.

A questão, foi recentemente decida pelo TJSP que reformou tal decisão que ordenava a suspensão do procedimento arbitral. De acordo com o acórdão: "em que pese seja certo que a agravante deveria ter buscado inicialmente na via arbitral o reconhecimento da culpa pelo inadimplemento para depois requerer a rescisão contratual na via judicial, é possível notar que desde o começo deixou clara a sua pretensão de não discutir na via judicial a culpa pelo descumprimento do contrato. Para o Desembargador "não há como dizer que ao recorrer às vias judiciais, a agravante renunciou ao juízo arbitral no que se refere às causas da rescisão contratual". Realmente, a renúncia a via arbitral não tinha se operado já que em cada juízo trata de objeto distintos. E não apenas isso, andou bem o julgador ao entender

73. "Conforme decisão interlocutória da lavra do Dra. Ana Luiza Villa Nova da 16ª Vara da Fazenda Pública " (....) considero que a alegação de que a ré aceitou o juízo arbitral por ter indicado o Centro de Arbitragem e Mediação da Câmara de Comércio Brasil-Canadá, para administrar o procedimento, está prejudicada. (...) foi inadequada a conduta da autora de optar pelo ajuizamento desta ação para obter declaração de rescisão contratual com fundamento no inadimplemento contratual pelo Poder Concedente, e logo em seguida, dar início ao procedimento arbitral com a finalidade de discutir a mesma questão do inadimplemento contratual, e, ainda, pretender indenização com base em cláusula que reclama, para tanto, a extinção do contrato, o que sequer ocorreu, razão pela qual é necessário aguardar o desfecho desta demanda, considerando, ainda, neste contexto, que a extinção decorrente da paralisação das obras por parte da autora e do consequente procedimento de caducidade é questão estranha ao objeto desta ação e do procedimento arbitral, além de se tratar de fato ocorrido posteriormente. Não se trata, pois, de reconhecer a incompetência do juízo arbitral, e sim de reconhecer que devido à conduta da autora de optar pelo ajuizamento desta ação judicial, é necessário aguardar o seu desfecho para posteriormente valer-se, se o caso, do procedimento arbitral para as situações que o contrato o admite, e, ainda que assim não fosse, o fato de a ré não ter arguido na contestação exceção de arbitragem, configurou renúncia ao juízo arbitral e aceitação da jurisdição estatal. Diante do exposto, defiro o pedido da ré, para determinar a suspensão do procedimento de formação de tribunal arbitral que a autora deu início (procedimento CAMCCBC 21/2018) e para reconhecer a prejudicialidade da questão objeto deste processo em relação ao referido procedimento arbitral" Processo n. 1002909-09.2018.8.26.0053.

que "a prejudicidade da interposição primeira da ação judicial em relação ao procedimento arbitral, deve ser analisada pelos árbitros no âmbito extrajudicial onde foi iniciado tal procedimento após já ter sido ajuizada a demanda judicial". Com a cautela necessária o TJSP decidiu respeitar a prioridade dos árbitros para decidirem questões relacionadas a sua competência.

Ao fim e ao cabo decidiram os Desembargadores da 3ª Câmara de Direito Público do TJSP que a decisão de primeira instância que determinou a suspensão do procedimento de arbitral (CAM-CCBC 21/2018) que encontrava-se em fase de formação do tribunal deveria ser reformada por ter ultrapassado os limites da lide[74].

4.2.3. O momento adequado da pactuação

Qual o momento mais adequado para pactuação da convenção de arbitragem? No início da relação negocial, ambas as partes buscam benefícios mútuos, há convergência de interesses e a comunicação tende a fluir de forma pacífica. De modo diverso ocorre quando as divergências começam a vir à tona: assim, se o dissenso, em regra, advém da própria relação contratual, como seria possível garantir uma nova pactuação? As dificuldades nesse segundo quadro são latentes.

A doutrina recomenda que, assim como qualquer ajuste processual, a convenção seja celebrada durante a elaboração do contrato. Antonio do Passo Cabral elucida que "as convenções pré-processuais são muito úteis e tendem a ser as mais utilizadas na pratica porque, antes do processo (e muitas vezes antes do próprio conflito), os ânimos ainda não estão acirrados"[75].

A questão é tão séria que, até nos casos em que existe cláusula compromissória no contrato, é possível que as partes aleguem que determinada matéria ou sujeito não se insere no bojo da convenção. Nesses casos, será necessário entender toda a conjuntura negocial e o estado de ânimos dos envolvidos para avaliar o alcance objetivo e subjetivo da convenção de arbitragem.

No contexto público, onde determinados cargos e gestões têm caráter transitório, há, por vezes, falha na comunicação entre os ór-

---

74. Cf. TJSP Processo n. 2104690-22.2018.8.26.0000.

75. CABRAL, Antonio do Passo. **Convenções Processuais**. Salvador: Editora Juspodivm, 2016, p. 143.

gãos e setores. Assim, inserir cláusula compromissória no início da negociação é garantir, minimamente, uma boa resolução contratual. Dará segurança jurídica, impedirá revogação ou modificação de assuntos já tratados e já incluídos na racionalização econômica dos contratantes, como se verá em breve.

É bem verdade que ainda que não haja cláusula compromissória, a Administração Pública poderá celebrar compromisso arbitral[76]. Ainda assim, no caso da Administração Pública, é ideal que, no edital de licitação, convênio, ou contrato de concessão, já esteja inserida a cláusula compromissória como um dos termos do contrato. A título exemplificativo, a Lei 11.079/04, que institui normas gerais para licitação e contratação de parceria público-privada no âmbito da administração pública, determina que o instrumento convocatório da licitação deve conter minuta do contrato. Pode-se, ainda, prever o emprego dos mecanismos privados de resolução de disputas, inclusive a arbitragem, para dirimir conflitos decorrentes ou relacionados ao contrato (art. 11, III).

É autorizado que, no mesmo contrato, sejam estabelecidas regras de direito material consubstanciadas no próprio mérito administrativo e, também, regras de direito processual. Possibilita-se, assim, a indicação da jurisdição privada para resolver eventual e futuro conflito por meio de convenção de arbitragem.

4.2.4. A função econômica da convenção de arbitragem

Escolher a arbitragem é uma decisão econômica

Atores privados e públicos desenvolvem atividades econômicas em sentido estrito, isto é, empreendem para satisfazer a demanda agregada de bens e serviços no livre mercado. A geração de riquezas e o crescimento econômico dependem substancialmente do fluxo e refluxo de bens, serviços e trocas do mercado. O funcionamento das atividades comerciais necessita, dentre outros aspectos, de um ambiente econômico favorável, segurança jurídica, mitigação de riscos e, diante de sua inevitabilidade, de meios de recuperação do crédito diante de inadimplemento.

---

76. Enunciado n.2 da I Jornada Prevenção e Solução Extrajudicial de Litígios.

Instrumentos jurídicos eficientes permitem auxiliar a capacidade dos agentes de orçar as consequências de suas condutas e se prevenir quanto aos riscos dos seus empreendimentos. Isso propicia a construção de um ambiente jurídico que assegure o cumprimento de obrigações com boas perspectivas de crescimento econômico.

A convenção de arbitragem tem função econômica no contrato em que está inserida. Ao mesmo tempo em que atende ao seu fim jurídico (efeito positivo e negativo), também terá escopo econômico, já que a patrimonialidade[77] é inerente à toda relação contratual. De fato, o elemento econômico é a manifesta intensão das partes se vincularem.

É ferramenta estruturante sob aspecto jurídico-econômico. A sua incidência pode ser ampla e apta para atrair toda a relação negocial (principal e acessória), com abrangência temporal específica e apta a envolver determinada questão pretérita ou tema futuro do contrato e, ainda, determinadas matérias do negócio, que poderá prever tantas quantas forem as técnicas necessárias a solução de conflitos[78].

Essas negociações envolvem – como é natural do mercado – uma complexidade de riscos comerciais, os quais exigem uma análise jurídica e econômica. Uma negociação contratual remete a um mosaico de intensões que precisam ser congregadas, objetivos diversos que se interpenetram em justaposição e complementação. Não basta apenas avaliar os cenários positivos e ideais do negócio, mas também situações de crise e as repercussões negativas decorrentes de descumprimento contratual. Essa questão é muito bem explicada por Ronald Coase na sua obra '*A firma, o mercado e o direito*' ao indicar que "a fim de efetuar uma transação no mercado, é necessário descobrir quem se deseja fazer a transação, informar as pessoas que se quer fazer a transação e em que termos, conduzir negociação que levam a um acordo, redigir um contrato, realizar o monitoramento necessário

77. "(...) a patrimonialidade é essencial na obrigação, porque o Direito não pode agir sobre realidades puramente abstratas. Uma obrigação e, com maior razão, um contrato, que não se possam resumir numa apreciação pecuniária, ainda que sob o prisma da execução forçada, ficarão no campo da Moral e não serão jurídicos. Embora possa existir conteúdo em um contrato em que não se sobreleva de início o aspecto patrimonial, o aspecto coercitivo da obrigação assumida, ao menos em fase de execução, tem efeito pecuniário." VENOSA, Sílvio de Salvo. **Direito Civil: contratos**. 19. ed. São Paulo: Atlas, 2019.

78. Cf. DIAS, Feliciano Alcides. **A arbitragem sob a perspectiva econômica do direito: uma alternativa para a democratização do acesso à justiça nas relações empresariais**. São Leopoldo: Unissinos, 2017.

para assegurar que os termos do contrato estão sendo cumpridos e assim por diante"[79].

Como se observa, a relação contratual se desenvolve de forma absolutamente interligada com os métodos de solução de disputas. Cada assunto, cada divergência contratual, pode ser resolvida ou superada de forma específica.

A convenção arbitral, notadamente a cláusula compromissória, é ferramenta jurídica preventiva apta a aparelhar adequadamente as operações comerciais e negócios complexos celebrados por entes públicos e particulares. Tem conteúdo econômico na medida agrega toda a conjuntura do contrato, isto é, deve ser interpretada para além da questão jurídica a qual está inserida, já que há todo um contexto econômico-negocial que abrange a relação entre as partes.

Note-se que, ao ser inserida no contrato, a cláusula integra o conjunto de estipulações que compõem a sua estrutura, há um propósito econômico *supracontratual* no consentimento, no objeto ou nas bases do negócio[80]. Deste modo, "a concepção do conteúdo contratual como conjunto coeso leva a considerar a existência de uma economia do contrato". Essa concepção serve de "diretiva interpretativa, a fim de colmatar as lacunas do conteúdo e resolver divergências"[81].

Atualmente o grande problema enfrentando no sistema de solução de disputas refere-se a correta aplicação do regime jurídico que se adequada a determinada relação contratual. Relações societárias, comércio internacional, contratos de agronegócio, concessões públicas, operações de infraestrutura enfim, todos esses ramos do direito têm suas peculiaridades que muitas vezes se distanciam das relações civis comuns. Uma decisão jurisdicional em dissonância com a conjuntura negocial pode ter efeito nefastos não apenas para as partes envolvidas, mas em toda cadeia econômica.

O mercado possui um grande dinamismo e se organiza de maneira específica em cada operação econômica e cada desenho contratual possui consequências do ponto de alocação dos riscos entre cada

79. COASE. Ronald H. **A firma, o mercado e o direito**. 2 ed. Rio de Janeiro: Forense, 2017, p. 6.
80. LORENZETTI, Ricardo Luis. **Tratado de los contratos**, t. 1. Buenos Aires: Rubinzal Culzoni Editores, 1999, p. 55.
81. MARINO, Francisco Paulo de Crescenzo. **Contratos Coligados no Direito Brasileiro**, São Paulo: Saraiva, 2009, pp. 156.

um dos contratantes. Isso não pode passar inoculado por qualquer julgador seja judicial ou arbitral[82].

Esse olhar econômico permite observar os objetivos e expectativas econômicas das partes quando do momento da assinatura do contrato. É necessário ter ciência que o contrato é mais do que aquilo que foi declarado. O instrumento contratual é uma operação econômica e forma-se após uma cadeia de cíclica de propostas e contrapropostas, a assinatura final é apenas o desfecho de um longo processo de negociação.

Demonstra-se que "tais elementos são relevantes para a interpretação das relações contratuais em conflito e o desconhecimento da operação econômica subjacente ao contrato poderá trazer distorções, seja para a negociação de um contrato, seja para a solução de conflitos que possam surgir entre as partes em uma arbitragem"[83].

Ao utilizar-se de subsídios econômicos, a compreensão das questões implícitas, mas igualmente relevantes da relação negocial permite-se avaliar de forma completa a alocação de riscos e as responsabilidades de cada envolvido. Com efeito, a escolha da via arbitral deve ser observada como uma opção econômica da contratação.

Risco e tomada de decisão

O fator econômico é um dos que influenciam a tomada de decisão[84]. Antes da negociação e da posterior alocação dos recursos, são necessárias garantias jurídico-econômicas para incentivar a concretização do negócio jurídico.

Durante as tratativas da contratação, todos os cenários devem ser avaliados e cada escolha traz o custo de abdicar das outras opções. A isso, os economistas nominam de *tradeoff*[85]. Quais cláusulas incluir ou excluir? Quanto custa descumprir o contrato? Quais as consequências jurídicas e econômicas do descumprimento? Qual o risco para este ou aquele movimento? Essas e tantas outras perguntas orbitam na mente dos negociantes.

82. Cf. FERNANDES, Wanderley. **Arbitragem e construção** in LEVY, Daniel; PEREIRA, Guilherme Setoguti. Curso de Arbitragem. São Paulo: Editora Revista dos Tribunais, 2019.

83. Cf. FERNANDES, Wanderley. **Arbitragem e construção** in LEVY, Daniel; PEREIRA, Guilherme Setoguti. Curso de Arbitragem. São Paulo: Editora Revista dos Tribunais, 2019.

84. MANKIW. N. Gregory. **Princípios da Microeconomia**. São Paulo: Cengage Learning, 2013, p. 4.

85. MANKIW. N. Gregory. **Princípios da Microeconomia**. São Paulo: Cengage Learning, 2013, p. 5.

Não sem razão, existe no âmbito das arbitragens envolvendo a Administração Pública estipulação legal a respeito. O Decreto n. 10.025/19 determina que, no caso de celebração de convenção de arbitragem, as partes deverão estar sujeitas a avaliação prévia em que se analise as vantagens e desvantagens da arbitragem no que se refere ao prazo para a solução do litígio, ao custo do procedimento e à natureza da questão litigiosa (Art. 6).

Repita-se: no decorrer das negociações, pairam sobre o contrato riscos. Esses riscos podem ser econômicos (inerentes à própria atividade e às características do mercado) e podem ser financeiros (capacidade de liquidar compromissos, níveis de endividamento etc.)[86].

O fator risco "envolve a quantificação e qualificação das incertezas, tanto no que diz respeito às perdas como aos ganhos, com relação ao rumo dos acontecimentos planejados, seja por indivíduos, seja por organizações"[87]. É baseado em probabilidades devido à ausência de informações completas ou precisas. A incerteza é falta de parâmetro, isto é, "trata de eventos que mal sabemos descrever, muito menos computar as suas probabilidades de realização"[88].

Existem instrumentos econômicos específicos para lidar com os riscos (precedentes judiciais, modelos estatísticos, operações de compensação de perdas, taxa de retorno, seguro, etc.). A incerteza, por sua vez, pode desestimular a formalização dos contratos, provocar deslocamento dos investimentos para outro ambiente mais atrativo ou provocar, naturalmente, a criação de instrumentos de proteção patrimonial a custos elevados.

Conforme já se alertou, "diante da inabilidade de se projetar o cenário econômico com um mínimo de nitidez, é natural que, sob a hipótese plausível de que algumas decisões econômicas são irreversíveis, se opte por postergá-las à espera de um período menos incerto, as situações de alta incerteza paralisam"[89].

---

86. ASSAF NETO. Alexandre. **Finanças Corporativas e Valor**. 4 ed. São Paulo: Atlas, 2010.

87. INSTITUTO BRASILEIRO DE GOVERNANÇA CORPORATIVA. **Guia de Orientação para o Gerenciamento de Riscos Corporativos**. São Paulo: IBGC, 2007.

88. ZILBERMAN, Eduardo; MENEZES, Ricardo de. **O impacto da incerteza na atividade econômica. Valor Econômico**. Disponível em <https://www.valor.com.br/opiniao/4587545/o-impacto-da-incerteza-na-atividade-economica> Acesso em 11 de março de 2018.

89. ZILBERMAN, Eduardo; MENEZES, Ricardo de. **O impacto da incerteza na atividade econômica. Valor Econômico**. Disponível em <https://www.valor.com.br/opiniao/4587545/o-impacto-da-incerteza-na-atividade-economica> Acesso em 11 de março de 2018

Para melhorar os resultados do negócio, os contratantes e seus advogados realizam uma avaliação de viés econômico antes de suas ações, também conhecida como racionalização. Essa análise "é o processo de tomada de decisão que esperamos que leve a um resultado ótimo, dada uma avaliação precisa dos valores e das preferências de risco do tomador de decisões"[90].

É necessário ter ciência de todas as circunstâncias que o negócio, e eventual conflito dele decorrente, possam causar. Esse tipo de avaliação fundamenta-se na estimativa de impactos financeiros variados (estimativa de receitas/despesas) e também do risco decorrente de eventual disputa judicial mal avaliada ou demasiadamente morosa. De fato, inserir instrumentos preventivos e aptos para reduzir os impactos do conflito deve estar no horizonte dos contraentes.

Quanto mais confiável e previsível for o conjunto de regras maior será o retorno esperado das trocas. De fato, inserir instrumentos preventivos e aptos para reduzir os impactos do conflito deve estar no horizonte dos contraentes.

Ademais, na interpretação de aspectos relacionados à convenção de arbitragem e do conflito que lhe procede, é necessária a análise da racionalidade econômica da relação negocial travada entre as partes. Os fins econômicos e intenções dos contraentes dizem mais do que a literalidade do contrato, podem sanar dúvidas e dar possíveis soluções diante dos conflitos. Com efeito, o comportamento durante a fase de ajuste e de execução do contrato não prescinde de avaliação por árbitros e magistrados.

A gestão de riscos: custos, tempo e o resultado

O custo de uma demanda não se reduz ao valor da causa; representa, na verdade, toda a repercussão econômica visível e implícita, imediata e mediata das questões envolvidas.

Fala-se em custos de transação (ou operacionais), isto é, todo e qualquer custo diverso daquele referente à obrigação principal. Avaliar o mercado, preparar, negociar um contrato e posteriormente ajustar, adaptar quando a execução de um contrato é afetada por falhas, erros, omissões e alterações inesperadas envolve custos. Esses custos são inerentes à condução do sistema econômico[91].

90. BAZERMAN, Max. H. **Processo decisório**. Rio de Janeiro: Elsevier, 2004.

91. Cf. COASE. Ronald Harry. **A firma, o mercado e o direito**. 2 Ed. Rio de Janeiro: Forense, 2017.

Realmente, "além do custo do bem que seja objeto de um negócio, há vários outros, como seja o custo para encontrar um contratante, para celebrar o negócio etc. Os mais expressivos custos operacionais dizem respeito à implementação anormal do negócio, muito especialmente da implementação judicial do negócio"[92].

Os custo de transação podem ser de três tipos: i) custos de procura e obtenção de informações; ii) custos de negociação; iii) custos para garantir a execução do contrato,[93] e aplicando a problemática para o direito processual, destaca-se que os custos de transação são aqueles "decorrentes da realização de trocas econômicas, até porque qualquer interação dessa natureza significa o dispêndio de recursos pelas partes não só os custos de produção e entrega da prestação, mas também a fiscalização ou monitoramento do cumprimento da prestação da contraparte (confirmação do pagamento, cobrança de parcelas em atraso, teses de qualidade do produto entregue). E isso abrange também os custos calculados com base na eficácia dos instrumentos processuais para forçar a contraparte no caso de inadimplemento. Se os custos de transação projetados forem muitos altos, o negócio pode ser desvantajoso"[94].

Além do recurso financeiro "parado" na disputa (já que a parte credora fica impedida de receber ou utilizar-se do correspondente monetário do seu direito), deve-se levar em conta o pagamento com honorários advocatícios e despesas processuais, além de aspectos macroeconômicos[95].

---

92. GALDINO, Flavio. **Introdução à análise econômica do processo civil: Os Métodos alternativos de soluções controvérsias**.v. 1, n. 1. Rio de Janeiro: Quaesto Iuris, 2005, p. 172.

93. TIMM, Luciano Benetti. **Direito Contratual Brasileiro críticas e alternativas ao solidarismo jurídico**. 2 ed. São Paulo: Atlas, 2015, p.172 e ss. Cf. ainda "Conceitualmente, esses custos são constituídos por um conjunto heterogêneo de fatores, inclusive o fato tempo. Para que um contrato seja firmado há de haver, desde logo, a comunicação e a troca de informações entre as partes, para fixar a coexistência de desejos e a equivalência das prestações oferecidas. Os bens ou serviços devem ser especificados, inspecionados e medidos. Na redação dos contratos, advogados são mobilizados, direitos patrimoniais transferidos e registros levados a cabo. Quando os contratos são desrespeitados por uma das partes seu cumprimento pode ser imposto por meio de um processo e a quebra contratual conduz ao litígio". CHACEL. Julian Afonso Magalhães. **Aspectos da economia institucional e a arbitragem comercial**. Revista de Arbitragem e Mediação n. 5. São Paulo: Editora Revista dos Tribunais, 2005, p. 32.

94. CABRAL, Antonio do Passo. **Convenções sobre o custo da litigância (I): admissibilidade, objeto e limite**s. Revista de Processo. São Paulo: Revista dos Tribunais. v. 276, 2018. p. 71.

95. TIMM, Luciano Benetti. **Artigos e ensaios de direito e economia**. Rio de Janeiro: Lumen Juris, 2018. p. 85 e ss.

Antonio do Passo Cabral aponta ainda que, para além de custos judicias, há a "total imprevisibilidade sobre o resultado e a duração do processo, e portanto sobre seus custos" já que "o caminho procedimental é incerto porque muitas são as possibilidades de tramitação de um procedimento no Judiciário".[96]

Na arbitragem, as partes estipulam previamente o prazo para prática de todos os atos processuais, diferentemente do que acontece no ambiente forense. O árbitro tem prazo para concluir seus trabalhos, o que não decorre, necessariamente, da Lei (art. 23 da LArb) e sim de estipulação contratual. Desse modo, não apenas as partes, mas todos os atores do procedimento arbitral têm metas calendarizadas e previamente estipuladas, tema incluído para o processo judicial comum como possibilidade e não obrigatoriedade (CPC, art. 191).

Ao receber um cliente ou um gestor público e após fornecer-lhe toda a elucidação jurídica do caso, é comum que o jurista ouça a pergunta "quando meu problema será resolvido?". Essa indagação atormenta os advogados e procuradores em todas as áreas do Direito. Na arbitragem, contudo, a resposta tende a ser outra. É possível que, desde cedo, aponte-se a possibilidade de fixação prévia dos atos procedimentais.

Antes do procedimento arbitral iniciar, no termo de arbitragem, a sentença arbitral estará agendada – terá, pois, uma data limite. Há ciência do ponto de partida e de chegada da demanda. Na arbitragem, fixa-se um calendário ou um cronograma prévio, utiliza-se do *timing of procedural steps* e "isso faz com que a caminhada processual ocorra sobre um trilho e sob um ritmo definidos"[97].

A convenção arbitral auxilia na gestão desses riscos típicos das relações negociais (seja em âmbito público, seja na esfera privada) diante da precisão de despesas arbitrais e da estipulação prévia de custas e do tempo do procedimento arbitral.

Além da probabilidade de êxito, informações precisas sobre os custos e tempo não podem ser inoculadas na avaliação de uma de-

96. CABRAL, Antonio do Passo. **Convenções sobre o custo da litigância (I): admissibilidade, objeto e limites**. Revista de Processo. São Paulo: Revista dos Tribunais. v. 276, 2018. p. 70.

97. COSTA, Eduardo José da Fonseca. **Calendarização processual**. In: CABRAL, Antonio do Passo; DIDIER, Fredie Didier; NOGUEIRA, Pedro Henrique Pedrosa. (Org.). Negócios processuais. 1ed. Salvador: Juspodivm, 2015, v. 1, p. 479-480.

manda. É o caso, inclusive, para que se determine a provisão (passivo de prazo ou valor incertos) e a reserva de patrimônio proporcional a essas perdas eventuais nos balanços da companhia ou caixa da Administração Pública.

Uma das consequências dessa avaliação é a possível redução ou aumento de resultados, o que pode ser levado a efeito por gestores públicos, administradores, investidores e acionistas na tomada de decisão e alocação de recursos. E, mais uma vez, remete-se à questão da previsibilidade: um processo judicial malconduzido, inconcluso e moroso pode gerar prejuízos incalculáveis, pode acirrar relações duradouras entre os sujeitos demandantes e encerrar parcerias definitivamente.

Ao incluir-se a convenção de arbitragem, alguns riscos são mitigados como, por exemplo, a probabilidade de inadimplemento, a duração exacerbada para o desfecho da demanda na arbitragem e a má avaliação do conflito.

No âmbito de todas as incertezas que orbitam o conflito, é possível afirmar que, muito embora não se tenha exatidão acerca do resultado, é possível prever de qual ambiente jurídico esse resultado será extraído.

Convenção de arbitragem e comportamento

Estipular convenção de arbitragem influencia no comportamento dos contratantes em pelo duas formas: i) inibe a inadimplência fundada nos problemas estruturais do Poder Judiciário e ii) atrai interessados que exigem tal cláusula para celebração dos seus contratos.

No que se refere ao primeiro ponto, o potencial inadimplente saberá que não poderá apresentar diversos recursos judiciais atrasar o resultado final. Em termos mais claros: infelizmente, para alguns, vale a pena transgredir a relação contratual tendo como base a ineficiência do Poder Judiciário no caso de eventual judicialização da demanda para reparação de danos, mas ao se deparar com a convenção de arbitragem esse fator estrutural não existirá.

Essa questão foi bem avaliada por Bruno Salama ao afirmar que "as partes contratantes, ao preverem a arbitragem como forma de solução de controvérsias, antecipam que a expectativa de decisões mais ágeis e acertadas no futuro diminui o risco de comportamento oportunista no presente". O autor acrescenta que "as partes terão, assim, incentivos para cumprir as obrigações assumidas no contrato, pois eventuais inadimplementos serão punidos com rapidez e precisão"[98].

Arbitralistas mais experientes já chegaram a afirmar que a arbitragem é um forte indutor de acordos entre as partes. Descrevendo diversos casos anteriores em que as partes firmaram acordos antes do início do procedimento ou antes da decisão final do árbitro, Arnoldo Wald afirma que "há novas funções importantes exercidas pela arbitragem, como verdadeiro catalisador de acordos, com base na eficiência do processo e num certo pragmatismo, que continua a ter que ser ético, mas não pode esquecer as realidades econômicas, conciliando-se, assim, o ideal de justiça com a redução de custos e de tempo na solução de litígios, com soluções que ainda são mais adequadas ao caso concreto quando decorrentes de acordo entre as partes"[99-100].

Observe-se, se o custo do devedor em cumprir sua promessa é mais alto que a perda do prometido em função do descumprimento ou inadimplência, então, a ruptura do contrato é estimulada. Por outro lado, caso o custo do devedor em cumprir o estipulado seja menor que a sua perda, então, o cumprimento do contrato será a ação a se tomar[101-102].

---

98. PUGLIESE, Antonio Celso Fonseca; SALAMA, Bruno Meyerhof. **A economia da arbitragem: escolha racional e geração de valor.** Revista direito GV, São Paulo , v. 4, n. 1, 2008.

99. WALD, Arnoldo. **A arbitragem como indução de acordo entre as partes**. Revista de Arbitragem e Mediação. n. 42. São Paulo: Editora Revista dos Tribunais, 2014.

100. "Pode funcionar - e funciona efetivamente - como catalisador do acordo quando as partes estão de boa-fé e querem realmente encontrar uma solução que seja, ao mesmo tempo, justa e aceitável para ambas. Dessa forma, atende-se, justamente, a essa necessidade social de continuidade, de manutenção de um relacionamento comercial e de maior previsibilidade, que, na arbitragem internacional, evita as interferências políticas ou econômicas, chegando até mesmo a criar, em muitos casos, um ambiente propício para uma resolução amigável, por meio de acordo. Os árbitros podem e devem ser catalisadores de acordos" WALD. Arnoldo. **O espírito da arbitragem**. Revista do Instituto dos Advogados de São Paulo n. 23. São Paulo: Revista dos Tribunais, 2009.

101. Cf. SADDI, Jairo; PINHEIRO, Armando Castelar. **Direito, economia e mercados.** Rio de Janeiro: Campus, 2005, p. 133.

102. "O sistema econômico é um conjunto de relações entre pessoas físicas e jurídicas e seu desempenho depende, em sua essência, do modo como essas relações ocorrem. (...) Contratos estabelecem o padrão de comportamento, expresso na forma de um conjunto de deveres, que as partes definem por interesse mútuo. É, portanto, por meio de contratos que as pessoas buscam coordenar as suas ações, realizando ganhos coletivos. Como as transações apresentam custos diversos, um contrato que atenue esses custos resulta em melhora de desempenho econômico das firmas e mercados, com implicações diretas ao desenvolvimento econômico e social." AZEVEDO, Paulo Furquim. **Contratos: uma perspectiva econômica**. In: ZYLBERSZTAJN, Décio; SZTAJN, Raquel (orgs.). Direito & Economia. Rio de Janeiro: Elsevier, 2005, p. 132. Confira-se ainda: "Quaisquer que sejam as transações, as partes envolvidas não sabem ao certo se os termos acordados serão efetivados. A razão é que os indivíduos possuem racionalidade limitada e comportamento oportunista, acarretando o surgimento de custos de transação, que poderiam

No que se refere ao segundo aspecto, afirma-se que "a facilidade de obtenção de crédito perante organismos internacionais, que exigem a adoção da arbitragem como condição para a concessão do financiamento, parece ser um fator que, por si só, justifica a escolha da arbitragem"[103].

No âmbito da Administração Pública a convenção de arbitragem diminui os custos de transação e do contrato administrativo: "tanto do ponto de vista legal quanto econômico e social o administrador, o gestor de recursos públicos deve considerar a possibilidade de eleger a arbitragem nos contratos administrativos" optando pelo juízo privado "estará afinado com a moderna auditoria de gestão pública". No que se refere à aquisição de recursos advindos da iniciativa privada, a existência de convenção de arbitragem "será um atrativo considerável e contribuirá para angariar recursos para investimentos necessários nos empreendimentos em infraestrutura que novas parcerias público-privadas regulam"[104].

É bem possível que poder solucionar conflitos por arbitragem atraia investidores estrangeiros e atores do comércio internacional que desejam solucionar conflitos em um ambiente que por eles seja conhecido. Realmente, a existência dessa convenção arbitral pode ser fator determinante para a pactuação do contrato, já que o risco de o conflito ser judicializado é reduzido ou completamente mitigado.

Prevenção contra a burocracia judicial: o indesejável ambiente judiciário

A vedação a recursos judiciais para impugnar decisões durante o procedimento arbitral e postura restritiva às medidas anti-arbitra-

---

ser minimizados pela cooperação das partes contratantes no momento da execução do objeto contratual" GALLO, José Alberto Albeny; CATEB, Alexandre Bueno. **Breves considerações sobre a teoria dos contratos incompletos**. Berkely Program in Law & Economics. Latin American and Caribbean Law and Economics Association (ALACDE). Annual Papers (University of California, Berkeley), 2007.

103. No original: "a facilidade de obtenção de crédito perante organismos internacionais, que exigem a adoção da arbitragem como condição para a concessão do financiamento, parece ser um fator que, por si só, justifica a escolha da arbitragem, mas apenas na medida em que o custo desse financiamento for vantajoso (ou estratégico) para a realização de obras públicas, a ponto de suprir, com folgas, o custo da própria arbitragem". BONICIO, Marcelo José Magalhães. **Arbitragem e Estado: ensaio sobre o litígio adequado**. Revista de Arbitragem e Mediação. n. 45, p. 160 e ss.

104. LEMES, Selma. **A Arbitragem na Administração Pública: fundamentos jurídicos e eficiência econômica.** São Paulo: Quartier Latin, 2007, p. 189.

gem dos tribunais brasileiros também constituem fator de segurança jurídico-econômica[105].

Na prática, os contratantes estarão impedidos de utilizar meios de impugnação de forma deliberada com intuito protelar o resultado final. A instrução do procedimento arbitral é praticamente blindada desse tipo de expediente.

Alguns poderiam alegar que uma eventual cláusula pré-processual em contrato (inclusive administrativo) que estipula a 'não-recorribidade' poderia trazer celeridade para resolução de conflitos. Essa alternativa é possível e recomendável, mas resolveria parte do problema.

O processo em instância única pode ser concluído mais rapidamente, o que se ensejar eventual celeridade, mas isso não garante qualidade do resultado.

Deve-se considerar que a convenção de arbitragem permite uma futura e eventual demanda com uma duração compatível com a sua complexidade e também um ambiente processual neutro, um juízo neutro. Esse ambiente neutro, aliado ao alto grau de especialidade dos árbitros, não pode ser alcançado com uma cláusula pré-processual que, como dito, resolveria apenas parte do problema.

Caroline Sampaio de Almeida destaca que, nos conflitos mais complexos, "a simples aplicação mecânica da regra jurídica muitas vezes não é suficiente para garantir a distribuição de uma justiça eficiente. Há necessidade de uma justiça sob medida, que conheça o passado e o presente dos negócios e possa prever razoavelmente o futuro, ou seja, as consequências da decisão proferida"[106].

Esse problema típico do processo judicial também fica mitigado na arbitragem. Aliás, no contexto arbitral há essa preocupação, inclusive, expressamente em lei. No contexto de arbitragens envolvendo a Administração Pública, o Decreto n. 10.025/19 estipula que, no caso de celebração de compromissos arbitrais, deverão estar sujeitos à avaliação previa em que se analise as vantagens e desvantagens da arbi-

105. LEMES, Selma. **STJ constrói de modo admirável o Direito da Arbitragem**. Disponível em <www.conjur.com.br/2013-dez-25/retrospectiva-2013-stj-constroi-modo-admiravel-direito-arbitragem>.

106. ALMEIDA, Caroline Sampaio de. **A cláusula compromissória arbitral: uma perspectiva comparada do direito canadense e do direito brasileiro**. São Paulo: Universidade de São Paulo, 2013, p. 187 e ss.

tragem no que se refere ao prazo para a solução do litígio, ao custo do procedimento e à natureza da questão litigiosa.

A possibilidade de escolha de um profissional integrante do mesmo universo das partes torna-se importante reforço à confiança na arbitragem: "se trata de mecanismo de mitigação de riscos e incertezas, por dar vazão à premissa sociológica, já percebida por muitas formas de ADRs, de que as pessoas normalmente se sentem mais seguras ao serem julgadas por semelhantes"[107].

A convenção arbitral não permite a previsibilidade do resultado. Todavia, garante o ambiente jurídico do qual serão extraídos os possíveis resultados, já que os árbitros decidem não apenas com fundamentos jurídicos, mas também com a correta percepção do substrato econômico da disputa e da natureza da negociação. O contexto da operação será avaliado por especialistas e isso dá maior confiabilidade a sentença arbitral[108].

Essa questão foi bem avaliada por Julian Afonso Magalhães ao vaticinar que "para o demandante, a decisão de recorrer ao judiciário depende do grau de incerteza quanto a sair vencedor do litígio, do tempo para que a sentença seja proferida e do valor liquido que espera receber. Os tribunais podem ser imprevisíveis, seja porque há falhas na redação dos contratos, seja porque os juízes estão mal informados sobre a matéria da controvérsia e, ainda, demanda de igual mérito pode ter decisões diferentes de um juiz a outro. A demora em proferir uma sentença parece ser um problema comum aos sistemas judiciários em todo o mundo, diminuindo o valor presente do ganho líquido, isto é, do recebimento de menos custos, situação na qual a justiça feita garante apenas parcialmente o direito reconhecido"[109].

O *know-how* do árbitro, em certa medida, é a grande razão pela qual as partes escolhem aquela pessoa para julgar o seu conflito. O conhecimento profundo sobre a matéria, ou a compreensão econômica acerca do que será exposto ao longo do procedimento, desper-

---

107. ALMEIDA, Caroline Sampaio de. **A cláusula compromissória arbitral: uma perspectiva comparada do direito canadense e do direito brasileiro**. São Paulo: Universidade de São Paulo, 2013, p. 134.

108. Idem.

109. CHACEL. Julian Afonso Magalhães. **Aspectos da economia institucional e a arbitragem comercial** Revista de Arbitragem e Mediação n. 5. São Paulo: Editora Revista dos Tribunais, 2005, p. 33.

tará interesse do mercado que, confiante na aptidão técnico-jurídico-científica do profissional, o escolherá para ser árbitro[110].

Diante dessa questão, Diego Franzoni explica: "os árbitros são seres do mercado. Ao contrário dos juízes que em geral desde cedo se conformam aos quadros estatais, os árbitros, que geralmente são advogados ou outros profissionais liberais por formação, fazem parte da mesma dinâmica que os empresários". Para o autor, os árbitros, "pelo seu próprio perfil profissional e pela atividade que desenvolvem", poderão tratar dos conflitos postos a seu exame com mais especialidade e sensibilidade no que diz respeito aos interesses conflitantes em disputa[111].

Luciano Benetti Timm vai mais além. Para o autor, "o árbitro está em melhores condições de flexibilizar e modernizar a interpretação dos contratos administrativos. O exercício da advocacia empresarial dá aos árbitros a percepção de como os contratos são negociados na prática, a barganha que é feita entre as partes, as necessidades dos clientes. Infelizmente essa passagem pelo setor privado não é presente na carreira da magistratura nacional, fazendo com que muitos juízes de carreira criem certos preconceitos (além de terem um esquema mental mais dogmático, até pela exigência de aprovação em rígidos e concorridos concursos públicos)"[112].

E isso não é pouco, a especialização permite a redução dos erros nas decisões arbitrais. Muito embora de todos os procedimentos

---

110. (...) lembro que há determinados contratos que pressupõem conhecimento (jurídico ou técnico) adequado, não podendo o ignorante (no sentido exato da palavra) aceitar o encargo de julgar algo que não consiga entender. Pense-se, a título de exemplo, nos litígios que envolvem energia elétrica ou nos conflitos decorrentes de uma pequena central hidrelétrica: quem não tem alguma familiaridade com o setor elétrico ou com o multifacetado contrato das usinas não estará apto a ocupar um lugar em tribunal arbitral que trate de um ou de outro tema. Guloso também é aquele árbitro que, no momento da revelação de fatos que possam infirmar sua independência ou imparcialidade às partes omite-se propositadamente, deixando de revelar situação que sabe (ou pelo menos pressente) que pode causar seu afastamento. Assim, cala-se em primeiro instante para, no momento da realização da audiência de instrução (ou após o fim da instrução probatória), realizar revelação adicional e, destarte, criar um desincentivo a possível impugnação, deixando as partes na delicada situação de contraditar o árbitro (e invalidar os atos processuais até então praticados, que talvez tenham que ser repetidos) ou relevar alguma circunstância ligada ao julgador que não estariam – em situação normal – dispostas a suportar. CARMONA, Carlos Alberto. **Os sete pecados capitais do árbitro.** Revista de Arbitragem e Mediação. n. 52, São Paulo: Editora Revista dos Tribunais, 2017, p. 395.

111. FRANZONI, Diego. **Arbitragem societária**. São Paulo: Editora Revista dos Tribunais, 2015, p. 38 e ss.

112. TIMM, Luciano Benetti; RICHTER, Marcelo Souza. ; SILVA, Thiago Tavares. **Os contratos administrativos e a arbitragem: aspectos jurídicos e econômicos**. São Paulo: Revista de Arbitragem e Mediação, n. 50, 2016, p.268.

estarem sujeitos a erros, a probabilidade de o árbitro especializado decidir de forma equivocada, por não conhecer a matéria discutida, possui um grau reduzido[113]. A previsibilidade jurídica reduz o nível de incerteza na interação das ações individuais e coletivas. Tais ações tornam-se mais previsíveis quando orientadas por um arranjo normativo que formam um marco institucional e é dentro dessa ambiência jurídica que se opera a atividade econômica.

Os agentes econômicos têm em seus processos de tomada de decisão os cenários construídos a partir desse ambiente jurídico. A partir deles, será possível estipular o que acontecerá fundamentado em determinados conjuntos de fatores, tais como a natureza do contrato, a norma aplicável, a conjuntura da negociação e o perfil do árbitro. Nesse contexto nada impede que, por exemplo, nas arbitragens envolvendo a Administração Públicas sejam adotadas regras internacionais de comércio e/ou usos e costumes aplicáveis às respectivas áreas técnicas[114].

O ambiente judiciário brasileiro ainda não tem previsibilidade desejável, muito embora se observem movimentos que buscam dar vigência e aplicação concreta ao art. 926 do CPC. No tocante ao ponto, "a análise dos julgamentos produzidos pelos Tribunais Federais e dos Estados aponta para consideráveis situações de divergência de entendimento entre Câmaras e, especialmente, em relação ao posicionamento já firmado pelos Tribunais Superiores"[115].

---

113. A especialização permite, assim, a redução dos erros nas decisões arbitrais. Em tese, apesar de todos os procedimentos estarem sujeitos a erros, a probabilidade de o árbitro especializado decidir de forma equivocada, por não conhecer a matéria discutida, é menor. A redução da probabilidade de erro na decisão reduz o risco da relação contratual, tornando o contrato mais atrativo para as partes e todo o mercado. A diminuição de custos também pode ser reflexo de maior garantia de imparcialidade do árbitro. Em relações comerciais internacionais, por exemplo, existe temor de que as cortes estatais favoreçam a parte nacional em detrimento da parte estrangeira. A possibilidade de determinar, contratualmente, que a arbitragem ocorra em jurisdição estranha às partes faz com que cada uma delas retire de seus custos a parcela correspondente ao risco de litigar em ambiente jurídico desfavorável Portanto, as partes contratantes, ao preverem a arbitragem como forma de solução de controvérsias, antecipam que a expectativa de decisões mais ágeis e acertadas no futuro diminui o risco de comportamento oportunista no presente. As partes terão, assim, incentivos para cumprir as obrigações assumidas no contrato, pois eventuais inadimplementos serão punidos com rapidez e precisão. A maior confiabilidade dos contratos reduz os custos de transação (neste caso, representados pelo risco de a parte inadimplente beneficiar-se da morosidade dos procedimentos judiciais) e desonera a produção de riqueza social. Cf. PUGLIESE, Antonio Celso Fonseca; SALAMA, Bruno Meyerhof. **A economia da arbitragem: escolha racional e geração de valor.** Revista direito GV, São Paulo , v. 4, n. 1, 2008.

114. Enunciado n. 11 da I Jornada Prevenção e Solução Extrajudicial de Litígios.

115. RIBEIRO, Marcia Carla Pereira; ROCHA, Bonemer Azevedo da Rocha. **Previsibilidade das decisões judiciais como fator de desenvolvimento.** Revista da Ajuris, v. 40 n. 132, 2014, p. 176.

A alteração de posicionamento, a variedade de interpretações e divergências de posicionamento dos Julgadores sem justificativa jurídica plausível ofende a uniformização dos entendimentos, impossibilita a estabilidade da jurisprudência e, por consequência, constitui desconfortável obstáculo ao nosso desenvolvimento econômico. Um ambiente jurídico imprevisível gera desconfortos desnecessários e provoca insegurança na tomada de decisões por parte do mercado. Por outro lado, quando se está diante de uma conjuntura em que as decisões são coerentes, "o efeito é de que as informações a respeito dos atos a serem praticados pelos agentes se tornam mais claras e perceptíveis, facilitando o juízo de expectativas"[116].

Agentes comerciais do mercado global que não estão acostumados com ambientes jurídicos no Brasil, ao se depararem com decisões judicias (sobretudo liminares) em dissonância com a conjuntura contratual, com os princípios relativos aquele regime jurídico e, às vezes, com a própria lei, ficam inibidas de continuar atuando no mercado nacional.

Não sem razão, Fábio Ulhoa Coelho elucida: "na economia globalizada, os países competem pelos investidores globais, valendo-se, entre outros instrumentos, de seu direito comercial. Se ele, enquanto conjunto de normas de proteção do investimento privado, não inspira segurança, é natural que, neste quesito, outras jurisdições acabem se mostrando mais atraentes, pelo menos aos investimentos conservadores. Na agenda de desenvolvimento brasileira, por isso, não é possível desconsiderar-se a questão do aumento da segurança jurídica do direito comercial como um dos meios de atração de investimentos"[117].

A questão não é meramente de clareza dos textos legais, mas também de mentalidade e interpretação jurídico-econômica das relações negociais. Essa externalidade negativa, isto é, a imposição de um efeito econômico externo causado a terceiros, aumenta os custos da operação[118]. Se o ambiente jurídico é arriscado, o valor de retorno

---

116. RIBEIRO, Marcia Carla Pereira; ROCHA, Bonemer Azevedo da Rocha. **Previsibilidade das decisões judiciais como fator de desenvolvimento.** Revista da Ajuris, v. 40 n. 132, 2014, p. 176.

117. COELHO, Fábio Ulhoa. **A alocação de riscos e a segurança jurídica na proteção do investimento privado**. Revista de Direito Brasileira, v. 16.7, 2017, p. 292.

118. MANKIW. N. Gregory. **Princípios da Microeconomia**. São Paulo: Cengage Learning, 2013, p. 197-198.

pode ser menor do que o investido. Logo, alguém deverá arcar com esse risco e esse valor será repassado para o destinatário final.

Na valoração dos bens e serviços, será acrescida ao preço, a taxa de risco associada à imprevisibilidade do ambiente jurídico no qual o negócio (e possíveis conflitos dele decorrente) irá se desenvolver. Na prática, o custo total do contrato será mais oneroso, a concessão do serviço público será mais cara, o preço da licitação sobe e existirão impactos econômicos negativos que poderiam ser evitados.

Esse cenário arriscado, imprevisível e financeiramente não atrativo, afasta investidores e perspectivas de novas parcerias e novos negócios. A economia reduz o ritmo e todos (Estado, Companhias e cidadãos) saem perdendo.

No caso da Administração Pública, a questão é ainda mais séria. Agentes estrangeiros podem interpretar que o Poder Judiciário local atuará em favor do próprio Ente Estatal e preferir não contratar sem a convenção de arbitragem, que pode estabelecer, por exemplo, uma corte arbitral estrangeira para avaliar determinado tipo de conflito. Não apenas identificou-se uma postura enviesada em relação a julgamentos pró-fazenda, ou pró-poder executivo, mas uma tendência abstenção na análise de casos mais sensíveis ou que possam gerar grandes implicações econômicas para a Administração Pública[119].

Nesse sentido, "fato é que os investidores estrangeiros, regra geral, por desconhecimento e insegurança, buscam neutralizar os efeitos de uma influência da jurisdição do local dos investimentos através da escolha de um foro independente para solucionar eventuais divergências oriundas da transação entabulada. A esse desejo, alinha-se a necessidade de se ter resposta rápida e através de pessoas especializadas nos conflitos que resultam de contratos complexos, não raro de longo prazo, e que o dia a dia, resta comumente por mostrar que suas cláusulas e lacunas são objeto de interpretações e de uma necessária integração, de modo a viabilizar sua execução. Agrega-se a essa necessidade certa obsessão de se manter a relação comercial

119. Cf. GOMES NETO, José Mario Wanderley. **Pretores Estratégicos: Por que o Judiciário decide a favor do Poder Executivo e contra suas próprias decisões?** Beau Bassin: Novas Edições Acadêmicas, 2018.

entre os contratantes em um cenário globalizado e de extrema competitividade"[120].

Repita-se: esse comportamento mais conservador pode ter impactos negativos para o fomento dos negócios, aplicação de investimentos e para a boa resolução de possíveis demandas. Isso se deve à possibilidade de inúmeros incidentes processuais, recursos e impugnações no âmbito de uma ação judicial.

Levando esses fatores em consideração e visando reduzir os custos de transação, é cada vez mais comum a inserção de cláusula compromissória nos contratos – seja naqueles celebrados por particulares em suas relações comerciais, seja no âmbito da Administração Pública, em parcerias público-privadas, ou em suas atividades econômicas enquanto ente empresarial.

A convenção de arbitragem é negócio jurídico processual que, além de estabelecer a jurisdição privada para solucionar conflitos relativos a direitos patrimoniais disponíveis, impede que o Poder Judiciário avalie a questão que, por opção das partes, está reservada ao árbitro.

Tal cláusula influencia no comportamento e na racionalização econômica do processo de tomada de decisão dos contratantes, já que o processo de tomada de decisão no contexto negocial envolve a relação risco-retorno.

A convenção de arbitragem é um potencial mecanismo jurídico de prevenção enquanto inibidor de má-fé e mitigador de inadimplemento. Ao estimular a boa prática contratual, estimula também novos negócios e investimentos, já que o risco é reduzido. Aliás, é bem possível que a existência dessa convenção seja o fator determinante para a pactuação do contrato, já que o risco de o conflito ser judicializado é minimizado.

Estamos convencidos que esse instrumento fornece segurança jurídica às operações comerciais e financeiras dos contratos celebrados com o Poder Público e particulares nacionais, sobretudo estrangeiros[121], reve-

---

120. BATISTA MARTINS, BATISTA MARTINS, Pedro. **Arbitragem e o Setor de Telecomunicações no Brasil**. Disponível em <https://bit.ly/2M5PCEx> Acesso em 10 de dezembro de 2018.

121. "Nos casos dos contratos internacionais, a comunidade internacional de negócios apresenta uma marcada preferência pela solução arbitral, utilizada em cerca de 80% das questões deles originárias. Em alguns tipos de contrato internacionais, como nos de construção de complexos industriais, transporte marítimo e da indústria do petróleo essa preferência aproxima-se de 100%"

lando-se um mecanismo que assegura a adequada e célere resolução do conflito em um foro neutro e com especialistas na matéria[122].

4.2.5. Compatibilidade entre a cláusula de eleição de foro e convenção de arbitragem no mesmo contrato.

Os contratos celebrados entre Administração Pública e particulares podem estipular no mesmo instrumento clausula compromissória e também cláusula de eleição de foro. Isso não é um problema.

Conforme discutido neste trabalho, a arbitragem se presta a resolver conflitos relativos a direitos patrimoniais disponíveis. O raio de abrangência da convenção arbitral é limitado a essas questões sendo certo que todas as demais matérias não arbitráveis estarão sujeitas à eventual apreciação pelo Poder Judiciário.

A estipulação de ambas as cláusulas não desnatura uma nem torna a outra nula. Já se ponderou que "é perfeitamente possível que um contrato contenha cláusula de eleição de foro e cláusula arbitral. Cada uma exercerá seu papel. A cláusula de eleição de foro se aplicará aos casos que não forem arbitráveis ou que tiverem sido expressamente excluídos pela cláusula arbitral"[123]. Mais ainda, "o foro eleito

---

GARCEZ, José Maria Rossani. **Técnicas de negociação - resolução alternativa de conflitos: ADRS, mediação, conciliação e arbitragem**. Rio de Janeiro: Lúmen Júris, 2002 p. 89.

122. A especialização permite, assim, a redução dos erros nas decisões arbitrais. Em tese, apesar de todos os procedimentos estarem sujeitos a erros, a probabilidade de o árbitro especializado decidir de forma equivocada por não conhecer a matéria discutida é menor. A redução da probabilidade de erro na decisão reduz o risco da relação contratual, tornando o contrato mais atrativo para as partes e todo o mercado. A diminuição de custos também pode ser reflexo de maior garantia de imparcialidade do árbitro. Em relações comerciais internacionais, por exemplo, existe temor de que as cortes estatais favoreçam a parte nacional em detrimento da parte estrangeira. A possibilidade de determinar, contratualmente, que a arbitragem ocorra em jurisdição estranha às partes faz com que cada uma delas retire de seus custos a parcela correspondente ao risco de litigar em ambiente jurídico desfavorável (BÜHRING-UHLE, 2005, p. 25). Portanto, as partes contratantes, ao preverem a arbitragem como forma de solução de controvérsias, antecipam que a expectativa de decisões mais ágeis e acertadas no futuro diminui o risco de comportamento oportunista no presente. As partes terão, assim, incentivos para cumprir as obrigações assumidas no contrato, pois eventuais inadimplementos serão punidos com rapidez e precisão. A maior confiabilidade dos contratos reduz os custos de transação (neste caso, representados pelo risco de a parte inadimplente beneficiar-se da morosidade dos procedimentos judiciais) e desonera a produção de riqueza social. Cf. PUGLIESE, Antonio Celso Fonseca; SALAMA, Bruno Meyerhof. **A economia da arbitragem: escolha racional e geração de valor.** Revista direito GV, São Paulo , v. 4, n. 1, 2008.

123. WLADECK, Felipe Scripes. **Da modificação da competência.** In: CRUZ E TUCCI, José Rogério; FERREIRA FILHO, Manoel Caetano; APRIGLIANO, Ricardo de Carvalho et al. (Coord.). Código de Processo Civil anotado. São Paulo: Editora GZ, 2015. p. 113.

pelas partes, desde que respeitados os requisitos de validade e que não seja imposta em caráter abusivo, será o competente para julgar matérias alheias à cláusula arbitral e para medidas auxiliares ao procedimento arbitral, seja em fase preliminar, seja durante o procedimento o arbitral ou até mesmo depois de seu término"[124].

Na verdade, a autonomia da vontade permite que as ajustem seus interesses e tentem tornar seu contrato o mais completo possível, cobrindo as diversas possibilidades que um negócio pode estar sujeito. Fazer essa dupla estipulação não é apenas possível como também é recomendável.

O tema já foi objeto de algumas decisões no âmbito dos tribunais estaduais e também no Superior Tribunal de Justiça. Em determinado caso destacou-se que "no âmbito do Poder Público, há ainda a questão da impossibilidade de instituição do juízo arbitral para dirimir determinadas controvérsias que envolvem direitos indisponíveis, sendo necessária, portanto, a atuação da jurisdição estatal, cuja competência será fixada pela cláusula de foro prevista obrigatoriamente nos contratos administrativos". Na espécie, a Corte decidiu: "a cláusula de eleição de foro não é incompatível com o juízo arbitral, pois o âmbito de abrangência pode ser distinto, havendo necessidade de atuação do Poder Judiciário, por exemplo, para a concessão de medidas de urgência; execução da sentença arbitral; instituição da arbitragem quando uma das partes não a aceita de forma amigável."[125]

Demonstrada a possibilidade, parece válido demonstrar a utilidade dessa dupla estipulação.

A cláusula de eleição de foro é bastante útil para: atender a necessidade de demandar no Poder Judiciário a constituição da própria arbitragem; designar o foro competente para apreciar medidas de urgência pré-arbitrais ou arbitrais e; determinar o foro competente para, se necessário, dar cumprimento a sentença arbitral. Tal cláusula designará a sede jurídica onde serão propostas eventuais demandas relacionadas à arbitragem quando necessário o acesso à Justiça Esta-

---

124. QUEIROZ, Caique Bernardes Magalhães. TORTORELLA, Eduardo Machado. **O negócio jurídico processual como instrumento de aproximação entre os procedimentos arbitrais e judiciais no Brasil**. Revista de Arbitragem e Mediação n. 55. São Paulo: Editora Revista dos Tribunais, 2017.

125. STJ - REsp: 904813 PR 2006/0038111-2, Relator: Ministra NANCY ANDRIGHI, Data de Julgamento: 20/10/2011, T3 - TERCEIRA TURMA, Data de Publicação: DJe 28/02/2012.

tal[126]. Conforme se explica "o chamado lugar da arbitragem é aquele em que, normalmente, o procedimento arbitral se desenvolve, onde as audiências são realizadas e, finalmente, onde a sentença arbitral é proferida. Trata-se de um espaço judiciário de operacionalidade da arbitragem, em que a sede se torna de suma importância, sobretudo para os efeitos práticos do procedimento arbitral"[127].

A sede designa o elemento de conexão em relação à lei processual do Estado da sede. Escolher a sede do procedimento arbitral possui consequências jurídicas práticas para as partes e pode materialmente alterar o curso e o próprio resultado da arbitragem[128].

A sede da arbitragem exerce notável importância, inclusive para prevenir a adequada e correta implementação pelo órgão judiciário local das decisões arbitrais. Um Poder Judiciário hostil à prática arbitral, um magistrado pouco informado da realidade negocial do conflito e pouco afeito com a sistema arbitral pode trazer desconfortos às partes; de outra parte, um ambiente judiciário cooperativo e sensível às demandas arbitrais ou com varas especializadas no tema pode garantir máxima diligência e boa efetividade das decisões arbitrais.

4.3. TERMO DE ARBITRAGEM

Muito embora não tenha indicação expressa, fica clara a sua referência no art. 19 §1º na LArb[129]. Lá se estabelece que, instituída a arbitragem e entendendo o árbitro, ou o tribunal arbitral, que há necessidade de explicitar questão disposta na convenção de arbitragem, será elaborado, juntamente com as partes, adendo firmado por todos, que passará a fazer parte integrante da convenção de arbitragem. A expressão "adendo" nos dá ideia de "adição", "aperfeiçoamento", de-

126. CARMONA, Carlos Alberto. **Considerações sobre a cláusula compromissória e a eleição de foro**; in Arbitragem – Estudos em homenagem ao Prof. Guido Fernandes da Silva Soares, São Paulo: Atlas, 2007, p. 37-38.

127. NUNES, Thiago Marinho. **O Poder Judiciário da sede da arbitragem: o "juge d'appui"**. Migalhas. Disponível em <https://bit.ly/2XbGthM> acesso 28/06/2019.

128. WALD. Arnold.**Transferência de sede em arbitragem internacional: novas necessidades e perspectivas**. Revista de Arbitragem e Mediação n. 26. São Paulo: Editora Revista dos Tribunais, 2010.

129. Art. 19. Considera-se instituída a arbitragem quando aceita a nomeação pelo árbitro, se for único, ou por todos, se forem vários. §1º Instituída a arbitragem e entendendo o árbitro ou o tribunal arbitral que há necessidade de explicitar questão disposta na convenção de arbitragem, será elaborado, juntamente com as partes, adendo firmado por todos, que passará a fazer parte integrante da convenção de arbitragem.

termina-se que o Termo de Arbitragem (TDA) quando elaborado e subscrito pelos envolvidos e árbitros integrará a própria convenção de arbitragem[130].

Além da cláusula e do compromisso como negócios jurídicos processuais específicos da arbitragem, existe o Termo de Arbitragem; instrumento pelo qual serão estabelecidas as regras do procedimento arbitral. É ato pré-procedimental, preparatório do procedimento arbitral, os evolvidos criam arranjos procedimentais customizados, já que as soluções processuais "não admitem um tamanho único" e devem abarcar a variedade e também a especificidade de circunstâncias materiais, fáticas e jurídicas que versam as disputas[131-132].

O TDA de negócio jurídico processual plurilateral pois é celebrado pelas partes, árbitros e, conforme o caso, pela própria instituição arbitral. Cada um desses entes terá e faculdades específicas e todos, cada um na sua forma, terá obrigações. Exemplo: as partes terão prazos para apresentar suas alegações, o árbitro para proferir determinada decisão e a instituição será responsável para receber, guardar e reencaminhar as peças e seus respectivos documentos.

A elaboração do termo de arbitragem é trâmite complexo com a participação dos árbitros, partes, advogados e se for o caso do próprio corpo de assessoramento da instituição arbitral. Todos ficam cientes das regras do jogo e não podem agir em desacordo com aquilo que se elaborou previamente. Garantir essa dinâmica faz com que o árbitro esteja adstrito à convenção de arbitragem (cláusula + termo ou compromisso + termo) e garante às partes a solução da lide nos termos previamente pactuados e com todas as questões prévia e expressamente fixadas. Isso torna o debate procedimental mais focado

---

130. CARMONA, Carlos Alberto. **Arbitragem e processo: um comentário a Lei n. 9.307/96**. 3. ed. São Paulo: Atlas, 2009, p. 280.

131. FALECK, Diego. **Manual de Desing de sistemas de disputas: criação de estratégias e processos eficazes para tratar conflitos.** Rio de Janeiro: Lumen Juris, 2018, p. 15.

132. Em sentido parecido sob a perspectiva da arbitragem internacional, André Albuquerque Abbud diz: "Não faria sentido pretender adotar um procedimento único ou padrão para a arbitragem internacional, mecanismo que pode ser adotado para a solução de conflitos ligados a realidades, indústrias e lógicas muito distintas (construção civil, energia, societário e mercado de capitais, esportes, investimentos estrangeiros, nomes de domínio, biotecnologia, seguros, compra e venda internacional de mercadorias etc.). Cada sistema e subsistema têm sua própria racionalidade e modus operandi, o que normalmente demanda ajustes nas técnicas processuais adotadas em cada caso". ABBUD, André de Albuquerque Cavalcanti. ***Soft-law* e produção de provas na arbitragem internacional**. São Paulo: Atlas, 2014. p. 44.

e enxuto, evitando discussões desnecessárias e economizando tempo e recursos das partes.

Muito embora o TDA seja ato jurídico-processual posterior à instituição do procedimento arbitral, é possível que tal termo também contenha disposição acerca da aceitação dos árbitros, dispensando o primeiro instrumento – o termo de aceite –. Daí se justificaria o TDA ser nominado em algumas instituições de arbitragem como "ata de missão". Além disso, é a partir desse instrumento que serão estabelecidas as regras de referência da arbitragem, portanto "*terms of reference*"[133].

O TDA representa a equação processual do conflito, onde os fatores serão alinhados de modo a se chegar a um resultado final que represente, da forma mais exata possível, a solução para as controvérsias. Esse tipo de instrumento, na verdade, é bastante útil para qualquer tipo de conflito, autocompositivo ou heterocompositivo, público ou privado, uma vez que as partes, advogados, facilitadores e julgadores poderão observar com maior clareza e precisão o que se está a discutir. Essa prática garante maior previsibilidade, segurança jurídica e, sobretudo, satisfação para os envolvidos.

O TDA também é negócio jurídico processual estruturante. Através dele, todo o procedimento arbitral é construído, seu conteúdo é amplo e, na maioria das vezes, exauriente. Conforme dito acima, possui efeito vinculante perante partes, árbitros e instituição arbitral e, ao mesmo tempo, terá feixes de abertura para adaptação e criação de novas regras com vistas à adequada solução do conflito diante de eventuais mudanças ocorridas no decorrer do processo.

O TDA conterá algumas informações, tais como:

- Qualificação das partes e seus representantes/procuradores;

133. "A ata de missão, termo de arbitragem, ou termo de referência são três expressões que significam a mesma coisa. Trata-se de instrumento, sem previsão legal, que possui relevante função ordenadora no procedimento arbitral, uma vez que é nele que as partes poderão, por exemplo, adaptar, alterar, ou prever as regras do regulamento aplicáveis ao caso concreto, observando-se as particularidades necessárias, tais como forma de indicação de árbitro e o prazo para a prática dos atos processuais. Outras informações relevantes, como o local da arbitragem, a lei aplicável, a possibilidade de se julgar por equidade, a delimitação do objeto e do pedido das partes, também devem estar presentes na ata de missão. Importante anotar que o conteúdo do termo de arbitragem não pode violar normas cogentes, como por exemplo, os princípios do contraditório, da ampla defesa da igualdade dentre outros". BERALDO, Leonardo Faria. **Curso de Arbitragem.** São Paulo: Atlas, 2014, p. 284-285.

- Indicação e condição da convenção de arbitragem precedente;
- Identificação qualificação dos árbitros;
- Objeto do litígio, com alegações e pedidos da requerente e do requerido;
- Idioma;
- Direito aplicável;
- Valor da disputa e a divisão dos custos;
- Cronograma ou calendário provisório e definitivo[134];
- Formas de produção de provas;
- Prazos e formas de intimação;
- Despesas da arbitragem e honorários dos árbitros;
- Regras procedimentais, dentre quaisquer outros detalhes que se fizerem necessários.

Será, enfim, através dele que serão definidas as regras do jogo arbitral.

A prática nacional e internacional mostra que a alegação e os pedidos de cada um dos envolvidos é informação primordial no termo. Pode ser elaborada pelos árbitros (ou eventual secretário sob seu comando), mas recomenda-se que cada parte apresente um resumo das suas pretensões, daí estimulando uma postura cooperativa dos envolvidos na elaboração do documento. Além disso, evita-se qualquer posterior alteração ou arguição de nulidade; é manifestação também do exercício do contraditório em fase ainda não postulatória[135].

Como observa a doutrina, o TDA "é instrumento processual organizador da arbitragem, que fornece às partes e aos árbitros

134. "...o fato é que o cronograma é o documento por meio do qual serão estabelecidos os passos e atos a serem seguidos na arbitragem, com a fixação de datas para a sua realização. É importante frisar novamente que o cronograma acordado para cada arbitragem pode variar sensivelmente de acordo com as características de cada caso, manifestando-se aqui a flexibilidade do procedimento, cujos detalhes poderão ser moldados para determinada disputa de maneira específica e concreta, trazendo assim benefícios em termos de eficiência do procedimento. Vale lembrar que o prazo de seis meses para a prolação da sentença, previsto no art. 23 da LArb, se aplica apenas quando as partes não tiverem estabelecido prazo distinto13, o que é bastante comum de acontecer na prática. Ainda a demonstrar a flexibilidade da arbitragem, não é incomum que o calendário inicialmente fixado venha a sofrer algum tipo de modificação ao longo do procedimento, seja por acordo das partes, seja a pedido justificado de uma parte e deferido pelos árbitros. Curso de Arbitragem".

135. MANGE, Flavia Foz. **Processo Arbitral: Aspectos Transnacionais**. São Paulo: Quartier Latin, 2013, p. 239 e ss.

a oportunidade de acordarem a respeito do procedimento, prazos, documentos e, principalmente, para identificar e delimitar a matéria objeto da arbitragem, que repercute no mister dos árbitros, garantido que a sentença arbitral decida nos limites do pedido"[136]. É ferramenta que auxiliará no gerenciamento (*case management*) do procedimento, já que serão aplicadas regras (lei de arbitragem, regulamento interno da instituição, etc) e técnicas processuais específicas e customizadas a fim de que a arbitragem cumpra sua finalidade de forma eficiente.

José Carlos de Magalhães explica que "o propósito do termo de arbitragem é o de estabelecer os princípios e normas que governarão o processo arbitral, com a previsão de regras de procedimento, com a definição de prazos para alegações e respostas, a responsabilidade pelas custas e outras elementos necessários à condução do processo, dentre os quais tem relevância a identificação precisa do objeto do litígio que delimita a lide e o poder que as partes confiram ao árbitro para solucionar a controvérsia a eles submetida". O autor também apresenta um interessante paralelo entre a convenção de arbitragem e o TDA. Ambos são complementares e, assim sendo, como a cláusula compromissória limita-se a, normalmente, indicar a entidade de arbitragem em que se processará a arbitragem, sem se aprofundar em pormenores sobre normas a serem observadas na condução do processo, o TDA serve a esse propósito. Uma vez assinado, constitui o instrumento essencial para orientar as partes, o Tribunal Arbitral e a secretaria sobre a condução do processo, dentre os limites nele estabelecidos.[137]

As instituições arbitrais também tendem a estabelecer que as partes e os árbitros assinem o termo de arbitragem em encontro designado para tal fim[138]. É bem possível que cada instituição de arbitragem estipule em seus regimentos, elementos essenciais do termo de arbitragem. No nosso sentir, tão importante quanto uma conven-

136. LEMES, Selma. **Convenção de Arbitragem e Termo de Arbitragem. Características, Efeitos e Funções.** Disponível em <<http://selmalemes.adv.br/artigos/artigo_juri07.pdf>.

137. MAGALHÃES, José Carlos. **Vícios na Constituição do Tribunal Arbitral. Sentença Arbitral Extra Petita. Ausência de Jurisdição do Tribunal Arbitral.** Revista de Arbitragem e Mediação, v. 39, 2013, p. 177.

138. A guisa de exemplo, o capítulo VI, item 6.3 do regulamento da Câmara de Arbitragem e Mediação Empresarial assim determina: "As partes e o Tribunal Arbitral deverão firmar o Termo de Arbitragem em audiência especialmente designada para tal finalidade, sendo facultada a realização de audiência por vídeo ou teleconferência, ou a troca de correios eletrônicos, hipóteses em que as assinaturas serão colhidas posteriormente".

ção de arbitragem bem escrita, é um termo de arbitragem bem estruturado. O termo definirá os limites da sentença dos árbitros, os quais deverão ser estritamente observados sob pena de nulidade (LArb, art. 32, IV, VII)[139].

É de se cogitar que o termo de arbitragem mereça mais atenção em conflitos que envolva a Fazenda Pública. A presença da Fazenda Pública poderá exigir que algumas questões do termo já estejam pré-definidas por outras normas cogentes, as quais não podem ser ignoradas. A sede do procedimento, provavelmente, será no território nacional (o que não impede que, em se tratando de sujeitos internacionais, se realize atos procedimentais à distância com o auxílio de meios tecnológicos de comunicação), o idioma será o português, as custas e honorários, serão em moeda corrente nacional, etc.

Concordamos com Fernando Montoro que atribui ao TDA o marco inicial da fase arbitral[140]. A aceitação do encargo pelos árbitros é ato jurídico específico, no qual os árbitros declaram-se possibilitados de assumir tal função. Dessa forma, permite-se que, após o termo de aceite, sejam fixadas as regras do procedimento através do TDA.

Será, enfim, através desse instrumento processual que as partes estabelecerão as normas *in concreto*[141]. O instrumento será fruto da atuação coordenada e cooperativa dos envolvidos na disputa e do árbitro antes do início da fase postulatória da arbitragem, estabelecendo regras procedimentais, regulando os atos do procedimento particularmente elaboradas para o seu processo.

---

139. Vale dizer que o legislador preferiu utilizar a expressão "convenção de arbitragem" para referir-se ao ato pelo qual ficou estipulado os limites ou objeto específico do conflito. É bem possível que a cláusula compromissória seja sobremaneira abrangente e que, firmado o termo, seja definido o objeto do conflito.

140. "Após ser escolhido o árbitro, a melhor forma de criar as regras procedimentais (de organizar o procedimento) é através de decisão conjunta das partes e do árbitro; por tal razão é que se prevê que o "termo de arbitragem" é feito pelas partes com o árbitro. Mais ainda, para que a fase arbitral propriamente dita possa se desenvolver, então as partes devem ter ciência das regras procedimentais aplicáveis ao caso concreto, por exemplo, como será a apresentação das alegações iniciais, quais serão os prazos etc. Por isso, cada regulamento arbitral costuma listar quais são os requisitos do "termo de arbitragem", ou melhor, qual é o seu conteúdo. E diversos dos pontos que os regulamentos arbitrais determinam que sejam previstos no "termo de arbitragem" são, no fundo, regras procedimentais". MONTORO, Marcos André Franco. **Flexibilidade do procedimento arbitral.** Tese (Doutorado em Direito) Faculdade de Direito, Universidade de São Paulo, São Paulo, 2010, p. 106.

141. MANGE, Flavia Foz. **Processo Arbitral: Aspectos Transnacionais**. São Paulo: Quartier Latin, 2013 p. 233 e ss.

Além disso, a estabilidade do procedimento arbitral decorre daquilo que estará contido no termo de arbitragem. Nele estão as principais regras e os limites argumentativos das futuras alegações do requerente e requerido, traz também a súmula de suas pretensões e respectivos pedidos e assim define-se limite de atuação do árbitro que deverá concentrar sua atividade segundo os termos lá definidos.

O termo, a toda evidência, não pode, nem deve exaurir completamente o debate que será travado no decorrer do procedimento. Servirá, na verdade, como guia para prática dos atos processuais – dando organização prospectiva à arbitragem – orientando partes e árbitro acerca da dinâmica que será estabelecida, fixando determinadas questões para dar ordem ao processo. Nem o enrijecendo, nem tirando sua previsibilidade afrouxando-se completamente.

É possível que após colher as alegações, réplica e tréplica das partes o Tribunal Arbitral expeçam ordem processual para fixar os pontos controvertidos e também questões incontroversas que, na visão do Tribunal, devem ser melhor delineadas para a análise e julgamento dos pedidos formulados no procedimento. Mas, vale lembrar: o procedimento arbitral é flexível. Essa ordem processual não deve ter efeito preclusivo. As partes podem trazer novos elementos ao procedimento, desde que o façam de forma fundamentada e justificada e que tais elementos tenham estreita relação com os pedidos inseridos no termo e com o que já foi apresentado nas alegações.

Observe-se que o TDA é uma ferramenta de garantia da cooperação e boa-fé. As partes e advogados em conjunto definirão as regras do jogo e os limites do debate. O procedimento arbitral não será fruto do trabalho exclusivo do árbitro, mas produto de uma atuação conjunta em que há interações entre os envolvidos na arbitragem. Há uma imediação, isto é, uma aproximação entre os sujeitos envolvidos na arbitragem. Além disso, evita-se surpresas indesejáveis ou alterações de elementos da demanda. Conforme se explica "a estabilidade é estruturada para impedir a prática de atos que modifiquem aqueles já realizados, evitando prejuízo às partes com a dedução de matéria nova, pois isso poderia causar surpresa e configurar comportamento contraditório e desleal"[142].

---

142. CUNHA, Leonardo Carneiro. **A atendibilidade dos fatos supervenientes no processo civil: uma análise comparativa entre o sistema português e o brasileiro**.. Coimbra: Almedina, 2012.p. 74.

Há uma zona nebulosa no que se refere a incidência de preclusões no procedimento arbitral. Como bem observou Fábio Gomes Correia "a legislação brasileira e os regulamentos institucionais mais abalizados não fixam momento preclusivo a partir do qual as partes não poderiam mais aditar suas alegações iniciais ou defesas". Para o autor "a decisão de permitir ou não o aditamento é matéria que cabe aos árbitros definir"[143].

Ainda assim, é possível observar na doutrina a existência de uma preclusão implícita, isto é, tenta-se evitar os rigores do processo judicial, mas ao mesmo tento tenta-se fixar um limite para atuação das partes. Acerca desse momento na arbitragem, Arnoldo Wald explica que "no processo arbitral, cada uma das partes descreve o seu caso e que, assim sendo, os árbitros, *antes do julgamento*, definir a sua visão, ou seja, o caso como ele o entende, sem prejuízo de admitir sugestões de modificações ou ajustes apresentados pelas partes, que passam a saber o que vai ser julgado quanto aos fatos e ao direito"[144].

Nos regulamentos institucionais observa-se uma limitação no que se refere ao aditamento. Na CAMARB estipula-se que "após a apresentação das alegações iniciais, nenhuma das partes poderá formular novos pedidos, aditar ou modificar os pedidos existentes ou desistir de qualquer dos pedidos sem anuência da(s) outra(s) parte(s) e do Tribunal Arbitral"(art. 8.3). A CAM-CCBC, por sua vez, oferece uma solução interessante. Nos termos do seu regulamento "as Partes poderão alterar, modificar ou aditar os pedidos e causa de pedir até a data de assinatura do Termo de Arbitragem"(art. 4.21).

Nesses casos, o silêncio legal é preenchido por ordens institucionais expressas. Seja como for, para evitar essas alegações de última hora recomenda-se que se fixe uma data limite. Esse marco temporal pode ser designado pelos próprios árbitros no momento de elaboração do temo de arbitragem.

Em nosso sistema arbitral os limites do pronunciamento do árbitro estabilizam-se no momento em que o termo de arbitragem é elaborado. Ainda que se evite punir (por litigância de má-fé) aquele

143. CORRÊA, Fabio Peixinho Gomes. **Limites Objetivos da Demanda na Arbitragem.** Revista Brasileira de Arbitragem, v. 40, p. 54, 2013.

144. WALD. Arnoldo. **A arbitragem como indução de acordo entre as partes.** Revista de Arbitragem e Mediação. n. 42. São Paulo: Editora Revista dos Tribunais, 2014.

que em fase avançada do procedimento traz novas alegações, deve-se ter em mente que o procedimento arbitral não pode ficar eternamente instável e sujeito a modificações a todo tempo. Ainda que existam alegações iniciais, réplica, tréplica, manifestações sobre provas e alegações finais, a matéria debatida e os pedidos das partes estão fixados no termo de arbitragem. Pensar o contrário é autorizar o desmanche daquilo que não se pode perder de vista em um procedimento privado: a segurança jurídica.

Capítulo 5

ARBITRAGEM E CORRUPÇÃO

5.1. A CORRUPÇÃO NO CONTEXTO DA PRÁTICA ARBITRAL

Um tema espinhoso também merece ser abordado nesse estudo, é o tratamento da corrupção na arbitragem. Na realidade, embora não haja grande análise de trabalhos doutrinários sobre o tema, são quantitativa e qualitativamente relevantes os julgamentos arbitrais e artigos abordando o assunto, o que já viabiliza o reconhecimento da tendência que se esboça, cada vez mais, entre os arbitralistas.

De acordo com a análise da transparência internacional o Brasil ocupa atualmente a 105ª colocação entre 180 países avaliados num índice que indica o nível percebido de corrupção no setor público[1]. Essa colocação se contrasta com o fato do Brasil ser considerado o 3° país com mais partes envolvidas em arbitragem[2].

A relação obscura entre o público e o privado torna o patrimônio público vulnerável à apropriação de indivíduos ou grupo de indivíduos organizados para satisfazer seus próprios interesses. Essa delinquência institucional, que nas palavras de Celso de Melo consubstancia-se em "sinal de degradação da própria dignidade da atividade política" e atua "em favor de pretensões inconfessáveis e lesivas aos valores ético-jurídicos que devem conformar, sempre, a atividade do Estado"[3].

---

1. Disponível em <https://ipc2018.transparenciainternacional.org.br/>.
2. Disponível em <//www.jota.info/justica/brasil-e-o-5o-pais-que-mais-utiliza-arbitragem-no-mundo-19092017>
3. "A corrupção impregnou-se, profundamente, no tecido e na intimidade de algumas agremiações partidárias e das instituições estatais, contaminando o aparelho de Estado, transformando-se em método de ação governamental e caracterizando-se como conduta administrativa endêmica, em

Os impactos econômicos são nefastos: o aumento dos valores dos contratos celebrados pela Administração Pública, com a inclusão do "custo propina", pagamento de "comissões" e o direcionamento dos recursos públicos em detrimento do interesse público levam a especialistas afirmarem que o custo da corrupção tem efeitos inclusive na redução de investimentos estrangeiros[4].

A corrupção é uma das formas de apropriação privada da coisa pública violando, entre outros, os princípios da moralidade administrativa, da impessoalidade, da confiabilidade, da prestação de contas e responsabilidade e da transparência[56]. Por este motivo, o combate à corrupção se aproxima da noção de preservação do interesse público e "demanda cuidados que se entrelaçam numa incessante tentativa de evitar desvios comportamentais e incentivar a adoção de práticas que possam minimizar os riscos de sua ocorrência"[7].

claro (e preocupante) sinal de degradação da própria dignidade da atividade política, reduzida por esses agentes criminosos ao plano subalterno da delinquência institucional".

4. FORTINI, Cristiana. MOTTA, Fabrício. **Corrupção nas licitações e contratações públicas: sinais de alerta segundo a Transparência Internacional**. Revista de Direito Administrativo & Constitucional. n. 64, p. 93-113. Belo Horizonte: Editora Fórum, 2016, p. 94.

5. ZIMMER JÚNIOR, Aloísio. **Corrupção e improbidade administrativa.** São Paulo: Thomson Reuters Brasil, 2018.

6. A transparência internacional adota o seguinte entendimento: Em termos gerais, a corrupção é o abuso de poder confiado a alguém para obtenção de ganho privado. Pode ser classificada como grande corrupção, pequena corrupção e aquelas de natureza política ou privada (também conhecida como "corrupção comercial") a depender do volume de recursos apropriados indevidamente e do setor em que ocorre. A grande corrupção corresponde a atos ilícitos praticados pelo alto escalão de governos, que distorcem políticas públicas e o funcionamento dos estados, permitindo que líderes se beneficiem a despeito do interesse público, e também por empresários e executivos de grandes empresas privadas, com prejuízos para a eficiência da economia e ampliação das desigualdades sociais. A pequena corrupção se refere ao abuso cotidiano cometido por servidores públicos locais de baixo e médio escalão em suas interações com pessoas comuns. Neste caso, muito frequentemente esses cidadãos tentam acessar bens e serviços públicos como hospitais, escolas, delegacias de polícia e outras agências, mas só o conseguem mediante pagamento de determinada quantia a um funcionário público. A corrupção política se revela na manipulação de políticas públicas, interferência nas instituições e mudanças de regras na alocação de recursos e em linhas de financiamento por parte de autoridades, que abusam de sua posição para ganhar poder, status e dinheiro. A corrupção privada ou comercial é aquela que não envolve o Poder Público, mas entes privados apenas. Ocorre, por exemplo, quando um funcionário do setor de compras de uma empresa privada recebe suborno para favorecer algum fornecedor também privado. Normalmente, ocorre sem o conhecimento dos superiores hierárquicos e pode resultar em grandes prejuízos às empresas, aos seus sócios controladores e minoritários, além de gerar distorções ao próprio funcionamento do mercado. Apesar disto, ela ainda não é tipificada como crime em alguns países, entre eles (até o momento da redação deste texto em maio de 2018) o Brasil. Disponível em https://transparenciainternacional.org.br/quem-somos/perguntas-frequentes/.

7. FORTINI, Cristiana. MOTTA, Fabrício. **Corrupção nas licitações e contratações públicas: sinais de alerta segundo a Transparência Internacional**. Revista de Direito Administrativo & Constitucional. n. 64, p. 93-113. Belo Horizonte: Editora Fórum, 2016, p. 111.

As contratações públicas têm sido o principal ambiente de corrupção e malversação do dinheiro público. Ao longo das últimas décadas, agentes públicos e privados utilizaram-se dessas contratações para desviar os recursos do erário seja para seu ganho próprio, seja para financiar campanhas eleitorais. A operação Lava-Jato, o caso do Mensalão e tantos outros episódios de corrupção, colocaram em suspeita não apenas a Administração Pública e seus agentes, mas todo e qualquer agente privado que com ela contrate.

Os Tribunais de Contas, as agências reguladoras e as controladorias públicas têm se tornado cada vez mais exigentes na averiguação das contratações públicas e parcerias público-privadas.

As Cortes Superiores, antes com poucos expectadores têm seus julgamentos acompanhados, em transmissão ao vivo, pela atenta observação da sociedade e da comunidade internacional.

A tecnologia realça a atuação do STF e STJ e a robótica já possui filtros que aperfeiçoam o olhar do controle nos processos contratuais onde o risco de fraude decorre de cruzamentos de dados peneirados pela inteligência artificial, mas os desafios do controle da administração pública vão se estendendo com base em paradigmas impostos por convenções empresariais estrangeiras.

Em âmbito internacional, a maioria dos contratos comerciais internacionais possuem cláusulas compromissórias arbitrais. Diante disso, existem válidas preocupações de que as partes dos contratos negociados de forma ilícita possam fazer da arbitragem um ambiente permissivo de corrupção: primeiro porque o procedimento é confidencial e em segundo lugar porque os árbitros são tradicionalmente relutantes em investigar atos criminalmente ilícitos por sua própria iniciativa.

O resultado é preocupante: cria-se um risco real de que a corrupção possa ser legitimada e convalidada por meio de processos arbitrais[8].

Nesse contexto é possível supor que durante uma arbitragem envolvendo a Fazenda Pública o tribunal arbitral se depare com um forte indício de corrupção praticado por uma ou ambas as partes en-

8. CAVE, Bryan. **Bribery and Corruption in International Arbitration**. Disponível em <https://bit.ly/2Q4bF0p> Acesso em 10 de maio de 2019.

volvidas no procedimento. São situações sensíveis e que podem, de fato, acontecer.

Imaginemos, por exemplo, que uma das testemunhas aponte que determinado contrato envolveu pagamento de propina para agentes públicos, ou que houve pagamento de comissão a intermediários, ou que no curso de um procedimento seja deflagrada uma operação policial de ampla divulgação midiática apresentando de provas robustas de corrupção pelas autoridades, ou que uma das partes alegue nulidade do contrato indicando o pagamento de suborno ou comissões a intermediários do contrato. Esse espectro de possibilidades é lamentável e igualmente problemático.

Todos esses episódios podem acontecer e procedimentos arbitrais com a participação da Fazenda Pública não estão blindados desse tipo de problema. O que fazer nesses casos? Como os árbitros devem agir? É isso que iremos observar a seguir.

5.2. A PRÁTICA INTERNACIONAL: O USO DA METODOLOGIA *RED FLAGS*.

Diante do desafio de combater a corrupção, que não é enfrentado apenas no Brasil, mas em todo mundo, a comunidade internacional desenvolveu a metodologia "*Red Flags*". Essa metodologia é utilizada por árbitros diante de procedimentos arbitrais que levantam suspeitas de corrupção a partir da verificação de determinados comportamos ou fatos envolvidos no conflito. Com isso, cria-se mecanismos de gestão mais consistentes e transparentes para a confiança do comércio internacional e dos práticos da arbitragem.

As *red flags*, são sinais ou indícios que quando somados podem servir de ferramenta para que os árbitros verifiquem se há um risco ou presunção de corrupção e julgar o conflito levando em consideração tais aspectos[9]. Como se observa, a presença de uma *red flag* não identifica que existe corrupção ou outra prática criminosa, mas, representa condições ou situações associadas eventuais ilícitos.

Emmanuel Gaillard explica que essa metodologia vem de outras áreas, longe do contexto da arbitragem internacional, indicando que

9. CF. KHVALEI, Vladimir. **Using Red Flags to Prevent Arbitration from Becoming a Safe Harbour for Contracts that Disguise Corruption**. ICC International Court of Arbitration Bulletin v. 24, 2013.

o uso dessa metodologia é bastante comum nos processos de *due diligence* comercial em processos de fusão e aquisição de empresas. Além disso, o autor faz referência a Lei de Práticas de Corrupção no Exterior (FCPA) publicada pela Comissão de Valores Mobiliários Norte-Americana que possui diretrizes detalhadas para o reconhecimento da corrupção onde enumera várias *red-flags*[10].

Assim, esse "sinal vermelho" pode ser identificado de diversas formas quando, por exemplo: uma das partes se negue injustificadamente a fornecer determinado documentos; se constate o pagamento de comissões para agentes públicos para formalização do contrato objeto do procedimento; houver taxa de participação ou pagamento de comissões sobre o valor final do contrato público; os serviços contratados foram pagos mas não realizados; houve grande brevidade da negociação para formalização de contratos complexos; os preços pagos são incompatíveis com a prática do mercado; existem altos índices de corrupção no país ou entidade estatal; ocorre incriminação de agentes públicos envolvidos pela autoridade policial; existem serviços pagos a empresas de fachada; há ausência de capacidade técnico/operacional de uma das partes para prestar o serviço contratado; constata-se ausência de registros (folhas de ponto dos funcionários, ausência de ata de reuniões, troca de correspondências ou e-mails) da prestação de serviços dentre outros e principalmente uma das partes aponta e demonstra que contrato foi produto de corrupção[11].

Muitas dessas informações podem ser identificadas durante a instrução do procedimento arbitral, sobretudo durante a fase de instrução onde há ampla produção de provas e na colheita de depoimentos de testemunhas e assistentes técnicos.

5.3. A POSTURA DOS ÁRBITROS

A pergunta que se impõe é: constatado diversos indícios de corrupção o que fazer? A doutrina internacional aponta algumas postu-

10. GAILLARD, Emmanuel. **The emergence of transnational responses to corruption in international arbitration**. Arbitration International v. 35 n. 1. Oxford University Press, 2019, p. 4.
11. BAIZEAU, Domitille ; HAYES, Tessa. **The Arbitral Tribunal's Duty and Power to Address Corruption *Sua Sponte***. International Arbitration and the Rule of Law: Contribution and Conformity. ICCA Congress Series. v. 19. Kluwer Law International 2017, p. 248.

ras que podem ser tomadas pelo tribunal arbitral: uma passiva e ou ativa[12].

A postura *passiva* do árbitro se dá quando este recusa-se em combater a corrupção. Argumenta-se que o árbitro é sujeito privado que exerce função pública, mas não detém autoridade judicial para combater, reprimir ou julgar corrupção. Assim, ao se deparar com um caso de corrupção o árbitro encaminha a questão para as autoridades estatais e julga-se incompetente, encerrando a arbitragem.

Especialistas indicam que historicamente há uma relutância por parte dos tribunais arbitrais para lidar com questões de corrupção. Argumentam que os árbitros não se sentem à vontade para investigar indícios de corrupção, principalmente quando nenhuma das partes levanta a questão ou pior: quando ambas estão envolvidas na negociação ilícita[13]. Conforme explicam, os árbitros se preocupam com o fato de que a natureza consensual do processo e de sua nomeação impede qualquer iniciativa investigativa ou punitiva. Ademais, observam que os árbitros preferem não investigar os sinais de corrupção com base no fato de que tal situação, mesmo que provada, não afetaria o resultado da sentença arbitral.[14]

A postura mais reativa pode ser inclusive extrema, quando o árbitro refere que não poder decidir essa questão sensível, devendo se manter silente e não comunicar as autoridades a existência de indícios de corrupção. Segundo determinado advogado, "a arbitragem é um meio privado de solução de conflitos. Portanto, se o árbitro verificar que uma das partes cometeu alguma forma de corrupção, não tem o dever de notificar as autoridades". Com efeito, "o árbitro só deve se preocupar com as partes da disputa e é excessivo lhe exigir que denuncie corrupção à Autoridade Policial ou ao Ministério Público. Mais ainda, "ao notificar um crime, o árbitro violaria a confidencialidade do procedimento"[15]. Nesse sentido o argumento parte

12. RAOUD, Mohamed Abdel. **How Should Internacional Arbitrors Tackle Corruption Issuees**. Foreign Investment Law Jornal. v. 24. Internacional Centre of Dispute Settlement of Investment Disputes, 2009.
13. CAVE, Bryan. **Bribery and Corruption in International Arbitration**. Disponível em <https://bit.ly/2Q4bF0p> Acesso em 10 de maio de 2019.
14. CAVE, Bryan. **Bribery and Corruption in International Arbitration**. Disponível em <https://bit.ly/2Q4bF0p> Acesso em 10 de maio de 2019.
15. É a posição de **Adam Kaufmann reportada pelo Conjur:** https://www.conjur.com.br/2018-ago-10/arbitro-nao-denunciar-corrupcao-autoridades-advogado.

da premissa de que, na atuação do árbitro inexiste o dever de tomar a iniciativa de reportar qualquer suposto ato delituoso praticado de que tenha conhecimento a partir de sua atuação como árbitro. Com isso, apesar de não ter sua omissão como fonte de responsabilização penal, poderá o árbitro, na qualidade de advogado, incidir em conduta criminalmente tipificada em caso de violação de sigilo. Trata-se de violação ética e ao violar o sigilo, agindo com dolo para tal, poderá ter sua conduta tipificada pelo artigo 154 do Código Penal"[16-17].

Essa postura é bastante questionável e não encontra respaldo em nossa legislação como poderemos observar mais adiante.

Deve-se considerar que essa postura indiferente faria com que a arbitragem fosse usada para convalidar ou dar verniz de legalidade a uma contratação que, o Ministério Público ou a Autoridade Policial normalmente consideraria ilegal. Nesse caso, a arbitragem poderia se tornar instrumento para transações corruptas, se constituindo com ferramenta jurisdicional silenciosa de negociatas.

Essa postura passiva é bastante criticada. Conforme conclui César Pereira "A gravidade da constatação de práticas corruptas nos fatos submetidos ao julgamento dos árbitros impede que estes se omitam. O tema é complexo e não há solução simples para o dilema". Para o autor "a dificuldade da situação não lhes autoriza a omissão. Com a ponderação e serenidade necessárias, sem preconceitos nem conclusões precipitadas ou justiceiras, sempre mediante a plena observância das exigências do devido processo legal e da proibição da surpresa processual, cabe-lhes adotar a postura que efetivamente protege a instituição da arbitragem: não se omitir diante da alegação ou verificação de práticas corruptas e, se comprovadas, delas extrair as consequências que derivem do direito aplicável"[18].

A outra postura observada pela doutrina é aquela em que o árbitro corrige práticas corruptas, atuando como "guardião das leis e

---

16. Art. 154 - Revelar alguém, sem justa causa, segredo, de que tem ciência em razão de função, ministério, ofício ou profissão, e cuja revelação possa produzir dano a outrem: Pena - detenção, de três meses a um ano, ou multa.

17. CANTERJI, Rafael Braude; RANZOLIN, Ricardo. **Dever de Sigilo do Advogado Quando Atua Como Árbitro no Direito Brasileiro**. Revista de Arbitragem e Mediação n. 53. São Paulo: Editora Revista dos Tribunais. 2017.

18. PEREIRA, Cesar. **Corrupção e arbitragem: os árbitros diante da alegação ou constatação de práticas ilícitas pelas partes**. Disponível em http://justen.com.br/pdfs/IE138/IE138-Cesar-corrupcao-e-arbitragem.pdf. Acesso em 04 de abril de 2019.

tratados", exercendo uma postura *ativa*. Essa postura enseja a continuação do procedimento arbitral e a responsabilização civil dos envolvidos.

Continuar com a arbitragem é, nesse ponto de vista, uma solução recomendável porque, conquanto o objetivo da arbitragem não seja punir partes envolvidas em ações criminosas, serve para dar justa solução à lide. De fato, os árbitros podem solucionar adequadamente a disputa sem aplicar nenhuma legislação penal/processual penal.

Também não se recomenda a suspensão da arbitragem quando verificado forte indício de corrupção. O processo penal pode demorar alguns anos, e pior: alguma das partes poderia alegar corrupção com o simples intuito de evitar responsabilização por descumprimento contratual ou adiar indefinidamente o resultado do procedimento arbitral[19].

Nesses casos aconselha-se que os árbitros resolvam o conflito levando a efeito a postura corrupta de uma das partes. Ao adotarem essa postura, os árbitros não devem suspender o procedimento de arbitragem e encaminharem as provas para a autoridade policial ou Ministério Público para que se proceda com a investigação e apuração dos fatos[20].

5.4. CASOS DE CORRUPÇÃO ANALISADOS POR CORTES ARBITRAIS

O tema em âmbito internacional é antigo de modo que existem algumas decisões arbitrais que analisaram casos de corrupção. Dessa forma, alguns casos paradigmáticos merecem especial destaque, confira-se:

5.4.1. Caso World Duty Free v. Quênia

No procedimento ARB/00/7 administrado pela ICSID foi pleiteado ressarcimento decorrente de um investimento aportado pela Companhia que envolvia a construção de dois complexos aeroportu-

19. CF. KHVALEI, Vladimir. **Using Red Flags to Prevent Arbitration from Becoming a Safe Harbour for Contracts that Disguise Corruption.** ICC International Court of Arbitration Bulletin v. 24, 2013, p. 23.
20. Como veremos, a Lei Brasileira segue esse padrão.

ários no país africano. Um em Nairóbi outro em Mombaça. Passados alguns anos, o novo governo queniano expropriou os complexos e a Companhia instaurou arbitragem.

Durante o procedimento noticiou-se que o CEO da companhia ofereceu o pagamento de 2 milhões de dólares como 'doação pessoal' ao Presidente então do Quênia Toroitich Moi como forma de estimular a celebração do negócio. Após tomar ciência dessas informações, o Quênia tentou encerrar o procedimento, alegando que, como o contrato havia sido adquirido por meio do pagamento de suborno deveria ser considerado nulo e inexequível.

A questão era delicada, ao ponto do Quênia tentar tornar o caso confidencial.

O Tribunal rejeitou tal solicitação apontando que "especialmente em uma arbitragem da qual um governo é parte, não se pode presumir que a Convenção e o Regulamento de Arbitragem incorporem uma obrigação geral de confidencialidade que exigiria que as Partes se absterem de discutir o caso em público".

Outra questão interessante é que os árbitros entenderam a análise da corrupção como questão de *mérito* e não de jurisdição. Isso indica que inserida numa relação contratual, a ilicitude e suas consequências podem ser analisadas na própria arbitragem.

Ao fim, o Tribunal declarou-se competente para analisar a causa. Decidiu também que os fatos em torno da alegação de suborno não eram objeto da arbitragem e, por estar demonstrado que o pagamento da propina de fato ocorreu, o tribunal considerou que o contrato era nulo e negou provimento ao pedido ressarcimento da WDF, destacando que a corrupção "violava a ordem pública internacional"[21].

5.4.2. Caso CCI n. 6497

Em 1994 o tribunal examinou um outro caso envolvendo corrupção. No procedimento foi relatado que durante um período de aproximadamente uma década, as partes celebraram uma série de contratos de consultoria denominados como "Acordos Básicos". O

21. Disponível em <https://www.italaw.com/cases/3280>.

escopo desses acordos envolvia a intermediação do requerente para o requerido obter contratos de construção em vários países, incluindo um determinado país 'X' 'no Oriente Médio.

O litígio surgiu quando não foi efetivado o pagamento de um desses acordos. A parte demandante requereu o pagamento do montante, enquanto o requerente alegou que nenhum pagamento era devido, porque o objetivo real dos acordos era subornar funcionários no país X.

Na sentença arbitral, alguns dos contratos foram considerados válidos devido a ausência de prova convincente de corrupção. O Tribunal ponderou que "um tribunal civil, e em particular um tribunal arbitral, não tem o poder de fazer um inquérito oficial e não tem o dever de procurar de forma independente a verdade. Um tribunal civil tem de ouvir as alegações e as provas oferecidas pelas partes. A parte que alega a existência de corrupção tem o ônus da prova. Se a sua demonstração não é convincente, o tribunal deve rejeitar seu argumento, mesmo se o tribunal tiver algumas dúvidas sobre a possível natureza de suborno dos acordos".

No entanto, em um dos contratos o Tribunal observou que o requerente, segundo os termos do acordo, deveria obter uma comissão "extraordinária" de 33,33% para garantir um negócio de construção nesse determinado país. O Requerente - apesar de sustentar que os serviços haviam sido cumpridos integralmente - não descreveu qual a natureza de tais serviços.

O Tribunal considerou que o Requerente deu explicações "confusas e contraditórias" sobre a natureza do acordo e dos serviços durante a audiência de instrução; observou ainda que havia um "alto grau de probabilidade de que o verdadeiro objetivo do acordo fosse canalizar propinas a autoridades do país X", Assim, "tal probabilidade é alta o suficiente" para considerar tal acordo como nulo e sem efeito[22].

5.4.3. Caso CCI n.1100

O conflito envolveu um contrato celebrado entre uma companhia britânica e um engenheiro portenho que intermediou a venda

22. GAILLARD, Emmanuel. **The emergence of transnational responses to corruption in international arbitration**. Arbitration International v. 35 n. 1. Oxford University Press, 2019, p. 5.

equipamentos para produção de energia elétrica junto ao governo argentino[23].

O engenheiro instaurou a arbitragem buscando pagamentos de comissões incidentes nos diversos contratos de fornecimento de energia. Comenta-se que o seu "grande trunfo" era o notável grau de influência que detinha com os alguns políticos que facilitaram a celebração desses contratos[24]. Ocorre que tais comissões serviam, na verdade, para pagamento de suborno do requerente.

Houve ampla produção de prova no procedimento. Ambas as partes juntaram documentos, apresentaram manifestações e diversas testemunhas foram ouvidas.

O árbitro considerou que as leis nacionais vedavam o uso da arbitragem quando constada a violação a ordem pública e aos bons costumes, reservando essas questões à análise dos tribunais estatais.

Para o árbitro único ficou evidenciado, a partir das provas produzidas, que o acordo que ensejou o procedimento entre as partes contemplava o suborno de funcionários argentinos com o propósito de celebrar os contratos.

Durante a ouvida de testemunhas extraiu-se que "todos que desejavam fazer negócios na Argentina se deparavam com a questão de subornos, e que a prática de dar comissões a pessoas em posição de influenciar ou decidir sobre os contratos públicos parecem ter sido mais ou menos aceitos ou pelo menos tolerados na Argentina naquela época".

Na sentença, ainda que não sem fazer referência expressa a *kompetenz-kompentz*, o árbitro Lagergren entendeu que deveria analisar, antes de qualquer outra questão, a sua própria competência.

Ao fim decidiu que o conflito não poderia ser resolvido por arbitragem. Alguns trechos da sentença são dignos de nota: "Embora essas comissões não devessem ser usadas exclusivamente para subornos, uma parte substancial delas foi destinada a esse uso. Quer se esteja adotando o ponto de vista do bom governo ou o da ética comer-

---

23. Cf. interessante análise realizada por Antonio Cury em CURY, Antonio Alberto Rondina. **Efeitos da corrupção em arbitragens envolvendo o poder público**. Revista de Arbitragem e Mediação n. 60. São Paulo: Editora Revista dos Tribunais, 2019.
24. BORN, Gary. Bribery and an Arbitrator's Task. Disponível em <http://arbitrationblog.kluwerarbitration.com/2011/10/11/bribery-and-an-arbitrators-task/> Acesso em 10 de maio de 2019.

cial, é impossível fechar os olhos ao provável destino de valores dessa magnitude e ao efeito destrutivo do mesmo no padrão de negócios, com consequente prejuízo do progresso industrial. Tal corrupção é um mal internacional; é contrário à boa moral e a uma política pública internacional comum à comunidade das nações. Antes de invocar a boa moral e a ordem pública como impedindo que as partes recorram a instâncias judiciais ou arbitrais para resolver suas disputas, deve-se tomar cuidado para que uma parte não seja capaz de colher os frutos de sua conduta desonesta, enriquecendo-se despesa do outro. Nenhum efeito pode ser dado a contratos proibidos por lei ou contrários à boa moral e à ordem pública. Depois de pesar todas as evidências, estou convencido de que um caso como este, envolvendo violações tão grosseiras da boa moral e da política pública internacional, não pode ter fôlego em nenhum tribunal, seja na Argentina ou na França, ou, em outro país civilizado, nem em qualquer tribunal arbitral. Assim, a jurisdição deve ser recusada neste caso".

Como se observa o árbitro entendeu que não tinha jurisdição para solucionar o contrato objeto do conflito porque este havia sido celebrado em um contexto de corrupção envolvendo agentes públicos e privados.

5.4.4. Caso CCI n.13914

O caso envolveu uma disputa decorrente de um acordo para aquisição de pesquisas sísmicas na costa de um país africano. O tribunal considerou que um número relevante de *red-flags* estavam presentes, incluindo uma alta taxa de sucesso no acordo, a falta de experiência do agente no negócio sísmico.

Durante o procedimento houve recusa de uma das partes em produzir documentos solicitados pelos árbitros, em especial os registros das transações financeiras e bancárias o que ensejou a desconfiança dos árbitros acerca da legalidade do contrato. O tribunal observou que havia provas convincentes de que a comissão paga pelo demandado ao demandante deveria ser usada para subornar funcionários do Estado a fim de obter o contrato.

Enfim, as *red-flags*, juntas, indicavam que o objeto do acordo era na realidade o pagamento de subornos aos dirigentes da empresa estatal para influenciar sua tomada de decisão para aquisição e investimentos nas pesquisas objeto do contrato[25].

Na sentença arbitral, os árbitros decidiram que os acordos eram ilícitos, que contrato de consultoria era inválido e negaram todos os pedidos apresentados.

5.5. APLICAÇÕES ESPECÍFICAS COM BASE NO DIREITO BRASILEIRO

5.5.1. A verificação pelos árbitros da ocorrência de um tipo penal praticado pelas partes

A Lei de Arbitragem não trata de forma explícita sobre o sigilo, apenas estipula no art. 13, §6º que o no desempenho de sua função, o árbitro deverá proceder com discrição. Ao que tudo indica, o legislador deixou a cargo das partes ou das instituições arbitrais a liberalidade de definir os contornos e os limites dos sigilo do procedimento arbitral. De qualquer forma a regra geral está clara: o dever de discrição impede legalmente o árbitro de revelar qualquer informação relacionada à arbitragem em que atue ou que tenha atuado.

A regra comporta uma exceção que merece nossa atenção: a arbitragem que envolva a administração pública será sempre de direito e respeitará o princípio da publicidade (LArb, art. 2º, §3º). Não está claro sobre quem recai esse dever e o grau de publicidade. Os agentes envolvidos são muitos (partes, advogados, peritos, árbitros, instituições arbitrais) e os graus também podem ser diferentes (todo o procedimento, apenas a sentença, apenas o dispositivo da sentença, provas documentais, agentes privados etc). e podem surgir problemas quanto à correta interpretação do dispositivo. Pensando nisso, já há manifestação no sentido de que cabe à Administração Pública promover a publicidade do procedimento observado o disposto na Lei n. 12.527/2011, podendo ser mitigada nos casos de sigilo previstos em lei, a juízo do árbitro. Essa interpretação, a princípio, exime as instituições arbitrais de divulgar a existência de procedimentos,

25. GAILLARD, Emmanuel. **The emergence of transnational responses to corruption in international arbitration**. Arbitration International v. 35 n. 1. Oxford University Press, 2019, p. 6.

atribuindo apenas e tão somente a parte pública de promover a publicidade da arbitragem[26].

Seja como for, o árbitro não poderá, nos termos da Lei de Arbitragem, divulgar quaisquer informações sobre o conflito que participe. Não há qualquer disposição acerca da verificação pelos árbitros da ocorrência de um tipo penal praticado pelas partes.

Além desses diplomas, há regulamentação referente ao dever especial de sigilo dos árbitros advogados. São diversos os dispositivos que tratam da questão. O que destacamos é a regra contida no arts. 35, 36 e 37 do Código de Ética da OAB; pela qual o advogado, quando no exercício das funções de árbitro, se submete às regras de sigilo profissional, qual seja: o dever de guardar sigilo dos fatos de que tome conhecimento no exercício da profissão. A exceção se aplica em face de circunstâncias excepcionais que configurem justa causa, como nos casos de grave ameaça ao direito à vida e à honra, ou que envolvam defesa própria. Acerca dessas questões alerta-se que "com objetivo de identificar se poderá ser penalmente responsabilizado o árbitro advogado que deixar de comunicar às autoridades eventual prática futura de crime, é importante também recordar que a imputação criminal, seja na qualidade de autor ou de partícipe, somente poderá ocorrer a partir da adequação, entre outros, dos dispositivos que tratam do concurso de crimes, artigo 29 e seguintes, e da própria relação de causalidade da conduta com o resultado típico, disciplinada no artigo 13, todos do Código Penal"[27].

---

26. Enunciado n. 4. da I Jornada Prevenção e Solução Extrajudicial de Litígios.

27. Interessante artigo abordou de forma precisa essas questões" A regra geral de que o dever de sigilo dos árbitros decorre do contrato das partes encontra ainda uma outra exceção – que é o objeto precípuo deste artigo –, vinculada aos ditames específicos do exercício profissional da advocacia, cuja aplicação se estende à situação particular da atuação do advogado como árbitro, quando regularmente inscrito na Ordem dos Advogados do Brasil. Para tal situação, há norma especial, de ordem pública, determinando impositivamente o sigilo, mesmo que a contratação das partes assim não o estabeleça. No que tange à advocacia, o sigilo é indissociável da própria atividade profissional. Trata-se de garantia não apenas ao cliente e ao advogado, como à própria cidadania e ao sistema de justiça. Conforme referido por Paulo Roberto de Gouvêa Medina15: "É importante notar que a preservação do sigilo profissional implica, ao mesmo tempo, para o advogado, um dever que visa à proteção do segredo que lhe tenha sido confiado e uma prerrogativa, que o põe a salvo de qualquer contingência em que, porventura, se veja constrangido a revelá-lo. Trata-se, portanto, de um direito-dever – ou, mais precisamente, como, a seguir, procuraremos demonstrar, de um dever-garantia". A Lei Federal 8.906 de 04.07.1994, que dispõe sobre o Estatuto da Advocacia, reza em seu artigo 33, parágrafo único, que o advogado "obriga-se a cumprir rigorosamente os deveres consignados no Código de Ética e Disciplina". No artigo 34, VII, do mesmo diploma legal é previsto inclusive como infração disciplinar a violação do sigilo profissional, a qual está sujeita à multa, censura, suspensão ou até exclusão dos quadros da OAB, no caso de reincidência (arts.

Lado outro, o Brasil ratificou a Convenção das Nações Unidas contra a Corrupção através do Decreto n. 5.687/06, e conforme se observou "tal convenção, inclusive, apresenta, em seu art. 34, a mesma consequência jurídica que a Lei 8.666/93 para os atos de corrupção em relação aos contratos em que estão inseridos: "[...] os Estados Partes poderão considerar a corrupção um fator pertinente em procedimentos jurídicos encaminhados a anular ou deixar sem efeito um contrato ou a revogar uma concessão ou outro instrumento semelhante, ou adotar qualquer outra medida de correção"[28].

Por fim, o art. 40 do Código de Processo Penal ordena que quando, em autos ou papéis de que conhecerem, os juízes ou tribunais verificarem a existência de crime de ação pública, remeterão ao Ministério Público as cópias e os documentos necessários ao oferecimento da denúncia (CPP, art. 40). O dispositivo cuida de situação em que a autoridade jurisdicional tenha ciência de fatos que são *aparentemente* criminosos.

Pode-se afirmar então que, nos termos da legislação brasileira, identificado a existência ou fortes indícios de crime, em especial os de corrupção, o árbitro (advogado ou não) deve encaminhar as cópias procedimento e para o Ministério Público? Isso violaria a confidencialidade do procedimento?

A título de referência a Lei de Mediação quando trata das exceções à confidencialidade estipula que toda e qualquer informação relativa ao procedimento de mediação será confidencial em relação a terceiro. No entanto, o mesmo diploma dispõe que a regra de confidencialidade não se aplica a informação relativa à ocorrência de crime de ação pública (Lei 13.140/15, art. 30 e §3º). Ou seja, relatar a ocorrência crime não viola o dever de confidencialidade nesse procedimento privado.

36, II, 37, II, e 38, I). No artigo 54, V, da mesma Lei Federal é conferida competência ao Conselho Federal da OAB para editar e alterar o Código de Ética e Disciplina da Ordem dos Advogados do Brasil (CED-OAB). Em relação ao CED-OAB, com novel redação em vigor desde 02 de maio de 2016, esse determina, em seus artigos 35 e 36, que "o advogado tem o dever de guardar sigilo dos fatos de que tome conhecimento no exercício da profissão", sendo tal sigilo "de ordem pública, independendo de solicitação de reserva que lhe seja feita pelo cliente" cf: CANTERJI, Rafael Braude; RANZOLIN, Ricardo. **Dever de Sigilo do Advogado Quando Atua Como Árbitro no Direito Brasileiro.** Revista de Arbitragem e Mediação n. 53. São Paulo: Editora Revista dos Tribunais. 2017.

28. CURY, Antonio Alberto Rondina. **Efeitos da corrupção em arbitragens envolvendo o poder público.** Revista de Arbitragem e Mediação n. 60. São Paulo: Editora Revista dos Tribunais, 2019.

Entendemos que o árbitro pode realizar determinadas análises de iniciativa própria sempre garantindo às partes a oportunidade de participação e manifestação quanto aos dados coletados. Assim garante-se a ampla defesa e evita-se qualquer decisão surpresa quanto à questão[29].

Deve-se ressaltar que a contratação envolvendo corrupção não enseja a nulidade da convenção de arbitragem nos termos do art. 8º da Lei de Arbitragem. A cláusula compromissória é autônoma e independente em relação ao contrato no qual ela está inserida e, portanto, continuará válida, mesmo se o tribunal arbitral decidir que o contrato principal é nulo porque envolve ilícito penal[30].

Realmente, o árbitro pode decidir a demanda, nos estreitos limites da arbitrabilidade objetiva que ela envolve e levando a efeito a ilegalidade contratual, sem que isso implique em nulidade de sua sentença, violação seu dever de discrição ou mesmo extrapolação dos seus poderes de decisão (LArb, art. 18).

Nessa conjuntura a corrupção é decorrente de contrato, tem natureza negocial e pode ser tratada no procedimento arbitral sem prejuízo de eventuais responsabilizações em âmbito administrativo e penal dos envolvidos. Repita-se: a existência ou indícios de corrupção ou outros crimes, por si só, não impede o prosseguimento do procedimento arbitral nem tampouco a análise do mérito pelos árbitros.

Acreditamos que o árbitro, ao remeter tais documentos ao Ministério Público de forma alguma está antecipando sua opinião, ou pré-julgamento sobre o comportamento da parte. Seguindo a legislação processual penal em vigor, o árbitro não estará maculando sua imparcialidade ou qualidade de julgador privado. Mais ainda, estará resguardando o procedimento arbitral de qualquer nulidade ou intervenção judicial a posteriori. Deve-se ressaltar que ao proceder nos termos do art. 40 do CPP caberá ao Ministério Público Federal ou

29. PEREIRA, Cesar. **Corrupção e arbitragem: os árbitros diante da alegação ou constatação de práticas ilícitas pelas partes**. Disponível em http://justen.com.br/pdfs/IE138/IE138-Cesar-corrupcao-e-arbitragem.pdf. Acesso em 04 de abril de 2019.

30. RAOUD, Mohamed Abdel. **How Should Internacional Arbitrors Tackle Corruption Issuees.**. Foreign Investment Law Jornal. v. 24. Internacional Centre of Dispute Settlement of Investment Disputes, 2009.

Estadual, de acordo com sua respectiva competência, tomar qualquer iniciativa persercutiva que pode ou não acontecer.

O sigilo na arbitragem não é uma regra absoluta ainda mais quando existem questões envolvendo a Administração Pública. Ademais, a Lei Processual Penal não ordena a suspensão do procedimento, fala apenas que se encaminhe *cópias* dos autos para a autoridade competente[31].

Nesse sentido Cesar Pereira analisa que "no caso das arbitragens envolvendo a Administração Pública, sujeitas ao princípio da publicidade, não se põe a objeção da confidencialidade e não deveria haver dúvida quanto ao dever de comunicação dos fatos ilícitos apurados, exceto se, instadas pelos árbitros, as partes demonstrem que se trata de fatos já apurados ou em investigação em procedimentos externos à arbitragem, ou se o fato já houver sido ou puder ser objeto de comunicação por iniciativa das partes ou de terceiros em posição que prefere à dos árbitros. Mesmo em arbitragens não submetidas ao princípio da publicidade, a realização dos valores fundamentais do combate à corrupção e à atividade criminosa e a proteção da própria legitimidade e dignidade da arbitragem prevalecem em relação à confidencialidade e permitem a aplicação do art. 40 do CPP, observados os limites reconhecidos para tal dispositivo no âmbito do processo penal e a equiparação prevista no art. 17 da Lei nº 9.307.21 Tal como as exigências relativas à apuração, provocada ou de ofício, dos fatos relativos à conduta corrupta, a observância do dever de comunicação favorece a arbitragem na medida em que evita que esta se transforme em um instrumento para a ocultação de práticas ilícitas"[32].

Nesse contexto, se árbitro se deparar com uma circunstância criminosa ou prática de ilícito penal no conflito não precisará suspender ou tampouco encerrar o procedimento de arbitragem. Deve apenas seguir a ordem estipulada no CPP, qual seja: comunicar o Ministério Público a existência de crime.

---

31. LIMA, Renato Brasileiro de. **Manual de processo penal: volume único.** 5. ed. Salvador: Ed. JusPodivm, 2017. p. 128.

32. PEREIRA, Cesar. **Corrupção e arbitragem: os árbitros diante da alegação ou constatação de práticas ilícitas pelas partes**. Disponível em http://justen.com.br/pdfs/IE138/IE138-Cesar-corrupcao-e-arbitragem.pdf. Acesso em 04 de abril de 2019.

Os árbitros, apesar de não deterem os mesmos poderes coercitivos que os juízes estatais, ou os mesmos instrumentos de investigação que os membros do Ministério Público para investigar, podem servir à política anticorrupção, na qualidade de atores relevantes ao combate à corrupção relatando às autoridades competentes ilegalidades, corrupção e outros crimes no âmbito das contratações e conflitos em que participe a Fazenda Pública[33].

5.5.2. A corrupção praticada pelo árbitro

A Lei de Arbitragem, por sua vez, dispõe que os árbitros são juízes de fato e de direito, quando no exercício de suas funções e são equiparados aos funcionários públicos, para os efeitos da legislação penal. Assim, para além dos poderes jurisdicionais, o árbitro detém responsabilidades e caso atue de forma ilícita estará sujeito à aplicação de tais penalidades ao fazer alusão Código Penal o legislador procurou proteger não apenas a administração pública, mas também as partes contra a prática de concussão, de corrupção e de prevaricação. Condutas estas que comprometem atuação do julgador e torna nula sua decisão.[34]

Realmente, as implicações são graves e podem comprometer não apenas o árbitro, mas a instituição onde a arbitragem foi administrada que não no mais das vezes possuem qualquer relação com o ilícito.

Se assim for, de um lado a sentença arbitral será nula nos termos do art. 32, VI da LArb. De outro, o árbitro estará sujeito à responsabilização civil e penal tal como um magistrado criminoso. Acerca desse último ponto, cabe ressaltar que não será necessário o trânsito em julgado de eventual sentença penal condenatória para só então atestar a nulidade da decisão arbitral. As partes precisam estar atentas ao prazo de 90 dias previsto no art. 33 da LArb para manejar a ação anulatória e não poderão (nem devem) aguardar o fim de uma investigação ou processo penal para só então desconstituir o resultado

33. Nesse mesmo sentido: CURY, Antonio Alberto Rondina. **Efeitos da corrupção em arbitragens envolvendo o poder público**. Revista de Arbitragem e Mediação n. 60. São Paulo: Editora Revista dos Tribunais, 2019.
34. CARMONA, Carlos Alberto. **Arbitragem e Processo: um comentário a Lei 9.307/96**. 3 ed. São Paulo: Atlas, 2009, p. 267.

da arbitragem: "independentemente da apuração dos crimes, pode a parte interessada, alegando ter ocorrido alguma das condutas tipificadas nos artigos referidos, promover a demanda desconstitutivo do laudo, produzindo no juízo cível a prova bastante para este efeito"[35].

Por fim cabe ressaltar ainda que uma instituição arbitral não pode ser responsabilizada e nem sobre si podem recair as repercussões negativas nos casos em que o árbitro agiu de forma ilícita. A câmara e o árbitro têm funções distintas e suas atividades não se confundem. Ao noticiar esses fatos, que a toda evidência são relevantes, cabe conhecer a dinâmica legal e identificar a responsabilidade de cada um desses entes de modo a evitar confusão a respeito do assunto do qual, na maioria dos casos, se desconhece inteiramente. A corrupção do árbitro deve levar a punição severa, mas não pode, sob qualquer hipótese, levar a ruína instituições sérias.

5.5.3. A corrupção no momento da pactuação da cláusula compromissória

A convenção de arbitragem elaborada para viabilizar a prática de ilícitos entre particulares ou entre particulares em conjunto com agentes da administração pública, é na realidade prova documental de um crime. Trata-se de negócio jurídico nulo. Não há como considerar válido ou extrair qualquer tipo de obrigação de natureza material ou processual de negócio escuso sob pena de se permitir a utilização da Arbitragem para o exaurimento de um ajuste claramente indevido.

De fato, convencionar arbitragem nesse ânimo de corrupção configura um ato ilícito. Se a convenção de arbitral foi utilizada como instrumento negocial para prática de outros crimes será, como dito acima, negócio jurídico nulo. A fonte de poder dos árbitros estará viciada de não poderão ser extraídos quaisquer efeitos dela. Sendo esse o caso, não cabe aos árbitros fazer qualquer tipo de análise de mérito e remeter a questão para as autoridades competentes. Qualquer decisão advinda de uma convenção arbitral desse tipo é nula nos termos do art. 32, I da LArb.

35. CARMONA, Carlos Alberto. **Arbitragem e Processo: um comentário a Lei 9.307/96**. 3 ed. São Paulo: Atlas, 2009, p. 408.

Capítulo 6

TUTELAS DE URGÊNCIA

Atualmente, há vasta doutrina sobre as tutelas de urgência pré-arbitrais e tutelas de urgência concedidas no processo arbitral[1], mas pouco se discutiu sobre o tema quando tais medidas são concedidas em face da Fazenda Pública.

O tema merece atenção, já que, cada vez mais, entes públicos convencionam arbitragem para dirimir seus possíveis conflitos. Assim, não será surpresa se nos depararmos com uma medida de urgência em face de a Fazenda ser questionada perante nossos tribunais.

6.1. ESCLARECIMENTOS INICIAIS

O procedimento de arbitragem não se rege pelas regras estabelecidas no Código de Processo Civil. As regras sobre procedimento são estabelecidas, na maioria dos casos, pelo Termo de Arbitragem e/ou pelo regimento interno das instituições arbitrais.

Aliás, é uma tendência de que as arbitragens nas quais a Fazenda Pública participa se desenvolvam por órgãos específicos, nesse particular, os Estados do Rio de Janeiro e Pernambuco possuem leis dispondo que a arbitragem será desenvolvida exclusivamente por meio de órgão arbitral institucional[2].

---

1. Cf. entre todos CARRETEIRO. Mateus Aimoré. **Tutelas de urgência e processo arbitral**. São Paulo: Editora Revista dos Tribunais, 2017; TALAMINI, Eduardo. **Arbitragem e a tutela provisória no Código de Processo Civil** de 2015. Revista de Arbitragem e Mediação, v. 46, 2015; MANNHEIMER, Sérgio. Nelson; FICHTNER, José Antônio; MONTEIRO, André Luís. **Medidas Urgentes em Arbitragem com sede no Brasil**, in Novos Temas de Arbitragem, Rio de Janeiro: Editora FGV, 2014.
2. Pernambuco, Lei Estadual nº 15.627/2015. "Art. 3° O juízo arbitral, para os fins desta Lei, instituir-se-á exclusivamente por meio de órgão arbitral institucional". Rio de Janeiro, Decreto Estadual

As tutelas provisórias nos regimentos internos dos órgãos especializados não possuem grandes detalhes sobre quais são os requisitos para concessão de tais medidas, tampouco estabelecem procedimentos específicos sobre a questão.

Para ilustrar o alegado, tomemos como exemplo alguns regulamentos de arbitragem em âmbito interno e internacional. A Camarb, no item 9.1, dispõe que "O Tribunal Arbitral, mediante requerimento de qualquer das partes ou quando julgar apropriado, poderá, por decisão devidamente fundamentada, deferir tutela de evidência ou de urgência, cautelar ou antecipada". A Ciesp/Fiesp, por seu turno, estabelece no art. 13.1 que "O Tribunal Arbitral tem competência para determinar as medidas cautelares, coercitivas e antecipatórias necessárias para o correto desenvolvimento do procedimento arbitral". A CCI, no art. 28, estabelece que "O tribunal arbitral poderá, tão logo esteja na posse dos autos, e a pedido de uma das partes, determinar a adoção de qualquer medida cautelar ou provisória que julgar apropriada".

Como se observa, nenhum regulamento aprofunda-se no tema, apenas permite (como não poderia deixar de ser) a possibilidade de que essas medidas sejam requeridas e tomadas pelos atores do processo arbitral.

O fundamento jurídico para que o árbitro conceda tais medidas reside no seu poder de decisão, o que não lhe é autorizado é executar pelos seus próprios. "O sistema legal brasileiro não veda o julgador privado a ordenação de medidas da espécie, apenas não confere a seu ato imposição legal"[3].

A esse respeito, Mateus Aimoré Carreteiro acentua que, "mesmo com árbitros de diferentes culturas jurídicas e sem aplicar as regras de nenhum código processual, é possível haver consenso sobre a possibilidade de utilização de tutelas de urgência em um processo arbitral"[4].

---

nº 46.245/18 "Art. 2º - A arbitragem instituir-se-á exclusivamente por meio de órgão arbitral institucional."

3. MARTINS, Pedro Batista. **Da ausência de poderes coercitivos e cautelares do árbitro**. in Aspectos Fundamentais da Lei de Arbitragem, Pedro Batista MARTINS, Selma M. Ferreira LEMES e Carlos Alberto CARMONA, Rio de Janeiro, Forense, 1999, p. 363.

4. CARRETEIRO. Mateus Aimoré. **Tutelas de urgência e processo arbitral**. São Paulo: Editora Revista dos Tribunais, 2017., p. 50.

Dessa forma, para a boa compreensão do tema proposto nesse capítulo, buscaremos subsídios no direito processual civil e nas normas esparsas que regem as tutelas provisórias já que, como bem alertou Manuel Barrocas, "A arbitragem adota, com certa frequência, trâmites processuais importados do processo civil".[5]

Para evitar problemas e compreensões equivocadas sobre o assunto, fixaremos algumas premissas, tendo como norte a atual legislação e a interpretação sistemática dos dispositivos legais aplicáveis à matéria.

A primeira, e a mais importante premissa, é de que a arbitragem que envolva a Administração Pública será sempre de "direito". Não há possibilidade de julgamento por equidade, seja qual for o tipo de decisão. Há, aqui, uma clara alusão ao princípio da legalidade e a ordem constitucional à qual o Estado, em todas as suas representações, se submete.

Não se descarta que a arbitragem possua características inerentes ao sistema privado de solução de conflitos (com destaque para a flexibilidade de regras), mas a Fazenda Pública, na arbitragem ou no Judiciário, defende interesses coletivos, com recursos públicos em jogo, e, para que um processo de arbitragem seja viável e juridicamente seguro para o Estado, é necessário que cautelas sejam empregadas para evitar que a validade do processo arbitral e as decisões que lhe sejam decorrentes não precisem ser questionadas.

Por outro lado, não é aceitável que todo o processo de arbitragem seja moldado exclusivamente para atender às necessidades dos representantes da Fazenda no procedimento arbitral, como se o particular fosse parte pouco importante. Não. Ao firmar a convenção, e posteriormente o termo de arbitragem, os envolvidos, inclusive os procuradores e advogados públicos, devem estar cientes das regras e devem submeter-se ao que ali está estabelecido, sob pena de violação às regrais pactuadas e do próprio regimento institucional o qual se submeteu.

A segunda premissa é a de que o árbitro tem autorização contratual (ou regimental) e, por consequência, legal para emitir ordens de urgência com natureza cautelar ou antecipada, antecedente e incidental.

---

5. BARROCAS, Manuel Pereira. **Manual de Arbitragem**. Coimbra: Almedina, 2010. p. 268.

O árbitro é o juiz de fato e de direito da demanda o qual foi eleito por livre, espontânea e consciente vontade das partes[6]. Conforme explica Cândido Rangel Dinamarco, "instaurado o processo arbitral, com a competência para processar e julgar a causa recebem o encargo de prover sobre eventuais pedidos incidentais de medidas urgentes"[7]. Ainda, de acordo com a lição de Carlos Alberto Carmona, "é do árbitro a competência para decidir demanda cautelar encetada por qualquer dos litigantes acerca de matéria sujeita à decisão arbitral"[8].

Essa concepção, que já vinha há anos sendo defendida pela doutrina[9] e confirmada pelas cortes de justiça, com especial destaque para o STJ[10], culminou na inserção dos arts. 22-A e 22-B quando reformada a Lei de Arbitragem.

6.2. TUTELAS PROVISÓRIAS E A SUA INSERÇÃO NO PROCESSO ARBITRAL

No processo judicial, ou arbitral, busca-se uma tutela jurisdicional em caráter definitivo. Essa tutela é efetivada através de uma decisão, desenvolvida após toda a instrução do processo com cognição exauriente, com profundo debate acerca do objeto discutido, garantindo-se o devido processo legal, o contraditório e a ampla defesa[11].

---

6. "Ainda, se houver vedação expressa pactuada pelas partes quanto à eventual concessão de tutela antecipada, não terá eficácia nenhuma, pois a tutela antecipatória, tal como a medida cautelar, tem natureza publicista, máxime considerando a possibilidade de existência de risco ao provimento final, que será dado no prazo estipulado pelas próprias partes ou, no silêncio, pela lei" COSTA, Nilton César Antunes da. **Poderes do árbitro**. São Paulo: Revistsa dos Tribunais, 2002, p. 111.
7. DINAMARCO, Candido Rangel. **Arbitragem na Teoria Geral do Processo**. São Paulo: Malheiros, 2013. p. 225.
8. CARMONA, Carlos Alberto. **Arbitragem e Processo: um comentário a Lei n. 9.307/96**. 3. ed. São Paulo: Atlas, 2009, p. 325.
9. Afirmou José Eduardo Carreira Alvim, "se o árbitro dispõe de poderes para resolver o próprio mérito do litígio, nos quais foi investido por um ato de confiança das partes, por que não teria para conceder um simples provimento antecipatório, que não passa de antecipação dos efeitos da decisão de mérito? " CARREIRA ALVIM, José Eduardo**. Direito arbitral**. 2. ed. Rio de Janeiro: Forense, 2004, p. 336. Cf. CAHALI, Francisco José. Curso de Arbitragem. São Paulo: Editora Revista dos Tribunais, 2015. p301; VALENÇA FILHO, Clávio de Melo; LEE, João Bosco. **Estudos sobre arbitragem**. Curitiba: Juruá, 2008. p.162-165 WALD, Arnoldo. **Cabimento de medida cautelar preparatória perante o Poder Judiciário antes de instaurado o juízo arbitral**. Revista de Direito Bancário e do Mercado de Capitais, n. 27. São Paulo, 2005, pp. 160 e 163.
10. Destaque para o REsp 1297974/RJ, Rel. Ministra NANCY ANDRIGHI, Terceira Turma, julgado em 12/06/2012, DJe 19/06/2012).
11. DIDIER JR. Fredie. **Curso de Direito Processual Civil**. v. 2. 11. Ed. Salvador: Editora Juspodivm, 2016. p. 575.

No entanto, até o final da demanda podem ser necessárias medidas com vistas a assegurar o resultado do processo. Essas medidas têm como escopo resguardar bens, conservar provas, impedir determinadas ações, ou seja, preservar o direito buscado. Conforme aponta Fredie Didier Jr., "as atividades processuais necessárias para a obtenção de uma tutela satisfativa podem ser demoradas, o que coloca em risco a própria realização do direito afirmado"[12].

A tutela provisória se baseia na gravidade de situações, no acelaramento de resultados. É uma atividade jurisdicional desenvolvida a partir de cognição sumária em contraposição à cognição plena. O mundo gira acelerado, a comunicação se reproduz de forma instantânea, as transações comerciais, bancárias e financeiras podem ser realizadas através do computador em poucos minutos, alguns bens são perecíveis, inúmeras situações da vida enfrentadas nas demandas arbitrais ou judiciais não podem esperar uma decisão final. O respeito ao devido processo tem um custo: o tempo[13].

Segundo afirma Cândido Rangel Dinamarco, "como provisórias que são, as medidas urgentes não se propõem a oferecer uma tutela completa ou duradoura, mas somente aquela que, nas circunstâncias concretas, atenda à necessidade de preservar a efetividade dos resultados futuros do exercício de jurisdição". Essas providências relacionam-se com o tempo e têm o escopo de acelerar "o exercício de jurisdição e a produção de resultados úteis, com vista à tempestividade e à efetividade de direitos"[14].

Mateus Aimoré Carneiro, por sua vez, esclarece que "a fim de possibilitar à parte obter antecipadamente o resultado almejado, surge a possibilidade de sumarizar-se a cognição", segundo o autor "o ob-

---

12. DIDIER JR. Fredie. Curso de Direito Processual Civil. v. 2. 11. Ed. Salvador: Editora Juspodivm, 2016, p. 576.
13. "A rigor, o tempo é um mal necessário para a boa tutela dos direitos. É imprescindível um lapso temporal considerável (e razoável) para que se realize plenamente o devido processo legal e todos os seus consectários, produzindo-se resultados justos e predispostos à imutabilidade. É garantia de segurança jurídica. Bem pensadas as coisas, o processo "demorado" é uma conquista da sociedade: os "poderosos" de amanho poderiam decidir imediatamente. (...) Essa seria a função constitucional das tutelas provisória: a harmonização de tais direitos fundamentais (segurança e efetividade) em tensão". DIDIER JR. Fredie. Curso de Direito Processual Civil. v. 2. 11. Ed. Salvador: Editora Juspodivm, 2016, p. 580-581.
14. DINAMARCO, Candido Rangel. **Instituições de Direito Processual Civil,** v. 3. 7. Ed São Paulo: Malheiros, 2017. p. 856.

jetivo é tentar propiciar, com máxima efetividade possível, o direito à tutela jurisdicional"[15].

De fato, em determinadas situações é inevitável que, para se garantir um resultado efetivo, o órgão responsável pelo processo desenvolva atividades jurisdicionais de urgência e sem a abordagem exauriente do direito substancial. Trata-se de instrumento a serviço do processo; "Elas servem à eficiência do provimento jurisdicional principal e este, por sua vez, serve ao direito material e a própria sociedade"[16].

A natureza de provisoriedade desse tipo de tutela é "um contrapeso ao risco de decisões tomadas sem essa certeza" e encontra respaldo no art. 296 do CPC, o qual dispõe que a "tutela provisória conserva sua eficácia na pendência do processo, mas pode, *a qualquer tempo*, ser revogada ou modificada[17].

A tutela provisória pode fundamentar-se em urgência (cautelar ou antecipada), que pode ser concedida em caráter antecedente ou incidental, ou de evidência (CPC, art. 294). Como se observa, tal medida sumária, enquanto espécie, compreende tanto a tutela de urgência, aquela que se fundamenta "no risco de perecimento do eventual direito da parte ou de perda de eficiência do processo instaurado para o reconhecimento ou satisfação deste"[18], quanto a tutela de evidência, "quando o direito está evidenciado em juízo através de provas, sendo desnecessário e custoso às partes aguardar até o julgamento da causa para ver seu a satisfação de um direito que já estava demonstrado desde o início"[19].

A doutrina instrui que "a tutela provisória de urgência, poderá ser antecedente ou incidente ao processo considerado principal, na qual a tutela definitiva (mérito do litígio) estará sendo discutida.

15. CARRETEIRO. Mateus Aimoré. **Tutelas de urgência e processo arbitral**. São Paulo: Editora Revista dos Tribunais, 2017, p. 53.
16. DINAMARCO, Candido Rangel. **Instrumentalidade do Processo**, 15 Ed. São Paulo: Malheiros, 2013. p. 308.
17. DINAMARCO, Candido Rangel. **Instituições de Direito Processual Civil,** v. 3. 7. Ed São Paulo: Malheiros, 2017, p. 853.
18. DINAMARCO, Candido Rangel. **Instituições de Direito Processual Civil,** v. 3. 7. Ed São Paulo: Malheiros, 2017 p. 856.
19. MENDES, Aluísio Gonçalves de Castro; SILVA, Larrisa Clare Pochmann da. **Restrições à Tutela de Urgência em face da Fazenda Pública em Demandas Individuais e Coletivas**. Revista de Processo. v. 242, São Paulo: Revista dos Tribunais, 2015. p. 213-223.

Por sua vez, a tutela de evidência será incidente"[20]. Orienta-se ainda que "não se deve confundir a tutela cautelar com a tutela antecipada: aquela apenas assegura a possibilidade de fruição eventual e futura do direito acautelado, enquanto esta última possibilita a imediata realização do direito"[21].

A tutela provisória pode ser, então, satisfativa (dar-se de forma antecipada) ou cautelar. É possível antecipar momentaneamente a satisfação do direito afirmado ou, se for o caso, resguardá-lo.

A tutela antecipada satisfativa é, na verdade, a antecipação de possíveis efeitos do provimento final, conferindo eficácia imediata ao direito afirmado, "atua diretamente sobre a situação jurídica das partes em suas relações recíprocas com os bens da vida" [22-23-24].

A tutela provisória cautelar adianta os efeitos de tutela definitiva de natureza não-satisfativa, concedendo eficácia imediata ao direito à cautela. É técnica a serviço do processo; é tutela a serviço da tutela. Nesse caso antecipa-se a cautela a determinado direito. Fredie Didier Jr. aduz que "ela somente se justifica diante de uma situação de urgência do direito a ser acautelado, que exija sua preservação imediata, garantindo sua futura e eventual satisfação"[25]. Diferentemente da tutela antecipada, a cautelar não satisfaz o direito perseguido. Para o mesmo autor, "é cautelar por assegurar a futura eficácia da tutela

20. CAHALI, Francisco José. **Curso de Arbitragem**. 5 ed. São Paulo: Editora Revista dos Tribunais, 2015, p. 291.

21. CUNHA, Leonardo Carneiro da. **A Fazenda Pública em juízo**. 14. Rio de Janeiro: Forense, 2017; p. 303.

22. DIDIER JR. Fredie. **Curso de Direito Processual Civil**. v. 2. 11. Ed. Salvador: Editora Juspodivm, 2016. p. 582.

23. Parece evidente que o legislador procurou inserir essa forma de antecipação, não da tutela, mas dos efeitos da tutela – ao sugerir que tutelar é apenas declarar a procedência –, sem questionar a estrutura elementar do processo de conhecimento nem a definição de interlocutória (...), muito menos questionando o próprio conceito de processo de conhecimento, ligado ao processo de execução pela sentença condenatória, o que significa preservar incólume o procedimento ordinário, pressupondo que a inserção de uma medida antecipatória não tenha o condão de "desordinarizar" o procedimento. Quer dizer, como aí não houve juízo, "capaz de dirimir a controvérsia", não houve nenhum julgamento, menos ainda julgamento de mérito. Cuida-se, portanto, de uma interlocutória, segundo o entendimento do legislador. SILVA, Ovídio Baptista da. **Curso de Processo Civil**. 6. ed. Rio de Janeiro: Forense, 2002. p. 162.

24. DINAMARCO, Candido Rangel. **Instituições de Direito Processual Civil**, v. 3. 7. Ed São Paulo: Malheiros, 2017. 872.

25. DIDIER JR. Fredie. **Curso de Direito Processual Civil**. v. 2. 11. Ed. Salvador: Editora Juspodivm, 2016. p. 583.

definitiva satisfativa, na medida em que resguarda o direito a ser satisfeito, acautelando-o"[26].

A tutela provisória pode ser requerida antes da instauração do processo principal. Nos casos em que a urgência for contemporânea à propositura da ação, a petição inicial pode limitar-se ao requerimento da tutela antecipada e à indicação do pedido de tutela final com a exposição da lide, do direito que se busca realizar e do perigo de dano ou do risco ao resultado útil do processo (CPC, art. 303).

Adianta-se a providência urgente. É a tutela provisória antecedente. O pedido concentra-se na urgência e nada mais. Instaura-se o processo em que se pretende, em momento posterior, pedir a tutela definitiva. É, assim, pleito anterior à apresentação do pedido de tutela definitiva e tem por finalidade adiantar seus efeitos (satisfação ou acautelamento)[27].

Na arbitragem, esse tipo de tutela é, por vezes, imprescindível. Antes de iniciada a arbitragem – na denominada fase pré-arbitral –, com a aceitação do encargo pelos árbitros, é possível que, "pretendendo uma medida destinada a debelar riscos de perecimento de direito, dirija-se a parte ao juízo estatal, único à sua disposição, deduzindo ali essa postulação"[28].

Essa questão já foi muito bem amadurecida pela doutrina e alguns desses posicionamentos são dignos de atenção. José Eduardo Carreira Alvim indica que não há impedimento para a provocação do Poder Judiciário "quando ainda não instituída a arbitragem, dado o caráter urgente da medida, e porque para a instituição do juízo arbitral são necessários vários passos, caminhos, assinaturas de documentos, não podendo a parte interessada esperar"[29]. Para Carlos Alberto Carmona, "a competência do juiz togado ficará adstrita à análise da medida emergencial, passando a direção do processo na sequência aos árbitros, tão logo seja instituída a arbitragem"[30].

26. DIDIER JR. Fredie. **Curso de Direito Processual Civil**. v. 2. 11. Ed. Salvador: Editora Juspodivm, 2016. p. 583.
27. DIDIER JR. Fredie. **Curso de Direito Processual Civil**. v. 2. 11. Ed. Salvador: Editora Juspodivm, 2016. p.586.
28. DINAMARCO, Candido Rangel. **Arbitragem na Teoria Geral do Processo**. São Paulo: Malheiros, 2013.. p. 223.
29. ALVIM, Carrera. **Direito arbitral**, 2ª ed., Rio de Janeiro: Forense, 2004, p. 335.
30. CARMONA, Carlos Alberto. Arbitragem e Processo: um comentário a Lei n. 9.307/96. 3. ed. São Paulo: Atlas, 2009, p. 327.

José Antonio Fichtener e Sérgio Nelson Mannheimer, no mesmo sentido, assinalam que, "por exceção, se a urgência surgir em momento anterior à instituição da arbitragem, a justiça estadual pode ser acionada como colaboradora do tribunal arbitral". Para os autores, o acesso à justiça não pode ser negado, até porque "do momento da instauração do conflito até que o tribunal arbitral esteja definitivamente instalado, questões urgentes podem ser levadas à justiça estatal, de maneira a se evitar vácuo jurisdicional"[31].

Nesses casos, mesmo de posse da convenção de arbitragem, o interessado dirige-se ao Judiciário para que esse assegure o direito que será demandado no processo arbitral que, pelas mais variadas circunstâncias, ainda não foi entabulado.

Ademais, esse tipo de medida "geralmente surge em momento antecedente à constituição do tribunal arbitral, pela inexistência de órgão arbitral competente, o juiz pode ser chamado a exercer competência temporária, cuja finalidade exclusiva é de garantir a efetividade do futuro provimento arbitral"[32].

A Lei de Arbitragem cuida dessas questões em seus art. 22-A, inserido pela Lei n. 13.129, de 2015. Conforme lá estabelece, antes de instituída a arbitragem, as partes poderão recorrer ao Poder Judiciário para a concessão de medida cautelar ou de urgência. O mesmo dispositivo impõe um ônus para a parte requerente. No parágrafo único, dispõe que cessará a eficácia da medida cautelar ou de urgência se a parte interessada não requerer a instituição da arbitragem no prazo de 30 (trinta) dias, contado da data de efetivação da respectiva decisão. Há aqui uma estreita semelhança com a ordem do art. 308 do CPC[33].

O dispositivo vem sendo aplicado com alguma frequência pelos tribunais. No caso EGA Participações Ltda. vs. ACC Participações Ltda, o conflito consistia na validade da deliberação social, regularidade da convocação assemblear e, também, o modo de remuneração

31. MANNHEIMER, Sérgio. Nelson; FICHTNER, José Antônio; MONTEIRO, André Luís. **Medidas Urgentes em Arbitragem com sede no Brasil**, in Novos Temas de Arbitragem, Rio de Janeiro: Editora FGV, 2014. p. 496.

32. CARRETEIRO. Mateus Aimoré. **Tutelas de urgência e processo arbitral**. São Paulo: Editora Revista dos Tribunais, 2017. p. 69

33. CPC, Art. 308. Efetivada a tutela cautelar, o pedido principal terá de ser formulado pelo autor no prazo de 30 (trinta) dias, caso em que será apresentado nos mesmos autos em que deduzido o pedido de tutela cautelar, não dependendo do adiantamento de novas custas processuais.

dos administradores. A arbitragem ainda não tinha sido instaurada e requereu-se medida de urgência para manter determinados direitos dos sócios até pronunciamento final. A medida foi concedida pelo Tribunal de Justiça de São Paulo, mas com a ressalva aqui exposta. Vejamos o que diz o relator: "neste cenário, portanto, deve ser deferida a tutela antecipada para a retomada dos benefícios, **cuja eficácia cessará no prazo de trinta dias**, nos termos do que dispõe o art. 22-A, parágrafo único, da Lei nº 9.307/96"[34](grifos nossos).

Merece particular atenção o fato de que o prazo estabelecido é para que ocorra a apresentação do pedido de arbitragem ou requerimento para instituição de arbitragem, a lei não impõe que o processo arbitral se inicie nesse período. Mesmo que seja iniciada na fase arbitral, após o vencimento estabelecido pela lei, a medida urgente produzirá seus efeitos. Não podia ser diferente, Pedro Batista Martins alerta: "Caso contrário, estar-se-ia impondo à parte interessada o cumprimento de uma obrigação que foge ao seu controle e, quiçá, impossível de ser obtida". Décadas de atuação em arbitragens possibilitam o autor noticiar que "Os trâmites prévios à instituição da arbitragem demandam certo tempo e que, usualmente, o prazo extrapola os 30 dias regulamentares para a manutenção da eficácia da medida liminar"[35].

Em situação oposta, caso se não se proceda com iniciativa para a instauração do juízo arbitral, a tutela cautelar será extinta e perderá seus efeitos. O STJ enfrentou essa questão no caso Puras do Brasil S.A vs. Ataliba Cozinha Industrial Ltda. Na espécie, restou inquestionável a permissão para processamento da medida cautelar perante o órgão de jurisdição estatal. Também se entendeu que o ajuizamento de tal

34. Cf. o ementário SOCIEDADE. ARBITRAGEM. CLÁUSULA COMPROMISSÓRIA. EXTINÇÃO DA DEMANDA, COM FUNDAMENTO NO art. 485, VIII, DO NCPC. Todas as questões discutidas na demanda encontram fundamento no contrato social e, por isso, não há como se reconhecer a competência da jurisdição estatal. Cláusula compromissória que determina a instauração de arbitragem para resolução de questões amparadas no contrato social. Extensão e abrangência da cláusula compromissória que deve ser dirimida pelo Juízo Arbitral (art. 8º da Lei nº 9.307/1996). Renovação do pedido de tutela provisória. Cabimento. Arbitragem ainda não instalada. Perigo de dano em virtude do cancelamento de benefícios aos sócios. Deferimento. Tutela que perderá a eficácia após trinta dias, nos termos do art. 22, parágrafo único, da Lei nº 9.307/96. Recurso desprovido, com determinação. (TJSP; Apelação 1011360-02.2016.8.26.0309; Relator (a): Alexandre Marcondes; Órgão Julgador: 2ª Câmara Reservada de Direito Empresarial; Foro de Jundiaí - 1ª Vara Cível; Data do Julgamento: 30/07/2018; Data de Registro: 02/08/2018).

35. MARTINS, Pedro A. Batista. **As Três fases da arbitragem**. in Revista do advogado, v. 26, n. 87, Imprenta: São Paulo, AASP, 2006, p. 88.

medida não derroga a jurisdição arbitral, mas ficou assentado que é necessário a posterior instauração do procedimento arbitral, providência que não foi adotada pela Ataliba Cozinha Industrial Ltda. Assim, "o não ajuizamento da ação principal no prazo impõe perda de eficácia da liminar concedida e que a extinção do processo principal conduz à perda de objeto da cautela"[36].

Um destaque se faz necessário. O pedido de tutela antecipada requerida em caráter antecedente não significa, de forma alguma, renúncia à jurisdição arbitral ou mesmo revogação tácita à convenção de arbitragem. Realmente, "Independente da função da tutela de urgência pleiteada, a parte interessada não pode ser prejudicada por simplesmente procurar salvaguardar seu direito por meio das cortes estatais"[37].

A tutela provisória incidental é contemporânea ou posterior ao pedido da tutela definitiva. O postulante ingressa com o processo requerendo, desde o início, tutela provisória e definitiva, ou ingressa com um processo pleiteando apenas a tutela definitiva e, durante o seu transcorrer, reivindica a tutela provisória[38].

Na prática arbitral, esse tipo de tutela é apresentado junto às alegações iniciais. Não demonstra ser possível o manejo desse pedido no que a prática chama de "requerimento de arbitragem". Nesse expediente, o interessado apresenta à instituição de arbitragem um pedido no qual se noticia a existência de um conflito, o interesse de resolvê-lo por meio de arbitragem e, diante da existência de convenção de arbitragem, com menção à respectiva instituição, que essa deverá ser responsável por administrar o conflito.

Para fins de ilustração, a Ciespe/Fiesp estabelece em seu regulamento que a instauração de procedimento arbitral far-se-á mediante

---

36. A questão assim está ementada: PROCESSUAL CIVIL. RECURSO ESPECIAL. CAUTELAR AJUIZADA PERANTE A JUSTIÇA ESTATAL. EXISTÊNCIA DA CLÁUSULA COMPROMISSÓRIA ARBITRAL. AUSÊNCIA DE INSTAURAÇÃO DO JUÍZO ARBITRAL NO PRAZO. EXTINÇÃO DA CAUTELAR. 1. O ajuizamento de ação cautelar perante a Justiça Estatal não afasta a eficácia da cláusula compromissória arbitral. Precedentes. 2. A ausência de iniciativa para a instauração do juízo arbitral extingue a cautelar, na forma do art. 808 do Código de Processo Civil de 1973. 3. Recurso especial provido. (STJ - REsp: 1244401 SC 2011/0052513-2, Relator: Ministra MARIA ISABEL GALLOTTI, Data de Julgamento: 07/02/2017, T4 - QUARTA TURMA, Data de Publicação: DJe 16/02/2017).

37. CARRETEIRO. Mateus Aimoré. **Tutelas de urgência e processo arbitral**. São Paulo: Editora Revista dos Tribunais, 2017. p. 153.

38. DIDIER JR. Fredie. **Curso de Direito Processual Civil**. v. 2. 11. Ed. Salvador: Editora Juspodivm, 2016. p. 585.

requerimento da parte interessada, indicando, desde logo, à convenção de arbitragem que estabeleça a competência da Câmara, a matéria objeto da arbitragem, o seu valor, o nome e a qualificação completa da(s) outra(s) parte(s), anexando cópia do contrato e demais documentos pertinentes ao litígio (art. 2.1).

Esses estágios precedentes ao processo arbitral revelam uma notável divergência ao que ocorre nas demandas judiciais. Até a aceitação da nomeação pelos árbitros, não há processo arbitral formado, a relação processual arbitral não existe, como também não teve início o exercício da jurisdição arbitral. Após a aceitação dos árbitros através do termo de arbitragem, o processo arbitral começa (Lei 9.307/96, art. 19) e, somente então, as partes apresentarão suas respectivas alegações.

As alegações iniciais equivalem à petição inicial, que provoca a jurisdição arbitral. Nesse instrumento serão indicados e qualificados os envolvidos, haverá a exposição dos fatos e fundamentos, a causa de pedir e o seu devido enquadramento na legislação substancial com posterior formulação do(s) pedido(s) a ser objeto de decisão pelos árbitros.

Apresentada as alegações pelo requerente, o árbitro, ao recebê-las, deverá dar oportunidade de o requerido se defender. A resposta, ou alegação inicial do requerido, na arbitragem, consiste na conhecida contestação do processo judicial, momento em que poderá se levantar questões prejudiciais e de mérito.

É nesse momento que a tutela de urgência incidental pode ser solicitada, seja pelo requerente, seja pelo requerido. Não se descarta, também, que se reivindique tutela provisória em momento posterior às alegações iniciais por meio de simples petição, ou mesmo durante as audiências. O que se pretende assentar é que esse tipo de tutela provisória pressupõe a existência de um processo arbitral ou judicial já instaurado, o qual se pleiteia a tutela definitiva.

Nesse sentido, a Lei de Arbitragem estabelece que, estando já instituída a arbitragem, a medida cautelar ou de urgência será requerida diretamente aos árbitros, órgão competente para ofertar tanto a tutela definitiva quanto as eventuais e possíveis tutelas provisórias. Da mesma forma que instituída a arbitragem, caberá aos árbitros manter, modificar ou revogar a tutela provisória de urgência (cautelar ou antecipada) concedida pelo Poder Judiciário (art. 22-B).

Trànscorridas as circunstâncias temporárias que apoiavam a intervenção temporária do Judiciário, e haja vista que a pactuação de convenção de arbitragem implica, como regra, a renúncia da jurisdição estatal, "é razoável que os autos sejam prontamente encaminhados ao juízo arbitral, para que este assuma o processamento da ação e, se for o caso, reaprecie a tutela conferida, mantendo, alterando ou revogando a respectiva decisão"[39].

Candido Rangel Dinamarco explicita que, "Concedida ou negada uma medida urgente pelo juiz estatal, uma vez instaurada a arbitragem devolve-se aos árbitros a competência para reapreciar o que naquela decisão se contém". Para o professor, "Ser-lhes-á lícito tanto quanto àquele juiz e conforme o caso, revoga, mediante decisão fundamentada, a medida concedida ou conceder medida antes negada pelo Poder Judiciário"[40].

Nas demandas contra a Fazenda Pública, as tutelas provisórias concedidas poderão ser impugnadas por instrumentos específicos (agravo de instrumento, pedido de suspensão e reclamação) – que serão objeto de análise em momento posterior. Não é incomum que esses tipos de decisão sejam levados para as instâncias superiores para eventual suspensão dos seus efeitos ou mesmo revisão.

No entanto, se durante esse percurso de tempo a arbitragem for iniciada, o recurso de agravo, o pedido suspensão ou reclamação pendentes não poderão ser apreciados pelo tribunal judiciário tendo em vista o esvaziamento da competência decorrente do efeito negativo da convenção de arbitragem.

O mesmo ocorre se já tiver sido proferida alguma decisão com fundamento no inciso I do art. 1.019 do CPC[41]. Se o relator, monocraticamente bloquear, em sede de liminar, a decisão provisória proferida em primeira instância, atribuindo efeito suspensivo ao recurso até o julgamento perante o órgão colegiado, essa decisão estará sujeita a mesma regra contida no art. 22-B *caput* da LArb, a qual permite ao

39. STJ. REsp 1.297.974-RJ, Rel. Min. Nancy Andrighi, julgado em 12/6/2012.

40. DINAMARCO, Candido Rangel. **Arbitragem na Teoria Geral do Processo**. São Paulo: Malheiros, 2013.p. 225.

41. Art. 1.019. Recebido o agravo de instrumento no tribunal e distribuído imediatamente o relator, no prazo de 5 (cinco) dias: I - poderá atribuir efeito suspensivo ao recurso ou deferir, em antecipação de tutela, total ou parcialmente, a pretensão recursal, comunicando ao juiz sua decisão;

árbitro, ou Tribunal, modificar ou revogar a medida concedida pelo Poder Judiciário

Não há, aqui, perda de objeto, mas um limite imposto pela convenção de arbitragem. No momento em que o órgão arbitral está constituído, é sua a competência e jurisdição para decidir todas as questões acerca do objeto estabelecido no termo de arbitragem. Conforme dito acima, o pedido de tutela provisória não implicou em renúncia à jurisdição do(s) árbitro(s).

O dispositivo é claro e "não deixa nenhuma dúvida de que os árbitros possuem competência para a concessão de tutelas de urgência e que, além disso, qualquer medida concedida anteriormente pelas cortes estatais pode ser revista pelo árbitro"[42].

Clávio Valença Filho informa que a atuação do Poder Judiciário na concessão desse tipo de medida é precária, pois tal atividade será suprimida "No momento mesmo em que possa o árbitro agir, seja positivamente, para conceder medida antes negada pelo juiz estatal, seja negativamente, para reconsiderar, suspender ou revogar a tutela judicial de urgência". E não apenas isso, "O árbitro pode atuar negativamente, para revogar, a qualquer tempo, a tutela provisional judiciária. É sempre possível, ao menos juridicamente, o retorno à situação anterior" [43].

A LArb autoriza ao árbitro, "substituir a medida concedida por outra igualmente eficaz e menos gravosa, ou pela caução que vierem a estipular". O efeito negativo implica em "transferência da jurisdição do árbitro por ato voluntário das partes, passando ele a ser o juízo da causa e tendo o poder de conceder, revogar ou modificar as decisões urgentes por ele próprio ou pelo juiz anterior – no caso o togado"[44].

O efeito negativo da convenção também afasta, desde logo, qualquer manifestação judicial que se destine a decidir as questões do conflito[45]. Há, no dizer de Débora Visconde, uma "prioridade

42. CARRETEIRO. Mateus Aimoré. **Tutelas de urgência e processo arbitral**. São Paulo: Editora Revista dos Tribunais, 2017., p. 16.

43. VALENÇA FILHO, Clávio de Melo. A arbitragem em juízo. Tese (Doutorado em Direito) - Faculdade de Direito, Universidade de São Paulo, São Paulo, 2015, p. 169

44. DINAMARCO, Candido Rangel. **Arbitragem na Teoria Geral do Processo**. São Paulo: Malheiros, 2013. p. 222

45. MARTINS, Pedro Batista. **Apontamentos sobre a Lei de Arbitragem**. Rio de Janeiro: Forense, 2008. p.137.

hierárquica entre árbitros e juízes estatais, uma vez que o árbitro teria a preeminência do direito de decidir sobre a questão jurisdicional"[46].

É na tutela definitiva que se concentra o mérito da questão. Nesses casos, a decisão de mérito é dos árbitros e apenas deles. Com efeito, sendo o órgão arbitral a única e exclusiva instância jurisdicional para análise de mérito da questão discutida no processo principal ao qual se destina a medida de urgência, está autorizado por lei, a qualquer momento, extingui-la, "seja pela prolação de sentença arbitral final, seja pela prolação de sentença de mérito parcial, seja, ainda, por simples decisão interlocutória, com fundamento em sua própria avaliação sobre conveniência do ato"[47].

As tutelas de urgência podem assumir várias formas e serem manejadas em momentos diversos durante a arbitragem.

É o caso de medida de urgência concedida de ofício pelo árbitro. É possível que, quando se deparar com a análise das alegações, o julgador privado decrete provimentos cautelares ou de medidas coercitivas mesmo sem requerimento prévio. Como pontua Marcos Gomes da Costa, "há circunstâncias em que o bem jurídico, seja pela sua natureza, seja pela sua relevância, pode ser tutelado de ofício pelo juiz, para evitar o seu perecimento ou para evitar o risco de inutilidade do provimento jurisdicional"[48].

A ausência de requerimento das partes não pode justificar a inércia do árbitro diante de situação de perecimento de direito ou mesmo da própria efetividade do processo pelo qual é responsável. Acerca da questão, a doutrina ressalva que, embora não exista proibição, uma decisão *ex officio* em âmbito arbitral é excepcional "se no processo estatal essas condições são raras de se encontrar, no processo arbitral, a excepcionalidade é muito mais acentuada, sendo difícil imaginar situação concreta a justificar a concessão *ex officio*"[49].

---

46. VISCONDE, Débora. **A jurisdição do árbitro de seus efeitos**. Dissertação (Mestrado em Direito) – Faculdade de Direito da Universidade de São Paulo, 2009, p. 94.
47. VALENÇA FILHO, Clávio de Melo. **A arbitragem em juízo**. Tese (Doutorado em Direito) - Faculdade de Direito, Universidade de São Paulo, São Paulo, 2015. p. 169.
48. COSTA, Marcos Gomes da. **Tutela de urgência e processo arbitral.** Dissertação (Mestrado em Direito) - Faculdade de Direito, Universidade de São Paulo, São Paulo, 2013, p. 152.
49. CARRETEIRO. Mateus Aimoré. **Tutelas de urgência e processo arbitral**. São Paulo: Editora Revista dos Tribunais, 2017, p. 229.

No âmbito dos processos arbitrais, existe um determinado leque de temas mais propensos a serem objeto de tutela provisória. Além disso, a doutrina aponta alguns exemplos: i) medidas para regular a relação das partes, para manter o *status quo* enquanto pendente o resultado da disputa; ii) medidas para preservação de provas que são consideradas relevantes para a disputa e necessárias à elucidação dos fatos; iii) medidas para garantir a futura execução da sentença arbitral; e iv) medidas para pagamentos antecipados[50].

Analisamos os regulamentos das principais e mais relevantes instituições de arbitragem no Brasil e constatamos que nenhuma deles traz diretrizes específicas sobre tutelas de urgência em desfavor da Fazenda, inclusive aquelas ditas especializadas. Os regulamentos ocupam-se apenas a regular a autorização para concessão de tais medidas, nada mais.

Não se pode descartar o fato de que a heterogeneidade das questões de direito material submetidas a litígio, principalmente devido a atuação privada da Administração Pública, torna impossível prever todas as hipóteses em que seria necessária a concessão de uma medida de urgência.

Os casos mencionados acima apenas exemplificam um sem número de situações que podem ocorrer e existir tutela provisória. A doutrina indica que há uma inclinação a atipização das tutelas de urgência "a fim de que o processo possa proteger da forma mais completa possível as mais diversas situações substanciais". Assim, o julgador deve atender "todas as situações substanciais carente de tutela no plano do direito material"[51].

O processo arbitral acompanha esse movimento.

A concessão de medida de urgência em qualquer caso exige adequação e proporcionalidade em relação ao objeto da disputa. Se a questão é complexa, a flexibilidade da arbitragem permite que o árbitro tome providências que normalmente seriam impensadas no Judiciário.

50. CARRETEIRO. Mateus Aimoré. **Tutelas de urgência e processo arbitral**. São Paulo: Editora Revista dos Tribunais, 2017. p. 52 e ss.

51. MITIDIERO, Daniel. **Tendências em Matéria de Tutela Sumária: da Tutela Cautelar à Técnica Antecipatória**. Revista de Processo, v. 197, 2011., p. 46-47.

Para fazer jus a esse tipo de providência jurisdicional na arbitragem, deve o requerente demonstrar elementos que evidenciem a probabilidade do direito e o perigo de dano ou o risco ao resultado útil do processo arbitral, com base em elementos fáticos e provas concretas, os quais indiquem a necessidade da medida, sob pena de inutilidade ou ineficácia desta.

6.3. O APOIO JUDICIAL PARA AS MEDIDAS DE URGÊNCIA ARBITRAIS E PRÉ-ARBITRAIS

A autonomia da vontade das partes garante que, mesmo estipulada na convenção arbitral a possibilidade de utilização do árbitro de urgência, estas poderão valer-se da jurisdição estatal. De acordo com Eduardo Talamini, "a possibilidade de emprego da arbitragem de emergência é inerente à opção pela arbitragem institucional mas as partes podem expressamente excluí-la e mesmo que não excluída a arbitragem de emergência na convenção arbitral, seu emprego não é obrigatório"[52]

A qualidade do processo arbitral não prescinde de um Poder Judiciário atento e cooperativo: atento às medidas anti-arbitragem que muitas vezes buscam protelar a instauração do procedimento ou embaraçar seu percurso; e cooperativo para dar efetividade às solicitações e medidas requisitadas pelos árbitros.

A hipótese de amparo judicial pré-arbitral também se justifica. Carlos Augusto Lobo elucida que "nem sempre a arbitragem ou mesmo o juízo estatal, são capazes de prover em tempo a medida urgente requerida", e assevera mais adiante "a constituição de um tribunal arbitral, por mais completa que seja a convenção de arbitragem, demanda tempo que a premência da situação desaconselha esperar"[53].

Se esse for o caso, a ameaça de perecimento de direito, o risco de abalar o resultado útil do processo arbitral e, por consequência, denegar a justiça, dão fundamento e autorização para a intervenção

52. TALAMINI, Eduardo. **Arbitragem e tutela provisória no CPC/15**. In: Fredie Didier Jr; Mateus Pereira; Roberto Gouveia; Eduardo José da Fonseca Costa. (Org.). Grandes temas do novo CPC: tutela provisória. 1ed.Salvador/BA: JusPodivm, 2016, v. 6, p. 177.

53. LOBO, Carlos Augusto da Silveira. **O procedimento cautelar pré-arbitral da CCI**.. Estudos em Homenagem ao Prof. Theóphilo de Azevedo Santos. Coordenadores: FERRAZ, Rafaella; MUNIZ, Joaquim de Paiva. Rio de janeiro: Forense, 2008 p. 55.

do Poder Judiciário mesmo nos casos em que as partes já pactuaram previamente a instituição de arbitragem.

Alerta-se que, nos casos em que o processo arbitral, por si só, não for apto a propiciar proteção integral e efetiva do bem da vida, cumpre reconhecer o acesso à via judicial habilitada a viabilizar tal tutela; não é lícito recusar ao interessado o acesso à justiça ordinária, sob risco de violação do princípio constitucional da indeclinabilidade da jurisdição.

De fato, ausente a figura do árbitro de urgente caberá ao juiz togado assumir essa função. É que não existe árbitro constituído e com competência para apreciar a pretensão de urgência. Demonstra-se evidente que o interessado não pode ficar sem uma tutela jurisdicional célere e adequada que corresponda à sua pretensão. A impossibilidade de acesso à jurisdição (estatal) não é tolerada, como dito acima, pela ordem constitucional.

Antes da alteração da Lei de Arbitragem pela Lei 13.129/2015, a doutrina defendia a possibilidade de atuação prévia do Poder Judiciário.

De acordo com Eleonora Coelho Pitombo, "muito embora tal hipótese não esteja expressamente prevista na Lei n. 9.307/96, decorre de princípio constitucional de acesso à justiça"[54]. Francisco Cahali, por sua vez, explica que "enquanto não instituto juízo arbitral a quem possa a parte requerer as providências cautelares urgentes, para a preservação de seus direitos, será feito o pedido de tutela perante o Poder Judiciário"[55].

Marcos André Fernando Montoro que esclarece: "havendo convenção arbitral, a atividade jurisdicional é ministrada pelo árbitro; mas enquanto não for instaurada a arbitragem, as questões urgentes são resolvidas pelo Poder Judiciário estatal, que vai, provisoriamente, dar uma resposta jurisdicional à pretensão urgente das partes"[56]. Arnold Wald, sob ponto de vista da arbitragem internacional, estipula

54. PITOMBO, Eleonora Coelho. **Arbitragem e o Poder Judiciário: Aspectos Relevantes**. In: GUILHERME, Luiz Fernando do Vale Almeida (Coord.). Aspectos Práticos da Arbitragem. São Paulo: Quartier Latin, 2006. p. 109.

55. CAHALI, Francisco José. **Curso de Arbitragem**. 5. ed. São Paulo: Revista dos Tribunais, 2015, p. 293 e ss.

56. MONTORO, Marcos André. Fernando. **Flexibilidade do procedimento arbitral**. Tese de doutorado. Universidade de São Paulo. 2010, p. 327.

que "as medidas cautelares prévias à instauração do juízo arbitral, que encontram fundamento no princípio da efetividade da tutela jurisdicional". Ele aponta ainda que tais medidas "são aceitas pela doutrina nacional e estrangeira e pela jurisprudência, sendo, ainda, expressamente previstas nas regras da Uncitral, têm elas o objetivo precípuo de garantir a eficácia da futura arbitragem a ser instaurada"[57].

No mesmo sentido, a jurisprudência brasileira já vinha se pronunciando nesse mesmo sentido[58].

A atual redação da lei de arbitragem, em seu art. 22-A, supriu a lacuna do revogado §4º do art. 22. O texto deixa claro a possibilidade de, antes da instituição de arbitragem, as partes valerem-se do Judiciário para a concessão de medida cautelar ou de urgência. De acordo com o parágrafo único do dispositivo supramencionado, "Cessa a eficácia da medida cautelar ou de urgência se a parte não requerer a instituição da arbitragem no prazo de 30 dias, contato da data de efetivação da respectiva decisão". Semelhante ao procedimento da tutela cautelar do atual Código de Processo Civil, requerida em caráter antecedente nos processos judiciais, estabeleceu um limite temporal para a instauração da demanda principal.

É de se constatar que, na medida em que se demanda ao Judiciário uma tutela provisória pré-arbitral, o juiz estatal será um verdadeiro juiz de urgência, com a mesma característica de provisoriedade e limitação cognitiva do árbitro urgente.

O risco de denegação da tutela jurisdicional surge como fundamento de regressão do poder jurisdicional ao estado-juiz. Esse,

---

57. WALD. Arnold. **Cabimento de medida cautelar preparatória perante o Poder Judiciário antes de instaurado o juízo arbitral**. Revista de Direito Bancário e do Mercado de Capitais, n. 27, São Paulo: Editora Revista dos Tribunais, 2005, p. 162-163.

58. "Na pendência da constituição do Tribunal Arbitral, admite-se que a parte se socorra do Poder Judiciário, por intermédio de medida de natureza cautelar, para assegurar o resultado útil da arbitragem. Superadas as circunstâncias temporárias que justificavam a intervenção contingencial do Poder Judiciário e considerando que a celebração do compromisso arbitral implica, como regra, a derrogação da jurisdição estatal, os autos devem ser prontamente encaminhados ao juízo arbitral, para que este assuma o processamento da ação e, se for o caso, reaprecie a tutela conferida, mantendo, alterando ou revogando a respectiva decisão. Em situações nas quais o juízo arbitral esteja momentaneamente impedido de se manifestar, desatende-se provisoriamente as regras de competência, submetendo-se o pedido de tutela cautelar ao juízo estatal; mas essa competência é precária e não se prorroga, subsistindo apenas para a análise do pedido limina". Superior Tribunal de Justiça. REsp 1297974/RJ, Rel. Ministra NANCY ANDRIGHI, Terceira Turma, julgado em 12/06/2012, DJe 19/06/2012.

contudo, participará tão somente na análise das questões atinentes à concessão da tutela urgente, sem pronunciar-se quanto ao mérito.

Por fim, ao passo em que o magistrado concede a medida pré-arbitral e se instala a arbitragem, poderá o árbitro manter, modificar ou revogar a medida de urgência concedida pelo Poder Judiciário, conforme dispõe o art. 22-B da LA. Quis o legislador deixar claro que o árbitro não está vinculado a eventuais tutelas provisórias anteriores a sua nomeação, ele é independente; tanto o árbitro de urgência quanto o juiz estatal de urgência encerram sua atividade quando iniciada a arbitragem.

6.4. OS PRESSUPOSTOS PARA SUA CONCESSÃO E CARACTERÍSTICAS DAS TUTELAS PROVISÓRIAS NO PROCEDIMENTO ARBITRAL

O árbitro poderá conceder medidas provisórias de ofício ou a requerimento diante do preenchimento de alguns pressupostos. Conforme identificou-se, a essência das tutelas de urgência se apoia em dois fundamentos: o *periculum in mora* e o *fumus boni iuris*. Com efeito, "não é possível a concessão de qualquer medida de urgência sem que eles sejam – em maior ou menor grau – considerados"[59].

O primeiro pressuposto "consiste na iminência de um mal ou prejuízo, causado ou favorecido pelo correr do tempo, a ser evitado". É a ameaça ao direito que pode colocar em risco o resultado útil ao processo, tendo em vista que é através dele que se busca o direito em caráter definitivo. O segundo pressuposto "é a aparência de que o demandante tem o direito alegado, suficiente para legitimar a concessão de medidas jurisdicionais aceleradas"[60].

Concordamos com a doutrina que aponta que a probabilidade de direito e o perigo da demora atuam em um regime de integração e de complementação recíproca. "É como se esses dois pressupostos estivessem solidarizados sob uma lógica de compensação mútua"[61]. Conforme se depreende, para reduzir os riscos da brevidade da cog-

---

59. COSTA. Eduardo José da Fonseca. **O Direito Vivo das Liminares**. Dissertação de Mestrado. Pontifica Universidade Católica de São Paulo. 2009, p. 26.
60. DINAMARCO, Candido Rangel. **Vocabulário do processo civil.** 3 Ed. São Paulo: Malheiros, 2009, p. 338 e 381.
61. COSTA. Eduardo José da Fonseca. **O Direito Vivo das Liminares**. Dissertação de Mestrado. Pontifica Universidade Católica de São Paulo. 2009, p. 104.

nição para tomada de decisões urgentes, "é sempre indispensável por esses dois requisitos juntos, sobre a mesma mesa de trabalho, associando-os harmoniosamente em um raciocínio integrado e contextual porque só assim se pode chegar a um resultado equilibrado e proporcional aos perigos que eventualmente a parte possa temer"[62].

No que se refere as características, verifica-se que as tutelas de urgência são decorrentes de cognição sumária. Ovídio Batista já há muito orientava que "a tutela cautelar deve submeter-se à contingencia de tutelar a aparência do direito porque a investigação probatória exauriente provocaria sua irremediável destruição, ou uma redução significativa em sua utilidade prática. Sucede, porém, que o tempo é um fator ineliminável em qualquer ordenamento jurídico real. A ideia de processo não se concilia com a instantaneidade. As leis de processo poderão reduzir os riscos inconvenientes que o tempo provoca, inevitavelmente, na vida dos direitos, procurando afeiçoá-las às exigências dos casos concretos, porém jamais poderão suprimir inteiramente o fator temporal"[63].

A análise de um pedido de urgência será necessariamente incompleta e superficial, baseada em juízo de probabilidade. Além disso, a medida deve ser reversível; diante de uma análise mais profunda da questão debatida, pode-se entender que a medida adotada não se faz mais necessária. Se assim for, os efeitos da medida devem cessar sem que isso implique em prejuízo no direito de quem sofreu a ordem. De fato, o risco de irreversibilidade pode ser efeito tanto da concessão quanto da não concessão da medida urgente. Além disso, a medida urgente tem caráter precário – provisório – e a tutela definitiva só pode ser fornecida ao final do procedimento. Não é autorizado que a medida de urgência esgote o objeto da demanda. É por isso que o que se antecipa são os efeitos da tutela e não a tutela propriamente dita.

6.5. ANÁLISE CRÍTICA DAS VEDAÇÕES LEGAIS ÀS TUTELAS PROVISÓRIAS CONTRA A FAZENDA PÚBLICA

Tem se afirmado que o processo que envolve a Fazenda Pública traz consigo algumas peculiaridades. Uma delas é encontrada no re-

62. DINAMARCO, Candido Rangel. **Instituições de Direito Processual Civil**, v. 3. 7. Ed São Paulo: Malheiros, 2017. p. 880.

63. SILVA. Ovídio Baptista. **Do processo cautelar.** Rio de Janeiro: Forense, 1996, p. 71.

gime jurídico processual aplicado às tutelas provisórias que são concedidas em desfavor da Fazenda Pública. Constituiu-se como uma de suas prerrogativas a proibição de concessão de tutelas provisórias contra a Fazenda Pública em determinados casos previstos na legislação. O que se pretende verificar aqui é se esse regime é aplicável à arbitragem e quais os impactos que eventualmente podem ser verificados em razão dessas ordens proibitivas.

6.5.1. Há motivo para preocupação? O impacto mínimo

A lei 9.307/96 foi clara em dizer que a arbitragem que envolva a administração pública será sempre de direito. Assim sendo, aplicam-se, integralmente as limitações legais no que se refere às medidas de urgência em face da fazenda pública[64].

A princípio, a afirmação acima pode trazer descontentamento, mas, quando observamos as vedações, constatamos que todas elas terão um potencial enfraquecido pela sua própria natureza e pela dinâmica que a arbitragem possui. É que as matérias que são objeto de vedação, em sua maioria, dizem respeito a direitos indisponíveis. Logo, sequer podem ser objeto de conflito em um processo arbitral.

De fato, não poderia cogitar, por exemplo, um conflito de arbitragem relativo a aumento ou extensão de vantagens/vencimento de servidores públicos. Esse tipo de matéria não se insere no contexto de arbitragem tanto interna quanto internacional. É conflito típico do Poder Judiciário com a participação das entida-

64. "A quem entenda que as vedações aplicáveis só serão aquelas decorrentes da Constituição como a concessão de tutela de urgência que ordene pagamento de quantia (art. 100) mas que as proibições decorrentes de legislação infraconstitucional não seria aplicáveis: "no tocante à disciplina das tutelas de urgência em face da Fazenda Pública, a questão ganha contornos um pouco mais complexos, pois há restrições decorrentes do regime constitucional de precatórios (o STF entendeu que a concessão de tutela de urgência que ordene pagamento de quantia seria contrária ao art. 100 da CF[48]) e decorrentes de normas infraconstitucionais (em especial aquelas previstas nas Leis n. 8.437/92, 9.494/97 e 12.016/09, seja no tocante ao estabelecimento de procedimentos prévios à concessão, seja com relação a matérias para as quais a tutela de urgência é defesa seja, por fim, ao cabimento da famigerada "suspensão" de liminar ou sentença). Entendo que a melhor solução é a de reconhecer que as restrições decorrentes da Constituição Federal se aplicarão integralmente, mas as limitações previstas nas leis infraconstitucionais haverão de ser observadas apenas nos procedimentos judiciais pré-arbitrais, aforados pelo particular em face da Fazenda Pública antes da instauração do processo arbitral. No curso do processo arbitral, as regras processuais aplicáveis são outras, e nelas não se incluem aquelas que impedem a concessão de tutelas urgentes" SICA, Heitor Vitor Mendonça. **Arbitragem e fazenda pública**. In: Francisco José Cahali; Thiago Rodovalho; Alexandre Freire. (Org.). Arbitragem: estudos sobre a Lein. 13.129, de 26-5-2015. São Paulo: Saraiva, 2016, p. 284-285.

des legitimadas, sem prejuízo de que sejam aplicadas outras formas de solucioná-los utilizando-se do modelo multiportas como conciliação e mediação.

Como dito no início, a problemática que envolve a arbitragem, a Fazenda Pública e as suas respectivas medidas de urgência ainda encontra pouca análise doutrinária. Descarta-se, desde logo, qualquer afirmação simplista que diga, sem compromisso dogmático algum, que não se aplicam as leis impeditivas de medidas de urgência na arbitragem por falta de compatibilidade entre os sistemas arbitral e fazendário.

Não se pode, dentro da normatividade, advogar a possibilidade de algo – notadamente que diga respeito a coisa pública – sem designar seu fundamento normativo. Afinal, qual fundamento legal para essa ou aquela afirmação?

A questão não pode ficar silente e gerar esse ambiente intranquilo.

O tema é sensível. Aluísio Gonçalves de Castro Mendes tem razão ao afirmar que "A peculiaridade da concessão de tutela de urgência em face da Fazenda Pública, em ações individuais e coletivas, reside em suas restrições, tanto em razão do interesse público, como em razão da organização orçamentária anual"[65].

De fato, a presença da Fazenda em determinada demanda impõe uma análise cuidadosa das questões em jogo. Dito de outro modo: autorizações ou impedimentos procedimentais ou substanciais dependem de expressa previsão legal – fonte do direito público.

Por essas breves linhas, almeja-se, a partir do que se concebe por tutelas provisórias contra Fazenda Pública, demonstrar que as ditas leis impeditivas, ou vedações legais, devem ser observadas com sobriedade e, ao mesmo tempo, sem tanto receio pelos interessados na arbitragem.

Os sujeitos internacionais e os *players* do mercado devem ser orientados que o ambiente jurídico brasileiro é plenamente fértil e seguro para arbitragem no que se refere às medidas de urgência e

65. MENDES, Aluisio Gonçalves de Castro; SILVA, Larissa Clare Pochmann da. **Restrições à tutela de urgência em face da Fazenda Pública em demandas individuais e coletivas**. Revista de Processo, v. 242, p. 213-223, 2015.

que suas eventuais vedações terão impacto mínimo (ou nenhum) em conflitos com entes públicos.

Como se observará, quase que a totalidade das vedações legais sequer resvalam as matérias das quais a arbitragem pode enfrentar. O caso concreto indicará a necessidade da tutela provisória. As hipóteses de vedação, como não poderiam deixar de ser, são pontuais, não havendo que se cogitar um impedimento absoluto.

Deve-se ter atenção, mas não receios excessivos.

A legislação que nos interessa para esse estudo é bastante intrincada decorrente uma técnica legislativa que deixa muito a desejar e detém um forte viés político e paternalista na tentativa de proteção dos "interesses do Estado". Aponta-se ainda que "todas essas restrições sempre estiveram ligadas a determinada conjuntura econômica. Tinham, até certo ponto, um fundo ideológico"[66].

De fato, desses diplomas erigiu um microssistema legal restritivo para as liminares em face da Fazenda Pública, proibindo a concessão das decisões de tutela provisória em um rol específico de temas[67].

Nesse estudo, não adentraremos no antigo debate doutrinário acerca da possibilidade ou não de se conceder tutela provisória contra a Fazenda. Concordamos com Fredie Didier Jr. Que, após elaborar um panorama doutrinário do tema, arremata: "Parece não haver mais discussão sobre a possibilidade de tutela provisória em face do Poder Público, até mesmo porque existe lei que a disciplina. Se a lei veio regulá-la é porque é possível. Só não o será nas hipóteses nela mesma previstas"[68].

De qualquer forma, concentremos nossas atenções para as disposições contidas nas leis 8.473/92 e 9.494/97[69].

---

66. DIDIER JR. Fredie. **Curso de Direito Processual Civil.** v. 2. 11. Ed. Salvador: Editora Juspodivm, 2016. p, 647.

67. RIBEIRO, Leonardo Ferres da Silva. **Princípio da inafastibilidade do controle jurisdicional**. In: Olavo de Oliveira Beto; Maria Elizabeth de Castro Lopes. (Org.). Princípios processuais civis na Constituição Federal. 1ed.Rio de Janeiro: Elseier, 2008. p. 64.

68. DIDIER JR. Fredie. **Curso de Direito Processual Civil.** v. 2. 11. Ed. Salvador: Editora Juspodivm, 2016. p, 648.

69. "A Lei n. 9-494/1997 que veio para disciplinar a antecipação provisória de tutela contra o Poder Público decorreu de um debate sobre o reajuste concedido em 1993 apenas para servidores militares". DIDIER JR. Fredie. **Curso de Direito Processual Civil.** v. 2. 11. Ed. Salvador: Editora Juspodivm, 2016. p. 650.

De acordo com esse conjunto de leis, não será cabível medida liminar contra atos do Poder Público no procedimento cautelar ou em quaisquer outras ações de natureza cautelar ou preventiva, toda vez que providência semelhante não puder ser concedida em ações de mandado de segurança, em virtude de vedação legal (Lei nº 8.437/92, art. 1º). Mais ainda, não será concedida medida liminar que tenha por objeto a compensação de créditos tributários, a entrega de mercadorias e bens provenientes do exterior, a reclassificação ou equiparação de servidores públicos e a concessão de aumento ou extensão de vantagens ou pagamento de qualquer natureza (Lei 9.494/97, art. 1º[70]).

Ambos os dispositivos encontram reforço no art. 1.059 do Código de Processo Civil.[71-72]

Existe outra vedação. Não será cabível medida liminar que esgote, no todo ou em parte, o objeto da ação (Lei 8.437/82, §3º do art. 1º). A legislação não permite decisão cautelar de cunho satisfativo. O objetivo desse tipo de pedido provisório é tão somente assegurar o resultado da ação principal. Dessa forma, a tutela de urgência deverá demonstrar que a medida é vital para acautelar o possível direito de quem a requer, ante a iminência de dano irreversível ou de difícil reparação.

Pela intepretação dos dispositivos, é possível inferir que as vedações legais pertinentes à tutela cautelar contra à Fazenda Pública são aplicáveis à tutela antecipada e, principalmente, que todas formam um rol de hipóteses taxativas.

---

70. No original "Art. 1º Aplica-se à tutela antecipada prevista nos arts. 273 e 461 do Código de Processo Civil o disposto nos arts. 5º e seu parágrafo único e 7º da Lei nº 4.348, de 26 de junho de 1964, no art. 1º e seu § 4º da Lei nº 5.021, de 9 de junho de 1966, e nos arts. 1º, 3º e 4º da Lei nº 8.437, de 30 de junho de 1992" devido as alterações e reformas legislativas deve-se reportar diretamente ao §2º do art. 7 da Lei de Mandado de Segurança.

71. Art. 1.059. À tutela provisória requerida contra a Fazenda Pública aplica-se o disposto nos arts. 1o a 4o da Lei no 8.437, de 30 de junho de 1992, e no art. 7º, § 2º, da Lei no 12.016, de 7 de agosto de 2009."

72. Acerca do dispositivo Fredie Didier Jr. comenta que "(...) o CPC, em que pese mantenha, substancialmente, o mesmo regramento em torno da matéria, simplificou e sintetizou formalmente o quadro de restrições legais à tutela provisória, cautelar ou satisfativa (liminar ou não), contra a Fazenda Pública, referindo-se às únicas leis limitativas que estão em vigor (...) o art. 1°, da Lei n. 9-494/1997 acabou tornando- se desnecessário e foi implicitamente revogado, vez que o art. 1.059 do CPC fez constar a extensão de todas essas regras restritivas das cautelares e mandado de segurança às tutelas provisórias em geral contra a Fazenda Pública., p. 644.

Se o objeto litigioso não diz respeito aos temas ali elencados, não há impedimento legal para concessão, modificação ou revogação de tutelas de urgência na arbitragem já que, tal como um magistrado, o árbitro tem o poder geral de cautela[73]. Sim, a arbitragem é jurisdição, o árbitro tem os poderes para avaliar, instruir e julgar as questões antecedentes, incidentais e de mérito do conflito existente entre as partes. O poder geral de cautela e o poder de antecipar os efeitos tutela satisfativa é intrínseco aos próprios poderes jurisdicionais confiados pelo árbitro. Apenas o poder de forçar o cumprimento é reservado ao Judiciário[74].

Pois bem, por mais que as vedações, em si, sejam históricas e sistematicamente formas de proteção do Estado contra eventuais gastos não previstos no orçamento, sobretudo no que dizia respeito à concessão de vantagens pecuniárias, à reclassificação ou à concessão de aumentos vencimentos de servidores públicos[75], é inegável que elas também podem a vir de encontro com eventuais interesses de particulares e agentes econômicos privados.

Informar ao particular que, numa possível demanda contra o Estado, poderão existir vedações a medidas urgentes pode trazer à tona um possível desequilíbrio de forças. É imprescindível, portanto, reforçar que a tutela provisória contra a Fazenda é apernas uma possibilidade. Conforme se destaca, "não há, em princípio, maiores restrições à concessão da tutela provisória para obrigação de fazer, não fazer e entrega de coisa em face do Poder Público, até mesmo porque não há a exigência constitucional do precatório"[76].

---

73. "Apesar de o cumprimento das decisões ter de ser feito pelo Poder Judiciário, o único que detém o poder para impor medidas coercitivas, isso não significa que o procedimento cautelar ou especial não tenha sido contemplado pela lei que instituiu a arbitragem no Brasil". TJSP **AI. n.º 0036712-87.2003.8.26.0000**. Rel. designado Juiz Américo Angélico, 18/11/2003.

74. SILVA. Ovídio Batista da**. Curso de Processo Civil**. 6. ed. Revista dos Tribunais, 2003, p. 135.

75. Conforme a exposição de motivos que deu origem a lei: "A falta de previsão orçamentária, o risco de concessão de vantagens indevidas e a dificuldade de ressarcimento dos cofres públicos em caso de pagamentos indevidos constituiriam razões suficientes para recomendar a não aplicação do instituto contra o Poder Público. Não há dúvida, outrossim, de que o deferimento generalizado dessas medidas antecipatórias pode causar sérios danos às Finanças Públicas, com repercussões graves sobre todo o quadro econômico e social. Isso se torna mais gravoso se a tutela antecipada for deferida em processos ou ações de caráter coletivo, dificultando não só a execução, como o eventual controle dos pagamentos. Não é preciso dizer que as decisões tomadas, em sede de juízo liminar ou antecipatório, sem os procedimentos inerentes ao contraditório e à ampla defesa, podem ocasionar monumentais erros judiciários, com sérias consequências para o patrimônio público e para o prestigio da própria Justiça".

76. DIDIER JR. Fredie. **Curso de Direito Processual Civil.** v. 2. 11. Ed. Salvador: Editora Juspodivm, 2016. p. 633.

As vedações que visam proteções a determinados interesses do Estado foram, a propósito, objeto de questionamento perante do Supremo Tribunal Federal, com especial destaque para a ADI 1.576 e a ADC 4. Na oportunidade, entendeu-se que são admissíveis e constitucionalmente amparadas as leis restritivas, fundamentadas pelo interesse público, ao poder geral de cautela do juiz[77].

No julgamento da declaratória, asseverou-se que, desde que fique garantido o direito a ação principal, nada impede o legislador, por interesse público, vedar, em casos específicos, a concessão de tutelas provisórias. É que, em determinadas demandas, a tutela antecipada ensejava uma ordem judicial para despesas imediatas à Fazenda Pública sem qualquer previsão orçamentária. O prejuízo poderia ser incalculável e os valores aportados poderiam, em tese, não ser mais estornados ao Tesouro Estatal em caso de improcedência do pedido principal. Os efeitos práticos dessa decisão, antecedente ou incidental, fez com que o "provisório" se tornasse "definitivo".

Além, disso, o efeito financeiro de uma tutela provisória nas situações previstas na lei questionada poderia ensejar "desarranjos nas contas públicas, ao arrepio, não só das disposições do art. I, da Lei n.9.494/97, como, principalmente, do disposto no art. 100, da Constituição, que impõe a execução do julgado via precatório"[78].

A questão é financeira. Pretende-se, na prática, preservar o orçamento público previamente estabelecido por Lei. Se a medida guerreada disser respeito a uma obrigação de fazer ou não fazer, não haverá impedimento algum para que o árbitro decida e, se necessário, requisite que o Judiciário empregue esforços para efetivar a decisão em desfavor da Fazenda Pública.

---

77. (...) inocorrência de qualquer ofensa, por parte da lei n. 9.494/97 (ART. 1º), aos postulados da proporcionalidade e da razoabilidade – Legitimidade das restrições estabelecidas em referida norma legal e justificadas por razões de interesse público – Ausência de vulneração à plenitude da jurisdição e à cláusula de proteção judicial efetiva – Garantia de pleno acesso à jurisdição do estado não comprometida pela cláusula restritiva inscrita no preceito legal disciplinador da tutela antecipatória em processos contra a fazenda pública – Outorga de definitividade ao provimento cautelar que se deferiu, liminarmente, na presente causa – Ação declaratória de constitucionalidade julgada procedente para confirmar, com efeito vinculante e eficácia geral e "ex *tunc*", a inteira validade jurídico-constitucional do art. 1º da lei 9.494, de 10/09/1997, que "disciplina a aplicação da tutela antecipada contra a fazenda pública" STF. **ADC 4**, Relator(a): Min. SYDNEY SANCHES, Relator(a) p/ Acórdão: Min. CELSO DE MELLO, Tribunal Pleno, julgado em 01/10/2008.

78. STF. **ADC 4**, Relator(a): Min. SYDNEY SANCHES, Relator(a) p/ Acórdão: Min. CELSO DE MELLO, Tribunal Pleno, julgado em 01/10/2008.

Acerca das vedações aqui tratadas, a doutrina tem manifestações dignas de destaque.

Conforme explica Leonardo Carneiro da Cunha, "Embora tenha reconhecido a constitucionalidade das restrições e vedações à concessão da tutela antecipada contra o Poder Público, o STF vem conferindo **interpretação restritiva** ao referido dispositivo" (grifos nossos) e, com efeito, reduz "seu âmbito de abrangência para negar reclamações constitucionais em algumas hipóteses em que lhe parece cabível a medida antecipatória, mesmo para determinar o pagamento de soma em dinheiro". O professor ressalta que, caso esse tipo de decisão "se apoie em entendimento já consolidado no STF também não ofende o julgamento da ADC 4" já que, "cumpre privilegiar a uniformidade de entendimento, pondo-se em relevo a autoridade da Suprema Corte e a normatividade do próprio texto constitucional"[79].

Haroldo Lourenço da Silva, por sua vez, aponta que apesar desse indesejável regime jurídico, "é possível se concluir que nas hipóteses não alcançadas por tais vedações legais, é plenamente possível a concessão o Poder Público, pois tais vedações merecem interpretação restritiva"[80].

As limitações legais não são uma cautela desmedida e possuem uma razão de ser compatível com a realidade financeira da União, dos Estados, Distrito Federal e dos Municípios, e promove um equilíbrio do ponto de vista material, já que a medida de antecipação dos efeitos do provimento final pela cognição sumária que possam gerar prejuízos à Fazenda têm impactos diretos no orçamento e nos recursos voltados à execução de políticas públicas[81].

Eduardo Fonseca Costa indica que existem situações que exigem, inevitavelmente, uma tutela provisória. Com efeito, tal como o juiz, o árbitro não pode deixar de concedê-la. E pontua: "Essas leis circunscrevem-se a enrijecer o pressuposto do *periculum in mora*, e

79. CUNHA, Leonardo Carneiro da. **A Fazenda Pública em juízo**. 14. Rio de Janeiro: Forense, 2017, p. 309.
80. SILVA, Haroldo de Araújo Lourenço da. **Uma (Re)leitura do poder público em juízo à luz das legislações processuais brasileiras**. Tese de Doutorado em Direito. Universidade Estácio de Sá. Rio de Janeiro, 2017, p. 164.
81. SILVA, Haroldo de Araújo Lourenço da. **Uma (Re)leitura do poder público em juízo à luz das legislações processuais brasileiras**. Tese de Doutorado em Direito. Universidade Estácio de Sá. Rio de Janeiro, 2017. p. 165.

não impedir a concessão da tutela de urgência. Atribui-se a elas, assim, uma força que elas não têm".

Há mais. As matérias em que mais se concentram medidas de urgência contra a Fazenda Pública são as relativas à i) saúde (fornecimento de medicamentos, custeio de cirurgias complexas e tratamentos específicos em países estrangeiros etc); ii) concurso público; iii) questões tributárias; iv) licitações (obras de infraestrutura); e v) meio ambiente[82].

Como se observa, algumas dessas matérias sequer tangenciam à arbitrabilidade objetiva exigida para apreciação do juízo arbitral e outras não se encaixam nas hipóteses legais de vedação.

É plenamente possível a concessão de tutela provisória no âmbito de litígios contratuais decorrentes da atividade empresarial e privada do Administração Pública. A doutrina indica que uma das matérias que justificam a concessão da liminar, no âmbito de contratos de construção, é justamente a ordem de continuidade dos serviços ou meios que possibilitem o seu correto andamento[83].

Sob o ponto de vista da Fazenda Pública, são comuns pronunciamentos judiciais que, sob o fundamento da continuidade do serviço público, concedem medidas de urgência com o fim de evitar comprometimento da execução dos serviços.

Na verdade, medidas de urgência relacionadas à licitações, cumprimento de termos do edital, contratos administrativos e concessões públicas quase sempre são relacionadas de atividades de infraestrutura e construção civil, decorrente atividade de gestão do Estado. Tais questões não estão no rol de vedações.

Do que se poderá extrair da análise legislativa, doutrinária e também da prática vivenciada nos tribunais judicias, é possível apontar que as vedações são bastante restritas e eventual impacto em processos de arbitragem será mínimo, já que os temas ali elencados não poderiam ser objeto de litígio arbitral, não havendo que se falar em mera falta de compatibilidade entre o sistema e sim de ausência de suporte fático para que ocorra a incidência da norma.

---

82. Agradeço ao Professor Lucio Grassi pela indicação das matérias que com certeza deu-se devido a seu trabalho como juiz de direito na 8ª Vara da Fazenda Pública da Capital do TJPE.

83. CARRETEIRO. Mateus Aimoré. **Tutelas de urgência e processo arbitral.** São Paulo: Editora Revista dos Tribunais, 2017, p. 62.

Já se ressaltou, inclusive, que, para o mercado arbitral, tais medidas "não constituirão impeditivos absolutos à concessão de liminares acautelatórias contra o Poder Público no âmbito do processo arbitral nem na forma preparatória, nem na forma incidental"[84].

É necessário aclarar que, diante de um pedido de tutela de urgência em face da Fazenda Pública, o árbitro deve observar a solução mais justa e adequada ao caso concreto para que o direito seja preservado. Além disso, o julgador privado deve estar atento à eventual vedação legal imposta por lei. Se não for o caso, preenchidos os pressupostos, é possível a concessão de tutela provisória de urgência, cautelar ou antecipada, em caráter antecedente ou incidental no processo de arbitragem.

Em suma, as hipóteses são taxativas, as proibições não são de caráter absoluto, a sua maioria não preenche o critério de arbitrabilidade objetiva exigida e não vedam genericamente a concessão de medidas provisórias, apenas enrijecem os seus pressupostos e têm impacto mínimo em processos arbitrais.[85]

6.5.2. A proibição para entrega de mercadorias do comércio internacional. Proposta de superação

Não será concedida medida liminar que tenha por objeto entrega de mercadorias e bens provenientes do exterior. Essa vedação não pode passar inoculada aos práticos da arbitragem e merece análise específica.

A Lei 2.770/56 trata especificamente sobre proibição de concessão de medidas liminares nas ações e procedimentos judiciais de qualquer natureza que visem a liberação de bens, mercadorias ou coisas de procedência estrangeira.

84. AMARAL, Paulo OSTERNACK. **Arbitragem e Administração Pública: aspectos processuais, medidas de urgência, e instrumentos de controle**. Belo Horizonte, 2012, p. 121.

85. (...) por vezes, a lei manieta o julgador e prescreve qual a "imagem global" que ela entende apropriada para que a liminar seja concedida. Ou seja, é possível que a lei restrinja a liberdade do juiz de aquilatar, por si mesmo, a "relação de complementação mútua" entre o *fumus* e o *periculum*. Pode ser que a lei preestabeleça a "densidade" que cada um desses pressupostos deve ter para que a tutela de urgência seja concedida. Em geral, diante da prodigalidade com que os juízes concedem determinados tipos de medida liminar, a lei prefixa a "dosagem" do *periculum in mora*, exigindo que ele se apresente em grau elevado para que as concessões generosas sejam *dificultadas*. COSTA, Eduardo José da Fonseca. **As leis "impeditivas" de liminar realmente impedem?**. Revista do Tribunal Regional Federal da 3. Região v. 107, 2011. p. 42.

Mas, antes da análise dogmática, vale questionar: qual era a razão de ser da norma à época de sua edição?

A justificação para a regulação da matéria da década de cinquenta pelo legislador foi, ao nosso ver, protecionista. Na fundamentação do PL 1176/1956, argumentou-se que o controle do Estado do comércio internacional e a defesa dos interesses econômicos exigiam medidas legais para "obstar a ação de interessados em burlar a aplicação de normas e o funcionamento adequado do aparelho fiscalizador". Conforme o relatório, juízes de primeira instância estavam concedendo medidas liminares que, ao serem eventualmente apreciadas pelas instâncias superiores, já tinham produzido efeitos prejudiciais e irreversíveis. A lei poderia, segundo o projeto, evitar infrações legais e a entrada de produtos nocivos a sociedade. Mais ainda, "Diante do clamor da opinião pública contra o chamado 'escândalo das importações' de bens não essenciais ou de essencialidade discutível e à margem do interesse da economia nacional".[86]

Em uma vista rasa, o legislador tentou barrar ou, ao menos, atrapalhar a expansão das importações e o comércio internacional para proteger o mercado interno brasileiro. Bem ou mal-intencionado, o projeto virou lei.

Vamos nos valer de um trecho da mencionada justificação para iniciar nossas observações: "A lei não poderá ser jamais uma regra estática. É, antes, um organismo vivo, que acompanha a evolução da sociedade, cujas ações deve regular". Que assim seja!

O art. 1º dispõe que nas ações e procedimentos judiciais de qualquer natureza, que visem obter a liberação de mercadorias, bens ou coisas de qualquer espécie procedentes do estrangeiro, não se concederá, em caso algum, medida preventiva ou liminar que, direta ou indiretamente, importe na entrega da mercadoria, bem ou coisa.

O termo "judicial", deve ser entendido, ao nosso ver, como "jurisdicional". Não se mostra coerente atribuir interpretação literal a essa expressão a justificar uma imunidade de proibição aos processos de arbitragem. Argumentar que a questão diz respeito apenas a processos em âmbito do Poder Judiciário é um argumento frágil e não iremos considerá-lo nessa abordagem.

86. A integra do relatório pode ser encontrada no site do câmara dos deputados <https://bit.ly/2C140uk>. Acesso em 14 de agosto de 2018.

A vedação para a entrega de mercadorias e bens provenientes do exterior pode ter alguma influência em processos arbitrais que tratam do comércio internacional ou aduaneiro, uma vez que esses produtos, quando não liberados, encontram-se sujeitos a um pesado regime tarifário de armazenamento nas Zonas Alfandegárias (Portos e Aeroportos) e pode representar, além de um quadro de difícil reparação, um embaraço para as nossas importações, já que, dependendo do tempo de retenção, pode acarretar a inviabilidade da transação, pois o comerciante importador pode não ter mais possibilidade de resgatar as suas mercadorias[87].

Aponta-se que essa proibição "destinada à liberação de bens e mercadorias justifica-se, pelo risco de irreversibilidade da medida, pois o desembaraço antecipado das mercadorias pode impedir eventual cominação do perdimento". A preocupação justifica-se pois, "se houver aparente conduta criminosa ou risco para a população, para o meio ambiente, para a saúde, enfim, para o interesse público", os efeitos da tutela de urgência serão irreversíveis[88].

Contudo, alerta-se que "se, na realidade, a apreensão da mercadoria decorrer de exercício arbitrário de poder ou meio coercitivo disfarçado de cobrança de tributo"[89-90], é possível a concessão da medida liminar sem que isso signifique violação à proibição imposta pela legislação.

De fato, não é incomum o exercício do "poder pelo poder" praticada por determinados órgãos públicos, sobretudo os de fiscaliza-

87. Cf. BEZERRA, Antonio Custódio. **Inconstitucionalidades da Nova Lei do Mandado de Segurança (Lei nº 12.016, 07.08.2009)**. Observatório da Jurisdição Constitucional, v. 4, p. 1, 2010.

88. CUNHA, Leonardo Carneiro da. **A Fazenda Pública em juízo**. 14. Rio de Janeiro: Forense, 2017, p. 312.

89. CUNHA, Leonardo Carneiro da. **A Fazenda Pública em juízo**. 14. Rio de Janeiro: Forense, 2017, p. 312.

90. "Trata-se de providência restritiva de direito, complicadora ou mesmo impeditiva da atividade empresarial do contribuinte para forçá-lo a adimplir. Não passa de falácia, sem prejuízo da irracionalidade, o argumento de garantia de débitos vincendos. A garantia em favor do futuro, como é traço comum dessas medidas restritivas, consubstancia mero pretexto para cobrar o tributo passado. Surge o que, em Direito Tributário, convencionou-se chamar de "sanções políticas" ou "indiretas". Segundo Hugo de Brito Machado, correspondem a "restrições ou proibições impostas ao contribuinte, como forma indireta de obrigá-lo ao pagamento do tributo, tais como a interdição do estabelecimento, a apreensão de mercadorias, o regime especial de fiscalização, entre outras". São práticas sancionatórias, limitadoras, em excesso, das atividades econômicas e profissionais dos contribuintes, desafiadoras de liberdades fundamentais consagradas na Carta Maior, por meio das quais o Estado se afasta do meio legítimo estabelecido pela ordem jurídica para cobrar tributos – a ação de execução fiscal". STF - **RE: 565048 RS**, Relator: Min. Marco Aurélio, Data de Julgamento: 29/05/2014, Tribunal Pleno, Data de Publicação: acórdão eletrônico Dje 09.10.2014.

ção[91]. Esse expediente, que nada tem relação com interesse público, atormenta advogados, aumenta os custos das transações, prejudica companhias e prejudica o desenvolvimento nacional. As práticas comerciais não podem estar sujeitas a burocracia ou discricionariedade administrativa sem fundamentação clara, já que isso provoca prejuízos financeiros inestimáveis, traz enorme insegurança jurídica para as contratações e desestimula as atividades e o investimento do mercado internacional.

Mais ainda, "essa restrição legal não significa proibição de liberação dos bens importados, em hipóteses nas quais a lide versa apenas sobre o valor de tributos e outras exações incidentes sobre a operação". Nesse caso, a medida de urgência é possível "desde que condicionada à contracautela, ou, mediante caução idônea, para resguardar a Fazenda Pública, na hipótese de não acolhimento da pretensão", uma vez que "corresponde a um ponto de equilíbrio entre o interesse privado e o interesse da Administração Pública"[92].

A questão merece ainda outras considerações. A vedação, como se observa, é anacrónica, vai na contramão do desenvolvimento das relações comerciais e pode representar prejuízos econômicos significativos, inclusive para o próprio Estado. É um verdadeiro desestímulo aos agentes do mercado internacional.

Esse dispositivo merece ter uma interpretação restritiva. Se o interessado demonstrar que os produtos não oferecem risco e são de origem lícita, ou mais grave, são de natureza perecível, não poderia a lei, de forma genérica, proibir a entrada de bens advindos do estrangeiro.

---

91. "Ante operação aparentemente singela e de pouca monta (trata-se de uma caixa de peças/componentes para aparelhos musicais), carreia-se à importadora, sem se explicitar, ademais, motivo algum, as obrigações de apresentação de extenso rol de documentos e de resposta a quesitos e questionamentos, em amplitude além do razoável. **O contexto denota abuso das prerrogativas fiscais, que o Poder Judiciário, dentro do seu espaço de competência e independência, não pode abonar. 5-** A rudeza da retenção, da apreensão e do perdimento mais exigem do que a mera e lacônica afirmação (subjetiva e de convicção íntima, dado que não exteriorizada) de que a operação de importação acobertaria interposta pessoa, tanto mais se o contexto fático-juridico não a indica de modo veemente (trata-se, ao que por ora consta, de ordinária importação de pequena escala de produto não proibido por empresa que tal atividade prevê em seu contrato social), devendo, no caso, as mercadorias serem objeto de liberação sem prejuízo da continuidade regular do processo administrativo até seu devido culminar legal. (AG 00137173120114010000, Desembargador Federal Luciano Tolentino Amaral, TRF1 - Sétima Turma, e-DJF1 DATA:17/06/2011 PAGINA:330)>.

92. CAVALCANTI, Francisco Queiroz Bezerra. **O novo regime jurídico do mandado de segurança**. São Paulo: MP, 2009. n. 5.31, p. 114-115.

Uma proibição dessa natureza pode tornar inviável as atividades desenvolvidas pelos comerciantes e cria um indesejável embaraço para as atuais e futuras negociações do mercado internacional, sem contar nas elevadas despesas de operação e armazenagem. Deve-se levar em conta que muitas dessas provisões têm que passar por um rígido controle no país de origem. Aliás, não é incomum que esses itens adentrem em nossas fronteiras já com certificações de qualidade internacional.

Em termos mais pragmáticos: impedir uma medida de urgência dessa natureza pode trazer severos riscos ao resultado do processo. Imaginemos, por exemplo, toneladas de alimentos com risco de perecimento que poderiam abastecer milhares de pessoas; instrumentos de avançado nível tecnológico que poderiam ser usados para tratamentos de doenças graves ou terminais; matérias primas ou máquinas estagnas capazes de aprimorar a produção interna da indústria e agronegócio. Os árbitros, que são mais sensíveis à realidade dessas transações, não podem ser impedidos de conceder uma tutela provisória dessa natureza.

A doutrina apresenta severas críticas à tal vedação. Fredie Didier Jr. alerta que tal restrição "é descabida, porque simplesmente elimina a possibilidade de tutela provisória de urgência contra o Poder Público, sendo escancaradamente inconstitucional, por malferir o devido processo legal substancial e o direito de acesso à tutela efetiva". Enquanto Eduardo Talamini, citado pelo mesmo autor, aponta que o texto deve ser interpretado com proporcionalidade, pois a proibição, que não passa de uma alusão à exigência "de que os efeitos da antecipação sejam reversíveis, para que a providência possa ser deferida (...) haverá necessidade de ponderação concreta dos valores envolvidos, para definir-se se é aplicável o óbice imposto em lei"[93-94].

A origem lícita da importação, certificações internacionais de qualidade, prestação de caução idônea, entre outros, constituem verdadeiras evidencias da probabilidade do direito. Por sua vez, o risco de perecimento de bens ou equipamentos tecnológicos, dentre outras

93. DIDIER JR. Fredie. **Curso de Direito Processual Civil.** v. 2. 11. Ed. Salvador: Editora Juspodivm, 2016. p. 653.

94. TALAMINI, Eduardo. **Tutela de urgência e a Fazenda Pública**. Revista de Processo, São Paulo: Editora Revista dos Tribunais, v. 152, 2007., p. 49.

peculiaridades da conjuntura fática que envolvem a transação, são elementos aptos a justificar a concessão da medida de liminar.

Felizmente, alguns tribunais atentos a essas e outras questões, vêm interpretando o dispositivo à luz da atualidade das relações comerciais e com base nos critérios acima delineados.

Em determinado caso, assentou-se que a Lei 2.770/56 não constitui empecilho à liberação da mercadoria pois a vedação por liminar de liberação de mercadoria importada tem sido compreendida como restrita apenas àqueles objetos de crime e não a produtos importados de forma regular[95-96]. Em outra oportunidade, entendeu-se que tal vedação "trata da liberação 'incondicionada' de mercadorias (por força apenas da ordem liminar), ou, em todo o caso, de mercadorias proibidas, não referindo aos casos em que haja prévia prestação de garantia equivalente"[97].

Os padrões de comportamento de mudaram. O Estado atua como empreendedor no mercado internacional. A sua inserção, aliás, é cada vez mais necessária. Observe-se, por exemplo, a edição do Decreto n. 8.327/14, a qual objetiva contribuir para a eliminação dos obstáculos jurídicos e a adoção de regras uniformes para reger os contratos de compra e venda internacional de mercadorias que contemplem os diferentes sistemas sociais, econômicos e jurídicos para o desenvolvimento do comércio internacional.

As razões que justificaram a edição da vedação à tutela provisória, relativo à importação de mercadorias, que foi, em nosso entender, erroneamente reproduzida pela Lei 12.016/09, não mais existem. Há, aqui, um evidente caso de inconstitucionalidade superveniente, isto é, quando a incompatibilidade constitucional é decorrente alteração das circunstâncias fáticas, econômicas e sociais.

---

95. Remetemos ao leitor a Instrução Normativa SRF Nº 228/02 da Receita Federal que dispõe sobre procedimento especial de verificação da origem dos recursos aplicados em operações de comércio exterior e combate à interposição fraudulenta de pessoas, em seu art. 7º prescreve que Enquanto não comprovada a **origem lícita**, a disponibilidade e a efetiva transferência, se for o caso, dos recursos necessários à prática das operações, bem assim a condição de real adquirente ou vendedor, o desembaraço ou a entrega das mercadorias na importação fica condicionado à prestação de garantia, até a conclusão do procedimento especial. (grifo nosso)

96. AG 00157459820134010000, Desembargador Federal Leomar Barros Amorim De Sousa, TRF1 - Oitava Turma, e-DJF1 DATA:12/07/2013 PAGINA:753.

97. Tribunal Regional Federa da 1ª Região. Agravo de Instrumento n.00591687920114010000, Desembargador Federal Luciano Tolentino Amaral,. Sétima Turma, e-DJF1 DATA:01/03/2013, p. 940.

Somadas as considerações acima, entendemos que a demonstração de que a mercadoria é decorrente da atividade empresarial idônea é característica que merece ponderação na análise da viabilidade ou não de sua liberação por parte do julgador. Diante disso, o proibitivo da Lei n. 2.770/56 deve ser interpretado de forma restritiva e atenta às realidades do caso concreto levando a efeito ainda o perigo que pode representar a espera de uma decisão final acerca dessa questão.

6.6. A INAPLICABILIDADE DO PEDIDO DE SUSPENSÃO DE LIMINAR

O pedido de suspensão tem como escopo sustar o implemento de medida de urgência sustando seus efeitos com o que se desobriga a Fazenda Pública ao cumprimento de tal medida[98].

Leonardo Carneiro da Cunha também orienta que "O pedido de suspensão cabe em todas as hipóteses em que se concede tutela provisória contra a Fazenda Pública ou quando a sentença produz efeitos imediatos, por ser impugnada por recurso desprovido de efeito suspensivo automático"[99]. Para o professor, no pedido de suspensão não se examina o mérito da controvérsia principal, "aquilatando-se, apenas, a ocorrência de lesão a interesses públicos relevantes"[100].

É uma prerrogativa processual com escopo de proteger o interesse público enquanto não se decide, definitivamente, se assiste razão ao particular ou à Fazenda Pública[101].

A legislação prevê três situações para justificar o pedido de suspensão: i) manifesto interesse público; ii) flagrante ilegitimidade; iii) grave lesão à ordem, à saúde, à segurança e à economia pública[102].

Quanto à natureza, há amplo debate doutrinário que, por razões metodológicas, resumiremos em três correntes.

---

98. CUNHA, Leonardo Carneiro da. **A Fazenda Pública em juízo.** 14. Rio de Janeiro: Forense, 2017, p. 605.
99. CUNHA, Leonardo Carneiro da. **A Fazenda Pública em juízo.** 14. Rio de Janeiro: Forense, 2017 p. 605.
100. CUNHA, Leonardo Carneiro da. **A Fazenda Pública em juízo.** 14. Rio de Janeiro: Forense, 2017. p. 612.
101. RODRIGUES, Marcelo Abelha. **Suspensão de segurança: sustação de eficácia da decisão judicial proferida contra o poder público.** 4. Ed. Salvador: Editora Juspodivm, 2017, p. 154.
102. Para fins desse estudo tomamos como referência a Lei 8.437/1992, art. 4º caput.

Uma primeira corrente entende que o pedido de suspensão é sucedâneo recursal, ou seja, não é recurso, mas faz suas vezes.[103]

Outra corrente entende que o pedido de suspensão é ato postulatório, uma ação cautelar específica "destinada a retirar da decisão sua executoriedade; serve, simplesmente, para suspender a decisão, mantendo-a, em sua existência, incólume. No pedido de suspensão, há uma pretensão específica à cautela pela Fazenda Pública". Argumenta-se que tal medida contém pedido e causa de pedir e dirige-se a tutelar interesse difuso.

Além disso, para essa corrente, o pedido de suspensão não poderia ser considerado recurso já que não está no rol taxativo do art. 998 do CPC e não contém efeito substitutivo do art. 1.008 do CPC, concluindo-se que não é possível "conferir natureza recursal, por não haver a reforma, a desconstituição nem a anulação da decisão; esta se mantém íntegra, subtraindo-se tão somente os seus efeitos, sobrestando seu cumprimento" [104].

Uma terceira corrente doutrinária indica que o pedido de suspensão é incidente processual "que se manifesta por intermédio de uma questão incidente por sua vez provocada por uma defesa impeditiva arguida por parte da Fazenda Pública"[105].

Delineados os aspectos gerais do instituto, vem o questionamento objeto desse tópico: é possível que a Fazenda Pública ofereça pedido de suspensão de decisão arbitral perante o Tribunal de Justiça competente no intuito de sustar os efeitos de decisão arbitral? Entendemos que não. Será possível verificar que os reflexos de tal incidente na arbitragem têm aproximação com o que verificamos sobre as vedações as tutelas provisórias.

Primeiramente, deve-se levar em consideração que a decisão acerca da concessão de tutela de urgência proferida pelo árbitro em face da Fazenda Pública ou particulares não é recorrível e não pode ser objeto de análise pelo Poder Judiciário em razão do efeito ne-

---

103. ASSIS. Araken. **Manual dos Recursos.** São Paulo: Editora Revista dos Tribunais, 2016, p. 804; PEREIRA, Hélio do Valle. **Manual da Fazenda Pública em Juízo.** Rio de Janeiro: Renovar, 2003.,p 302.

104. CUNHA, Leonardo Carneiro da. **A Fazenda Pública em juízo.** 14. Rio de Janeiro: Forense, 2017, p. 610.

105. RODRIGUES, Marcelo Abelha. **Suspensão de segurança: sustação de eficácia da decisão judicial proferida contra o poder público.** 4. Ed. Salvador: Editora Juspodivm, 2017, p. 97 e ss.

gativo da convenção de arbitragem. Esse provimento urgente pode ser reconsiderado, modificado ou revogado, porém, apenas pelo próprio órgão jurisdicional que as concedeu e não pelo Poder Judiciário (LArb, art. 22-B).

Em segundo lugar, cabe relembrar que, se o conflito procede de contrato que envolva direito patrimonial disponível, dificilmente envolverá questões de natureza indisponível. De toda forma, se for o caso, será objeto de escrutínio, primeiramente, pelo próprio árbitro e, em momento posterior, e apenas se for o caso, pelo magistrado, seguindo a sistemática da própria Lei de Arbitragem[106].

Os temas que justificam o manejo do pedido de suspensão são a grave lesão à ordem, à saúde, à segurança e à economia públicas ou o interesse público (primário). Essas questões passam ao largo da arbitragem, que só é utilizada em conflitos referentes a direitos patrimoniais disponíveis.

A possibilidade de uma decisão dessa natureza ser proferida é mínima, para não dizer risível.

Diante disso, em nosso entender, dois são os óbices que tornariam o pedido de suspensão inviável e inequivocamente incabível no procedimento arbitral. Vejamos.

O primeiro diz respeito à própria arbitrabilidade da matéria. O interesse público a que se refere o legislador são os de natureza primária, que não são, em regra, objeto de análise pelos árbitros. As relações negociais conflituosas decorrentes da atividade privada do Estado que poderiam ensejar a utilização da arbitragem dificilmente podem afetar a ordem, a saúde, a segurança e a economia pública.

O segundo diz respeito à competência do árbitro ou tribunal arbitral para avaliar todas as questões que se concentram no conflito e dele decorrem. Esse provimento, exercido por órgão judicial competente, é atividade tipicamente jurisdicional e, sendo incidente processual, sucedâneo recursal ou ação cautelar autônoma, é acessório ao processo principal que tramita e pertence ao juízo arbitral. Assim, não é possível uma intervenção judicial dessa natureza. Cogitar tal

106. VALENÇA FILHO, Clávio de Melo. **A arbitragem em juízo**. Tese (Doutorado em Direito) - Faculdade de Direito, Universidade de São Paulo, São Paulo, 2015, p. 118.

manobra ou decisão judicial por ela induzida provocaria uma anômala coexistência de jurisdições sob uma mesma demanda.

Esse expediente processual só existe e só é manejado porque há uma demanda em curso[107] do qual é dependente e no qual o arbitro detém competência exclusiva sobre todas as questões envolvidas.

O único provimento jurisdicional que pode ser ofertado nesses casos é o do árbitro e de nenhum outro órgão jurisdicional.

Como se não bastasse, caberia às Cortes Judiciais locais analisarem tal pedido e até com possível participação do Ministério Público. Isso tudo geraria uma indesejável e inaceitável interferência no processo arbitral.

Além disso, não é admissível o manejo de pedido de suspensão pela Fazenda Pública em decorrência de concessão de medida de urgência proferida por árbitro já que isso permitiria que as cortes judiciais realizassem um reexame e, até, revisão[108] dos pressupostos de concessão ou mesmo de lesão ao interesse público de tal medida (*error in judicando*), o que é absolutamente vedado em razão do efeito negativo da convenção de arbitragem.

Insistimos, provocar tal movimento processual configura evidente má-fé e um comportamento processual contraditório.

Não existem "atalhos procedimentais" nem espaço para prerrogativas da Fazenda Pública quando uma demanda tramita na arbitragem. O pedido de suspensão é instrumento à disposição exclusivamente do Poder Público e vedada aos particulares. Utilizar-se desse expediente configuraria verdadeira desigualdade e típica situação de medida anti-arbitragem, o que é proibido no direito brasileiro[109].

---

107. RODRIGUES, Marcelo Abelha. **Suspensão de segurança: sustação de eficácia da decisão judicial proferida contra o poder público**. 4. Ed. Salvador: Editora Juspodivm, 2017, p. 106.

108. "A suspensão fundada no art. 4.º, § 7.º, da Lei 8.437/1992 reexamina os pressupostos de concessão de liminar (= tutela provisória) e do acolhimento do pedido pela sentença de quaisquer ações movidas contra o Poder Público, senão promovendo sua imediata reforma, prejulgando os recursos (agravo de instrumento e apelação) porventura interpostos. O instrumento concentra notáveis poderes no presidente do tribunal" ASSIS, Araken. **Manual dos Recursos**. São Paulo: Editora Revista dos Tribunais, 2016, p. 804.

109. "A admissão de prévias impugnações ao cabimento da arbitragem tenderia a incentivar ações judiciárias antiarbitrais levianas. Não se trata de argumento ad terrorem nem despido de substrato fático. Na jurisprudência brasileira, é fácil notar que a imensa maioria das impugnações judiciais à validade do processo e da sentença arbitral é rejeitada. Ou seja, já existe – mesmo se impedindo a impugnação prévia – uma tendência de abuso no emprego da medida judicial. Por outro lado, é também notável – e preocupante – o tempo médio de duração dos processos judiciais impugnativos do processo e da sentença arbitrais. Isso significa que, no geral, as demandas contra

É bem verdade que um conflito envolvendo a Fazenda Pública ensejará reflexões e cautelas na atividade dos árbitros, mas, conforme se explica no item 4.2.2, o direito brasileiro oferece um sólido sistema de bloqueio contra as injustificadas intervenções judiciais no processo arbitral[110].

Diante disso, entendemos que não é cabível o manejo de pedido de suspensão de tutela de urgência no Poder Judiciário que vise sustar a eficácia de decisão provisória arbitral em desfavor da Fazenda Pública.

a sentença arbitral são infundadas, mas isso demora muito para ser definitivamente confirmado pelo Poder Judiciário. Nesse quadro, admitir-se a impugnação judicial prévia seria, no geral, simples incentivo à postergação, por anos ou décadas, do desenvolvimento legítimo de um processo arbitral". TALAMINI, Eduardo". **Competência-competência e as medidas antiarbitrais pretendidas pela Administração Pública**. Revista de Arbitragem e Mediação , v. 50, 2016.p. 148.

110. Cf. VALENÇA FILHO, Clávio de Melo. **A arbitragem em juízo**. Tese (Doutorado em Direito) - Faculdade de Direito, Universidade de São Paulo, São Paulo, 2015, p. 96.

Capítulo 7

A FAZENDA PÚBLICA NO PROCESSO DE ARBITRAGEM

O processo é instituição de garantia, uma instituição a serviço dos jurisdicionados e não um instrumento a serviço do poder jurisdicional afinal, é tratado no título sobre direitos e garantias fundamentais"[1-2].

Aliás, há um traço importante do garantismo no processo arbitral: "a projeção garantista do procedimento arbitral constitui sua própria essência e esta, só pode ser compreendida no âmbito da aplicação das garantias que a própria Constituição estabelece. Isto é, não basta constatar que através do processo arbitral se garantirá a resolução do conflito, é preciso conectar a atividade de garantia que se desenvolve mediante a atividade do árbitro com o sistema das garantias processuais. A convenção de arbitragem não implica na renúncia das partes ao direito fundamental da tutela jurídica efetiva. Na verdade, através desta se caracteriza o também está garantido às partes o direito à jurisdição[3].

---

1. COSTA, Eduardo José da Fonseca.. **O processo como instituição de garantia**. Disponível em <https://bit.ly/2RLeJ1n> Acesso em 17 de novembro de 2018.
2. "De acordo com perspectiva mais recente, tais finalidades constituem formas de intervenção judiciária ou de "tutela", calcadas em razões ontológicas, e, portanto, indiferentes às contingências de cada ordenamento jurídico. Também se alude, neste campo, às finalidades do "processo", condicionadas à espécie de provimento requerido pelo autor, porque é o "instrumento através do qual a jurisdição atua". ASSIS, Araken de. **Processo Civil Brasileiro**, v. 1. São Paulo: Editora Revista dos Tribunais, 2015, p. 19; Cf. DINAMARCO, Cândido Rangel. **A instrumentalidade do processo**. 15 ed. São Paulo: Malheiros, 2013.
3. LEMES, Selma Ferreira. **Arbitragem. Princípios jurídicos fundamentais. direito brasileiro e comparado**. Revista Dos Tribunais n. 686. São Paulo: Revista dos Tribunais, 1992.

O processo é sistema interacional, opera-se na interação entre partes e órgão jurisdicional. Não se trata de mera relação jurídica, no processo os sujeitos do processo devem possuir as garantias estabelecidas na norma constitucional. Dessa forma embora o termo usado na LArb seja procedimento arbitral, na arbitragem existe uma autêntica relação jurídica processual e, consequentemente, um processo arbitral. Os atos praticados pelos sujeitos processuais coordenam-se em um procedimento, e cada um os integrantes dessa relação jurídica possui de garantias, deveres, poderes, faculdades, direitos e ônus, exercidos por meio do contraditório. De fato, há processo na arbitragem porque ao término de um procedimento a controvérsia é resolvida através de decisão jurisdicional que tem em seu conteúdo uma norma concreta, produzida por um terceiro imparcial[4].

O processo arbitral é o garante da jurisdição privada. Nele pode ser identificada uma relação jurídica processual e um procedimento orientado pelos princípios constitucionais do processo, no qual as partes irão dialogar entre si e com o árbitro que ao fim decidirá a questão controvertida nos estreitos limites da convenção de arbitragem (art. 21 §2º).

A Fazenda Pública pode ser autora (requerente) ou ré (requerida) no procedimento de arbitragem. Proposta uma demanda arbitral por particular em face da Administração Pública ou sendo esta quem demanda, é necessário observar como se desenvolve tal procedimento diante das suas peculiaridades. É o que se aborda a seguir.

7.1. A REGULAÇÃO DO PROCESSO ARBITRAL, A AUTONOMIA DAS PARTES E O PAPEL DAS INSTITUIÇÕES ARBITRAIS NO DESENHO DO PROCEDIMENTO

As partes têm autonomia para estabelecer as regras procedimentais que serão aplicadas na arbitragem. É possível também que essa estipulação seja feita pelo árbitro ou pela instituição arbitral a qual as partes confiaram para administrar seu conflito.

4. Cf. MEDINA. José Miguel Garcia. **Curso de Direito Processual Civil Moderno**. 4 ed. São Paulo: Editora Revista dos Tribunais, 2018. Merece especial atenção ainda as construções elaboradas por Renato Stephan Grion e Guilherme Setoguti Pereira no Curso de arbitragem elaborado em conjunto com excelentes práticos da arbitragem.

Essa garantia a liberdade processual pode ser observada no art. 21 da LArb, o qual estabelece que a arbitragem obedecerá ao procedimento estabelecido pelas partes, que poderá reportar-se às regras de um órgão arbitral institucional ou entidade especializada, facultando-se, ainda, às partes delegar ao próprio árbitro, ou ao tribunal arbitral, regular o procedimento. De fato, a autonomia das partes manifestada pela possibilidade de escolha da lei procedimental aplicável é uma notável fonte de regulamentação do procedimento arbitral e não encontra paralelo no modelo processual judicial.

O procedimento de arbitragem não se rege pelo Código de Processo Civil, a própria Lei de Arbitragem pouco trata do tema[5]. Segundo Carlos Alberto Carmona, "não quis o legislador traçar um procedimento suplementar para a hipótese de as partes nada terem disciplinado a respeito"[6]. O mesmo autor, em outra oportunidade, acentua que a LArb "tem texto bastante aberto e flexível, de forma que o estudo das múltiplas oportunidades conferidas pelos dispositivos legais certamente levará o intérprete capacitado a deles extrair a base legal para a aplicação e implementação das novas técnicas que vão se desenvolvendo aos poucos para a solução das controvérsias"[7]. Marcos André Franco Montoro segue o mesmo sentido ao apontar que a LArb "não tem regra estabelecendo que, na ausência de regra específica aplica-se o previsto no CPC brasileiro. Não existe regra expressa nesse sentido, e nem há qualquer dispositivo do qual se possa, implicitamente, afirmar a aplicação subsidiária do CPC na arbitragem"[8].

Que se repita a ideia: a Lei Brasileira de Arbitragem determina, de forma expressa e inequívoca, que as partes conflitantes podem elaborar as regras procedimentais aplicáveis ao seu conflito e, nos casos omissos, determina-se que cabe ao árbitro, ou tribunal arbitral, prescrever o procedimento. Essa é a regra geral. Não há espaço para

5. "É sintomático o fato de a Lei de Arbitragem conter apenas dois artigos destinados ao desenho do procedimento e dos atos processuais (art. 21-22), em contraste com as dezenas de dispositivos a esse propósito ditados pelo Código de Processo Civil - e a doutrina toma essa constatação, associada à liberdade conferida às partes para o traçado do desenho do procedimento a ser adotado em cada caso, como representativos pontos de apoio na demonstração da simplicidade dos atos de flexibilidade do procedimento em sede arbitral" Dinamarco, p. 53

6. CARMONA, Carlos Alberto. **Arbitragem e Processo: um comentário a Lei n. 9.307/96.** 3. ed. São Paulo: Atlas, 2009 P.289.

7. CARMONA, Carlos Alberto. **Ensaio sobre a Sentença Arbitral Parcial.** Revista Brasileira de Arbitragem, v. 18, p, 2008, p. 8.

8. MONTORO, Marcos André Franco. **Flexibilidade do procedimento arbitral.** Tese (Doutorado em Direito) Faculdade de Direito, Universidade de São Paulo, São Paulo, 2010, p. 115

imposição e sim observância de limites decorrentes da ordem constitucional aplicável a todo e qualquer processo[9].

O processo arbitral não se fundamenta no Código de Processo Civil, se fundamenta na própria Constituição, numa conjunção equilibrada entre o direito de liberdade e o respeito ao devido processo legal. De acordo com orientação de Carlos Alberto Carmona: o processo arbitral compõe uma estrutura diferente do processo judicial estatal para a solução de controvérsias, porém, "diferente não quer dizer oposto, não significa avesso. Arbitragem e processo (estatal) não se repelem. Completam-se, amoldam-se, amalgamam- se. Mas são diferentes"[10].

A doutrina, inclusive, destaca diversos motivos para que as partes não apliquem o Código de Processo Civil ao procedimento de arbitragem: i) enrijecimento de adaptação de regras procedimentais; ii) incidência preclusão para prática de atos[11]; iii) dificuldades relativas à rigidez decorrente da estabilização da demanda; iv) problemas relativos à produção de prova; v) falhas típicas dos procedimentais judiciais; vi) diminuição de risco de nulidade[12]; e, finalmente, vii) dificuldade de estrangeiros se habituar com o ordenamento do CPC[13].

9. "O que a lei determina é que caberá ao árbitro disciplinar a regra procedimental, o que lhe possibilita escolher uma regra préexistente (qualquer uma, não necessariamente o CPC!) ou mesmo criar uma regra específica para o caso concreto. Se a vontade do legislador fosse que o CPC sempre deveria ser aplicado de forma subsidiária na arbitragem, não teria estabelecido que caberia ao árbitro disciplinar a regra procedimental, mas sim que caberia ao árbitro aplicar a regra procedimental estatal pertinente. Mais ainda, não se pode afirmar que como o CPC regula, de forma genérica e para todo o país, os procedimentos jurisdicionais de resolução de controvérsias, as regras de hermenêutica obrigariam a aplicação supletiva do Código de Processo Civil na arbitragem, que também tem caráter jurisdicional. O caráter jurisdicional da arbitragem não acarreta que as regras do CPC sejam automaticamente aplicadas nos procedimentos arbitrais, em função de quatro motivos. De qualquer forma, nada impede as partes de expressamente estabelecerem que determinada arbitragem será redigida pelas regras do CPC,186 ou que esse seja aplicado em caso de omissão do regulamento e/ou das regras eleitas pelas partes. Também nada impede que o árbitro decida pela aplicação do Código de Processo Civil em determinado caso. Ou que o regulamento de um órgão institucional arbitral determina a aplicação do CPC nas arbitragens por ele administradas". MONTORO, Marcos André Franco. **Flexibilidade do procedimento arbitral.** Tese (Doutorado em Direito) Faculdade de Direito, Universidade de São Paulo, São Paulo, 2010, p. 116 e ss.

10. CARMONA, Carlos Alberto. **Em torno do árbitro**. Revista de arbitragem e mediação. n. 28, 2011, p. 50.

11. Na arbitragem a preclusão é bastante atenuada.

12. "A flexibilidade do procedimento estatal ainda está suscetível de alegações de nulidade de todo gênero, o que, no mais das vezes, acaba trazendo certa incerteza para a parte do transcurso do processo, pois nunca saberá que da alegação de nulidade sobrevirá uma decisã o de tal jaez, fazendo ruir toda a construção do processo, que diuturnamente demora anos". PARENTE, Eduardo Albuquerque. **Processo Arbitral e Sistema**. São Paulo: Atlas, 2010. p. 51.

13. MONTORO, Marcos André Franco. **Flexibilidade do procedimento arbitral.** Tese (Doutorado em Direito) Faculdade de Direito, Universidade de São Paulo, São Paulo, 2010, p.64., p. 119;

Não há, nem se recomenda que exista, um "código processual arbitral", tampouco "procedimento arbitral comum". Como dito, as regras arbitrais são definidas pelos envolvidos no processo ou, conforme caso, pelas regimentais da instituição escolhida. Há ampla abertura de criação de um arranjo procedimental aderente à realidade do conflito. A rigidez de regras processuais não serve à realidade buscada na fase postulatória da arbitragem.

Conforme se elucida, essas regras "são o conjunto de normas que regulam a instauração e o desenvolvimento do processo de arbitragem, bem como a produção e aplicação da decisão arbitral", e ainda "o primeiro papel incentivador das regras arbitrais esculpidas em Regulamentos é contribuir no discernimento entre as tantas câmaras de arbitragem presentes no mercado"[14].

O procedimento de arbitragem pode ser regido de inúmeras formas, inclusive por um mesmo regimento institucional, a depender das partes, da natureza da matéria e de qualquer outra peculiaridade do conflito. Pode alegar que o trabalho do advogado na arbitragem pode ser demasiadamente exaustivo, tendo em vista o número grande de instituições de arbitragem, cada um com seu regulamento. Esse fenômeno é decorrente do próprio mercado de arbitragem. Assim como qualquer outra área do direito, é necessário que a atuação jurídica seja verticalizada não apenas no domínio do direito substancial, mas também quanto às regras processuais.

Por outro lado, se observarmos os regulamentos dos principais centros de arbitragem nacionais e internacionais seguem uma estrutura básica, garantindo às partes oportunidades iguais para a prática dos mais diversos atos processuais, seguindo o modelo "ação-defesa-decisão". E não apenas isso, em diversos momentos nesse estudo, defendemos que a arbitragem é um serviço e, como tal, se volta a atender às necessidades das partes e das suas relações jurídicas cada vez mais complexas. Um procedimento arbitral estruturado é um típico serviço oferecido pelas instituições especializadas.

A "Lei Processual" da arbitragem será, em primeiro lugar, Constituição e, posteriormente, aquele constante no regulamento institu-

---

14. SILVA, Eduardo Silva da. **Regras arbitrais brasileiras: a fase dos regulamentos** in: Arbitragem - Estudos sobre a Lei n. 13.129, de 26-5-2015.CAHALI, Francisco José RODOVALHO, Thiago; FREIRE, Alexandre (Org.). São Paulo: Saraiva, 2016, p. 182 e 184.

cional que será responsável para administrar o conflito. As regras institucionais serão as leis de regência que não poderão desconsiderar a manifestação das partes para adaptar o procedimento de acordo com suas necessidades. Consoante explica Eduardo Silva da Silva, "os regulamentos servem como uma das balizas para conferência da observância do devido processo legal arbitral, trata-se de um estatuto normativo, com direitos obrigações e encargos que as partes assumiram deliberadamente, no exercício de sua autonomia privada, submetendo-se inclusive a certas escolhas procedimentais"[15].

O processo arbitral, segundo a doutrina, faz parte do próprio microssistema arbitral com princípios e regras próprias determinadas pela Lei de Arbitragem. Nesse sentido, Eduardo Albuquerque Parente explica que "o conjunto de instrumentos/elementos que o integram e que lhe conferem operacionalidade será composto não apenas pela lei arbitral, mas também pela possibilidade ampla de que o procedimento seja construído pelas partes e árbitros"[16].

Cândido Rangel Dinamarco explica que "observada a estrutura básica e os ditames cogentes impostos pela garantia constitucional do devido processo legal, as partes tem grande liberdade para estabelecer regras do procedimento a ser realizado na arbitragem que convencionam". Isso pode ser feito através da "remissão as regras institucionais, especificamente, definindo elas próprias os modos como querem que a arbitragem se desenvolva". O autor também pontua que "é possível que seja desenhado um procedimento específico para aquele caso em concreto, o que não acontece no processo judicial onde as regras já estão estabelecidas e quando muito pode seguir os ritos especiais"[17].

Deve-se ressaltar que "esses regulamentos têm caráter de norma não estatal, tendo sido elaborados por entidades privadas e servindo como diretriz ou guia em procedimentos arbitrais"[18]. Na medida em que as partes escolhem a ele se submeter suas regras terão força

15. SILVA, Eduardo Silva da. **Regras arbitrais brasileiras: a fase dos regulamentos** in: Arbitragem - Estudos sobre a Lei n. 13.129, de 26-5-2015.CAHALI, Francisco José RODOVALHO, Thiago; FREIRE, Alexandre (Org.). São Paulo: Saraiva, 2016, p. 189.

16. PARENTE. Eduardo Albuquerque. **O devido processo legal arbitral e o fascínio que ele desperta**. Revista Direto ao Ponto. São Paulo: CIESP, n. 8, p. 41.

17. DINAMARCO, Candido Rangel. Arbitragem na Teoria Geral do Processo. São Paulo: Malheiros, 2013., p. 52-23.

18. Cf. MANGE, Flavia Foz. **Processo Arbitral: Aspectos Transnacionais**. São Paulo: Quartier Latin, 2013

vinculantes[19]. A estipulação contratual de submissão ao regimento arbitral é lei entre as partes, árbitros e instituição. No caso de violação de uma regra procedimental, esses atores e seus atos estarão sujeitos a penalidades, nulidades ou responsabilização civil.

Deve-se considerar também que a prática arbitral é muito sensível às necessidades do mercado globalizado. Flávia Foz Mange destaca que se permite a criação de "normas processuais híbridas que incorporem práticas de sistemas distintos, buscando acomodar o interesse das partes com formações diversa"[20]. A mesma autora ainda anota: "mesmo que as partes adotem algum dos regulamentos de arbitragem existentes no mercado, elas ainda têm bastante flexibilidade para alterar as regras estabelecidas nesses regulamentos"[21].

É possível ver com considerável frequência as alterações nos regulamentos internos de arbitragem de diversas câmaras. Além disso, esses institutos costumam formar comissões para aperfeiçoar os regulamentos e estabelecer as melhores práticas, muitas delas construídas por agentes especializados e dedicados ao aperfeiçoamento da prática arbitral[22]. A partir desses subsídios, são reformatados os regulamentos, sem enrijecimentos desmedidos e sempre mantendo a flexibilidade do procedimento arbitral.

No que concerne à arbitragem envolvendo a Fazenda Pública, algumas instituições arbitrais reformaram seus regulamentos para melhor adequá-los aos conflitos e à realidade fazendária. Vejamos alguns exemplos:

- A Câmara de Comércio Brasil-Canadá (CAM-CCBC) emitiu a resolução n. 3/2014, onde se estabelece enunciados para

19. "Eleitas as regras procedimentais pelas partes, ou fixada outra forma dentre aquelas previstas em lei, o árbitro fica vinculado ao regramento escolhido. Naturalmente, o eventual afastamento destas regras somente poderia gerar nulidade desde que acarrete prejuízo aos contendentes. Mesmo porque não será possível fixar previsão para todo e qualquer evento do processo, de modo que a flexibilidade procedimental, no caso, ficará ao prudente critério do árbitro". PUGLIESI. Adriana Valéria. **A flexibilidade do procedimento arbitral e os poderes instrutórios dos árbitros**. Revista de Direito Empresarial, ano 9, n. 3, 2012, p .3

20. MANGE, Flavia Foz. **Processo Arbitral: Aspectos Transnacionais**. São Paulo: Quartier Latin, 2013.p.25 e e ss

21. MANGE, Flavia Foz. **Processo Arbitral: Aspectos Transnacionais**. São Paulo: Quartier Latin, 2013, p. 146 e ss.

22. Destacam-se a a *School of International Arbitration - Queen Mary University of London; Chartered Institute of Arbitrators (CIARB); American Arbitration Association (AAA)* e aqui no Brasil o Comitê Brasileiro de Arbitragem (CBAR)

interpretação do respectivo regulamento quando da participação da Administração Pública em procedimento arbitral[23]. Nele podemos observar que há uma preocupação de adequação do procedimento arbitral. Uma das orientações é que "as arbitragens que envolvem a Administração Pública respeitarão o Regulamento do CAM/CCBC, sem prejuízo da aplicação da legislação nacional e das normas internacionais com eficácia no ordenamento jurídico nacional" (Enunciado n. 1)[24].

- A Câmara de Mediação e Arbitragem Empresarial (CAMARB) inseriu, em 2017, o item XII ao seu regulamento. Está estabelecido nesse item que "será aplicável aos procedimentos arbitrais que envolvam entidades sujeitas ao regime de direito público que integrem a administração pública direta e indireta. As partes, de comum acordo, poderão estender a aplicação das disposições deste capítulo aos procedimentos que tenham como parte pessoas jurídicas de direito privado que integrem a administração pública." (Art. 12.1)[25].
- A Câmara de Conciliação, Mediação e Arbitragem Ciesp/Fiesp, resolveu, por meio da resolução n.3/2018, estabelecer critérios relativos à publicidade no que tange aos procedimentos arbitrais envolvendo a Administração Pública[26].

Como se observa, há um movimento para modificação de regulamentos de arbitragem quando se trata de conflitos envolvendo a Administração Pública. A LArb estabelece apenas que a arbitragem que envolva a Administração Pública será sempre de direito (art. 2, §2º). Isso implica em estabelecer o direito material aplicável – notadamente a legislação brasileira –, mas não impede, de forma alguma, a submissão da Fazenda a regras institucionais no procedimento de arbitragem.

No que concerne à prática e à ordem dos atos processuais, tendo como noção ato do processo enquanto aquele que compõe o todo

23. Disponível em < https://bit.ly/2Lb5oO8> Acesso em 20 de junho de 2018.
24. Disponível em < https://bit.ly/2C0fqPd> Acesso em 20 de junho de 2018.
25. Disponível em < https://bit.ly/2L80LV4> Acesso em 20 de junho de 2018.
26. Disponível em <https://bit.ly/2SBHnCgl> Acesso em 20 de junho de 2018.

o conjunto do procedimento (*e.g.* comunicação, produção de prova, manifestação, sentença, etc.) e que interfere, de alguma forma, no desenvolvimento da relação jurídica processual[27] (*e.g.* termo de arbitragem), Araken de Assis anota que "impera amplíssima liberdade, sem que haja paralelo necessário com o procedimento comum do processo judicial. É mister observar estritamente os princípios do contraditório, igualdade das partes, imparcialidade do árbitro e livre convencimento –, e regras que estipulam a forma de certos atos, a exemplo da instrução e da estrutura da sentença arbitral"[28].

Na prática arbitral, um dos atos dos árbitros são denominados de "ordem processual; trata-se manifestação que visa para dar andamento ao procedimento, decidindo questões procedimentais em resposta à manifestação das partes ou outros comandos de ofício. Define-se ordem processual como "um tipo de decisão similar às decisões interlocutórias dos processos judiciais, apesar de que, às vezes, as ordens processuais podem ter conteúdo que mais se assemelhe aos despachos"[29]. Especialistas dão conta que uma ordem processual bastante conhecida e comentada é a chamada "Ordem Processual 1". É a primeira manifestação dos árbitros já devidamente constituídos. Sua função é, para além do que já está disposto no termo de arbitragem, organizar o processo arbitral. No decorrer no processo arbitral, é possível que os árbitros emitam uma ordem processual que se assemelha a função de *despacho saneador*, resolvendo eventuais preliminares, indicando os pontos controvertidos, e estabelecendo as provas a serem produzidas a partir da especificação apresentada pelas partes e estabelecendo um cronograma provisório[30].

Dentro desses critérios, todo o arranjo procedimental pode ser elaborado para melhor atender aos interesses dos envolvidos, seus advogados e procuradores. Sem dúvida, obedecendo tais critérios e submetendo o conflito a uma entidade especializada com um regulamento bem estruturado, se estará atendendo o interesse público e

27. DIDIER JR, Fredie. **Curso de direito processual civil**. v.1. 19. ed. Salvador: Juspodivm, 2017, p. 420.
28. ASSIS, Araken. **Processo Civil Brasileiro**. v.1. São Paulo: Revista dos Tribunais, 2015. p. 68.
29. MONTORO, Marcos André Franco. **Flexibilidade do procedimento arbitral**. Tese (Doutorado em Direito) Faculdade de Direito, Universidade de São Paulo, São Paulo, 2010,. p. 113.
30. Cf. ALVES, Rafael Francisco. Sentença Arbitral, in LEVY Daniel, PEREIRA, Guilherme Setoguti. **Curso de Arbitragem**. São Paulo: Thomson Reuters Brasil, 2018.

garantindo à Fazenda Pública todas as garantias constitucionais do processo.

7.2. O DEVIDO PROCESSO LEGAL DA ARBITRAGEM: PROCESSO ARBITRAL SE FUNDAMENTA NA CONSTITUIÇÃO E NÃO NO CÓDIGO DE PROCESSO CIVIL

A Constituição estabelece garantias e normas processuais não importando qual seja a sua ramificação procedimental. De fato, pouco importa se o processo é civil e desenvolve-se na seara judicial, ou se o processo diz respeito a questão tributária e ocorre na esfera administrativa ou se será arbitral regulado em ambiente privado: todos eles deverão submeter-se à ordem constitucional.

Com efeito, o processo arbitral não se fundamenta no Código de Processo Civil e sim na Constituição. O CPC/15 cuida de procedimento judicial tal como a Lei de Arbitragem cuida do procedimento arbitral. Portanto, não se confundem. Conforme explica Eduardo Fonseca Costa: "a instância originária-originante do fenômeno é a Constituição (que é a morada do processo), não a lei (que é a morada do procedimento)"[31].

O *due process of law* se revela numa perspectiva mais ampla: é o "conjunto de garantias constitucionais que, de um lado, asseguram às partes o exercício de suas faculdades e poderes processuais e, do outro, são indispensáveis ao correto exercício da jurisdição"[32]. A esse respeito, explica-se que "a consciência da natureza jurisdicional da arbitragem põe à margem qualquer dúvida a imperiosidade de abrigá-la sob o manto do direito processual constitucional". Além disso, "o modelo institucional do processo arbitral é pois representado pelo conjunto de características emergentes das garantias constitucionais, das normas gerais do processo que a ele se aplicam e, finalmente, dos preceitos aderentes às suas peculiaridades"[33].

31. COSTA. Eduardo José da Fonseca. **Ciência Processual, Ciência Procedimental e Ciência Jurisdicional** <https://bit.ly/2PzZNBi> Acesso em 06 de dezembro de 2018

32. CINTRA, Antônio Carlos de Araújo; GRINOVER, Ada Pellegrini; DINAMARCO, Cândido Rangel. **Teoria geral do processo.** 28. ed. São Paulo: Malheiros, 2012. p 91.

33. DINAMARCO, Candido Rangel. **Arbitragem na Teoria Geral do Processo.** São Paulo: Malheiros, 2013., p. 24-25.

No processo arbitral, como não podia deixar de ser, é assegurado o exercício de garantias e deveres processuais constitucionalmente estabelecidos, fazendo-o, dessa forma, uma garantia de tutela jurisdicional, seja para Fazenda Pública, seja para os particulares.

Conforme aponta Eduardo Albuquerque Parente, o devido processo legal é abstrato e, enquanto não preenchido pela lei, é necessário que lhe seja dado sentido objetivo[34]; os autores da LArb realizaram uma tipicidade objetiva ao ordenar que serão sempre respeitados, no procedimento arbitral, os princípios do contraditório, da igualdade das partes, da imparcialidade do árbitro e de seu livre convencimento (art.21.§2°)[35].

Há clara referência ao devido processo que se fundamenta na Constituição e não no Código de Processo Civil. Essa base de sustentação constitucional deve ser inerente a todo e qualquer processo. No que se refere à arbitragem, Francisco Cahali afirma que a incidência de tais princípios se faz em toda a arbitragem e não apenas na fase postulatória. Além disso, é aplicado de forma cogente e "não pode ser afastados pelas partes, mesmo diante da marcante autonomia da vontade existente na arbitragem"[36].

A flexibilização não diminui a segurança jurídica da arbitragem. Sob a direção do árbitro, deverão ser sempre respeitados o princípio do devido processo e do contraditório. No que tange a esse último, é pacífico na doutrina que contraditório é participação; é influir concreta e ativamente nos resultados do processo; participar na arbitragem é construir o seu próprio processo e também participar pedindo, participar provando, participar alegando[37].

---

34. PARENTE, Eduardo Albuquerque. **Processo arbitral e sistema**. São Paulo: Atlas, 2012 p. 103.

35. "É bom lembrar que existem princípios do processo arbitral decorrentes da própria Lei de Arbitragem que também contribuem na identificação do que seja devido processo legal arbitral. **Princípios que, por serem constitucionais, formam o núcleo duro do conceito tradicional de devido processo legal** e que têm o efeito de trazer uma garantia mínima para um julgamento justo, informando tanto o processo arbitral quanto o estatal, embora sem equipará-los no que respeita ao que seja devido processo legal. PARENTE, Eduardo Albuquerque. **Princípios constitucionais integram processo arbitral** (grifo nosso) < https://bit.ly/2QOlxhD> Acesso em 16 de novembro de 2018.

36. CAHALI, Francisco José. **Curso de Arbitragem**. 5. Ed. São Paulo: Editora Revista dos Tribunais, 2015. p. 233.

37. INAMARCO, Candido Rangel. Arbitragem na Teoria Geral do Processo. São Paulo: Malheiros, 2013. p. 26. Cf. BEDAQUE, José Roberto dos Santos. **Direito e processo: Influência do direito material sobre o processo**. São Paulo: Malheiros, 2011.

O exercício do contraditório também é reflexo da liberdade processual, conforme estabelece Eduardo da Fonseca Costa, "é iniciativa exclusiva da parte manejar os fatos, os fundamentos jurídicos, os pedidos, as provas, as indagações, as inquirições e as impugnações que lhe amparam a ação e a defesa. Nenhum aspecto desse manejo poder ser adicionado, alterado, suprimido, determinado, impedido ou punido pelo juiz [ou árbitro]"[38].

Mas não termina aí.

O processo arbitral deve ser observado de forma diversa do processo judicial. Devido ao alto grau de autonomia e flexibilidade presente na arbitragem, e tendo como orientação o fato de que na fase processual da arbitragem deve-se obedecer às regras processuais decorrentes da Constituição (e não do Código de Processo Civil), as partes e o árbitro podem estabelecer as regras que se adequarem ao seu conflito.

A cláusula do *due process of law* tem consequências concretas na arbitragem na medida em que a Constituição fundamentará o procedimento, e este será construído pelas própria partes e para às partes[39].

7.3. A FLEXIBILIDADE DO PROCEDIMENTO ARBITRAL

O procedimento arbitral é, por sua própria natureza, flexível. É uma garantia da arbitragem. Não há procedimento padrão na arbitragem. Da mesma forma, não há, como se observa no ambiente judicial, um "procedimento comum", "sumário", ou "especial". A liberdade que as partes tiveram para escolher a arbitragem através da convenção, também encontrarão para construir seu procedimento.

---

38. "Na verdade, o processo como garantia contrajurisdicional realiza-se mediante uma divisão equilibrada de papéis: o juiz não arvora a si as liberdades da parte, nem lhes controla o exercício; por sua vez, a parte não se arvora nos poderes do juiz, conquanto lhes controle o exercício. Parte não despacha, não decide, não sentencia. Não declara, não condena, não ordena e não executa (quando muito constitui, exercitando os direitos formativos geradores, modificativos e extintivos que a lei procedimental lhe confere). Todavia, tudo o que o juiz realiza no processo, por força do princípio republicano, é contrastável pela parte. Ele não faz escolhas insindicáveis. Não tem liberdade nem «liberdade» (isto é, o juiz não interfere na atividade da parte, embora a parte interfira na atividade do juiz)" Disponível em <https://bit.ly/2ynZcfw> acesso em 31 de novembro de 2018.

39. MONTORO, Marcos André Franco**. Flexibilidade do procedimento arbitra**l. Tese de Doutorado - Faculdade de Direito da USP, São Paulo, 2010 p. 117; DINAMARCO, Cândido Rangel. **A arbitragem na teoria geral do processo**. São Paulo: Malheiros, 2013. p. 52.

A ausência de normas procedimentais rígidas evidencia claramente a singeleza e a flexibilidade com que o legislador pretendeu refletir na lei. Sua configuração procedimental pode variar caso a caso, parte a parte. A arbitragem não pode desrespeitar a peculiaridade de cada conflito com um modelo procedimental único.

O procedimento judicial, conforme destacado pela doutrina, seria "um método universal, atemporal e com fases completas aptas a acarrear um provimento idôneo, decorrente de cognição plena e exauriente (...) partia-se da crença na perfeição de um procedimento ordinarizado, que serviria ao maior número de pretensões de direito material". Diante da insuficiência do modelo comum ou ordinário, foram sendo estabelecidos procedimentos especiais construídos "para servir a uma determinada espécie de situação jurídica material específica"[40-41].

Na arbitragem, o procedimento se adequará às partes, ao objeto da disputa e ao tipo de conflito: "todos os aspectos pode ser moldados pelas partes ou pelo tribunal, embora dentro dos limites legais, mas tendo como escopo adequar a arbitragem às necessidades do caso concreto"[42].

Tenta-se oferecer todos os benefícios que não podem ser alcançados numa ação judicial. A lógica arbitral visa atender ao seu público, é, como já vem sendo defendido aqui, um serviço. Um procedimento flexível, célere e eficiente é um serviço a ser oferecido pelas

40. 'DIDIER JR., Fredie ; CABRAL, Antonio do Passo ; CUNHA, Leonardo José Carneiro da. **Por uma nova teoria dos procedimentos especiais: dos procedimentos às técnicas**. Salvador: Jus Podivm, 2018, p. 15-21.

41. "Já o processo arbitral é flexível, permitindo às partes definir os prazos que lhes convêm, a forma e a ordem da produção da prova. O perdimento de um prazo pode ser relevado e não acarreta, necessariamente, a presunção de veracidade dos fatos. Não pululam questões processuais e recursos de questões processuais, eis que a maleabilidade permite o caminhar do procedimento conforme a vontade dos litigantes ou do órgão julgador, e não se tem, como regra, um 2º grau re-ratificador das deliberações arbitrais. Pois é nesta possibilidade de manipulação do procedimento conforme a vontade das partes ou circunstâncias do caso que se aponta residir uma das grandes vantagens da arbitragem.Não me parece vedado, inclusive, que mesmo após a eleição do procedimento, ou até mesmo no início do curso do processo arbitral, possam as partes, consensualmente, aditar a convenção de arbitragem para alterar o procedimento inicialmente escolhido" GAJARDONI, Fernando da Fonseca. **Flexibilização procedimental: um novo enfoque para o estudo do procedimento em matéria processual**. São Paulo: Atlas, 2008. p. 149.

42. COSTA, Cynara Barros. **A arbitragem comercial internacional e seus princípios norteadores: um estudo sobre o Princípio da Celeridade e da Flexibilidade e o Fast Track Arbitration**. In: Barza, Eugênia Cristina Nilsen Ribeiro; Silva Neto, Francisco Antônio de Barros e; Weberbauer, Paul Hugo.(Org.). Integração Regional, Globalização e Direito Internacional..Recife: Editora UFPE, 2014, p. 103.

instituições de arbitragem para os atores do mercado (e agora para a Administração Pública) para resolver, da forma mais adequada, seus conflitos. O que tenta se oferecer é, acima de tudo, eficiência[43].

Como bem observa Guilherme Cardoso Sanchez, "na arbitragem, vem ganhando força a discussão da adoção de diferentes técnicas destinadas a abreviar e racionalizar o procedimento, buscando, de um lado, a tutela mais adequada às partes, assim como visando ao emprego racional dos recursos – tempo e dinheiro – disponíveis"[44].

A autonomia da vontade é a lei fundamental da arbitragem e, no seu procedimento, é possível observar esse princípio de forma mais latente. Essa ampla liberdade garante que as partes escolham o procedimento que melhor se adeque às suas necessidades ou, se for o caso, optem por seguir as regras de algum órgão arbitral institucional, conforme analisado no tópico anterior. A LArb também autoriza que o árbitro, na ausência de consenso, indique o procedimento.

A Fazenda Pública e seus procuradores encontrarão na arbitragem um ambiente completamente novo. Compreendendo bem o objeto da demanda, os procuradores poderão selecionar as melhores opções, adotar providências, e selecionar o modelo procedimental que atenda às possibilidades do órgão fazendário e, com isso, defender os interesses do Estado de forma muito mais ampla.

Deve-se constatar também que, no juízo estatal, sobretudo em questões que envolvem a Fazenda Pública, o tempo do processo pode ser dilatado por discussões de cunho meramente processual que, no mais das vezes, influencia nas questões de mérito e na própria previsibilidade da demanda. Além disso, é uma postura ainda costumeira em âmbito judicial recorrer tanto quanto possível, inclusive na fase cumprimento de sentença.

Na arbitragem, essa realidade tende a ser diferente. Serão concentradas as atenções para o direito material do conflito. Dessa forma, "a flexibilidade do procedimento arbitral inibe as discussões pro-

---

43. "(...) a eficiência, mede a relação entre os meios empregados e os resultados alcançados. Quanto maior o rendimento de produção mais eficiente será a atividade desenvolvido. A eficiência relaciona-se com o alcance de finalidades pré-estabelecidas, dizendo respeito aos meios empregados para tanto. Haverá eficiência se os meios adotados forem ótimos, gerando pouco esforço ou dispêndio, com o melhor resultado possível". CUNHA, Leonardo Carneiro da. **A previsão do princípio da eficiência no projeto do novo Código de Processo Civil brasileiro**. Revista de Processo, v. 233, 2014, p. 67.

44. SANCHEZ, Guilherme Cardoso. **Sentenças parciais no processo arbitral.** Dissertação (Mestrado em Direito) Faculdade de Direito, Universidade de São Paulo, São Paulo, 2013, p. 39.

cessuais na arbitragem, na qual o que realmente importa é o direito material controvertido o que tende a dar mais qualidade à sentença arbitral"[45]. Além disso, os árbitros estão muito mais próximos das partes e isso permite que as necessidades e as decisões interprocesuais possam ser analisadas mais rapidamente.

A doutrina indica que a flexibilidade do processo arbitral pode ser observada por duas vertentes: a criação e a adaptação. Porém, entendemos que também é possível incluir mais uma: o fracionamento, pelos motivos que adiante serão expostos.

7.3.1. Criação

É a possibilidade que as partes, árbitros e instituições têm de criar, formar, e desenvolver regras procedimentais. A lei permite uma verdadeira moldagem do procedimento para que o direito material tenha melhor condição de ser analisado ou que as partes possam ser melhor atendidas.

Essa criação do procedimento pode decorrer de atos de diferentes envolvidos e realizada em mais de um tipo de documento (cláusula compromissória, compromisso, termo de arbitragem, regulamento, adendos etc.) ou por mais de um tipo de sujeito (partes, árbitros e câmaras).

Podem ser criados critérios para escolha dos árbitros, peritos e tradutores: nacionalidade, ramo de atuação, tempo de experiência.

Permite-se, por exemplo, criar toda uma dinâmica de prazos, estabelecer um calendário com períodos diferentes para prática de cada ato procedimental e delimitar o tempo de produção de cada prova. É possível também autorizar eventuais dilatações, adiamentos em razão de fuso horário, etc.

É possível criar regras específicas para a prática de atos processuais. Assim, por exemplo, pode ser escolhido o idioma a ser utilizado nos atos, a realização de audiências pode ser via teleconferência para partes localizadas no exterior, as provas podem ser produzidas de forma eletrônica com certificação digital, as testemunhas, ao invés

45. MONTORO, Flexibilidade... Op. cit. p.71-75. Cf. também GAJARDONI, Fernando da Fonseca. **Flexibilização procedimental: um novo enfoque para o estudo do procedimento em matéria processual**. São Paulo: Atlas, 2008.

de serem ouvidas, podem apresentar depoimentos escritos, (*written statements*) etc.

É possível observar, a partir da leitura dos dispositivos da lei, no que se refere ao procedimento, que a arbitragem, longe de constituir uma solução geral a todos os litígios da Fazenda Pública, caracteriza-se, na verdade, pela ampliação das possibilidades para garantir a boa solução do conflito com máxima eficiência.

Cabe consignar, ainda, que esse leque de possibilidades deve respeitar certos limites: bons costumes e ordem pública e os princípios processuais constitucionais[46]. De fato, a "(cria)atividade" das partes, do árbitro ou do órgão arbitral em conceber as regras do procedimento arbitral não é absoluto, tampouco ilimitado. Essas limitações são encontradas na Constituição e na própria Lei de Arbitragem.

A primeira encontra-se no art. 2º §1º: "poderão as partes escolher, livremente, as regras de direito que serão aplicadas na arbitragem, **desde que não haja violação aos bons costumes e à ordem pública**" (grifos nossos). Assim, os bons costumes e a ordem pública servem de balizas, verdadeiros freios de arrumação para a criação de regras procedimentais. Caso não sejam respeitadas, o procedimento e sua sentença serão nulos.

Ensina-se que "a Constituição traça as linhas mestras estruturais do processo"[47]. Dessa forma, a segunda limitação refere-se às garantias constitucionais do processo, situada no §2º do art. 21 da LArb, o qual estabelece que serão, sempre, respeitados, no procedimento arbitral, os princípios do contraditório, da igualdade das partes, da imparcialidade do árbitro e de seu livre convencimento.

7.3.2. Adaptação

Conforme acentua Candido Rangel Dinamarco, procedimento flexível é "aquele que permite ao árbitro a adaptação às exigências e conveniências de cada caso, em ampliação do princípio da adapta-

46. Cf. por todos MONTORO, Marcos André Franco. **Flexibilidade do procedimento arbitral**. Tese (Doutorado em Direito) Faculdade de Direito, Universidade de São Paulo, São Paulo, 2010, p.14,
47. COSTA, Eduardo José da Fonseca. **O processo como instituição de garantia**. Conjur. Disponível em <https://bit.ly/2RLeJ1n> 28 de agosto de 2018.

bilidade – o qual visa a evitar decisões estereotipadas ou insensíveis e com isso autoriza o julgador a procurar a solução mais apropriada para o caso"[48].

Já se observou que, "quanto maior for a complexidade dos fatos e da causa trazida à arbitragem, maior sofisticação procedimental será necessária, sob pena de não se poder responder pronta e adequadamente às necessidades do caso concreto"[49].

A adaptação é, nesse sentido, a possibilidade de que, no curso do processo, partes e árbitros possam alterar regras já estabelecidas em decorrência de fatores externos ou internos para melhor conduzirem a arbitragem. Conforme propõe Marcos André Franco Montoro, a existência de regras procedimentais já existentes, ou mesmo criadas, que já regulam o caso concreto podem ser adaptadas. Ele explica que, "apesar de existirem regras procedimentais anteriormente estabelecidas para determinada arbitragem, as partes e/ou o árbitro podem posteriormente verificar que existem regras desnecessárias ou inadequadas para o caso concreto, motivo pelo qual elas devem ser adaptadas"[50].

Deve-se ressaltar que toda mudança no procedimento deve ser convencionada pelas partes, ou previamente anunciada pelo árbitro para evitar surpresas[51]. A doutrina indica que as partes devem colaborar entre si e com o árbitro, para estipularem, de forma conjunta, as regras procedimentais ainda não estabelecidas. Ainda, diante de situações não previstas, preencher as lacunas não pensadas no momento da elaboração do termo de arbitragem, ou para modificarem as regras anteriormente optadas diante dos novos fatos ou realidades que surgiram no curso de procedimento. "O árbitro precisa, assim,

48. DINAMARCO, Candido Rangel. **Arbitragem na Teoria Geral do Processo.** São Paulo: Malheiros, 2013.p. 56.

49. SANCHEZ, Guilherme Cardoso. **Sentenças parciais no processo arbitral**. Dissertação (Mestrado em Direito) Faculdade de Direito, Universidade de São Paulo, São Paulo, 2013, p. 39.

50. MONTORO, Marcos André Franco. **Flexibilidade do procedimento arbitral**. Tese (Doutorado em Direito) Faculdade de Direito, Universidade de São Paulo, São Paulo, 2010, p.64,122..

51. "(...) aspecto importante é que essa colaboração entre as partes e o árbitro vai evitar – ou pelo menos ajudar a evitar – que as partes sejam surpreendidas, ao longo do procedimento, com a criação, pelo árbitro, de regras procedimentais que não pensavam que seriam estipuladas, por exemplo relacionadas com a produção probatória. Nesse sentido, é comum a realização de reuniões de trabalhos entre as partes (e/ou advogados) e o árbitro, para organizar as etapas seguintes de cada procedimento. MONTORO, Marcos André Franco. **Flexibilidade do procedimento arbitral**. Tese (Doutorado em Direito) Faculdade de Direito, Universidade de São Paulo, São Paulo, 2010, p.64. p.125.

trabalhar em estreito contato com os advogados das partes, para, em grupo, estabelecerem regras aceitas por todos"[52].

7.3.3. Fracionamento

Fracionamento (parcelamento, fatiamento ou bifurcação) é a divisão do procedimento em fases. É possível que, em causas de grande complexidade, seja necessário que o procedimento de arbitragem se desenvolva por duas ou mais fases. Cada uma poderá ter regras diversas aplicáveis em cada fase, justificando a não inclusão do parcelamento como hipótese de adaptação.

Na prática arbitral, costuma-se apreciar, desde logo, questões de arbitrabilidade, legitimidade de partes, definição de conceitos, dentre outras matérias para, então, e só depois de superado essa fase, adentrar no cerne da questão. Pode-se preferir, também, que se avalie questões relativas à própria jurisdição dos árbitros para só mais tarde adentrar no mérito da demanda. As parcelas do conflito podem ser dependentes uma da outra ou não. Caberá às partes e/ou árbitros decidirem a respeito.

A doutrina entende também que "esse parcelamento pode decorrer, primeiramente, em razão de uma circunstância acidental, como o fato de determinada fração do objeto do processo tornar-se apta a ser julgada antes das demais, decorrente, por exemplo, do reconhecimento do pedido por uma das partes. Também pode, todavia, ocorrer como fruto da intenção e planejamento das partes e do tribunal arbitral, que preventivamente bifurcam o procedimento com o intuito de lidar de forma mais eficiente (com o dispêndio mais racional dos recursos) com o procedimento"[53].

Essa técnica que permite, enfim, o "fatiamento" do conflito, garante a celeridade do procedimento e destaca a flexibilidade que pode haver nas regras procedimentais que estará à disposição das partes em conflito[54]. Conforme destaca Paulo Osternack Amaral, "a male-

52. MONTORO, Marcos André Franco. **Flexibilidade do procedimento arbitral**. Tese (Doutorado em Direito) Faculdade de Direito, Universidade de São Paulo, São Paulo, 2010, p.64., p. 124.

53. SANCHEZ, Guilherme Cardoso. **Sentenças parciais no processo arbitral**. Dissertação (Mestrado em Direito) Faculdade de Direito, Universidade de São Paulo, São Paulo, 2013, p. 109.

54. "Em matéria societária, ouso prever, haverá normalmente interesse em ver resolvida a parcela da controvérsia que estiver madura, pois o litígio (mesmo o arbitral) entrava e estorva a vida das companhias e a obtenção de certeza imediata na interpretação de obrigações societárias ou de intrincadas disposições constantes de acordos de acionistas pode ser fundamental para uma das

abilidade do procedimento arbitral permite que o árbitro, durante o transcorrer da arbitragem e com cognição exauriente, resolva no curso do procedimento algumas matérias que já estejam suficientemente maduras para julgamento"[55].

Mais ainda, deve-se também observar que dividir o conflito em fases pode representar considerável economia de tempo e dinheiro para ambos os contendentes. Se assim for escolhido pelas partes, a cada fase do conflito será prolata uma sentença arbitral parcial, assunto a ser tratado o item 6.8.2.

7.3.4. Flexibilização em concreto: o fatiamento do processo no Caso CCI n. 20196 (Petrobras S/A vs. ANP)

Dando continuidade ao nosso estudo no intuito de demonstrar como se desenvolve procedimentos arbitrais envolvendo a Fazenda Pública, iremos expor, de forma bastante sintética, um caso em que se decidiu pelo parcelamento do procedimento, demonstrando, assim, a flexibilidade aqui referida.

No procedimento n. 20196/ASM administrado pela CCI, figuram como partes a Petróleo Brasileiro S/A e a Agência Nacional de Petróleo, Gás Natural e Biocombustível - ANP.

O conflito decorria de um Contrato de Concessão para Exploração Desenvolvimento e Produção de Petróleo e Gás Natural e seus aditivos firmado entre ambas. A arbitragem foi instaurada para averiguar se determinada resolução emitida pela ANP, que ordenava a unificação de campos de petróleo, ensejava a violação de disposições do contrato.

Na oportunidade, os árbitros determinaram, através da Ordem Processual n. 1, que o conflito fosse "bifurcado" em duas fases, cada um com seu cronograma (*timing of procedural steps*) e regras procedimentais (alegações, produção de prova próprios, distribuição do tem-

---

partes (quando não para todas elas), bem como para a própria companhia (cuja sobrevivência, por vezes, pode depender da decisão sobre algum impasse criado pelo desacordo dos sócios)". CARMONA, Carlos Alberto. **Ensaio sobre a Sentença Arbitral Parcial.** Revista Brasileira de Arbitragem, v. 18, 2008. p. 8.

55. AMARAL, Paulo Osternack. **Arbitragem e Administração Pública: aspectos processuais, medidas de urgência e instrumentos de controle**. Belo Horizonte: Fórum, 2012, p. 44-45.

po nas audências[56] etc). Na 'Fase 1' seriam abordados a arbitrabilidade objetiva da demanda, a competência do tribunal arbitral, a (des) necessidade de participação de partes-não signatárias, a definição do conceito 'Campo de petróleo' e papeis da ANP e da concessionária na delimitação dos campos de exploração.

Ficou determinado ainda que a segunda fase dependeria dos resultados da 'Fase 1' e abordaria, se for o caso, todas as demais questões pertinentes para a resolução da disputa. Pela decisão fica claro que há interdependência de fases.

Nessa decisão, podem-se extrair aspectos relacionados à flexibilidade do procedimento arbitral, já que ficou para os árbitros decidirem que "o tribunal e as partes poderão discutir e chegar a um acordo sobre o cronograma específico para abordar esses temas, bem como eventuais regras suplementares sobre prova". Mais ainda, deliberou-se que "o Tribunal Arbitral, reunido ou através do seu Presidente, tem a faculdade de ampliar qualquer prazo estipulado em seu cronograma do procedimento, seja mediante solicitação por escrito e de forma motivada antes do vencimento do referido prazo, seja de ofício em circunstâncias extraordinárias".

Como se observa, esse procedimento foi parcelado em dois momentos em que o segundo decorreria dos resultados do primeiro e possui um calendário pré-determinado com razoável flexibilidade de modo a atender a complexidade do caso. Além disso, cada fase tinha regras procedimentais próprias discutidas em conjunto com partes e árbitros e, ao fim de cada uma delas, seria prolatada uma sentença arbitral.

7.4. O PROCESSO ARBITRAL

7.4.1. Ação e defesa da Fazenda Pública

Há momentos em que a Administração pública não pode, por si só, executar seus próprios atos. Não pode, assim, invadir a esfera do administrado ou particulares por ato próprio. Será necessário pro-

56. Também chamada de *chess clock*, técnica procedimental utilizada para melhor gestão de tempo e prática de atos processuais.

vocar a atividade jurisdicional como caminho pelo qual o interesse público, sob os seus cuidados, poderá ser alcançado.

O procedimento arbitral pode servir como garantia apta provocar atividade jurisdicional do árbitro para resguardar os interesses e direitos violados da Administração no decorrer de sua atuação privada.

De outra banda, se o particular se sentir prejudicado na relação estabelecida com a Administração, poderá provocar a arbitragem.

Importante destacar que, só através de convenção de arbitragem, as partes estão autorizadas a submeterem o conflito à justiça privada. Diferentemente com o que ocorre com as demandas judiciais, "não há tribunais arbitrais permanentes a que as partes possam acorrer independentemente de convenção de arbitragem. Sempre haverá necessidade de convenção prévia das partes para que haja arbitragem"[57].

Um procedimento arbitral não significa empurrar a Administração para ambiente que apenas particulares sabem andejar. Isso também não significa que os árbitros irão interferir no mérito administrativo, tampouco nas ações de governo. Na verdade, atuarão como fonte legítima de jurisdição para evitar lesão ou ameaça de lesão a direito patrimonialmente disponível.

Independentemente do polo processual arbitral que ocupe a Fazenda Pública, estará defendendo, em maior ou menor grau, o interesse público. Enquanto requerente, apontará violação ao seu direito, que envolverá recursos públicos; enquanto requerida, tentará diminuir ao máximo eventuais prejuízos que o ente público venha a suportar.

Os atos das partes e dos árbitros no processo arbitral sucedem, e se estruturam, em uma cadeia processual "no qual cada um desses sujeitos dispõe de poderes, deveres, faculdades, ônus, todos exercidos mediante a prática do contraditório que os envolve - ou seja, no qual se desenvolve uma autêntica relação jurídica processual"; no procedimento de arbitragem, encontram-se presentes os elementos de ação-

57. VALLE, Martin Della. **Considerações sobre pressupostos processuais em arbitragens.** Revista Brasileira de Arbitragem. n. 12, Curitiba: Comitê Brasileiro de Arbitragem, 2007, p. 16.

-defesa, assim, isto é uma relação jurídica animada pelo contraditório, que lhe caracterizam como um processo[58].

Considera-se instituída a arbitragem quando aceita a nomeação pelo árbitro, se for único, ou por todos, se forem vários (LArb, art. 19, *caput*). A expressão "arbitragem" deve ser compreendida como o instituto na fase processual, ou postulatória. Depois de firmado termo de arbitragem, oportunidade em que as partes indicarão o objeto do conflito, a síntese dos fatos, suas respectivas pretensões, fundamentos jurídicos e os árbitros aceitarem seu encargo, se dará início à demanda propriamente dita.

A doutrina observa que, no procedimento arbitral, podem ser identificados os movimentos de ação e defesa, enquanto poderes e faculdades, exercidas pelas partes dentro de um processo. Explica-se, também, que "a ação exercida perante os árbitros é, como sempre, o direito da parte em obter o provimento jurisdicional postulado", ao passo que a defesa "é um direito da parte posta no polo passivo da relação processual arbitral, cujo exercício terá repercussão na sentença". Esse direito exercido pelas partes em todo diálogo processual representa efetiva garantia dos direitos de ampla defesa e contraditório com vistas a receber satisfação na decisão proferida pelo árbitro[59].

O pedido de instauração de arbitragem (ou o requerimento de arbitragem), não se confunde com a "petição inicial" as alegações iniciais do procedimento de arbitragem. Explica-se que "embora o requerimento de arbitragem seja uma peça bem mais simples que as demais que se seguirão, o momento do início do procedimento arbitral é extremamente importante. É oportuno consignar que o requerimento de arbitragem não se confunde com uma inicial. O mesmo se aplica para a resposta ao requerimento de arbitragem que não se confunde com a contestação. Embora se deva fazer uma breve descrição dos fatos e indicar a matéria objeto da arbitragem, haverá posterior oportunidade para apresentação de alegações. Requerimentos arbitrais muito longos e exaustivos são um típico exemplo de má gestão do tempo e implicarão em repetição nas alegações iniciais. A importância da fase de instituição da arbitragem está na demonstração

58. DINAMARCO, Candido Rangel. **Arbitragem na Teoria Geral do Processo**. São Paulo: Malheiros, 2013., P. 52;

59. DINAMARCO, Candido Rangel. **Arbitragem na Teoria Geral do Processo**. São Paulo: Malheiros, 2013., 66-67

de existência, ainda que prima facie, de uma convenção arbitral. É também nessa oportunidade que as partes devem se manifestar sobre questões procedimentais, especialmente àquelas relacionadas ao número de árbitros, forma de constituição do tribunal arbitral, idioma, lei aplicável e sede da arbitragem. Caso a convenção arbitral faça referência ao regulamento arbitral de um órgão ou instituição, deve-se cumprir com todas as exigências do referido regulamento, evitando-se perda de tempo com eventuais pedidos de complementação do requerimento de arbitragem"[60].

Nesse pedido (ou requerimento), as partes indicam para a instituição de arbitragem tão só a incidência de um conflito decorrente como de uma relação na qual, dentre as suas estipulações, continha convenção de arbitragem.

Comunica-se o fato (instauração de um conflito de interesses) e uma pretensão fundada na existência de estipulação contratual: a convenção de arbitragem. Comunica-se uma vontade à instituição arbitral: "há conflito e há convenção de arbitragem desejo provocar tal juízo para que se resolva o conflito em definitivo de acordo com o que entendo de direito". Dito de outro modo, o interessado dirige-se à instituição arbitragem e, seguindo os termos do seu regulamento, apresenta requerimento indicando necessariamente o contrato e a convenção de arbitragem, os envolvidos, a controvérsia que se pretende submeter ao juízo arbitral, a sua pretensão quanto ao litígio o seu respectivo valor.

De fato, o que deve ser explicitado é um mero resumo, uma exposição sucinta, versando apenas sobre o relevante na fase pré-arbitral; nessa fase inicial, não se faz necessário apresentar todos os fatos, fundamentos e pedidos, como também não é preciso juntar todos as provas que se entende necessárias. A prática indica que os únicos documentos necessários para instruir o requerimento inicial de arbitragem são o contrato ou contratos da relação jurídica conflituosa e a convenção arbitral[61].

60. MANGE, Flavia; JUNQUEIRA CANERO, Carla Amaral de Andrade. **A gestão do tempo nos procedimentos arbitrais**. Revista do Instituto dos Advogados de São Paulo, v. 12, 2009.

61. MONTORO, Marcos André Franco. **Flexibilidade do procedimento arbitral**. Tese (Doutorado em Direito) Faculdade de Direito, Universidade de São Paulo, São Paulo, 2010, p. 226

Após o recebimento de tal requerimento e avaliando a pertinência das alegações ali trazidas, o requerido será comunicado, não para contestar, e sim para manifestar-se acerca do pedido e apresentar-se para uma reunião preliminar na instituição arbitral. Nessa manifestação, a matéria de defesa não será do mérito e sim restrita aos aspectos fático-jurídicos do requerimento de arbitragem. Acerca disso já se afirmou que "tal como o requerimento de arbitragem, a resposta tende a ser genérica nessa fase da arbitragem, devendo conter, contudo, os elementos indicados no regulamento de arbitragem aplicável. Também no mesmo prazo, a parte requerida poderá manifestar a intenção de formular pleitos reconvencionais ou contrapostos. Quando é manifestada tal intenção de se apresentar pleito reconvencional, que será detalhado no momento procedimental próprio, alguns regulamentos de arbitragem preveem a abertura de um prazo específico para apresentação de resposta sobre o referido pleito[62].

Observa-se assim que cada ato processual tem seu respectivo ato de resposta: o requerimento de arbitragem ensejará a respectiva manifestação e, depois de firmado o termo, as alegações iniciais do requerente serão respondidas pelas alegações iniciais do requerido, que pode inclusive apresentar reconvenção.

Não é demais lembrar que, como já dito, todo o procedimento de arbitragem é orientado pelo termo de arbitragem. As alegações iniciais terão que se concentrar no que ali foi indicado tanto no aspecto fático quanto jurídico.

Da mesma forma serão os pedidos e requerimentos. Não é possível em sede de alegações iniciais as partes deduzirem pedidos que não fazem parte do que foi estabelecido no TDA, porque não terão os árbitros jurisdição para avaliar a questão, e se mesmo assim o fizerem tal ato seria nulo. O TDA é garantia que impõe limites jurisdicionais dos árbitros e limita as pretensões dos contendentes. Repita-se o que já foi dito: "A cláusula compromissória limita-se a normalmente, indicar a entidade de arbitragem em que se processará a arbitragem, sem se aprofundar em pormenores sobre normas a serem observadas na condução do processo, o TDA serve a esse propósito". Uma vez assinado, constitui o instrumento essencial para orientar as partes, o

62. GRION, Renato Stephan; LEVY, Daniela. **Curso de arbitragem**. São Paulo: Thomson Reuters Brasil, 2018.

Tribunal Arbitral e a secretaria sobre a condução do processo, dentre os limites nele estabelecidos[63].

As alegações iniciais demandadas, e também a defesa, serão norteadas pelo TDA que, evidentemente, terá certa elasticidade já que nem sempre é possível é possível determinar o valor exato envolvido na disputa, sendo necessária, por vezes, produção de prova ou cálculos analíticos para alcançar tal exatidão.

Consoante explica Martins Dellla Valle, "uma consequência da estrutura particular da arbitragem é que determinados regulamentos bipartem a formulação do pedido na arbitragem, havendo um primeiro pedido de instauração da arbitragem dirigido à instituição que administrará a arbitragem (no qual, por vezes, apenas se faz uma descrição genérica dos pedidos e/ou do valor envolvido) e outro, quando já instaurada a arbitragem, detalhado o pedido e a causa de pedir ao tribunal arbitral"[64].

Assim, por exemplo, se a Fazenda Pública ou o particular pretende buscar restituição de valores decorrente de descumprimento contratual, indenizações ou reequilíbrio financeiro do contrato poderá pedir a instituição da arbitragem e depois desta já perfeitamente instaurada com a aceitação do encargo pelos árbitros, deverá requerer a sua pretensão de mérito. Nesse exemplo, a convenção de arbitragem indica a existência do conflito, o TDA delimite e circunscreve os as regras e limites para solucioná-lo.

É possível que tal pedido se represente num valor líquido ou apresente um valor preliminar que deverá ser calculado e liquidado no decorrer do procedimento, sem que isso viole os limites do TDA.

Há, como se vê, íntima relação entre o TDA e o posterior procedimento.

Prosseguindo.

Candido Rangel Dinamarco aponta que, "apresentadas as alegações iniciais, tem início do processo, ou seja, a relação jurídica processual arbitral, a demanda deduzida nas alegações iniciais deve

63. MAGALHÃES, José Carlos. **Vícios na Constituição do Tribunal Arbitral. Sentença Arbitral Extra Petita. Ausência de Jurisdição do Tribunal Arbitral.** Revista de Arbitragem e Mediação, v. 39, 2013, p. 177.

64. VALLE, Martin Della. **Considerações sobre pressupostos processuais em arbitragens.** Revista Brasileira de Arbitragem. n. 12, Curitiba: Comitê Brasileiro de Arbitragem, 2007, p. 21.

necessariamente estar abrangida pelos elementos do termo de arbitragem". E indica ainda que, "aos elementos das alegações iniciais, as quais se comparam a petição inicial do processo civil comum, estará adstrito o árbitro a sentenciar, como manda a regra da correlação entre a sentença e a demanda"[65].

Cada regulamento estabelece a dinâmica que o procedimento arbitral deverá se desenvolver. Os modelos podem variar de instituição para instituição, e sem qualquer dúvida tudo ocorre de forma diferente do formato encontrado nas ações judiciais.

No processo judicial, as partes apresentam a petição inicial junto com causa de pedir, pedido, e com as respectivas provas que, depois de recebidos e avaliados pelo juiz ou seus assessores, se ordenará a citação do réu para responder de forma exauriente a demanda que lhe foi proposta (CPC, arts. 319, 322, 335, 337).

Conforme se observa, o pedido de instauração de arbitragem não estabelece relação linear entre requerido e o árbitro, como é verificado com o protocolo e registro da petição inicial no Poder Judiciário (CPC, arts. 43, 59, 284, 312). É também o que observa Martim Della Valle quando afirma: "a investidura completa-se por um *iter*, que começa com o pedido de instauração de arbitragem (qualquer que seja a forma prevista no regulamento ou na cláusula) e que se completa com a aceitação por parte do árbitro"[66].

Esse requerimento será recebido pela secretaria da instituição arbitral ou algum outro órgão específico e designado para fazer às vezes de recebimento de requerimentos. Em algumas instituições, aliás, essa atribuição de análise *prima facie* do requerimento fica a cargo do seu presidente ou secretário geral que fará uma breve análise da questão, emitirá as custas para pagamento para, só então, proceder com a notificação do requerido para manifestação e assinatura do termo de arbitragem[67].

---

65. DINAMARCO, Candido Rangel. **Arbitragem na Teoria Geral do Processo.** São Paulo: Malheiros, 2013, p. 119.

66. VALLE, Martin Della. **Considerações sobre pressupostos processuais em arbitragens.** Revista Brasileira de Arbitragem. n. 12, Curitiba: Comitê Brasileiro de Arbitragem, 2007, p. 16.

67. O exame prima fade é um exame preliminar feito com cognição sumaríssima, que funciona como um "filtro" para a instauração de arbitragens manifestamente inviáveis por falta de convenção válida. Por um lado, não impede que, em caso de reconhecimento da validade da cláusula prima facie, o tribunal arbitral (e, no caso brasileiro, o Poder Judiciário a posteriori) venham a conhecer da mesma questão no futuro. Por outro, caso não se entenda pela existência de clausula arbitral

Examinadas todas as manifestações, já haverá uma perspectiva do que deverá ser decidido pelos árbitros e sobre quais pontos poderão exercer sua jurisdição. Frisando desde que o elemento fundamental para a circunstância de investidura do eleito privado será uma convenção de arbitragem válida e a posterior aceitação expressa para tal encargo.

É possível, na reunião preliminar, aprofundar a conjuntura do conflito e para obter mais elementos relacionadas com o mérito da arbitragem e até elaborar questões para serem respondidas pelos envolvidos. Essa ideia é defendida por Marcos André Montoro ao aduzir que o árbitro "deve ter participação efetiva no contraditório, inclusive dialogando com as partes, e instigando-as a examinar temas que, aos olhos do julgador, são relevantes, mas não foram (ou não foram suficientemente) debatidos ao longo do procedimento". Assim, o autor conclui, asseverando que "uma das técnicas através da qual o árbitro pode instigar as partes a examinarem determinadas questões é formulando perguntas, indagações, questões".

Essa técnica direcionada à Fazenda Pública demandará uma estreita aproximação entre profissionais das mais variadas áreas de trabalho para que, em cooperação, ofereçam subsídios aos procuradores para responder aos questionamentos dos árbitros de forma completa. E não apenas isso. Do ponto de vista dos procuradores, observa-se que, quando o árbitro elabora uma pergunta "ele está com isso indicando quais temas considera relevantes". O que constitui um importante sinal "sobre os temas que merecem atenção na fase probatória, ou que precisam ser melhor explorados"[68].

É possível integrar técnicas de diferentes culturas jurídicas. Há uma aproximação dos sistemas de *common law* e *civil law* decorrente das interações entre arbitralistas e advogados de todo mundo atentos às tendências da globalização que buscam aperfeiçoar os procedimentos de arbitragem para resolução de disputas.

---

válida, impede a instauração de arbitragem sob a administração daquele órgão (o que não impede, todavia, que as partes, conforme permitir cláusula arbitral, levem a arbitragem para ser administrada em outra instituição ou a instituam ad hoc). VALLE, Martin Della. **Considerações sobre pressupostos processuais em arbitragens**. Revista Brasileira de Arbitragem. n. 12, Curitiba: Comitê Brasileiro de Arbitragem, 2007, p. 18.

68. MONTORO, Marcos André Franco. **Flexibilidade do procedimento arbitral**. Tese (Doutorado em Direito) Faculdade de Direito, Universidade de São Paulo, São Paulo, 2010, p. 269.

De fato, na arbitragem, buscam-se variações procedimentais por conta da própria dinâmica do instituto, que não se submete às leis processuais estatais, que, no mais das vezes, mostram-se incompatíveis com a matéria em debate, de modo que os contendentes da arbitragem buscam mecanismos mais dinâmicos e mais adequados para agilizar a solução de conflitos.

Vale destacar que não se recomenda trazer ao ambiente arbitral os vícios que ainda se toleram no processo judicial. O bom desenrolar do procedimento depende da boa conduta dos contendentes, que defenderão seus interesses, mas não obstaculizarão a marcha procedimental. De fato, num ambiente procedimental flexível se a conduta for beligerante, notadamente durante a fase probatória, o ritmo processual arbitral poderá não alcançar um movimento desejável.

O procedimento de arbitragem, tal como um processo judicial, será a soma dos atos das partes, árbitros com colheita de alegações, provas e manifestações dos eventuais auxiliares. É admitido que toda prática de ato processual seja realizada por meio eletrônico ou com o envio das vias físicas para a instituição.

O procedimento é bastante dinâmico.

A informalidade, muitas vezes atribuídas à arbitragem, deve ser interpretada como redução a quase zero das burocracias enfrentadas nas varas e cartórios judiciais seja sob aspecto estrutural e, até mesmo, humano diante do perfil privado do serviço prestado.

Os profissionais das instituições, em sua maioria, são preparados e diligentes para atender aos pedidos de ambas as partes de forma célere. Todo o diálogo processual é bastante aproximado, muitas vezes acontece via *e-mail* ou mesmo via telefone, o ambiente estrutural das instituições arbitrais facilita o melhor esclarecimento dos fatos e da resolução da demanda como um todo. Pequenos problemas de comunicação podem ser resolvidos rapidamente e evitam-se alguns constrangimentos bem comuns do ambiente forense.

Para encerrar esse tópico, é válido observar o procedimento de arbitragem, numa perspectiva interna e externa.

Numa perspectiva, o procedimento se desenvolve da seguinte forma: i) apresenta-se requerimento a instituição arbitral; ii) o requerido é comunicado e apresenta sua manifestação acerca do requerimento; iii) realiza-se uma reunião preliminar com os envolvidos para assinatura do termo de arbitragem; iv) indica-se os árbitros, ou árbitro único; que apresentará seu termo de responsabilidade e aceitação do encargo; v) se estabelece um procedimento, em regra, através do termo de arbitragem; vi) dar-se início à fase postulatória da arbitragem, com as respectivas alegações iniciais, as quais serão enviadas a cada uma das contrapartes para oferecerem reconvenção, respostas e impugnações no prazo estabelecido, vii) eventuais provas são produzidas; viii) o árbitro apresenta sua sentença e a envia para ambas as partes para eventuais pedidos de esclarecimento; ix) apresentando pedidos de esclarecimento, os árbitros se manifestarão a respeito com posterior decisão a ser integrada a sentença arbitral; x) as partes recebem a decisão arbitral; e, ao fim do prazo para manifestações, xi) o procedimento arbitral encerra[69-70].

De forma mais ampla, externa portanto, a doutrina convencionou dividir o procedimento em fases: i) instauração da arbitragem; ii) organização da arbitragem; iii) desenvolvimento da arbitragem iv) encerramento do procedimento pela sentença; e quando necessário o v) cumprimento da sentença na via judicial, ou para alguns fase pré-arbitral, fase arbitral e pós-arbitral.[71]

Por fim, ao se observar o procedimento arbitral se chegará à conclusão que ele é iniciado, programado e concluído de forma bastante diversa do judicial, apresenta uma dinâmica processual peculiar, flexível e, sobretudo, contemplando as garantias inerentes ao devido processo legal (LArb, art. 21 §2º).

---

69. "Diversos órgãos arbitrais optaram por um procedimento já testado que vem funcionando bastante bem: as partes são chamadas para uma audiência inicial, a fim de firmarem o termo de arbitragem; após, as duas deverão apresentar, no mesmo prazo, suas razões iniciais; em seguida, em prazo comum, deverão manifestar-se sobre as razões do adversário; ato contínuo, os árbitros reúnem-se com as partes (ou apenas com seus advogados) para tratar da instrução processual, quando for necessária a produção de outras provas além daquelas já produzidas. Muitos órgãos arbitrais já abandonaram o conceito da reconvenção: as partes fixam o objeto da controvérsia e formulam livremente seus pedidos em torno do objeto litigioso. Para evitar desnecessária (e reprovável) processualização da arbitragem, é conveniente que, no termo de arbitragem (art. 19, parágrafo único, da Lei 9.307/1996) sejam os litigantes instados a formular todos os pedidos que podem decorrer do litígio que submetem a decisão dos árbitros. Tal fórmula certamente tenderá a evitar a alegação futura de julgamento extra petita, ultra petita ou citra petita, vícios capazes de anular a sentença arbitral (art. 32, IV e V, da Lei 9.307/1996)". CARMONA, Carlos Alberto. **O Processo Arbitral**. Revista de Arbitragem e Mediação, v. 1, 2004, p. 27.
70. PARENTE, Eduardo Albuquerque. **Processo Arbitral e Sistema**. São Paulo: Atlas, 2010. p. 142.
71. CAHALI, Francisco José. **Curso de Arbitragem**. 5. Ed. São Paulo: Editora Revista dos Tribunais, 2015, p. 237, DINAMARCO, Candido Rangel. **Arbitragem na Teoria Geral do Processo**. São Paulo: Malheiros, 2013., p. 110-112; Cf.MARTINS, Pedro A. Batista. As Três fases da arbitragem. in Revista do advogado, v. 26, n. 87, Imprenta: São Paulo, AASP, 2006.

7.4.2. Interrupção da prescrição e a "litispendência"

A instituição da arbitragem interrompe a prescrição, retroagindo à data do requerimento de sua instauração, ainda que extinta a arbitragem por ausência de jurisdição (LArb, art. 19 §2º). Trata-se de dispositivo inserido pela Lei n. 13.129/15 que trouxe importante comando legal para dar mais segurança jurídica ao instituto.

Conforme se depreende do dispositivo, o requerimento de arbitragem tem efeitos de cunho materiais e traz semelhança com o art. 240, § 1º do CPC: "a interrupção da prescrição, operada pelo despacho que ordena a citação, ainda que proferido por juízo incompetente, retroagirá à data de propositura da ação".

O legislador prestigiou a diligência e o interesse expresso em resolver o conflito por arbitragem. Também considerou as eventuais dificuldades vivenciadas na prática arbitral.

Pedro Batista Martins indica que, "do protocolo do pedido de instituição da arbitragem até a confirmação do(s) árbitros(s), há um intervalo de tempo que, em certas circunstâncias, protrai-se razoavelmente". Dessa forma, "o percurso não é tão curto e, pior, pode ser muito longo justamente para aquele que, de boa fé e já castigado pelos efeitos dos atos do devedor, busca exercer seu direito e, preliminarmente, evitar o transcurso do prazo prescricional". Assim, "é razoável que o exercício do direito material não seja tolhido por obstáculos outros que não aqueles estritamente necessários, notadamente de cunho formal"[72].

É evidente que o requerimento de arbitragem não pode ser confundido com a petição inicial. No entanto não se poderia desconsiderar que na seara arbitragem o requerimento é um dos primeiros atos

72. No original "Sabe-se que, do protocolo do pedido de instituição da arbitragem até a confirmação do(s) árbitros(s), há um intervalo de tempo que, em certas circunstâncias, protrai-se razoavelmente. Circunstâncias essas, na maioria das vezes, normais e regulares ao curso inicial do procedimento, mas, em outras, nem tanto. Tomando como exemplo processo arbitral em que o painel é composto por três árbitros – prática colegiada essa adotada na vasta maioria dos procedimentos –, entre a data do protocolo do pedido de instituição e a confirmação dos árbitros, transcorre interregno aproximado de três meses. Isso de forma linear e atendendo aos prazos regulamentares estabelecidos para a prática de cada evento (v.g. processamento administrativo do procedimento; notificação ao demandado do pedido de instituição; resposta; indicação de árbitro; apresentação do termo de independência e eventual revelação pelos árbitros indicados e consequente manifestação sobre tais documentos; nomeação do árbitro presidente)". MARTINS, Pedro Batista. **Arbitragem: prescrição e participação da Administração Pública**. Revista de Arbitragem e Mediação. n. 50. São Paulo: Revista dos Tribunais, 2016, p. 345 e ss.

da fase pré-arbitral, muitas vezes precedido apenas da comunicação prevista nos arts. 6 e 7 da LArb, e não pode ser desconsiderado como legítimo interesse em instituir arbitragem.

Note-se que o requerimento de arbitragem gera uma apenas expectativa de início de arbitragem, não possui efeitos vinculantes até que os árbitros aceitem o encargo e dê início à arbitragem (LArb, art. 19, *caput*).

Tal pedido, de cunho formal, não deixa de ser um movimento importante. Constitui providência apta a impedir a prescrição da pretensão daquele que teve direito violado.

De fato, o requerimento consubstancia-se em proatividade do credor de exercer sua pretensão que é elemento crucial para elidir os efeitos da prescrição. Esse expediente "blindará do substrato fático determinante para a incidência da prescrição". Pedro Batista Martins é enfático ao indicar que "nada mais marcante do interesse do titular em exercer seu direito do que o pedido de instituição de arbitragem"[73].

De fato, ao recorrer à jurisdição arbitral o interessado demonstra de forma inequívoca seu empenho em compelir o devedor em cumprir com suas obrigações assumidas no contrato.

A aceitação do encargo pelos árbitros é o marco inicial da arbitragem, mas seus efeitos retroagem a data deste requerimento. Isso quer dizer que o *iter* temporal entre o requerimento de arbitragem e o aceite não pode ser considerado como inércia do credor ou daquele que busca tutela jurisdicional.

Como dito acima, é muito comum, aliás, que diversas providências sejam necessárias para formalizar a arbitragem, observe-se por exemplo os procedimentos do arts.6 e 7º da LArb. Além disso, o conflito pode envolver diversas partes, de localizações diferentes (até fora do país) e muitas delas podem oferecer certa resistência em participar do procedimento arbitral.

Há, como se observa, um efeito de direito material – prescrição –, assunto notadamente regulado pelo Código Civil (arts. 189 e ss.). Assim, o legislador optou por garantir que a data do requerimento

73. MARTINS, Pedro Batista. **Arbitragem: prescrição e participação da Administração Pública**. Revista de Arbitragem e Mediação. n. 50. São Paulo: Revista dos Tribunais, 2016, p. 345 e ss.

de arbitragem seja o marco inicial que tenha o condão interromper a prescrição. Tal regra procura "instrumentalizar os efeitos da demora da constituição do tribunal arbitral"[74].

Entendemos que o legislador perdeu uma excelente oportunidade de inserir nova regra ao art. 202 do Código Civil, uma vez que a prescrição é instituto típico de direito material, aliás, assevera Thiago Marinho Nunes que tal alteração possibilitaria "que os sistemas de direito material e processual arbitral se harmonizassem, gerando menos incertezas aos operadores do direito"[75].

Enfim, a regra estabelecida no §2º do art.19 Lei 9.307/96 é clara em estabelecer efeitos retroativos de cunho material ao requerimento de arbitragem. Alerta-se ainda que, extinta a arbitragem por ausência de jurisdição ou nos casos de arquivamento do procedimento, a prescrição está interrompida, contudo voltará a correr normalmente se nenhuma outra providência posterior for tomada por parte do credor.

Além da prescrição o início do procedimento arbitral também torna litigiosa a coisa e impedindo que haja debates sobre suas questões em eventual processo judicial. De fato, não há propriamente litispendência e sim conflito de competência quando se repete demanda que está em curso seja na via arbitral.

Se qualquer uma das partes der início a processo judicial que contenha idêntico objeto do procedimento arbitral caberá a parte adversa indicar tal questão que ensejará a extinção do processo sem resolução do mérito já que com relação às cortes nacionais, o efeito negativo da convenção de arbitragem impede que estas julguem questões que estão abrangidas pela convenção de arbitragem[76].

Diferentemente do que ocorre com o processo judicial, o critério aqui não é temporal, e sim da validade da convenção de arbitragem. Prevalecerá a arbitragem iniciada antes ou depois do processo

---

74. NUNES, Thiago Marinho. **Arbitragem e Interrupção da Prescrição**. In: Leonardo de Campos Melo, Renato Resende Beneduzzi. (Org.). A Reforma da Arbitragem.Rio de Janeiro: Grupo Gen, 2016, v. , p. 518.
75. NUNES, Thiago Marinho. **Arbitragem e Interrupção da Prescrição**. In: Leonardo de Campos Melo, Renato Resende Beneduzzi. (Org.). A Reforma da Arbitragem.Rio de Janeiro: Grupo Gen, 2016, v. , p. 518.
76. AYMONE, Priscila Knoll. **A problemática dos procedimentos paralelos: os princípios da litispendência e da coisa julgada em arbitragem internacional**. Tese (Doutorado em Direito Internacional) - Faculdade de Direito, Universidade de São Paulo, São Paulo, 2011, p. 95.

judicial[77], já que, conforme dito, "antes a convenção de arbitragem tem o condão a provocar a extinção qualquer outro processo quando perante o árbitro estiver posta uma causa ou questão prejudicial à causa pendente perante o Poder Judiciário"[78].

7.4.3. As medidas antiprocesso, antiarbitragem e as táticas de guerrilha

As práticas antiprocesso constituem-se em qualquer comportamento que vise tumultuar o início ou bom seguimento da arbitragem. Tal prática pode acontecer dentro do próprio procedimento arbitral ou com a utilização de demandas e incidentes processuais no Poder Judiciário para suspender o procedimento ou até o efeito de decisões que dele emanam. De fato, aquele faz uso de tal expediente sabe da natureza irrecorrível das decisões de arbitragem e tentará, a qualquer custo, impedir os seus efeitos práticos.

Hermes Marcelo Hulk fala em "táticas de guerrilha". Conforme o autor, essa prática "longe de exercer o regular contraditório ou postular com bons argumentos, busca apenas transtornar o procedimento, retardar o curso do feito, confundir a parte contrária e os árbitros"[79].

Algumas táticas de guerrilha apresentadas pela doutrina nacional e internacional incluem: i) excessiva produção de documentos ou apresentação de documentos de "última hora"; ii) prorrogação ou adiamento indevido de audiências; iii) incluir algum advogado que possa abalar ou influenciar na imparcialidade do árbitro ou gerar supostos conflitos de interesse; iv) ameaçar partes e árbitros; v) manipulação de testemunhas, vi) recusa de arcar com custas arbitrais[80], entre outras práticas[81].

77. Cf. VALLE, Martin Della. **Considerações sobre pressupostos processuais em arbitragens**. Revista Brasileira de Arbitragem. n. 12, Curitiba: Comitê Brasileiro de Arbitragem, 2007, p. 27.

78. DINAMARCO, Cândido Rangel. **Instituições de Direito Processual Civil**, v. 2. 7 ed. São Paulo: Malheiros, 2017, p. 93.

79. HULK. Hermes Marcelo. **Táticas de guerrilha na arbitragem internacional.** In CARMONA, Carlos Alberto; LEMES, Selma; MARTINS, Pedro Batista. (org) 20 Anos da Lei de Arbitragem: Homenagem a Petrônio R. Muniz. São Paulo: Atlas, 2017.p. 311.

80. Merece destaque a crítica de Hermes Marcelo Hulk: "Recusar-se ao pagamento das taxas administrativas e honorários dos árbitros, mesmo com recursos para arcar com tais despesas é comportamento pouco original. Essa recusa retarda o andamento do processo, além de transferir para a parte contrária o ônus financeiro da disputada. Idem. p. 314.

81. Cf. SANTOS, Mauricio Gomm dos. **Táticas de guerrilha na arbitragem internacional**. in CARMONA, Carlos Alberto; LEMES, Selma; MARTINS, Pedro Batista. (org) 20 Anos da Lei de

As medidas antiarbitragem, por sua vez, são aquelas decisões ou ordens decorrentes do Poder Judiciário destinadas a suspender o procedimento arbitral ou impedir a própria formalização da arbitragem[82]. Pode-se cogitar, também, a possibilidade de o juiz se recusar a cumprir determinada decisão do árbitro. Trata-se aqui de uma resposta a uma demanda específica que procura confundir magistrados e dúvidas acerca da validade da convenção de arbitragem ou da legalidade do próprio procedimento arbitral.

O exemplo clássico dessa medida é uma decisão liminar que suspende do procedimento arbitral em curso, ou ordem judicial que torna sem feito alguma decisão dos árbitros. A questão é essencialmente processual, "além do eventual caráter de urgência, baseado na cognição sumária, as medidas antiarbitragem têm nítido caráter de tutela específica, já que constituem ordens judiciais que veiculam obrigação de fazer (solicitar a suspensão ou extinção do processo arbitral) ou de não fazer (não dar início ou não dar prosseguimento ao processo arbitral)"[83].

Deve-se considerar também, como medida antiarbitragem, aquelas ações que visam indevidamente anular as sentenças arbitrais, impugnar sua execução, ou impedir a homologação de sentenças arbitrais estrangeiras[84]. Utiliza-se ação anulatória para rediscutir indevidamente o mérito que já foi analisado na arbitragem. Esse expediente visa indevidamente adiar uma questão já decida ou retardar o resultado prático da decisão final da arbitragem. Convém adiantar[85], neste ponto, que a sentença arbitral não se sujeita ao controle judicial no que tange a substância do julgamento. A interpretação fatos, provas, aplicação direito material e os motivos da decisão do árbitro não pode ser objeto de censura pelo Poder Judiciário. O mérito do conflito é exclusivo da arbitragem por opção das próprias partes.

Arbitragem: Homenagem a Petrônio R. Muniz. São Paulo: Atlas, 2017, p. 331 e ss; SUSSMAN, Edna. **All's fair in love and war – or is it? The Call for Ethical Standards for Counsel in Internacional Arbitration**. The American Review of International Arbitration, v. 22, n. 4, 2011, p. 614-615.

82. ALVES. Rafael Franscisco. **A inadmissibilidade de medidas antiarbitragem no direito brasileiro.** São Paulo: Atlas, 2009. p. 96

83. ALVES. Rafael Franscisco. **A inadmissibilidade de medidas antiarbitragem no direito brasileiro.** São Paulo: Atlas, 2009. p. 206

84. GAILLARD, Emmanuel. **Teoria Jurídica da Arbitragem internacional**. São Paulo: Atlas, 2014, p. 66

85. Essa questão será melhor trabalhada no item 7.4.

João Luiz Lessa Neto explica que "*anti-suit injunction* representa uma tutela de caráter inibitório ou de remoção do ilícito. Ela procura impedir ou remediar a propositura ou continuação de um processo que viole o estabelecido em uma regra de competência, que pode ser uma regra legal, uma cláusula de eleição de foro ou uma cláusula compromissória arbitral. Trata-se, portanto, de uma medida que visa obstar o desenvolvimento de um processo em curso perante outra autoridade que, para o juiz prolator da medida, é incompetente (ou, ao menos, representa uma jurisdição inconveniente) para julgar o caso"[86].

No que concerne à Fazenda Pública, há uma questão interessante. Emmanuel Gaillard indica que "a utilização de *anti-suit injunctions* é particularmente frequente no contencioso envolvendo Estados. De fato, é tentador para o Estado colocar um obstáculo à eficiência da convenção de arbitragem livremente acordada, recorrendo à sua própria jurisdição para que proíba o contratante de engajar um procedimento arbitral ou, se este já tiver se iniciado, ordene a sua desistência"[87].

Realmente, ao analisar alguns casos paradigmáticos de medidas antiarbitragem no cenário internacional observou-se que "o risco da concessão de medidas antiarbitragem tende a aumentar quando existem empresas ligadas ao Estado que são partes na arbitragem e as medidas são solicitadas justamente aos tribunais deste Estado". Além disso, explica-se que "por envolverem contratos de grande expressão econômica e projetos de infraestrutura considerados fundamentais para o desenvolvimento dos países em questão, a influência dos governos no andamento e no desfecho dos casos foi marcante e isso não apenas por serem partes no conflito, mas também por uma peculiar relação existente entre o Poder Executivo e o Poder Judiciário"[88].

Trata-se, aqui, de verdadeira interferência judicial na autonomia da arbitragem; um estranho bloqueio que interfere nas relações privadas e traz grande segurança jurídica para o instituto. Não é diri-

---

86. LESSA NETO, João Luiz. **Arbitragem e Poder Judiciário: A definição da competência do árbitro**. Salvador: Juspodivm, 2016. p. 164

87. GAILLARD, Emmanuel. **Teoria Jurídica da Arbitragem internacional**. São Paulo: Atlas, 2014, p.64.

88. ALVES. Rafael Franscisco. **A inadmissibilidade de medidas antiarbitragem no direito brasileiro.** São Paulo: Atlas, 2009. p. 130

gida, de forma alguma aos árbitros, mas uma medida dirigida à parte contrária e tem efeitos em seu comportamento[89].

E, por assim ser, é necessária uma conscientização por parte de magistrados e tribunais para que, ao observar tal prática, inibi-la, levando a efeito o princípio da competência-competência prestigiada na legislação brasileira.

As medidas antiarbitragem e antiprocesso nada mais são do que uma vã tentativa de judicializar a arbitragem, ou pior, judicializar as questões já postas ao juízo arbitral. Dar azo essa prática através de decisões judicias desconectadas com a conjuntura do litigio e da função econômico-jurídica da convenção de arbitragem nega vigência a segurança jurídica a desfigura o espaço normativo institucional pelo qual a arbitragem vem sendo desenvolvido.

A participação cooperativa-institucional do Poder Judiciário é, no mais das vezes, fundamental para a efetividade da arbitragem. No entanto, a dosagem da dessa participação paralela pode prejudicar a própria essência do procedimento – resolver o conflito de forma privada –. Dessa forma, é necessário que os magistrados tenham a correta compreensão do efeito negativo da convenção de arbitragem e não se deixem confundir. Deve ser firmemente rechaçado no âmbito judicial qualquer ato de guerrilha travestido de manobra processual que em nada contribui para o bom desfecho do litígio.

7.4.4. As prerrogativas processuais

A Fazenda Pública possui um trato diferenciado nos processos judiciais. Há, o que a doutrina costumou indicar como prerrogativas processuais.

São exemplos dessas prerrogativas: i) prazos diferenciados (CPC, art. 183); ii) remessa necessária (CPC, art. 496); iii) enrijecimento para concessão de tutelas de urgência (Lei 8.437/92); iv) pedido de suspensão de liminar; v); processo diferenciado de execução (CF, art. 100); vi) isenção de despesas processuais (CPC, art. 27); dentre outras.

89. LESSA NETO, João Luiz. **Arbitragem e Poder Judiciário: A definição da competência do árbitro**. Salvador: Juspodivm, 2016. p. 165.

Trata-se de direitos processuais garantidos para estabelecer certa igualdade diante da realidade jurídico-material na qual a Fazenda se insere, conforme explica Juvêncio Vasconcelos Viana "não se pode ignorar o fato de que a Administração Pública é detentora de um regime próprio, contando dentre outras características, com a supremacia do interesse público e a presunção de legitimidade de seus atos"[90]. José Roberto de Moraes ressalta também uma questão importante, segundo o autor, "quando Fazenda Pública está em juízo, ela está defendendo o erário. Na realidade, aquele conjunto de receitas públicas que pode fazer face às despesas não é de responsabilidade do governando do momento. É de toda a sociedade que contribui para isso"[91].

Marco Antonio Rodrigues explica que tais prerrogativas processuais são justificáveis já que existe uma maior "necessidade de tempo para a atuação da Fazenda Pública dado o enorme tamanho de sua estrutura e os princípios constitucionais da Administração, que a vinculam"[92]. Maria Sylvia Zanella di Pietro, na mesma linha, explica que a Administração Pública, quando é parte em ação judicial, "dispõe de algumas prerrogativas e sujeita-se a restrições próprias do regime jurídico administrativo, que desigualam, muitas vezes, a situação das partes nas relações processuais, sem que ocorra infringência ao princípio da isonomia, tendo em vista a natureza pública dos interesses que tutela"[93].

De fato, os representantes da Fazenda precisam, quase sempre de maiores períodos para colher informações, comunicar-se com outros órgãos e setores de apoio para adquirir subsídios e elaborar suas manifestações de forma adequada. Nesse sentido, Hélio do Valle Pereira destaca que "fixa-se como pressuposto que o poder público, por circunstâncias peculiares, merece posicionamento processual distinto, com isso se reequilibrando o jogo de forças em pessoas priva-

90. VIANA, Juvêncio Vasconcelos. **Efetividade do processo em face da Fazenda Pública**. São Paulo: Dialética, 2003.

91. MORAES, José Roberto. **Prerrogativas e o interesse da Fazenda Pública**. In: Direito Processual Público. (Org.). SUNDFIELD. Carlos Ari; BUENO, Cassio Scarpinella. Fazenda Pública em Juízo. .São Paulo: Malheiros, 2003 P. 69

92. RODRIGUES, Marco Antonio. **A Fazenda Pública no Processo Civil**. 2 ed. São Paulo: Atlas, 2016, p. 30

93. DI PIETRO, Maria Sylvia Zanella. **Direito administrativo**. 30.ed. Rio de Janeiro: Forense, 2017, p. 769.

das". O autor também alerta que a estrutura fazendária é muito mais complexa e burocrática se comparada a organismos particulares e "as dificuldades operacionais administrativas, em consideração à imensidão de dados que envolvem, acabam sensibilizando a necessidade de especial atenção à realidade"[94-95].

A questão fulcral neste tópico é averiguar: as prerrogativas processuais da Fazenda Pública se aplicam ao processo arbitral? Entendemos que sim, mas apenas em determinadas circunstâncias, e, a seguir, vamos apresentar a justificativa, cabendo desde já fixar que concentraremos nossa atenção na prerrogativa de duplicidade de prazos e intimação pessoal do art. 183 do CPC. As vedações a tutela de urgência, pedido de suspensão de liminar já foram analisadas no capítulo anterior e a inaplicabilidade da remessa necessária poderá ser examinada no momento oportuno.

Seguimos.

Heitor Sica aponta que atualmente "prevalece a ideia de que a maioria das prerrogativas processuais aplicáveis à Administração Pública em juízo não se aplicam ao processo arbitral"[96].

É que o princípio constitucional do devido processo legal não conduz a aplicação automática dos ritos e regras do CPC na arbitragem. Aliás, "diferentemente do processo civil comum, o arbitral não é obrigatória e exclusivamente regido pelas leis processuais do País"[97].

---

94. PEREIRA, Hélio do Valle. **Manual da Fazenda Pública em Juízo**. Rio de Janeiro: Renovar, 2003. p. 102-103.

95. "Essas prerrogativas não são conferidas ao Estado de forma aleatória. É evidente que a complexidade das ações a cargo do Poder Público, a quantidade de litígios em que se envolve e a imensidão das estruturas estatais não podem permitir situação de inteira igualdade entre o Estado e o particular no processo. São particularidades que, de resto, se incluem em praticamente todos os ordenamentos jurídicos. Alguns sustentam, no entanto, que as prerrogativas processuais ofendem os princípios da igualdade, da razoabilidade e da dignidade da pessoa humana. Assim não nos parece, entretanto. Ostentando situações jurídicas diversas, não podem Estado e particular sujeitar-se às mesmas regras, porque, aí sim, estaria vulnerada a isonomia. Da mesma forma, não se afigura razoável tal resistência contra o ente público, que, bem ou mal, representa os interesses da coletividade. É certo que o Estado deve buscar maior eficiência na sua atividade, mas o fato de ser rodeado de ineficiências não tem o condão de afastar as particularidades processuais" CARVALHO FILHO, José dos Santos. **Manual de direito administrativo.** 31. ed. São Paulo: Atlas, 2017. p. 1192

96. SICA, Heitor Vitor Mendonça. **Arbitragem e fazenda pública**. In: Francisco José Cahali; Thiago Rodovalho; Alexandre Freire.. (Org.). Arbitragem: estudos sobre a Lein. 13.129, de 26-5-2015 .São Paulo: Saraiva, 2016, p. 284.

97. DINAMARCO, Candido Rangel. **Arbitragem na Teoria Geral do Processo**. São Paulo: Malheiros, 2013. p. 47.

As disposições do CPC só se aplicam na arbitragem se a LArb expressamente determinar[98], se as partes assim anuírem[99] ou, na ausência de consenso, por decisão do árbitro[100].

O direito a tais prerrogativas não é absoluto, não se pode inseri-las no procedimento arbitral de maneira forçada. A lei de arbitragem é muito clara quando estabelece a órbita em que vai se inserir a discussão – direitos patrimoniais disponíveis –. As matérias em debate não poderão, em regra, envolver matérias sensíveis. Interesses coletivos relativos a políticas públicas ou direitos sociais não tem espaço na arbitragem. Observe-se que no âmbito dos juizados especiais onde se discutem matérias seríssimas, como questões previdenciárias, não há prazo em dobro para a prática de qualquer ato processual pelas pessoas jurídicas de direito público, inclusive para interposição de recursos (Lei 12.153/10, art. 7º). Isso nos leva a crer que o ambiente processual é o que justificará a incidência de tal prerrogativa e em se tratando de arbitragem, qualquer prerrogativa que não advenha da própria Constituição não terá aplicabilidade obrigatória na arbitragem.

7.4.5. A inaplicabilidade de prazo em dobro

A Fazenda Pública não pode invocar ou impor prazos em dobro no procedimento arbitral com fundamento no art. 183 do CPC[101].

98. É o caso do art. 14 da LArb o qual dispõe que Estão impedidos de funcionar como árbitros as pessoas que tenham, com as partes ou com o litígio que lhes for submetido, algumas das relações que caracterizam os casos de impedimento ou suspeição de juízes, aplicando-se-lhes, no que couber, os mesmos deveres e responsabilidades, **conforme previsto no Código de Processo Civil.**, ou art. 36 que versa sobre o procedimento de homologação de sentença estrangeira dispondo que "Aplica-se à homologação para reconhecimento ou execução de sentença arbitral estrangeira, no que couber, **o disposto nos arts. 483 e 484 do Código de Processo Civil**". (grifos nossos).

99. LArb, Art. 21. A arbitragem **obedecerá ao procedimento estabelecido pelas partes** na convenção de arbitragem, que poderá reportar-se às regras de um órgão arbitral institucional ou entidade especializada, facultando-se, ainda, às partes delegar ao próprio árbitro, ou ao tribunal arbitral, regular o procedimento.

100. LArb, Art. 21, §1º, não havendo estipulação acerca do procedimento, caberá ao árbitro ou ao tribunal arbitral discipliná-lo.

101. "Há também que de se afastar a observância de prazos processuais ampliados (CPC/73, art. 188, CPC/15, art. 183). Além da falta de previsão específica na Lei n. 9.307/96 e da necessidade de observância das regras procedimentais pactuadas pelos signatários da convenção arbitral ou, subsidiariamente, pelo árbitro, há que se acrescentar que essa prerrogativa também não se mostra inerente a todo processo envolvendo a Fazenda Pública. Tanto é que foi excluída em alguns casos (como nos Juizados Especiais Federais e da Fazenda Pública, ex vi do art. 9º da Lei nº 10.259/01 e do art. 7º da Lei nº 12.153/09, respectivamente)." SICA, Heitor Vitor Mendonça. **Arbitragem e fazenda**

É possível, no entanto, atender às necessidades fazendárias e de seus procuradores de forma muito mais adequada do que o processo judicial. É verdade que o CPC/15 estipula genericamente a duplicidade de prazos, mas será que isso é suficiente para atender o interesse público?

Na arbitragem, essa questão pode ser aperfeiçoada. É possível estabelecer que, ao invés igualdade de prazos, a Fazenda Pública tenha períodos mais dilatados ou mesmo possibilidade de prorrogação das datas limites mediante justificativa prévia. Cada ato processual pode ter um prazo determinado e não necessariamente uniformizado (*x* dias para manifestações, *x* dias para produção de provas, *x* dias para apresentação de memoriais etc).

Não há espaço para imposição de tal prerrogativa da Fazenda no ambiente arbitral. Tudo deve ser estabelecido em condições de igualdade e ponderação. Se os procuradores necessitarem de mais tempo para produção de determinada prova, ou pratica de qualquer outro ato, isso deverá ser estipulado no termo de arbitragem, sem que se configure sobreposição de ente público em prejuízo do particular.

Dito de outra forma: não pode o órgão fazendário invocar prazo em dobro estabelecido no CPC (art. 183) no ambiente jurisdicional privado regulado pela Lei de Arbitragem e os regimentos institucionais O CPC/15 só se aplica na arbitragem quando a lei autoriza nesse sentido. Porém, será possível requerer uma maior periodicidade para prática de determinado ato processual. Na prática, se ficar estabelecido o prazo de 10 dias úteis para apresentação de memoriais, esse prazo não será automaticamente dobrado com relação à Fazenda. O que é pode ficar acertado é prazo de 10 dias para o particular e 20 dias (ou 15 dias, ou 30 dias) para a Fazenda, ou qualquer outra forma, mas tal estipulação é decorrente de uma convergência e não imposição[102].

---

pública. In: Francisco José Cahali; Thiago Rodovalho; Alexandre Freire.. (Org.). Arbitragem: estudos sobre a Lein. 13.129, de 26-5-2015 .São Paulo: Saraiva, 2016, p. 285.

102. "De fato, os litigantes têm autonomia para invocar suas prerrogativas processuais e exerce-las, mas possuem também possibilidade de abdicar delas, podendo renunciar as garantias processuais mínimas estabelecidas em seu favor em razão da principiologia do direito processual civil. E podem fazê-lo não apenas por neg6cios unilaterais, mas por convenções. De outro lado, os litigantes podem também desenhar regras do procedimento, adaptando-o as necessidades que desejam obter em termos de tutela jurisdicional e se submetendo voluntariamente ao regulamento da convenção ao invés do regramento legal. Como lembra Leonardo Cunha, a autonomia privada significa autodeterminação, autorregulação e autovinculação, podendo as partes de criar fontes normativas e definir a produção de certos efeitos sabre situações jurídicas. Esta alternativa se

No que se refere à intimação pessoal prevista no §1° do art. 183, não enseja maiores problemas. Caberá à Fazenda Pública indicar no termo de arbitragem o procurador ou advogado responsável para receber as notificações relativas ao procedimento de arbitragem, garantindo sempre a ciência expressa e inequívoca da prática dos atos procedimentais.

As regras procedimentais elaboradas pelas partes e árbitros, ou mesmos as estabelecidas por órgãos institucionais, é que regularão o procedimento de arbitragem, não há incidência do CPC nesse procedimento. Essa constatação leva, inclusive, a doutrina a apontar que "a Lei de Arbitragem sobrepõe-se ao Código de Processo Civil, mas só se aplica naquilo quem não haja sido disciplinado pelas próprias partes, diretamente ou mediante remissão ao regulamento de alguma instituição arbitral"[103].

Parece-nos válido repisar que o processo arbitral não se fundamenta no Código de Processo Civil e sim na Constituição. O CPC/15 cuida de procedimento judicial tal como a Lei de Arbitragem cuida do procedimento arbitral. Portanto, não se confundem.

Assim como já dito, dentro dos limites da coerência e razoabilidade, sem sobrelevar a Fazenda por ser ente público e nem lhe exigindo o dinamismo de um ator privado, antes de se instaurar o procedimento arbitral, será possível prescrever regras procedimentais específicas para os diferentes atos processuais, aderente às necessidades de cada contendente, sem isso enseje qualquer violação ao princípio da igualdade das partes.

7.5. ENCERRAMENTO DO PROCEDIMENTO ARBITRAL

O procedimento de arbitragem pode ser encerrado com ou sem julgamento do mérito. Assim, i) finalizada total ou parcialmente a instrução; ii) incidindo algumas das hipóteses previstas no art. 12 da LArb; iii) decretada a nulidade, invalidade ou ineficácia da conven-

coloca para os litigantes em razão da autonomia que possuem de definir os contornos do próprio procedimento, que contemporaneamente não se justifica em conceitos privatistas, mas nessa nova perspectiva que reposiciona as partes como protagonistas na condução do procedimento e artífices de suas formalidades, inclusive pela celebração de negócios processuais". CABRAL, Antonio do Passo. **Convenções Processuais**. Salvador: Editora Juspodivm, 2016, p. 143.

103. DINAMARCO, Candido Rangel. **Arbitragem na Teoria Geral do Processo.** São Paulo: Malheiros, 2013., p. 46-47.

ção de arbitragem; iv) pelo acordo entre as partes; ou v) entendendo o árbitro ser incompetente para apreciar a demanda, a arbitragem chegará ao fim.

Nesse estudo, nos atentaremos para aqueles casos que foram realizados com exame de mérito, no qual os árbitros decidem de forma definitiva o conflito, acolhendo total ou parcialmente o pedido do requerido ou julgando improcedente a causa.

Dessa forma, proferida a sentença arbitral, dá-se por finda a arbitragem, devendo o árbitro, ou o presidente do tribunal arbitral, enviar cópia da decisão às partes, por via postal ou por outro meio qualquer de comunicação, mediante comprovação de recebimento, ou, ainda, entregando-a às partes, mediante recibo.

7.5.1. A Sentença Arbitral

A sentença arbitral é o ato jurídico pelo qual o árbitro decide definitivamente a questão que lhe foi apresentada; é a decisão final do conflito consubstanciando-se em "norma jurídica individual de origem privada", por meio da qual o árbitro ou tribunal conclui a controvérsia de forma definitiva; é o ato que encerra a fase postulatória e põe termo à relação processual arbitral[104].

A sentença arbitral é comporta a avaliação da demanda. Ovídio Batista da Silva chama juízo de concreção ou juízo de subsunção da norma legal ao caso concreto, segundo essa orientação o árbitro, foi contratado e por essa razão tem por função específica "realizar o enlace entre a norma jurídica abstrata e o caso concreto que lhe é submetido a julgamento"[105]. Apresentadas as alegações, causa de pedir e pedidos o árbitro julgará os fatos e aplicará o direito a demanda pelo qual foi contratado para apreciar.

Selma Lemes, nesse sentido, indica que, "após a fase de instrução, em que as partes tiveram a oportunidade externar seus entendimentos e pleitos sobre a questão, os árbitros deverão exarar a sentença arbitral"[106]. Carlos Alberto Carmona, por sua vez, afirma que "o

104. VALENÇA FILHO. Clávio de Melo. **Poder Judiciário e Sentença Arbitral**. Curitiba: Juruá, 2002, p. 97
105. SILVA, Ovídio Baptista da. **Curso de Processo Civil**. v. 1. 6 ed. São Paulo: Revista dos Tribunais, 2003. p. 404.
106. LEMES, Selma. **A sentença arbitral**. Revista de Arbitragem e Mediação. Revista de Arbitragem e Mediação. São Paulo: Revista dos Tribunais, 2005, p. 28

ato mais relevante do árbitro no processo por ele capitaneado é, sem dúvida, a sentença, momento em que o julgador outorga a prestação jurisdicional pretendida pelas partes"[107].

Nesse particular, o árbitro deve observar restritivamente o que lhe foi pedido, a referência desses limites será o estipulado na convenção ou termo de arbitragem. Para delimitar os poderes decisórios dos árbitros para a demanda, deve-se notar que há uma conjugação entre as divisas da convenção arbitral e o pedido. Dito de outro modo: deve haver uma correlação entre a decisão e aquilo que foi pedido, seja para aquela acolher total ou parcialmente seja para negar[108].

Não é recomendável o árbitro desconsiderar o material probatório apresentado e eleger qualquer elemento aleatório para fundamentar sua decisão. Isso representaria empregar uma fundamentação deficiente e desobedeceria a ordem constitucional e legal de fundamentação.

Para resolver as questões, serão submetidas, ao árbitro – ou painel arbitral – para analisar detidamente, todas as alegações das partes e os documentos que as embasaram, a fim de que, em meio ao complexo de discussões, se identifiquem elementos de fato certos, subsídios seguros e objetivos, com os quais estará esclarecendo a controvérsia, com estrita observância das normas processuais constitucionais e regimentais indicando tudo que for relevante e determinante em sua sentença.

Apenas a título referencial, no âmbito judicial, estabelece que o juiz decidirá o mérito nos limites propostos pelas partes, sendo-lhe vedado conhecer de questões não suscitadas a cujo respeito a lei exige iniciativa da parte (CPC, art. 141). A LArb, por sua vez, estabelece que o dispositivo sentencial deve resolver as questões que lhes forem submetidas (art. 26, III). Decidindo menos, mais ou diverso do que foi pedido, estará a decisão passível de anulação (art. 32, III). Cabe aqui destacar o que foi dito por José Carlos Barbosa Moreira "é fora de dúvida que o julgador (seja estatal, seja árbitro)

107. CARMONA, Carlos Alberto. **Arbitragem e Processo: um comentário a Lei n. 9.307/96.** 3. ed. São Paulo: Atlas, 2009, p. 336.

108. É a aplicação do princípio da congruência. Cf. NEVES, Celso. **O princípio da congruência no Processo Civil e os fatos superveniente**. Revista da Faculdade de Direito, Universidade de São Paulo, 1977; BARBOSA MOREIRA, José Carlos. **Correlação entre o pedido e a sentença.** Revista de Processo, São Paulo, v. 21, n. 83, 1996. p. 207,

está impedido de dilatar por iniciativa própria os lindes do litígio. No plano do mérito, seu poder decisório exercerá legitimamente dentro desses lindes"[109].

A sentença arbitral, tal como a judicial possui requisitos obrigatórios, elencados no nos art. 23, 24 e 26 da LArb. Quando a sentença arbitral for proferida por um conjunto de árbitros (tribunal arbitral, ou painel arbitral) a decisão será tomada por maioria. Se não houver acordo majoritário, prevalecerá o voto do presidente do tribunal arbitral. Além disso, O árbitro que divergir da maioria poderá, querendo, declarar seu voto em separado (art. 24 §§1º e 2º).

Acerca desse último aspecto destaca-se que "se um árbitro diverge, é recomendável que ele emita seu voto divergente em separado. O árbitro goza da confiança das partes53. As partes confiam não apenas que o árbitro julgará o mérito com competência e diligência, como visto, mas também que apresentará as razões do seu entendimento, seja na fundamentação da sentença arbitral (que pode representar, o entendimento unânime ou majoritário), seja na apresentação de seu voto divergente (quando for vencido). Tal voto em separado pode representar, em sentido amplo e não técnico, uma espécie de "prestação de contas" do árbitro àquelas partes que lhe confiaram o encargo de julgar o mérito do caso. Embora seja admissível, não é recomendável que o árbitro divirja da maioria e, ainda assim, permaneça silente, assinando a sentença arbitral como se convergisse com os demais árbitros. Nesse caso, haverá uma unanimidade "fictícia", que passará às partes uma imagem equivocada a respeito da deliberação dos árbitros. Formalmente, não há problema algum nisso. Mas, novamente, as partes esperam mais dos árbitros. As partes que contratam a arbitragem não se contentam com os "mínimos" formais à luz da Lei de Arbitragem. As partes esperam que os árbitros honrem a confiança neles depositada e, se for o caso, manifestem seu voto em separado. Lembrando que o árbitro divergente pode assinar a sentença arbitral com os demais árbitros e pode, também, incluir o seu voto divergente no próprio corpo da sentença ou "em separado", como faculta a lei. Basta esclarecer quais são os pontos em que determinado árbitro diverge. Mais uma vez, impor-

109. BARBOSA MOREIRA, José Carlos. **Estrutura da sentença arbitral**. Revista de Processo, São Paulo, n. 107, 2002. p. 13 e ss.

tam os aspectos substantivos, não meramente formais da sentença arbitral e de sua fundamentação. A propósito, pode ocorrer, inclusive, de um árbitro divergir em um ponto e outro árbitro divergir em outro ponto. Nesse caso, eles ficarão vencidos nos respectivos pontos divergentes e poderão, se quiserem, apresentar voto em separado, como faculta a lei brasileira"[110].

Determina-se que a sentença arbitral seja feita por escrito[111], assinada[112] e dentro do prazo estipulado pelas partes. Estipulando a lei um prazo padrão de seis meses. Ademais, são elementos da sentença[113]: i) o relatório, que conterá os nomes das partes e um resumo do litígio; ii) os fundamentos da decisão, onde serão analisadas as questões de fato e de direito, mencionando-se se os árbitros julgaram por equidade; iii) o dispositivo, em que os árbitros resolverão as questões que lhes forem submetidas e estabelecerão o prazo para o cumprimento da decisão, se for o caso; e iv) a data e o lugar em que foi proferida[114].

---

110. ALVES, Rafael Francisco. **Sentença Arbitral**, in LEVY Daniel, PEREIRA, Guilherme Setoguti. **Curso de Arbitragem**. São Paulo: Thomson Reuters Brasil, 2018

111. "Tal exigência mostra-se correta, tendo em vista que a sentença arbitral é um título executivo e, por essa razão, não seria razoável exigir que o juiz estatal o manuseasse sem que tivesse integralmente na forma escrita. Não é concebível que um título executivo que não tenha forma escrita. A formalidade é importante, o formalismo, nem um pouco". BERALDO, p. 420.

112. A assinatura é o selo da autenticidade do documento em que se corporifica a sentença. Sem ela, o escrito não tem significado algum como ato decisório, porque não há como saber com certeza se emanou de quem tinha o poder de decidir. Daí, qualificar-se também de inexistente a sentença sem assinatura". BARBOSA MOREIRA, José Carlos. **Estrutura da sentença arbitral**. Revista de Processo, São Paulo, n. 107, 2002. p. 14.

113. José Carlos Barbosa Moreira parece ter razão em afirmar que "antes de mais nada, vale notar que a Lei 9.307/96 reincidiu na impropriedade terminológica do Código [de Processo Civil] ao usar a expressão "elementos". Na verdade, o que ambos os textos arrolam são elementos que hão de figurar na sentença (judicial ou arbitral); um e outro dispositivo descrevem a estrutura do ato, indicando as partes de que ele deve compor-se. A semelhante conceito a palavra que melhor corresponde é "elemento", definida pelos dicionários como "cada parte de um todo". "Requisito" significa outra coisa: exigência que precisa ser satisfeita para que algo atinja determinado objetivo, ou produza determinado efeito jurídico". (...). Não parece difícil, na prática, distinguir elemento de requisito. Os elementos são sempre designados por substantivos ('relatório', 'fundamentos', 'dispositivo',); os requisitos, por adjetivos ou pelos substantivos abstratos a eles correspondentes. Assim o objeto do ato jurídico é um de seus elementos; o ser lícito do objeto é requisito de validade do ato" BARBOSA MOREIRA, José Carlos. **Estrutura da sentença arbitral**. Revista de Processo, São Paulo, n. 107, 2002. p. 10-11.

114. "A respeito do relatório acrescente-se a conveniência de nele se identificar o litigio tal qual apresentado na convenção (...). Isto porque, como visto, as partes podem moldurar o conflito, excluídas algumas questões da jurisdição arbitral (...). Também no relatório devem ser pontuados os pedidos formulados pelas partes, dando a exata dimensão da arbitragem. E tudo para a verificação da submissão do juízo aos limites do convencionado, e confrontação analítica do quanto pedido e decidido, apurando-se a adequação da sentença quanto a estes aspectos". CAHALI, Francisco José. **Curso de Arbitragem**. 5. Ed. São Paulo: Editora Revista dos Tribunais, 2015. p. 324 e ss.

As aproximações com a sentença judicial não são à toa. O árbitro, tal como o juiz, decide os fatos e aplica o direito. A diferença mais marcante no que se refere aos elementos sentenciais é a data e o local. Ambos definirão se a sentença arbitral será considerada nacional ou estrangeira e se foi respeitado o prazo previamente estipulado na convenção ou termo de arbitragem. Além, disso a sentença arbitral produz, entre as partes e seus sucessores, os mesmos efeitos da sentença proferida pelos órgãos do Poder Judiciário e, sendo condenatória, constitui título executivo judicial (LArb, art. 31 e CPC, art. 515, VII). Sobre o esse último aspecto, Clávio Valença Filho comenta que a sentença arbitral "é norma estranha ao Estado" e torna-se necessário "introduzi-la no ordenamento jurídico estatal antes que seus efeitos possam ser reconhecidos ou apoiados pelo Poder Judiciário"[115].

Sobre o esse último aspecto, Clávio Valença Filho comenta que a sentença arbitral "é norma estranha ao Estado" e torna-se necessário "introduzi-la no ordenamento jurídico estatal antes que seus efeitos possam ser reconhecidos ou apoiados pelo Poder Judiciário"[116].

A ausência de fundamentação que enseja a nulidade da decisão representa defeito de tamanha envergadura que esta expressamente inserida na Constituição Federal (art. 93, IX). É necessária uma fundamentação sólida, os fatos devem ser examinados de forma exauriente, as provas analisadas, os argumentos de ambas as partes devem ser levados a efeito, e, para ser aplicada ao caso concreto, a legislação precisa ser justificada. A anemia na fundamentação consiste, na verdade, em ausência de fundamentação.

A fundamentação da sentença arbitral tem realce diferenciado daquela encontra no Poder Judiciário. as partes contratam a arbitragem sobretudo por uma justa e compreensível expectativa em relação à qualidade da decisão do árbitro. Aliás, confia-se o julgamento do mérito terá mais qualidade que a sentença judicial. Essa busca pela qualidade "está ligada a diversos fatores que são traços característicos da arbitragem: a possibilidade de escolha do árbitro (normalmente, um expert no objeto do conflito), das leis aplicáveis, das regras procedimentais (que podem ser definidas "sob medida" para o conflito

115. VALENÇA FILHO. Clávio de Melo. **Poder Judiciário e Sentença Arbitral**. Curitiba: Juruá, 2002, p. 97.
116. VALENÇA FILHO. Clávio de Melo. **Poder Judiciário e Sentença Arbitral**. Curitiba: Juruá, 2002, p. 97.

específico), a possibilidade de aprofundar e aprimorar o contraditório, incluindo uma produção de provas de qualidade etc". Todos esses fatores que representam a própria razão de ser da arbitragem devem estar refletidos na fundamentação da sentença arbitral. De nada adianta toda essa liberdade conferida às partes na arbitragem, a flexibilidade do procedimento arbitral, o aprofundamento do contraditório, se, ao final, a fundamentação da sentença arbitral for rasa e superficia"[117].

A sentença arbitral, tal como aquela proferida pelos magistrados, é título executivo judicial. Fredie Didier Jr., explica que, por ser decorrente de atividade jurisdicional, "é correta a opção legislativa pela inclusão da sentença arbitral no rol dos títulos executivos judiciais, o que, entre outras consequências, reduz a amplitude da defesa do executado à alegação das matérias constantes do art. 525 do CPC, não podendo o Poder Judiciário rever o conteúdo do que foi decidido pelo árbitro"[118].

A sentença arbitral não está sujeita a recurso. Não há duplo grau de jurisdição na arbitragem uma vez que não há hierarquia entre o arbitro e os demais órgãos do judiciário estatal. A LArb é clara no sentindo de que a decisão proferida pelo árbitro não está sujeita a recurso ou homologação, "isto significa que não haverá contato do juiz togado com o mérito da causa submetida a juízo dos árbitros, sendo inviável o recurso ao Poder Judiciário"[119].

A impossibilidade de recurso não significa impossibilidade de impugnação. O sistema fornece possibilidades de controle da sentença arbitral, através da ação de anulação de sentença arbitral. Segundo confirma Lucas Britto Mejias, "nossa legislação reserva, em regra, o controle externo de todos os possíveis desvios no desenvolvimento da arbitragem a um único momento, atribuindo o seu exercício justamente para o âmbito da ação anulatória de sentença arbitral"[120].

---

117. ALVES, Rafael Francisco. **Sentença Arbitral**, in LEVY Daniel, PEREIRA, Guilherme Setoguti. **Curso de Arbitragem**. São Paulo: Thomson Reuters Brasil, 2018.

118. DIDIER JR., Fredie. **Curso de direito processual civil**. v. 5. 7. ed. Salvador: Jusodivm, 2017, p. 284.

119. CARMONA, Carlos Alberto. **Arbitragem e Processo: um comentário a Lei n. 9.307/96**. 3. ed. São Paulo: Atlas, 2009, p. 270.

120. MEJIAS, Lucas Britto. **Controle da atividade do árbitro**. 2015. Dissertação (Mestrado em Direito) - Faculdade de Direito, Universidade de São Paulo, São Paulo, 2015. p. 189.

É possível anulação da sentença em sede executiva, se assim for a decretação da nulidade da sentença arbitral será ser requerida na impugnação ao cumprimento da sentença (LArb, art. 33 *caput* e §3º). Ambas as ações serão processadas e julgadas pelo Poder Judiciário que, frise-se, não adentrará no mérito da questão, mas apenas decretarão como nulo o ato decisório do árbitro.

A sentença arbitral produz, entre as partes e seus sucessores, os mesmos efeitos da sentença proferida pelos órgãos do Poder Judiciário e, sendo condenatória, constitui título executivo judicial, o que permite às partes do processo arbitral utilizarem-se da execução forçada, no de caso alguma dessas não cumpra de forma espontânea a decisão do árbitro[121]. Assim, o efeito principal da decisão do árbitro é a produção de resultados concretos no plano material e do direito objetivo das partes envolvidas, estabilizando a relação fático-jurídica violada ou ameaçada, como norma de satisfação da pretensão resistida da parte vitoriosa[122].

7.5.2. A Sentença Arbitral Parcial

Os árbitros poderão proferir sentenças parciais (LArb, art. 23 §1º), mas antes de adentrar no tema é importante tecer algumas considerações.

Cabe diferenciar primeiramente a sentença parcial da decisão interlocutória. Esta última não põe fim ao conflito ou tampouco

121. "E é bom notar que também no processo arbitral e perfeitamente cabível distinguir as sentenças em terminativas e definitivas, sendo aquelas de conteúdo meramente processual (põe fim ao processo sem julgamento de mérito) e estas definidoras do direito aplicável ao caso concrete. Assim, uma sentença arbitral em que os árbitros decretem a invalidade da convenção ao arbitral ou onde estabeleçam que a controvérsia não e arbitrável, será meramente terminativa, enquanto a decisão em que se reconheça o direito de uma das partes a uma indenização por perdas e danos será catalogada como sentença arbitral de mérito" (definitiva, portanto)" As sentenças arbitrais serão também classificáveis, em função do resultado que proporcionarão aos litigantes, em declaratórias, constitutivas e condenatórias: serão negramente declarat6rias as sentenças arbitrais que se limitem a afirmar a existência ou a inexistência de relação jurídica ou a falsidade de documento; serão constitutivas as sentenças que, além de declarar que um dos litigantes tem direito ao que pede, acrescentam a constituição, a modificação ou a extinção de uma rela<;ao jurídica; e, por derradeiro, serão condenat6rias as sentenças arbitrais que, além da declaração do direito, impuserem ao vencido o cumprimento de uma prestação a qual esteja obrigado (imposição de sanção, concretizando as medidas executivas previstas abstratamente na lei processual)..CARMONA, p. 337 "Tratando-se de sentença arbitral condenatória não satisfeita espontaneamente pela parte sucumbente, valerá como título executivo, regendo-se a demanda executória". FIGUEIRA JUNIOR, Joel Dias. **Arbitragem, jurisdição execução**, São Paulo: LTr, 1999. p. 254.

122. FIGUEIRA JUNIOR, Joel Dias. **Arbitragem, jurisdição execução**, São Paulo: LTr, 1999p. 255.

parte dele; trata-se de decisão interprocessual, é ato realizado pelo árbitro, no curso do procedimento, através do qual se decide alguma questão incidental. Ainda conforme Ovídio Batista da Silva, "a ideia de decisões tomadas pelo [árbitro] no curso do processo é uma consequência da própria concepção do processo como uma série temporal de atos entre si conjugados, visando a um resultado comum"[123].

A sentença parcial decide de forma definitiva uma parcela, ou fração do conflito da arbitragem, "embora não tratem de mérito fixam os rumos do processo em relação a determinados pontos que posteriormente não podem ser modificados, havendo em relação a eles a preclusão"[124].

Após o árbitro decidir interlocutoriamente, o procedimento arbitral terá continuidade. Sentenciando parcialmente, o árbitro resolve porção do conflito, põe fim a uma fase do procedimento arbitral. Ambas não se confundem como também podem coexistir no mesmo procedimento arbitral.

A sentença parcial ou final terá por objeto o pedido, no entanto podem surgir assuntos que demandem atenção e pronunciamento dos árbitros, se assim for "os demais provimentos, sobre outras questões, ainda que relacionadas ao mérito e preparatórias à sua decisão, consistirão em decisões interlocutórias, mas sem o caráter de sentença".[125]

E não apenas isso, alguns tipos de decisão interlocutória – notadamente aquelas que decidem questões urgentes – têm caráter temporário ou provisório e, por isso, reversível a pedido das partes ou

123. SILVA, Ovídio Baptista da. **Curso de Processo Civil.** v. 1. 6 ed. São Paulo: Revista dos Tribunais, 2003. p. 201.

124. WALD. Arnoldo. **A sentença arbitral parcial no direito comparado e no direito brasileiro.** Revista de Arbitragem e Mediação. n. 51. São Paulo: Revista dos Tribunais, 2016, p. 91.

125. "Interessante frisar que, em termos práticos, isso pode fazer muita diferença. Decidir determinados assuntos na arbitragem em caráter prioritário – como a definição do direito aplicável, para ficar em um único exemplo – pode poupar das partes muito tempo e recursos, constituindo recomendável medida de administração eficiente do procedimento arbitral. De toda forma, como se vê, a distinção entre esses dois tipos de provimento tem plena justificativa. É em função do pedido formulado entre as partes que se distinguem as demais questões, prejudiciais ou supervenientes, que devem ser solucionadas no curso do procedimento arbitral ou na sentença. Trata-se, sempre, de interpretar o pedido e, identificando seus limites, estabelecer o que é e o que não é mérito.". SANCHEZ, Guilherme Cardoso. **Sentenças parciais no processo arbitral**. Dissertação (Mestrado em Direito) Faculdade de Direito, Universidade de São Paulo, São Paulo, 2013, p. 71 e ss.

pelo próprio árbitro. Uma sentença parcial, por sua vez, detém um caráter de definitividade, de conclusão e em regra, irreversível.

Superada diferenciação, cabe observar que a arbitragem comporta a técnica de fracionamento de julgamento através da sentença parcial. Foi dito no tópico 5.3.3 que em causas de grande complexidade seja necessário desenvolver o procedimento de arbitragem em duas ou mais fases. De fato, as partes e os árbitros, também podem ponderar que o conflito seja divido em fases, fazendo com que o procedimento seja resolvido de forma gradativa.

A dinâmica processual buscada pela arbitragem também justifica a decisão parcial do conflito, sobretudo em questões urgentes. É preferível que ocorra o fatiamento do conflito para que se proceda o cumprimento definitivo desde logo daquilo que já foi apreciado. Não se confundindo, como dito acima, tal expediente com decisão interlocutória ou produção de efeitos do provimento final. Esse tipo de decisão na arbitragem confere o provimento final de parte do conflito[126].

Carlos Alberto Carmona entende que "pode vir ao encontro do interesse das partes, que eventualmente terão interesse em ver resolvidos rapidamente determinados pleitos, o que facilitará (ou condicionará) o normal desenvolvimento de obrigações contratuais múltiplas". O mesmo autor explica que as sentenças parciais se prestam a dirimir controvérsias que guardem independência entre si mesmo advindas de uma mesma relação jurídica para conferir maior celeridade, e oferecer soluções definitivas mais rápidas e urgentes[127].

---

126. O prazo é curto, sem dúvida, mas se justifica pela celeridade esperada da jurisdição arbitral, inclusive para se alcançar a estabilização da sentença, em prestígio à segurança das relações sociais. [...] Ainda, em havendo sentença parcial no curso do procedimento, de sua notificação inicia-se o prazo para a respectiva ação de invalidação pelo vício que nela eventualmente se contenha, independentemente de seguir-se o procedimento para sentença final. Pode acontecer, porém de o vício debatido em face da sentença parcial contaminar também a sentença final (p. ex., nulidade da convenção), e certamente o julgamento arbitral se dará antes do estatal, reclamando até, em tese, a iniciativa de nova ação de invalidação, quando da sentença "final", pela mesma causa. Embora possível de maior debate a questão, anotamos que, mesmo diante de uma aparente duplicidade de impugnação, evidentemente indesejada no sistema jurídico, entendemos que a falta de irresignação tempestiva em face da sentença parcial tornará a decisão definitivamente imutável, não mais passível de revisão. CAHALI, Francisco José. **Curso de Arbitragem**. 5. ed. São Paulo: Editora Revista dos Tribunais. 2015. p. 335 e ss.

127. CARMONA, Carlos Alberto. **Ensaio sobre a Sentença Arbitral Parcial.** Revista Brasileira de Arbitragem, v. 18, p, 2008, p. 4.

As partes e o árbitro podem acordar que seja proferida sentença parcial sobre jurisdição e a posteriori sobre o mérito da demanda. Em alguns casos, é até preferível que assim seja. A análise da existência, validade e eficácia da convenção de arbitragem a ser observada pelo árbitro definirá sua própria jurisdição, os limites de sua própria atuação. Não faria sentido fazer com que as partes aguardassem a conclusão do procedimento para ao fim, ser decretada a incompetência do juízo privado. Essa decisão também não poderia ser considerada interlocutória tendo em vista que, se autodeclarada a incompetência dos árbitros o procedimento arbitral não poderia seguir.

Outro assunto que poderia e até se recomendaria ser objeto de sentença parcial é a decisão acerca da arbitrabilidade da demanda. A Fazenda pode provocar os árbitros acerca da indisponibilidade do direito envolvido, e sensibilizá-los acerca da impossibilidade de julgamento da demanda pela via arbitral. Os particulares, por sua vez, podem demonstrar que a questão é arbitrável. Enfim, é possível que se fatie o julgamento do conflito em duas fases uma primeira que pode envolver questões prejudiciais e a segunda que decide o mérito concreto da questão.

É possível também sentença arbitral parcial acerca do próprio mérito da demanda. Uma mesma demanda pode acumular diversos pedidos. Cada um deles pode demandar uma análise exauriente e serem demonstradas por formas probatórias diversas, algumas mais simples como depoimento de testemunhas ou apresentação de documentos ou mais complexas como perícia técnica. O árbitro mediante cognição exauriente - e não sumária - pode decidir sobre cada um dos pedidos separadamente, sem que isso implique em decidir menos do que foi requerido. Assim, se existem pedidos A, B e C, é possível que cada um deles tenha sua decisão final realizada em separado, autorizando assim eventual cumprimento.

Em caminho semelhante, depois da apresentação de determinada prova a Fazenda pode propor transação de parcela da demanda. A transação sobre alguma das matérias objeto de conflito encerra parcialmente a demanda. Nesse sentido o art. 28 da LArb merece a seguinte interpretação: "se, no decurso da arbitragem, as partes chegarem a acordo quanto ao litígio (ou parte dele), o árbitro ou o tribunal arbitral poderá, a pedido das partes, declarar tal fato mediante sentença arbitral".

Essa hipótese foi levanta por Guilherme Cardoso Sanchez, para quem é possível que, em certas situações em que o árbitro se depare "com a formação de um consenso entre as partes em relação à determinada porção do mérito que, eventualmente, possa permitir um julgamento parcial imediato". Se assim for, para o autor, "se as partes estiverem de acordo com relação a parte do pedido, nada impede que solicitem ao árbitro que proceda à homologação desse acordo com uma sentença parcial, a fim de que o ato seja revestido das características de título executivo judicial"[128].

Deve-se ponderar também que, a exemplo de relações jurídicas complexas de infraestrutura, concessão, parcerias público privadas, distribuição, enfim, envolvem uma grande teia de contratos, cada um envolvendo matérias diferentes, instaurada uma arbitragem acerca de toda essa cadeia de contratos não seria prudente aguardar toda a instrução para avaliar um eventual descumprimento ou ato ilícito de pontos que vão sendo esclarecidos durante a instrução processual.

A sentença parcial deve ser, nesses termos, compreendida como o ato processual de natureza decisória dos árbitros que, de forma definitiva e dentro dos limites estabelecidos na convenção ou termo de arbitragem, resolve parcela da demanda, aplicando o direito ao caso concreto. É enfim, uma decisão final sobre parte do conflito[129].

7.5.3. O pedido de esclarecimentos

No prazo de cinco dias, a contar do recebimento da notificação ou da ciência pessoal da sentença arbitral parcial ou final, salvo se outro prazo for acordado entre as partes, a parte interessada, mediante

---

128. SANCHEZ, Guilherme Cardoso. **Sentenças parciais no processo arbitral**. Dissertação (Mestrado em Direito) - Faculdade de Direito, Universidade de São Paulo, São Paulo, 2013. p. 118.

129. "Ademais, o art. 29 da Lei de Arbitragem, que literalmente importou noções agora ultrapassadas do sistema processual, trata apenas da sentença que completa, em extensão e em profundidade, a atividade jurisdicional dos árbitros. Essa previsão é perfeitamente compatível com a sentença parcial, que, assim, como a sentença global, também é definitiva. Assim, quando o dispositivo legal em comento afirma que 'proferida a sentença arbitral, dá-se por finda a arbitragem', ele está dizendo que proferida a sentença arbitral, parcial ou global, torna-se definitiva a questão, nos limites do que restou decidido. A sentença parcial resolve autonomamente uma parte da causa de maneira apta à formação da coisa julgada, ou seja a resolve em definitivo. Isso significa que, ao contrário do que ocorre com a antecipação de tutela, a matéria decidida na sentença parcial não será objeto de nova consideração pelo tribunal arbitral posteriormente, nem para confirmá-la e muito menos para modificá-la. Em razão disso, não pode haver contradição entre a sentença parcial e a sentença final". FICHTNER, José Antônio; MONTEIRO, André Luís. **Temas de Arbitragem**. Rio de Janeiro: Renovar. São Paulo. Recife. Curitiba: 2010, p 162 e ss.

comunicação à outra parte, poderá solicitar ao árbitro ou ao tribunal arbitral que corrija qualquer erro material da sentença arbitral ou esclareça alguma obscuridade, dúvida ou contradição da sentença arbitral, ou se pronuncie sobre ponto omitido a respeito do qual devia manifestar-se a decisão. (LArb, art. 30).

Ressalta-se, desde logo, que é cabível pedido de esclarecimento de qualquer outro pronunciamento dos árbitros durante o procedimento, assim é possível que determinada questão inserida nas ordens processuais gere dúvidas o que justifica o pedido de esclarecimento.

O pedido em questão não se trata de recurso, mas uma garantia de aperfeiçoamento da decisão. Explica-se que "a finalidade dos **embargos arbitrais** é tornar a decisão mais precisa, facilitando seu cumprimento pela clareza das suas determinações, visa-se corrigir algum ponto em que o tribunal possa porventura ter se omitido, não esclarecido suficientemente, ou se enganado, assim entendido quanto à contradição"[130] (grifos nossos).

Costuma-se fazer analogia com o art. 1.022 do CPC, que autoriza o manejo de embargos de declaração contra qualquer decisão judicial para esclarecer obscuridades, eliminar contradições, suprir omissão, corrigir eventuais erros materiais. De fato, o objetivo do legislador foi emprestar ao pedido de esclarecimento da arbitral função similar ao recurso de embargos, sem, contudo, dar-lhe natureza de recurso, ou na interpretação de Araken de Assis, "o dispositivo, sem recorrer à figura dos embargos de declaração, na prática torna embargável a sentença arbitral e, *a fortiori*, os demais provimentos tomados no curso do procedimento da arbitragem"[131].

Luiz Olavo Baptista ensina que "os erros mais comuns nas sentenças arbitrais são a omissões, total ou parcial, de algum pedido que devesse ter sido objeto da decisão ou, pelo menos, objeto de consideração pelo laudo arbitral, assim como a ausência de alguma palavra no texto (i); a existência de erros materiais e ortográficos também é bastante comum (ii). Estes erros são objeto de um pedido de correção, e não de esclarecimento da sentença, pois o seu objetivo não é descobrir qual era a intenção dos árbitros, mas identificar defeitos, tais como as omissões

130. BARROS. Octávio Fragata de**. Reflexões acerca dos efeitos infringentes dos embargos arbitrais**. Revista Brasileira de Arbitragem. n. 9. Curitiba: Comitê Brasileiro de Arbitragem, 2006, p. 63-64.

131. ASSIS. Araken. **Manual dos Recursos**. São Paulo: Editora Revista dos Tribunais, 2016, p. 537.

ou erros materiais no texto, resultantes de um lapso da atenção dos árbitros e corrigi-los. Assim que a lacuna for preenchida, a decisão dos árbitros deverá ser melhor compreendida"[132].

Como se observa, o pedido de esclarecimento fundado em obscuridade, dúvida, contradição, ou até erro material são, todos eles, casos de *error in procedendo* e visam aperfeiçoar e complementar a decisão do árbitro.

Diante da possibilidade (ainda que incomum) de empregar efeitos infringentes ao pedido de esclarecimento[133], a parte adversa deve se manifestar a respeito de seus termos para que se preserve o contraditório. Nessas situações, a possibilidade de conferir efeitos modificativos ao pedido de correção ou esclarecimento da decisão arbitral é possível em episódios excepcionais, em que sanada o erro material, a omissão, a contradição ou a obscuridade, a alteração da decisão aconteça como consequência necessária ao correto deslinde da matéria conflituosa.

Cabe ressaltar que a possibilidade de efeitos infringentes encontra pouca aceitação na literatura. Aponta-se que "o pedido de sentença adicional tem seu escopo limitado a retificar uma questão omitida. Qualquer nova demanda trazida pelas partes no pedido pós-sentença será considerada abuso e, portanto, rejeitada pelo Tribunal Arbitral". Além disso, "o manejo de pedidos de esclarecimentos e pedidos de correção constituem um importante instrumento empregado pelas partes podendo, porém, tentar alcançar revisão do conteúdo da sentença. E mais uma vez, apesar de esta última prática ser muito frequente, não deve ela ser estimulada, já que a interpretação tem propósitos muito específicos"[134].

---

132. BAPTISTA, Luiz Olavo. **Correção e Esclarecimento de Sentenças Arbitrais**. Revista Brasileira de Arbitragem, n. 26, 2010. p. 10.

133. "Cabe consignar que este procedimento [os embargos arbitrais] poderá levar à modificação da própria sentença arbitral, na medida em que a omissão sobre o ponto em que a decisão deveria ter se manifestado determinar, após a sua respectiva apreciação, como consequência lógica, uma modificação na parte dispositiva da sentença". PINHEIRO CARNEIRO, Paulo Cezar. **Aspectos processuais da nova lei de arbitragem**. In: CASELLA, Paulo Borba (Coord.). Arbitragem: a nova lei brasileira (9.307/1996) e a praxe internacional. São Paulo: LTr, 1996. p. 150.

134. "A faculdade jurídica de proceder à correção e a esclarecimentos de sentenças arbitrais deriva da contingência do próprio gênero humano - da impossibilidade de evitar erros. Devido a isso, até mesmo ordens procedimentais podem conter deslizes ou obscuridades. Entretanto, estes estão em posição secundária, já que o procedimento não ultrapassa a esfera de instrumento voltado à decisão final. Em suma, a correção ou o esclarecimento da sentença arbitral só é admissível quando não pretende modificar a essência da decisão. Senão, constituiria o que foi chamado de *jus*

Convém fixar, por fim, que os árbitros muito embora tenham proferido decisão definitiva, preservam sua jurisdição até o fim do prazo para apresentação dos pedidos de esclarecimento. Proferida decisão acolhendo, ou não, os pedidos apresentados, é oferecido novo prazo para manifestação. Encerrado esse lapso temporal, a jurisdição do árbitro se encerra como também se encerra o procedimento arbitral.

7.5.4. Inaplicabilidade da remessa necessária

Esse tópico pretende analisar problemática que vem sendo debatida timidamente pela doutrina acerca do cabimento ou compatibilidade da remessa necessária na sentença arbitral.

O instituto da remessa necessária conforme notícia histórica de Araken de Assis remonta ao século XIV na época das ordenações afonsinas[135]. O CPC dispõe que está sujeita ao duplo grau de jurisdição, não produzindo efeito senão depois de confirmada pelo tribunal, a sentença proferida contra a União, os Estados, o Distrito Federal, os Municípios e suas respectivas autarquias e fundações de direito público[136] (art. 496).

Quanto à natureza jurídica, a doutrina ainda não parece ter chegado a algum consenso. Araken de Assis, em embasada tese, aponta que a remessa oficial faz as vezes de um recurso funcionando como

---

sperniandi no passado". BAPTISTA, Luiz Olavo. **Correção e Esclarecimento de Sentenças Arbitrais.** Revista Brasileira de Arbitragem, n. 26, 2010. p. 10.

135. **Manual dos Recursos.** São Paulo: Editora Revista dos Tribunais, 2016, p. 785.

136. "Art. 496. Está sujeita ao duplo grau de jurisdição, não produzindo efeito senão depois de confirmada pelo tribunal, a sentença: I - proferida contra a União, os Estados, o Distrito Federal, os Municípios e suas respectivas autarquias e fundações de direito público; II - que julgar procedentes, no todo ou em parte, os embargos à execução fiscal. §1° Nos casos previstos neste artigo, não interposta a apelação no prazo legal, o juiz ordenará a remessa dos autos ao tribunal, e, se não o fizer, o presidente do respectivo tribunal avocá-los-á. §2° Em qualquer dos casos referidos no § 1º, o tribunal julgará a remessa necessária. §3° Não se aplica o disposto neste artigo quando a condenação ou o proveito econômico obtido na causa for de valor certo e líquido inferior a: I - 1.000 (mil) salários-mínimos para a União e as respectivas autarquias e fundações de direito público; II - 500 (quinhentos) salários-mínimos para os Estados, o Distrito Federal, as respectivas autarquias e fundações de direito público e os Municípios que constituam capitais dos Estados; III - 100 (cem) salários-mínimos para todos os demais Municípios e respectivas autarquias e fundações de direito público. §4° Também não se aplica o disposto neste artigo quando a sentença estiver fundada em: I - súmula de tribunal superior; I - súmula de tribunal superior; II - acórdão proferido pelo Supremo Tribunal Federal ou pelo Superior Tribunal de Justiça em julgamento de recursos repetitivos; III - entendimento firmado em incidente de resolução de demandas repetitivas ou de assunção de competência; IV - entendimento coincidente com orientação vinculante firmada no âmbito administrativo do próprio ente público, consolidada em manifestação, parecer ou súmula administrativa."

uma espécie de apelação *ex-officio*[137]. Outra corrente lhe empresta natureza jurídica de condição suspensiva de eficácia da sentença[138]. Há quem diga também que a remessa necessária é "um recurso de ofício, interposto, geralmente, na própria sentença. Essa linha de entendimento explica que a remessa necessária "é uma ordem para que os autos sejam remetidos à instância superior de segundo grau. O juiz provoca a remessa, a fim de que o tribunal promova o reexame pelo tribunal. Tanto a remessa como o reexame são necessários".[139-140]

A remessa necessária aplica-se apenas às sentenças. Não é cabível, portanto, em decisões interlocutórias e aos acórdãos, mesmo aqueles decorrentes de órgãos de competência originária[141].

Explica-se ainda que "apenas haverá coisa julgada se houver a reapreciação da decisão pelo tribunal ao qual está vinculado o juiz

137. "Em relação à figura do art. 496, só há uma conclusão segura (...) a remessa necessária incorpora a velha e incompreendida apelação *ex-officio*. O elemento comum dessas espécies recursais "é a devolução ao juízo ad quem do julgamento proferido em primeira instância", devolução voluntária ou necessária conforme se dê por iniciativa do vencido ou mediante impulso oficial. Põe-se excessivo destaque no caráter voluntário de todo recurso, olvidando seu eventual regime compulsório. E até mesmo a voluntariedade surge no recurso *ex-officio*" ASSIS. Araken. **Manual dos Recursos**. São Paulo: Editora Revista dos Tribunais, 2016, p. 789-795.

138. NERY JUNIOR, Nelson. **Teoria geral dos recursos**. 6ª ed. São Paulo: Revista dos Tribunais, 2004, p. 75-85. No mesmo Sentido PEREIRA. Hélio do Valle. **Manual da Fazenda Pública em juízo**. 2 ed. Rio de Janeiro: Renovar, 2006, p. 138.

139. "Dizer que a remessa necessária é condição de eficácia da sentença contém o equívoco de definir algo pelos seus efeitos, e não pelo que é. Além do mais, há sentenças proferidas contra o Poder Público, a exemplo do que ocorre no mandado de segurança, que produzem efeitos imediatos, muito embora estejam sujeitas à remessa necessária" DIDIER JR. Fredie. **Curso de Direito Processual Civil**. v. 3. 13. Ed. Salvador: Editora Juspodivm, 2016. p. 402 e ss.

140. "A apelação de ofício, segundo a velha praxe, interpõe-se por simples declaração de vontade, que não se separa do 'despacho' devolvido (sempre que, nas leis, não há razões do apelado). A figura processual não é a da inserção do Estado, através do próprio juiz, na relação jurídica processual, e sim a de impulso processual. O juiz é recorrente; sem ser parte, sem ser litisconsorte ou terceiro prejudicado. A própria situação de recorrente é-lhe conferida como explicação do impulso, que se lhe confia; porque, rigorosamente, a apelação de ofício é apelação sem apelante. A conclusão poderia ser mecânica, feita pelo escrivão. A lei entregou a missão ao próprio juiz. A construção do recurso de ofício como recurso silente, ou tácito, não corresponderia à realidade. O recurso de ofício tem consigo a particularidade de que resulta de cisão no ato de recorrer. Quem recorre, a) pratica ato de provocação do impulso processual e b) articula (postula recursalmente) contra a sentença. No recurso de ofício, há a), porém não b). Há o suscitamento sem a impugnação. Não é tácito, nem silente; é ato, e expressivo, como os outros recursos. Falta-lhe a impugnação; de modo que, na instância superior, a cognição se abre, como se tivesse havido recurso voluntário. É erro, pois, tratar-se como trânsita em julgado, formalmente, a sentença, se as partes não recorreram, ao tempo da preclusão para elas. Se há recurso de ofício, ainda, não se dá a preclusão para a sociedade ou o Estado; e a devolução é comum" PONTES DE MIRANDA. Francisco Cavalcanti. **Comentários ao Código de Processo Civil**, tomo V. Rio de Janeiro: Forense, 1997, p. 164.

141. Cf. TALAMINI, Eduardo. **Remessa necessária (reexame necessário)**. Revista de Direito Administrativo Contemporâneo, v. 24, 2016. p. 129-145.

que a proferiu. Enquanto não for procedida a reanálise da sentença, esta não transita em julgado, não produzindo coisa julgada"[142].

A remessa necessária se presta a reanalisar o mérito do que foi decidido pelo juiz singular[143]. Nesse sentido, a súmula n. 325 do STJ enuncia que a remessa necessária devolve ao Tribunal o reexame de *todas* as parcelas da condenação suportadas pela Fazenda Pública, inclusive dos honorários de advogado. Ressalva-se, a toda evidência o agravamento da condenação imposta a Fazenda em razão do proibitivo do *reformatio in pejus*[144].

Superada essa breve análise, vamos direto ao ponto: é cabível remessa necessária da sentença arbitral condenatória em desfavor da Fazenda Pública? A reposta, para nós, é negativa, e vamos explicar.

Acerca do tema, Fredie Didier Jr. e Leonardo Carneiro da Cunha explicam que, "por se tratar de processo convencional, e não haver divisão entre instâncias, a sentença arbitral proferida contra o Poder Público não se submete à remessa necessária". Os autores apontam ainda que "nem haveria para onde ela ser remetida"[145].

Heitor Sica orienta que, no que se refere à remessa necessária da sentença arbitral, "sua inaplicabilidade é manifesta, seja porque não há previsão na LArb, seja porque o CPC não se aplica sequer subsidiariamente ao processo arbitral". O professor da Universidade de São Paulo aponta ainda que 'não há imposição absoluta e inerente ao regime processual aplicável aos processos envolvendo a Fazenda Pública de que todas as decisões a ela contrárias seja necessariamente revistas em grau superior"[146].

No processo judicial, o primeiro e o segundo grau de jurisdição pode apreciar o mérito da demanda. É possível que, em decorrên-

142. DIDIER JR. Fredie. **Curso de Direito Processual Civil**. v. 3. 13. Ed. Salvador: Editora Juspodivm, 2016. p. 405.

143. "A remessa é, então, usualmente compreendida como condição legal de eficácia definitiva da sentença, uma vez que essa somente transitará em julgado após a reapreciação da decisão pelo tribunal hierarquicamente superior ao qual está vinculado o juiz da demanda"TALAMINI, Eduardo. **Remessa necessária (reexame necessário)**. Revista de Direito Administrativo Contemporâneo, v. 24, 2016. p. 129-145.

144. ASSIS. Araken. **Manual dos Recursos**. São Paulo: Editora Revista dos Tribunais, 2016, p. 790.

145. DIDIER JR. Fredie. **Curso de Direito Processual Civil**. v. 3. 13. Ed. Salvador: Editora Juspodivm, 2016, p. 409.

146. SICA, Heitor Vitor Mendonça. **Arbitragem e fazenda pública**. In: Francisco José Cahali; Thiago Rodovalho; Alexandre Freire. (Org.). Arbitragem: estudos sobre a Lei n. 13.129, de 26-5-2015. São Paulo: Saraiva, 2016, p. 285.

cia do efeito devolutivo, a matéria seja reavaliada[147]. Como ressalta Hélio do Valle Pereira, na esfera judiciária "é insuficiente a decisão prolatada pelo juízo de primeiro grau, sendo imprescindível o novo julgamento da causa pela instância superior"[148].

Na arbitragem, contudo, não há duplo grau de jurisdição, ao convencionar pelo uso da via privada abdica-se, via de regra, de tal garantia. Todo o mérito é apreciado em única instância e exclusivamente pelos árbitros. É processo jurisdicional desenvolvido em única instância. Não há órgão superior para reexaminar a decisão, seja para mantê-la ou reforma-la. Não há, da mesma forma, possibilidade ou imposição legal de reanálise de mérito da sentença arbitral por órgãos judiciários; a impossibilidade de aplicação dessa remessa da sentença arbitral não decorre apenas de sua irrecorribilidade, mas também pela restrição da análise do conflito ser restrita à arbitragem, consequência do efeito positivo da convenção de arbitragem[149].

Concluída a arbitragem, os árbitros não remeterão o procedimento para qualquer outro órgão jurisdicional. Diante disso, não é

---

147. O efeito devolutivo consiste na remessa da matéria impugnada (e, talvez, algo mais) a novo julgamento. O efeito suspensivo impede a produção dos efeitos próprios da resolução judicial. tarefa acometida ao segundo grau no direito brasileiro, ordinária e tipicamente provocada através da apelação, em geral não importa a reconstrução do que se edificou em primeiro grau. Limita-se a reexaminar a fidelidade da construção ao projeto originário, verificando o emprego dos materiais já coligidos, pouco importando a respectiva boa e má qualidade. Conforme o resultado do julgamento, o tribunal aprovará a construção, dando-a como exata e conforme (desprovimento do apelo), ou corrigirá a obra defeituosa, extirpando os vícios construtivos e pondo-a de acordo com o projeto, ou derrubará todo o edifício, porque irrecuperável, restituindo o processo ao juízo a quo para que encete nova construção (respectivamente, provimento por vício de juízo e por vício de atividade). O trabalho no tribunal sempre ocupará a mesma área da construção primitiva e, como é natural à fiscalização da obra alheia, aquilata os mesmos materiais utilizados no primeiro grau. Excepcionalmente, alegando força maior, as partes mudam o projeto e acumulam no canteiro material novo. Neste caso, e só nele, o tribunal derruba a construção, no todo ou em parte, e edifica ele próprio o prédio, empregando todo o material, velho e novo, ministrado por iniciativa das partes. ASSIS. Araken. **Manual dos Recursos**. São Paulo: Editora Revista dos Tribunais, 2016, p. 790.182- 190.

148. PEREIRA, Hélio do Valle. **Manual da Fazenda Pública em Juízo**. Rio de Janeiro: Renovar, 2003., p. 138-139.

149. "A criação da arbitragem pressupõe o desinteresse do soberano em relação à resolução de determinada categoria de lides e consequente possibilidade de subtração de jurisdição ao Estado-juiz e os critérios desse desinteresse informam o regime jurídico da arbitrabilidade. A proteção que o ordenamento proporciona a tais pretensões constitui direito subjetivo da parte interessada em instaurar a arbitragem, aperfeiçoado pelo direito de ação para requerer do Estado-juiz a garantia de efetiva instauração da instância. Este regime jurídico de proteção à pretensão de arbitrar como oponível à parte recalcitrante constitui o efeito positivo da convenção de arbitragem." VALENÇA FILHO, Clávio de Melo. **A arbitragem em juízo.** Tese (Doutorado em Direito)- Faculdade de Direito, Universidade de São Paulo, São Paulo, 2015.

possível que a Fazenda Pública invoque tal prerrogativa para apoiar a eventual pretensão de reexaminar a decisão do árbitro, no âmbito judiciário, por meio da remessa oficial.

7.6. A CONFIDENCIALIDADE E A PUBLICIDADE DO PROCEDIMENTO ARBITRAL

Não poderíamos encerrar o capítulo sem antes tratar de uma questão bastante sensível (para não dizer problemática) da arbitragem quando envolve a Fazenda Pública que é o choque entre a publicidade e confidencialidade do processo arbitral.

7.6.1. A confidencialidade não é uma regra

A confidencialidade é uma das características típicas da arbitragem. No entanto, não há regra estanque nas leis nacionais ou regulamentos institucionais quanto ao grau em que a câmaras e as partes têm o dever de observar a confidencialidade das informações relacionadas ao procedimento.

É, sem dúvida, uma diferença significativa entre o processo judicial, público na regra geral, e o processo arbitral. Essa questão não ganha tanto relevo quando se está diante de um conflito entre particulares em que a contenda apenas a eles interessa, fica a cargo dos contratos e regulamentos estabelecerem o grau de confidencialidade da demanda[150].

A Lei Brasileira pouco falou sobre esta questão até a reforma advinda pela Lei 13.129/15, dispondo apenas que no desempenho de sua função, o árbitro deverá proceder com discrição (art. 13, §6º). Com a reforma, ficou estabelecido que a arbitragem que envolva a administração pública será sempre de direito e respeitará o princípio da publicidade (§3º do Art. 2º).

Em determinada oportunidade destacou-se que "de um modo geral os procedimentos arbitrais revestem-se de sigilo, não propriamente em razão de uma obrigação legal, mas, muito mais, por ser esta uma feição típica de tais procedimentos, coerente inclusive com o seu

150. BRAGHETTA, Adriana. **Notas sobre a confidencialidade na arbitragem**. Revista do Advogado, AASP. 2013.

caráter de mecanismos de composição de interesses disponíveis, assim, que eles não se submetem aos mesmos critérios de transparência estabelecidos, para fins distintos e relacionados a controles sociais sobre a atividade jurisdicional, para os processos judiciais"[151].

Realmente a arbitragem historicamente se destinou a conflitos comerciais entre particulares, e, tão comum quanto escolher um terceiro para decidir a demanda era também o interesse de preservar as partes e as questões conflitosas.

A doutrina explica que a possibilidade de ser confidencial faz com que o processo arbitral ofereça preservação de segredos de negócio e ao interesse de manter os próprios conflitos fora do alcance do escrutínio público. Garantir o sigilo da disputa viabiliza a conservação da relação negocial, "o que não seria possível se houvesse ampla divulgação do problema"; explica-se que "em determinados ramos de negócios a publicidade em torno dos litígios pode representar uma mácula para a reputação da companhia envolvida afetando o seu desempenho empresarial no mercado, a confidencialidade permite manter em segredo elementos imateriais importantes da atividade da empresa, como práticas comerciais, invenções ou políticas internas que eventualmente sejam objeto de discussão no decorrer do litígio"[152].

Além disso, os valores envolvidos das transações inseridas nos processos arbitrais não são somente financeiros. Existem questões absolutamente privada e, por ter caráter sigiloso, a arbitragem permite a i) preservação das relações comerciais; ii) eventuais máculas na reputação da corporação; iii) práticas de competitividade; iv) informações confidenciais; v) proteção de elementos imateriais essenciais para determinados ramos do mercado; vi) instabilidades internas etc. Esses fatores não são financeiramente mensuráveis, mas têm vital importância nos negócios empresariais[153].

---

151. Julgamento CVM.

152. FONSECA, Rodrigo Garcia da; CORREIA, André de Luizi. **A confidencialidade na Arbitragem. Fundamentos e Limites in Arbitragem**. Temas contemporâneos (org) LEMES, Selma Ferreira; BALBINO, Inez. São Paulo: Quartir Latin, 2012.

153. FONSECA, Rodrigo Garcia da; CORREIA, André de Luizi. **A confidencialidade na Arbitragem. Fundamentos e Limites in Arbitragem**. Temas contemporâneos (org) LEMES, Selma Ferreira; BALBINO, Inez. São Paulo: Quartir Latin, 2012.

Selma Lemes destaca que há uma certa distinção entre confidencialidade e privacidade. Conforme explica, "a privacidade está relacionada com o local em que a arbitragem é processada e quanto à matéria discutida, no sentido de não permitir a presença de pessoas estranhas nas audiências. Por sua vez, a confidencialidade, refere-se à sentença arbitral e aos documentos apresentados no processo, vinculando as pessoas que gerenciaram o processo, os árbitros, procuradores e até as partes"[154].

Observe-se que o conceito de privacidade é usado para indicar que apenas as partes, e não terceiros, podem participar dos processos de arbitragem. Seria realmente um espaço reservado aos envolvidos e o julgador.

A confidencialidade é usada para se impor às partes declaradas obrigações de não divulgar informações relativas ao procedimento a terceiros. A privacidade do procedimento arbitral possui relação direta com a confidencialidade que se tem como inerente a ele. Se o conflito está protegido pelo sigilo, não é suficiente que às partes se impusesse a obrigação de não divulgar informações, nem mesmo a sentença arbitral. Assentindo-se que os atos do procedimento não viessem a se beneficiar da privacidade, o objetivo pretendido com a confidencialidade poderia ser infrutífero, já que qualquer pessoa estranha e direta ou indiretamente interessada no procedimento poderia dele tomar ciência e não estaria subordinada ao dever de manter as informações preservadas. Dessa forma privacidade e confidencialidade caminham juntas e se complementam[155].

O sigilo na arbitragem é o dever imposto aos árbitros e às partes e eventuais funcionários das instituições arbitrais de publicar, expor, divulgar para quem quer que seja, quaisquer informações ou qualquer dado referente ao processo arbitral ou dos seus envolvidos para terceiros que não tenha interesse no conflito. Para Leonardo Carneiro da Cunha, "como regra, os profissionais envolvidos no processo não podem revelar nenhuma informação a que tenham tido acesso, nem

154. LEMES, Selma. **Arbitragem na Concessão de Serviços Públicos – Arbitrabilidade Objetiva. Confidencialidade ou Publicidade Processual?**. Disponível em < https://bit.ly/2OrYmJA> Acesso em 18 de fevereiro de 2019.

155. Cf. PINTO. José Emílio Nunes. **A confidencialidade na arbitragem.** Revista de Arbitragem e Mediação. n. 6 São Paulo: Revista dos Tribunais, 2005.

podem depor sobre o caso. Também não é possível que uma parte divulgue, sem o consentimento da outra, o conteúdo das discussões, ressalvada, evidentemente, a comunicação com o seu advogado[156].

Contudo, a presença da Fazenda Pública na arbitragem trouxe novos contornos a confidencialidade e também novos problemas a serem enfrentados.

7.6.2. Publicidade *vs.* confidencialidade

O fim precípuo do princípio da publicidade é dar acesso a sociedade do que acontece nos processos judicias, a permitir que todos possam ser observadores e, em certa medida, fiscalizadores da atuação jurisdicional. A publicidade garante que se perceba a concretização de outros princípios, como o do devido processo legal e o da motivação das decisões (CF arts. 5, LIV e 93, IX). A ordem constitucional impõe a transparência, inclusive, ao andamento de processos que podem ter repercussão social ou que represente interesses que transcendem os envolvidos.

A regra geral é a de total transparência da atividade pública, sendo o sigilo a exceção.

A Administração Pública direta e indireta de qualquer dos Poderes da União, dos Estados, do Distrito Federal e dos Municípios, em suas atividades, obedece ao princípio da publicidade. Tais princípios, como não poderia deixar de ser, também se aplicam aos atos processuais. O CPC estabelece no art. 189 que "os atos processuais são públicos, todavia tramitam em segredo de justiça os processos: I - em que o exija o interesse público ou social; II - que versem sobre casamento, separação de corpos, divórcio, separação, união estável, filiação, alimentos e guarda de crianças e adolescentes; III - em que constem dados protegidos pelo direito constitucional à intimidade; IV - que versem sobre arbitragem, inclusive sobre cumprimento de carta arbitral, desde que a confidencialidade estipulada na arbitragem seja comprovada perante o juízo".

Ao interpretar o artigo em questão, Luiz Marinoni ressalta que "a regra é a publicidade geral, sendo acessível a todos os atos processuais, aí incluído o direito de consultar os autos, de assistir audiências e de pedir certidões. Quando há segredo de justiça há publicidade especial. A publicidade dos atos processuais pode ser ainda imediata,

156. CUNHA, Leonardo Carneiro da. **Notas sobre ADR, confidencialidade em face do julgador e prova inadmissível**. Disponível em <https://bit.ly/2lQLU8M> acesso em 20 de março de 2019.

quando o todos participantes do processo podem estrar presentes em determinado ato processual, ou mediata, quando se restringe a presença das partes e de seus advogados"[157].

Aponta-se que todos os atos devem ser feitos abertamente, sem qualquer embaraço a população. Não se tratando de processo coberto pelo segredo de justiça, a lei não poderá restringir a sua publicidade[158]. Para Maria Sylvia Di Pietro, exige-se a ampla divulgação dos atos praticados pela Administração Pública, mas tal princípio não é absoluto, conforme a autora "na própria Constituição outros preceitos que ou confirmam ou restringem o princípio da publicidade"[159].

Como dito acima, a reforma da Lei de Arbitragem trouxe disposição específica sobre o tema. Nos termos da legislação, a arbitragem que envolva a Administração Pública será sempre de direito e respeitará o princípio da publicidade. Não há maiores especificações acerca da aplicação do princípio nos processos arbitrais, apenas se impôs sua observância. Trata-se de um verdadeiro silêncio eloquente. Abre-se ampla margem para que os envolvidos configurem as questões procedimentais ou que outras legislações colmatem eventuais lacunas.

É o que ocorre, por exemplo, no estado de Pernambuco (Lei n. 26.627/15) e no Rio de Janeiro (Decreto n. 46.245/18). Ambos os estados elaboraram pequenas e pontuais diretrizes para a adoção da arbitragem para dirimir os conflitos que envolvam o estado e suas entidades. Para garantir o melhor cuidado com os processos arbitrais, ambas as legislações impõem que a arbitragem seja institucional. E, no que se refere a publicidade, há disposição ordenando que os atos do processo arbitral serão públicos, ressalvadas as hipóteses legais de sigilo, de segredo de justiça, de segredo industrial decorrentes da exploração direta de atividade econômica pelo Estado ou por pessoa física ou entidade privada que tenha qualquer vínculo com o Poder Público (Decreto sup., art.13, *caput).*

O decreto n. 64.356/19 do Estado de São Paulo foi mais preciso. Quando tratar-se de arbitragem envolvendo a Administração Pública

157. MARINONI. Luiz Guilherme. **Novo Código de Processo Civil comentado.** 3 ed. São Paulo: Editora Revista dos Tribunais, 2017, p. 319.

158. BASTOS, Celso Ribeiro; MARTINS, Ives Gandra. **Comentários à Constituição do Brasil.** São Paulo: Saraiva, 2004, p. 452.

159. DI PIETRO, Maria Sylvia Zanella. **Direito administrativo**. 30 ed. Rio de Janeiro: Forense, 2017, p. 110.

os atos do procedimento arbitral serão públicos, ressalvadas as hipóteses legais de sigilo ou segredo de justiça. A legislação considera atos do procedimento as petições, laudos periciais, termo de arbitragem ou instrumento congênere e decisões dos árbitros.

Vale ressaltar que em âmbito privado a confidencialidade também não é absoluta. O Código das Melhores Práticas da Governança Corporativa (IBGC) indica que a transparência (*disclosure*) "mais do que a obrigação de informar e o desejo de disponibilizar para as partes interessadas as informações que sejam de seu interesse e não apenas aquelas impostas por disposições de leis ou regulamentos. A adequada transparência resulta em um clima de confiança, tanto internamente quanto nas relações da empresa com terceiros. Não deve restringir-se ao desempenho econômico-financeiro, contemplando também os demais fatores (inclusive intangíveis) que norteiam a ação gerencial e que conduzem a criação de valor"[160].

É possível que existam situações nas quais a parte ou instituição arbitral tenham o dever legal de informar, a fim de atender a um interesse público maior do que o dever arbitral contratual de confidencialidade, geralmente perante órgãos de fiscalização e controle. De fato, não nos parece possível prever ou mesmo estabelecer de forma contratual ou legal todas as situações que permitiriam a mitigação da confidencialidade em prol da publicidade. Andou bem o legislador ao estabelecer uma norma geral de publicidade aplicada a Administração Pública e, ao mesmo tempo, oferecer feixes de abertura para aplicação do sigilo, permitindo que os atores da sociedade que se utilizam da arbitragem em conjunto com o Estado colaborem para o bom desenvolvimento e utilização do instituto.

Deve-se esclarecer que a confidencialidade de determinados atos do processo arbitral não implica, automaticamente, em ofensa ao interesse público, pelo contrário, o sigilo de um processo arbitral "visa permitir que quaisquer controvérsias sejam dirimidas de forma amigável sem que a existência daquelas possa afetar a continuidade

160. Instituto Brasileiro de Governança Corporativa. **Código das melhores práticas de governança corporativa**. 5.ed. São Paulo, SP: IBGC, 2015

das relações contratuais, nem que sejam controvérsias entendidas pelos terceiros como ruptura de relações contratuais"[161].

A casuística irá oferecer os subsídios necessários para indicar o grau de confidencialidade. É necessário delinear a natureza do ato ou a prevalência do interesse que ele representa, para que se decida sobre a incidência ou não da cobertura da confidencialidade, uma vez que ampla publicidade das provas do procedimento pode também ter efeitos negativos[162].

Existem casos que é de interesse público que dados, documentos e informações estratégicas fiquem preservadas. Em determinadas situações a ciência de um litígio tem o condão de afetar direitos associados a essa relação que se tornou litigiosa, tais como a expectativa de desempenho de uma companhia, o potencial nível inadimplência, ou até vulnerabilidade e liquidez de seus negócios, sem mencionar a própria saúde relação comercial[163].

Seja como for a confidencialidade da arbitragem é albergada pelo segredo de justiça do processo judicial. Questões relacionadas ao processo arbitral, notadamente os pedidos de cooperação, deverão ter segredo de justiça sem qualquer espaço de discricionariedade do magistrado. Apresentado pela parte pedido de segredo de justiça por questão relacionada à arbitragem não será lícito o magistrado manter o processo judicial físico ou eletrônico acessível a todos.

É preciso, enfim, que o princípio da publicidade conviva com outros, inerentes a esse sistema jurisdicional privado de solução de conflitos. Não à toa, a própria lei oferecer balizas para atenuar sua incidência em questões pontuais e atendem, em menor ou maior grau,

---

161. PINTO. José Emílio Nunes. **A confidencialidade na arbitragem.** Revista de Arbitragem e Mediação. n. 6 São Paulo: Revista dos Tribunais, 2005

162. "(...)pode-se cogitar que ocorra, durante determinado procedimento arbitral, a produção de prova pericial, com a finalidade de determinar se houve ou não execução inadequada do contrato, ou até mesmo uma avaliação contábil-financeira acerca do desempenho da prestação do serviço ou execução de obra pública quando se estiver discutindo, no juízo arbitral, o equilíbrio econômico do contrato. Em ambas as hipóteses, há boas chances de irem a esse juízo informações empresariais consideradas estrategicamente relevantes – tais como balanço contábil, fluxo de caixa, know-how, patentes etc. – fornecidas até mesmo no intuito de colaborar para produzir provas". ARAÚJO NETO. Pedro Irineu de Moura. **A confidencialidade do procedimento arbitral e o princípio da publicidade**. Revista de Informação Legislativa. n. 212 Brasília, 2016 p.

163. PINTO. José Emílio Nunes. **A confidencialidade na arbitragem.** Revista de Arbitragem e Mediação. n. 6 São Paulo: Revista dos Tribunais, 2005, p. 26-27.

ao interesse público[164]. A publicidade tal como a confidencialidade não é absoluta, em diversos sistemas legais "reconhecem-se sempre exceções verdadeiramente inevitáveis – ligadas à defesa de direitos das partes, a obrigações impostas por lei e ao interesse público"[165].

7.6.3. Aplicação do princípio da publicidade nos regulamentos institucionais

Iniciando uma breve análise dos regulamentos arbitrais podemos encontrar algumas diretrizes relevantes para o nosso estudo.

A Câmara Brasileira de Arbitragem e Mediação Empresarial - CAMARB apresentou recentemente novos regulamentos para Arbitragem, Mediação e *Dispute Board*, com inovações e reformas em resposta à conjuntura político-econômica do país e às atuais necessidades do mercado.

O destaque é o capítulo que trata dos procedimentos arbitrais entre empresas e entes públicos.

O art. 12.1 do regimento estipula que as suas diretrizes "são aplicáveis aos procedimentos arbitrais que envolvam entidades sujeitas ao regime de direito público que integrem a Administração Pública direta e indireta"; ainda conforme o mesmo artigo "as partes, de comum acordo, poderão estender a aplicação das disposições deste capítulo aos procedimentos que tenham como parte pessoas jurídicas de direito privado que integrem a Administração Pública". O regime jurídico de direito público é a gama de normas e princípios que vão se aplicar a um conjunto de fatos e/ou determinadas relações jurídicas do Estado. O regramento foi bastante atento às atividades Estatais desenvolvidas diretamente ou em conjunto com sujeitos particulares. Assim, os eventuais conflitos contratuais relativos a licitações, PPP's, concessões públicas, em observância a legislação aplicável a cada uma delas, pode ser objeto de arbitragem e terão tratamento específico.

O princípio da publicidade foi a maior preocupação do novo regulamento, quatro dos cincos artigos cuidam dessa questão. Primeiramente, está estipulado que a secretaria da CAMARB divulga-

164. DINAMARCO, Cândido Rangel. **Arbitragem na Teoria Geral do Processo.** São Paulo: Malheiros, 2013, p. 61.

165. COSTA, Guilherme Recena. **Integração contratual, confidencialidade na arbitragem e segredo de justiça.** Revista de Arbitragem e Mediação n. 13. São Paulo Revista dos Tribunais, 2016, p. 69.

rá, em seu site, a existência do procedimento, a data da solicitação de arbitragem e o(s) nome(s) do(s) requerente(s) e requerido(s) (art. 12.1). A norma, como se observa, vai indicar que ocorrência de um processo arbitral instaurado e os seus envolvidos. Não há, contudo, divulgação relativa a qual o objeto da lide, tampouco a data inicial do processo. É que a solicitação da arbitragem não se confunde com a assinatura do termo de arbitragem, instrumento pelo qual os árbitros aceitam o encargo de decidir a lide. Esse é o marco inicial do processo de arbitragem.

Há, no art. 12.3, uma ressalva interessante ao artigo antecedente, no seguinte sentido: "a CAMARB não fornecerá documentos e informações a respeito do procedimento, cabendo às partes, na forma da lei, a divulgação de informações adicionais". A instituição, como se observa, imputou às partes o ônus de publicização. Pelo que se extrai da norma, os entes públicos e particulares é que deverão informar maiores detalhes acerca do processo de arbitragem.

Já o art. 12.4 estatui que as audiências serão, salvo convenção em contrário, restritas às partes e a seus procuradores. Observa-se que a autonomia da vontade das partes está garantida. Assim, se não houver objeção, será possível que entes estranhos ao conflito possam assistir às audiências do processo arbitral, tal como ocorre no judicial. Resta saber, no entanto, a quem caberá a decisão em caso de divergência. Nos parece que o árbitro é o órgão mais indicado para avaliar a pertinência, necessidade e oportunidade em caso de divergência da questão, não excluindo, também, a possibilidade do órgão diretivo da instituição decidir tal questão.

Ainda inserido no tema Publicidade vs. Confidencialidade, o art. 12.5 fixa que a CAMARB fica autorizada, pelas partes e árbitros, a divulgar, em seu *site*, a sentença, suas publicações e materiais acadêmicos, salvo manifestação expressa de qualquer das partes em sentido contrário.

Pelo teor do dispositivo, a decisão final dos árbitros acerca do conflito será disponibilizada de forma *integral*. A questão é importante, já que, em determinados casos, seja divulgado apenas o dispositivo da decisão. Estar-se-á, portanto, garantindo a publicidade da sentença arbitral, incluídos também as eventuais manifestações decorrentes dos pedidos de esclarecimento que, ao final, integrarão decisão final da arbitragem.

A CIESP/FIESP por meio da resolução n. 03/2018 reformou seu regulamento estabelecendo que nos procedimentos arbitrais por ela administrados, incumbe à parte pertencente à Administração Pública solicitar ou promover a publicidade, observado o disposto na Lei n. 12.527/2011, podendo essa obrigação ser mitigada nos casos de sigilo previstos em lei, a juízo do tribunal arbitral, mediante solicitação das Partes. Na mesma medida, determinou-se que a pedido das partes, e mediante autorização do tribunal arbitral, a Secretaria da Câmara publicizará: i) data do Requerimento de Instauração da arbitragem, ii) nome das Partes e iii) número do procedimento relacionadas à existência do procedimento arbitral em seu sítio de internet. Como se observa, o regulamento não estipula que tornará pública a decisão do árbitro, apenas diz em seu art. 20.4 que poderá a Câmara publicar em Ementário excertos da sentença arbitral, sendo sempre preservada a identidade das partes.

Os regulamentos refletem o enunciado n. 4 da I jornada de prevenção e solução extrajudicial de litígios promovido pelo Centro de Estudos Judiciários do Conselho da Justiça Federal. Segundo o enunciado "na arbitragem, cabe à Administração Pública promover a publicidade prevista no art.2º, § 3º, da Lei n. 9.307/1996, observado o disposto na Lei n. 12.527/2011, podendo ser mitigada nos casos de sigilo previstos em lei, a juízo do árbitro".

O enunciado pode transmitir a ideia de que *apenas* à Administração Pública promover a publicidade dos atos do procedimento arbitral. É aliás, o que fez a AGU ao disponibilizar, na integra, o Procedimento Arbitral nº78/2016 da CAM-CCBC[166]. Na realidade, o dever de publicidade recai também sobre as instituições de arbitragem que administram os procedimentos em sentido amplo.

Carlos Alberto Carmona destaca que o legislador não deixou claro "o que deve ser objeto de divulgação na arbitragem, nem quem seja responsável por tal divulgação, o que tem levado alguns órgãos arbitrais a tomar precauções". O autor alerta ainda que "as secretarias das câmaras não podem se transformar em cartórios, expedindo certidões e fornecendo cópias de documentos ou de peças dos processes arbitrais. Não se espera também que os atos dos processos arbitrais - mercê da publicidade imaginada pela lei - devam ser praticados a vis-

166. Disponível em < http://www.agu.gov.br/page/content/detail/id_conteudo/643200>.

ta do público, em grandes auditórios abertos a população". E conclui: "não parece razoável entender a determinação legal, constante no §3º do art. 2º da Lei de Arbitragem, como uma regra de publicidade total e absoluta para todos os atos da arbitragem. Seria despropositado tornar públicas todas as informações relativas ao processo arbitral, o que pode ser fisicamente inviável. Parece adequado que sejam franqueados ao público os atos mais relevantes praticados pelas partes (apresentação de pleitos, documentos em que se baseiam os pedidos, sentença arbitral), o que não significa transformar os tribunais arbitrais em areópagos, abertos a curiosidade pública".

Em certo grau concordamos com o autor, mas com algumas ressalvas, explica-se já nos encaminhando para a conclusão do tópico.

A Fazenda Pública na arbitragem será parte e não gestora do conflito. O guardião das principais informações do procedimento e o responsável pelo armazenamento e transmissão de documentos não é outro senão a própria de câmara arbitragem. Entendemos que a questão precisa ser melhor amadurecida pelos práticos de arbitragem. Não é apenas ideal, mas também necessário que as entidades privadas indiquem em seus sítios eletrônicos ou outro meio de fácil acesso ao público as informações essenciais do conflito (partes, árbitros, petições e, principalmente, sentença arbitral) já que estarão exercendo função verdadeiramente pública, levando em consideração, todavia, as peculiaridades do caso concreto para que nenhuma das partes, inclusive a própria Administração Pública, sejam prejudicadas.

Capítulo 8

ENCERRAMENTO DA ARBITRAGEM E A EXECUÇÃO DA SENTENÇA ARBITRAL

8.1. A SENTENÇA ARBITRAL COMO O ÚLTIMO ATO DO PROCESSO ARBITRAL E COMO TÍTULO EXECUTIVO JUDICIAL

A sentença arbitral é o último ato do árbitro e põe fim ao processo arbitral. A fase postulatória da arbitragem se encerra no momento em que as partes que contrataram esse serviço são comunicadas do seu resultado. No processo arbitral, os interesses foram deduzidos, examinados e posteriormente declarados, cabendo às partes cumprirem o conteúdo da sentença.

A LArb estabelece que, proferida a sentença arbitral, dá-se por finda a arbitragem, devendo o árbitro, ou o presidente do tribunal arbitral, enviar cópia da decisão às partes por qualquer meio com comprovação de recebimento, ou, ainda, entregando-a diretamente às partes, mediante recibo (art. 29).

Proferida a sentença, o árbitro encerra sua função. É por isso que ninguém "é" arbitro, o sujeito "está" árbitro. Essa atividade jurisdicional é exercida por um período determinado: da aceitação do encargo até a prolação da sentença. O árbitro, quando encerra a instrução e decide o mérito da demanda através da sentença, entrega aquilo que foi contratado para fazer.

Marcos Vinícius Fernandes indica que "o fim último da arbitragem é também a solução do conflito entre as partes, por meio de sentença declare e imponha a regra concreta que deve reger suas relações a partir daquele momento"[1]. Para Carlos Alberto Carmona "não há atividade alguma a ser desenvolvida pelo árbitro depois de proferida sua sentença: não há recurso da sentença arbitral, não há medida satisfativa a ser predisposta pelos árbitros, não há providências complementares de que se devam ocupar os julgadores"[2].

Seja final ou parcial, a sentença arbitral possui eficácia imediata e vinculante. Conforme restou observado, se for proferida em desfavor da Fazenda Pública, a sentença arbitral não fica sujeita ao impulso oficial para produzir seus efeitos.

Tal como sentença proferida pelo Judiciário, a sentença arbitral tem característica substitutiva, "por meio da qual um regramento individual e concreto para a situação sobrepõe-se às normas gerais e abstratas contidas na legislação"[3]. Nesse sentido, estabelece a LArb que a decisão final do árbitro produz, entre as partes e seus sucessores, os mesmos efeitos da sentença proferida pelos órgãos do Poder Judiciário e, sendo condenatória, constitui título executivo (art. 31).

O Código de Processo Civil estabelece que a sentença arbitral constitui título executivo judicial (art. 515, VII) e, assim sendo, caso o que tenha sido decido não seja realizado voluntariamente, o interessado poderá instaurar o procedimento de cumprimento de sentença. Consoante explica Araken de Assis, "não há dúvida, até pela inclusão de semelhante título no catálogo dos títulos executivos judiciais, quanto ao propósito de o legislador realizar uma equiparação absoluta entre a autêntica sentença, proveniente de órgão judiciário, e a 'sentença' arbitral"[4].

A função executiva, segundo o mesmo autor, "opera no mundo dos fatos e a estrutura, em que ela avulta, caracteriza-se por atos judiciais agressores da esfera jurídica do executado". Utilizando-nos da metáfora apresentada pelo professor tem-se que o árbitro no processo de arbitragem transforma o fato em direito, e o Poder Judiciário no

1. COSTA, Guilherme Recena. **Partes e terceiros na arbitragem.**. Tese (Doutorado em Direito) - Faculdade de Direito, Universidade de São Paulo, São Paulo, 2015, p. 53.
2. CARMONA, Carlos Alberto. **Ensaio sobre a Sentença Arbitral Parcial.** Revista Brasileira de Arbitragem, v. 18, 2008. p. 4.
3. COSTA, Guilherme Recena. **Partes e terceiros na arbitragem.** Tese (Doutorado em Direito) - Faculdade de Direito, Universidade de São Paulo, São Paulo, 2015, p. 53.
4. ASSSIS, Araken de. **Manual da Execução.** São Paulo: Editora Revista dos Tribunais, 2016. p. 176.

processo de execução traduz esse direito, reconhecido da arbitragem, em fatos[5].

José Eduardo Carreira Alvim orienta que a sentença do árbitro, "poderá ou não ser líquida, dependendo de ter, ou não, o árbitro (ou tribunal) fixado o valor da condenação; se não o for será liquidada pelo juízo arbitral, salvo se de outro modo houverem as partes convencionado"[6]. Na mesma linha, Fredie Didier Jr. afirma que "a execução de sentença arbitral costuma ser precedida de liquidação. Essa liquidação dar-se-á em processo autônomo. Feita a liquidação, a execução observará as regras do cumprimento da sentença"[7-8].

Cabe frisar, aliás, que não nos parece recomendável requerer a liquidação da sentença arbitral perante o mesmo tribunal que a proferiu. Não há órgão jurisdicional permanente na arbitragem. Proferida a sentença, se finda a arbitragem. O árbitro constituído ou tribunal arbitral que se formou para o julgamento daquela matéria específica deixa de existir no mundo jurídico. Se as partes desejarem manter a liquidação da sentença arbitral no âmbito privado, deverão proceder com a constituição de novo tribunal arbitral para, ao fim, deter a exatidão do crédito desejado. O que nos parece inadequado e custoso.

A liquidação da sentença arbitral é fonte de segurança, exatidão e certeza. Funciona como um complemento ao título judicial ilíquido, aquele que não obstante sua exigibilidade, não possui condenação precisa e determinada. Tal garantia visa demonstrar quanto exatamente deve ser pago ao credor nos casos em que a condenação verse sobre obrigação de pagar quantia certa. Explica ainda Luiz Rodrigues Wambier que "é admissível, diferentemente do que acontece com relação aos documentos produzidos por particulares, a liquidação da

---

5. ASSSIS, Araken de. **Manual da Execução**. São Paulo: Editora Revista dos Tribunais, 2016., p. 85.
6. CARREIRA ALVIM. José Eduardo. **Execução de sentença penal, arbitral e estrangeira**. In WAMBIER. Teresa Arruda Alvim, Aspectos Polêmicos da nova execução. São Paulo: Editora Revista dos Tribunais, 2006, p. 333.
7. DIDIER JR. Fredie. **Curso de Direito Processual Civil**. v. 5. 7. Ed. Salvador: Editora Juspodivm, 2017, p. 284.
8. "Desse modo, a "sentença" arbitral ilíquida ostentar-se-á inexequível, nos casos em que títulos extrajudiciais também não comportem execução, cabendo ao vencedor propor outra ação, perante o órgão judiciário competente, para constituir o *quantum debeatur*, devendo entender-se como aplicável o art. 515, § 1.º, só no tocante à necessidade de citação do executado; e, na impugnação, além da nulidade da "sentença" (art. 32 c/c art. 33, § 3.º, da Lei 9.307/1996), ao executado se afigura lícito alegar qualquer outra matéria". ASSSIS, Araken de. **Manual da Execução**. São Paulo: Editora Revista dos Tribunais, 2016., p. 177.

sentença arbitral sempre que comando condenatório nele proferido seja genérico"[9].

A esse respeito, é possível inferir que o procedimento arbitral compartilha de idêntico desafio marcante do procedimento judicial, qual seja, a necessidade da liquidação de eventual condenação, cabendo a árbitro decidir se profere sentença ilíquida ou se emite, decisão liquida e precisa, abrangendo não apenas o *an debeatur* como também o *quantum debeatur*[10].

Conforme ressaltam Renata Cortez Peixoto e Marcos Aurélio Peixoto, "em caso de eventual liquidez do título executivo judicial formado contra a Fazenda Pública, obviamente, não será possível o pleito de cumprimento da sentença, porquanto será imprescindível a sua prévia liquidação"[11].

A pretensão a executar decorre da natureza da condenação. A partir do seu conteúdo, o título executivo judicial advindo da sentença arbitral terá obrigação líquida, certa e exigível, identificará as partes envolvidas, determinará o conteúdo objeto da atividade jurisdicional e estabelecerá a responsabilidade do executado inclusive no que se refere às despesas da arbitragem[12].

A decisão do árbitro poderá ser realizada voluntariamente e se assim não for poderá cumprida mediante ação própria "nos exatos

9. WAMBIER, Luiz Rodrigues. **Sentença Civil: liquidação e cumprimento**. 3 ed. São Paulo: Revista dos Tribunais, 2006, p. 212.

10. "A obrigação contida na sentença arbitral, por regra, deve ser líquida, até mesmo como corolário do efeito negativo da convenção de arbitragem Tendo a liquidação da sentença natureza cognitiva, nada mais lógico que caiba ao árbitro, a quem as partes submeteram a solução de todo o conflito, a decisão acerca do valor da condenação. No entanto, novamente considerando que a arbitragem é movida pelo princípio basilar da autonomia da vontade, as partes podem dispor que o árbitro apenas decida o mérito da questão, o *an debeatur*, determinando que eventual liquidação da sentença dar-se-á perante o Poder Judiciário, na forma estabelecida pelo Código de Processo Civil. Não parece ser a melhor opção; afinal, da decisão que julga a liquidação, caberá agravo de instrumento, enquanto a sentença arbitral é irrecorrível. Além disso, é mais coerente que o julgador que analisou o mérito da causa e que teve conhecimento aprofundado do caso, seja o mais recomendável para decidir também sobre o *quantum debeatur*. De outro lado, atualmente não há nada que impeça as partes de preverem de forma diversa" LEÃO, Fernanda de Gouvêa. **Arbitragem e execução**. Dissertação (Mestrado em Direito) - Faculdade de Direito, Universidade de São Paulo, São Paulo, 2012, p. 64-65.

11. PEIXOTO, Renata Cortez Vieira; PEIXOTO, Marco Aurélio Ventura. **Fazenda Pública e execução**. Salvador: Juspodium, 2018 p. 68.

12. DIDIER JR. Fredie. **Curso de Direito Processual Civil**. v. 5. 7. Ed. Salvador: Editora Juspodivm, 2017, p. 257; ASSSIS, Araken de. **Manual da Execução**.São Paulo: Editora Revista dos Tribunais, 2016, p. 176.

termos da sentença se determina o fim e os limites da ação executiva"[13].

No entanto, em se tratando de condenação contra a Fazenda Pública – em especial naquelas de pagar quantia – existem regras específicas das quais a sentença arbitral não poderá fugir.

Deve-se lembrar que, a essa altura, o serviço do árbitro e da instituição de arbitragem se encerrou. As partes já saíram do ambiente privado e, agora, deverão atuar no âmbito de um processo judicial. Assim sendo, impõe-se "a adequação procedimental, na exata medida em que as exigências do direito material na disciplina das relações jurídicas que envolvem a Fazenda Pública influenciam e ditam as regras processuais"[14].

É no Judiciário que a decisão do árbitro será concretizada e serão essas questões e suas nuances que serão analisadas nos próximos tópicos.

8.2. EXECUÇÃO DE SENTENÇA ARBITRAL ENVOLVENDO A FAZENDA PÚBLICA

O cumprimento espontâneo da sentença arbitral é a regra geral aplicada na maioria das arbitragens conduzidas por entidades corporativas do comércio internacional, que possuem grande poder de constrição sobre os atores envolvidos em diversos aspectos: sanções corporativas, corte de créditos, sanções morais que ameaçam a imagem do agente no cenário internacional, dificultando suas relações comerciais[15]. Esse quadro, contudo, não se aplica às sentenças arbitrais que condenam a Fazenda Pública.

O árbitro, ou tribunal arbitral, não tem poder (tampouco interesse) para fazer cumprir coativamente a sua decisão. Será necessário provocar o Poder Judiciário para tanto. Diante da inércia da parte condenada na arbitragem em cumprir, por si próprio, a obrigação de quantia certa e estabelecida na sentença arbitral condenatória, in-

13. BARROCAS, Manuel Pereira. **Manual de Arbitragem**. Coimbra: Almedina, 2010. p. 268, p. 535.
14. CUNHA, Leonardo Carneiro da. **A Fazenda Pública em juízo**. 14. Rio de Janeiro: Forense, 2017, p. 337.
15. TESS, Eduardo Carvalho. **Imunidades de jurisdição e de execução no âmbito da arbitragem comercial internacional.** Revista do Instituto dos Advogados de São Paulo. n. 14. São Paulo: Editora Revista dos Tribunais, 2004.

cumbe ao credor promover procedimento judicial para obter o cumprimento do título executivo judicial.

Candido Rangel Dinamarco explica que "o cumprimento da sentença arbitral condenatória será realizado, conforme o caso e segundo a natureza da obrigação a ser satisfeita, por uma das clássicas modalidades executivas do direito brasileiro – execução para entrega da coisa, por obrigação de fazer ou de não fazer, por quantia certa contra devedor solvente"[16].

Contudo, a legislação aplicável à execução contra a Fazenda Pública revela que o legislador se preocupou em criar um procedimento diferente do comum no que se refere a pagar quantia (CPC, art. 523 e ss.)[17]. Tanto é assim, que se aplicam as condenações de dar, fazer e não fazer aquilo que o mesmo regime dado aos particulares, disciplinado pelo CPC.

A relevância do assunto é de tamanha envergadura que a regra geral que trata execução de pecúnia contra o Poder Público está prevista no art. 100 da Constituição, incidindo também as regras complementares do Código de Processo Civil nos arts. 534 e 535[18].

Leonardo Carneiro da Cunha explica ainda que "diante da peculiaridade e da situação da Fazenda Pública, a execução por quantia certa contra ela intentada contém regras próprias". Segundo o autor,

16. DINAMARCO, Candido Rangel. **Arbitragem na Teoria Geral do Processo**. São Paulo: Malheiros, 2013., p. 259.

17. "O procedimento especial existe em razão da inalienabilidade (art. 100 do Código Civil) e, por consequência, da impenhorabilidade dos bens públicos (art.. 832 e 833, inc. 1, do CPC) , ainda que dominicais o sejam.: Não se configura exatamente um privilégio da Fazenda Pública, pois, como antes se expôs, há mais de uma razão para que o regime exista Obviamente, sob o ordenamentojurídico brasileiro, é impensável a constrição de bens públicos, ainda que dominicais, em razão da imperatividade da função pública - prestação de serviços públicos e de serviços administrativos; do funcionamento da máquina pública. Ainda que o Estado se torne inadimplente - cenário antes distante, mas mais próximo após a eclosão da crise fiscal, ele deverá se manter em funcionamento, postergando e programando o pagamento das dívidas (instrumento previsto na redação do art. 100, CRFB, com a EC 94)". MOREIRA, Egon Bockmann. **Precatórios: o seu regime jurídico: a visão do direito financeiro, integrada ao direito tributário e econômico**. São Paulo: Editora Revista dos Tribunais, 2017, p. 80.

18. "Não há dúvida de que a desigualdade real entre a Fazenda Pública e os indivíduos justifica um tratamento diferente. O problema todo reside em encontrar os limites segundo os quais a Fazenda Pública pode ser tratada de forma distinta. Não apenas o fato de os bens da Fazenda Pública serem impenhoráveis justifica o tratamento diferenciado, não apenas a separação estrutural de Poderes, à própria existência e funcionamento do Estado, justifica-se tratamento diferente, mas também o próprio modo de ser da Fazenda em Relação aos indivíduos o justifica". YARSHELL, Flávio Luiz. **A execução e a efetividade do processo em relação à Fazenda Pública**. in SUNDFELD. Carlos Ari; BUENO, Cassio Scarpinella. Direito Processual Público: A Fazenda Pública em Juízo. São Paulo: Malheiros, 2003, p. 214.

impõe-se uma "adequação procedimental, na exata medida em que as exigências do direito material na disciplina das relações jurídicas que envolvem a Fazenda Pública influenciam e ditam as regras processuais"[19].

Além disso, a doutrina orienta que a justificativa para uma regra específica apoia-se no regime especial dos bens, direitos que abrange o patrimônio público. Logo, "a constrição imediata e incondicionada dos bens públicos se revela inadmissível, em princípio, e inoperante, por decorrência, a técnica expropriatória genérica e aplicável aos particulares"[20]. É que conforme Nelson Nery Junior e Rosa Maria Nery explicam, os bens públicos são inalienáveis e por deterem essa natureza não estão sujeitos a penhora prevista no art. 833 do CPC[21-22].

Dessa forma, nos ocuparemos nesse tópico em examinar especificamente a obrigação de pagar quantia decorrente de sentença arbitral condenatória já que, conforme orienta Araken de Assis, "os créditos de outra natureza, em que figure como obrigada pessoa jurídica de direito público executam-se pelas vias executórias comuns, através dos meios porventura aplicados aos particulares"[23].

O cumprimento desse tipo de sentença em desfavor da Fazenda Pública foi delineado de forma especial pelo legislador que, com intuito de proteger o patrimônio público, vedou a penhora, apropriação ou expropriação de bens para alienação judicial para saldar o crédito executado[24].

Por decorrer de procedimento arbitral e não de uma nova fase judicial, desta feita executiva, de relação processual judicial já pré-existente, o cumprimento de sentença arbitral será movido por ação própria de iniciativa da parte.

A fase arbitral ocupou-se da instrução, mas a parte executiva é monopólio do Judiciário, o que faz ensejar uma demanda própria. A

19. CUNHA, Leonardo Carneiro da. **A Fazenda Pública em juízo**. 14. Rio de Janeiro: Forense, 2017, p. 337.
20. ASSSIS, Araken de. **Manual da Execução**.São Paulo: Editora Revista dos Tribunais, 2016, p. 1056.
21. NERY JUNIOR, Nelson. **Código de Processo Civil comentado.** 17 ed. São Paulo: Thomson Reuters Brasil, 2018, p, 1505.
22. CUNHA, Leonardo Carneiro da. **A Fazenda Pública em juízo**. 14. Rio de Janeiro: Forense, 2017, p. 337, p. 337.
23. ASSSIS, Araken de. **Manual da Execução**.São Paulo: Editora Revista dos Tribunais, 2016, p. 1055
24. CUNHA, Leonardo Carneiro da. **A Fazenda Pública em juízo**. 14. Rio de Janeiro: Forense, 2017, p. 337, p. 339.

ação deve ser distribuída pelo órgão que seria competente para tratar originariamente o feito caso o conflito não fosse resolvido por arbitragem. Realmente, há, para cada fase, uma pretensão à tutela jurisdicional distinta.

É que a formação da relação jurídica processual se aperfeiçoa com a citação do devedor no processo de execução (ou de liquidação) ao invés de intimação promovida nos processos judiciais. Esta é a distinção entre os ritos processuais entre o cumprimento da sentença proferida no processo judicial e aquele decorrente de sentença arbitral.

Francisco Cahali, sobre esse aspecto, comenta que "decidido no conflito do arbitral, o pedido de cumprimento da sentença deve ser manejado por intermédio da instauração de um novo processo, e não apenas em fase processual, perante o juízo estatal", e continua, "de posse da sentença arbitral condenatória de obrigação de pagar quantia certa, necessária a iniciativa do exequente para inaugurar uma nova relação processual, diversa daquela havida na arbitragem, bem como exige citação do executado para integrar o processo"[25].

Devem ser observadas as regras contidas no CPC e de cada tribunal para averiguar o foro e juízo competente para processar o cumprimento da sentença arbitral. Nesse sentido, o cumprimento da sentença efetuar-se-á perante o juízo cível competente, quando se tratar de sentença de sentença arbitral (Art. 516. II)

Consoante dispõe a lei processual, no cumprimento de sentença arbitral que obrigar à Fazenda Pública o dever de pagar quantia certa, o exequente apresentará demonstrativo discriminado e atualizado do crédito contendo: i) a qualificação das partes; ii) o índice de correção monetária adotado; iii) os juros aplicados e as respectivas taxas; iv) o termo inicial e o termo final dos juros e da correção monetária utilizados; v) a periodicidade da capitalização dos juros, se for o caso; vi) a especificação dos eventuais descontos obrigatórios realizados. (CPC, art. 534)

Boa parte dessas informações estará contida na sentença arbitral, notadamente aquelas relativas à indicação dos índices de correção, juros e respectivos marcos iniciais de acordo com que se es-

25. CAHALI. Francisco José. **Curso de Arbitragem**. 5 ed. São Paulo: Editora Revista dos Tribunais, 2015, p. 357.

tabelece a legislação. Nesse sentido, se ao proferir a decisão final os árbitros não indicarem tais informações em seu dispositivo, será plenamente cabível pedido de esclarecimento para suprir tal lacuna e integralizar a sentença arbitral.

Não se aplica à condenação da Fazenda Pública a multa do §1º do art. 523 do CPC por falta de cumprimento voluntário. Ao receber a ação de cumprimento de sentença, o juiz não dará ordem de pagamento como ocorre no procedimento comum, ordenará a citação do órgão para apresentar impugnação no prazo de 30 dias (CPC, art. 535).

A Fazenda Pública não pode fazer uso do disposto no art. 526 do CPC que dispõe ser lícito ao réu, antes de ser intimado para o cumprimento da sentença, comparecer em juízo e oferecer em pagamento o valor que entender devido, apresentando memória discriminada do cálculo[26].

A situação com relação aos particulares, porém, não é a mesma. Em sede de Recurso Repetitivo (tema 893), ainda sob a vigência do CPC/73, o Superior Tribunal de Justiça entendeu que no cumprimento de sentença arbitral condenatória de prestação pecuniária, a multa de 10% deverá incidir se o executado não efetuar o espontaneamente o pagamento no prazo de 15 dias contados da juntada do mandado de citação[27].

---

26. CUNHA, Leonardo Carneiro da. **A Fazenda Pública em juízo**. 14. Rio de Janeiro: Forense, 2017, p. 341.
27. A questão foi bem trabalhada por João Luiz Lessa Neto em artigo do site migalhas: "A arbitragem é um meio jurisdicional e privado de resolução de disputas. O árbitro é juiz de fato e direito da controvérsia e a sentença arbitral produz efeitos análogos ao da sentença judicial. A sentença arbitral constitui título executivo judicial (art. 475-N, IV, do CPC de 1973 e art. 515, VII, do Novo CPC). Por isso, são aplicáveis à execução da sentença arbitral as regras relativas ao cumprimento de sentença. Não são aplicáveis, portanto, as regras da execução de título extrajudicial. Muitos são os impactos daí advindos, particularmente a limitação de matérias que podem ser deduzidas na defesa do executado e a aplicação de multa na hipótese de não haver o adimplemento espontâneo da sentença arbitral condenatória. O STJ decidiu, em sede de julgamento de recurso repetitivo, que a multa de 10% do valor da condenação que não for adimplida espontaneamente pelo devedor, prevista no art. 475-J do CPC de 1973, é aplicável no cumprimento de sentença arbitral (REsp 1102460).No cumprimento de sentença arbitral líquida, portanto, o devedor será citado para pagar em quinze dias o valor da condenação. Os quinze dias devem ser contados da juntada aos autos do cumprimento de sentença do mandado de citação. Se a sentença arbitral for ilíquida, os quinze dias para pagamento são contados a partir da intimação do julgamento definitivo da liquidação da sentença arbitral, feita através do advogado do devedor. Se não houver o pagamento espontâneo, o valor da condenação será acrescido de multa. A solução encontrada pelo STJ será igualmente aplicável na vigência do Novo CPC. No Novo CPC, não ocorrendo pagamento voluntário no prazo legal, o débito será acrescido de multa de dez por cento e, também, de honorários de advogado de dez por cento (art. 523, § 1º). Ou seja, com o Novo CPC, se não houver o pagamento no prazo

Ressaltou-se que a sentença arbitral é título executivo judicial e, assim sendo, se não houver quitação no decurso no prazo de 15 dias, iniciados da comunicação do condenado para pagamento voluntário daquilo que ficou determinado na sentença arbitral, é válida a incidência da multa de 10% prevista do §1º art. 523 do CPC.

Na oportunidade, explicou-se que a referida sanção pecuniária, cabível na ação de cumprimento de sentença em que o título representa obrigação pecuniária líquida, representa "caráter punitivo e coercitivo, tendo por objetivo garantir a maior efetividade e celeridade na prestação jurisdicional, tornando onerosa a recalcitrância do devedor em desobedecer ao comando sentencial ao qual submetido"[28].

Ademais, a sentença arbitral é hábil para inscrição, arquivamento, anotação, averbação ou registro em órgãos de registros públicos, independentemente de manifestação do Poder Judiciário[29]. Esse expediente é bastante útil, por exemplo, para evitar fraude à execução já que conforme entende o STJ "o reconhecimento da fraude à execução depende do registro da penhora do bem alienado ou da prova de má-fé do terceiro adquirente"[30].

No cumprimento contra a Fazenda Pública a intimação não é para pagamento e sim para manifestação e, caso queira apresentar impugnação. Essa ordem de pagamento só virá com a expedição do

---

legal, incidirá não apenas multa no valor de 10% da condenação, mas serão, igualmente, devidos honorários advocatícios fixados de pronto em 10% do valor da condenação. Tais regras serão aplicáveis, também, na execução da sentença arbitral". LESSA NETO, João Luiz. **Execução de sentença arbitral e a multa do artigo 475-J do CPC de 1973 e o disposto no artigo 520, § 1º do novo CPC.** Disponível em <https://bit.ly/2SArlZ8> acesso em 07 de dezembro de 2018.

28. "Assim, firmada a aplicabilidade da multa do art. 475-J do CPC no âmbito do cumprimento de sentença arbitral condenatória de prestação pecuniária, impende consignar que o termo inicial do prazo de quinze dias contar-se-á: (i) da data da juntada do mandado de citação (com a determinação de pagamento) devidamente cumprido aos autos (em caso de título executivo contendo quantia líquida); ou (ii) da intimação do devedor, na pessoa de seu advogado, mediante publicação na imprensa oficial, no caso em que necessária prévia liquidação da obrigação certificada pelo juízo arbitral. Tal consideração decorre da especificidade da comunicação processual do executado na ação de cumprimento de sentença arbitral, adaptando-se à orientação jurisprudencial do STJ firmada no bojo de recurso especial representativo de controvérsia, no sentido de que "na fase de cumprimento de sentença, o devedor deverá ser intimado, na pessoa de seu advogado, mediante publicação na imprensa oficial, para efetuar o pagamento no prazo de 15 (quinze) dias, a partir de quando, caso não o efetue, passará a incidir a multa de 10% (dez por cento) sobre montante da condenação (art. 475-J do CPC)" (REsp 1.262.933-RJ, Corte Especial, DJe 20/8/2013)." STJ **REsp 1.102.460-RJ**, Rel. Min. Marco Buzzi, Corte Especial, julgado em 17/6/2015, DJe 23/9/2015.
29. Enunciado n. 11. I Jornada Prevenção e Solução Extrajudicial de Litígios.
30. Súmula n. 375.

respectivo precatório ou da requisição de pequeno valor (RPV) conforme analisaremos adiante.

Quando intimado, o órgão poderá manifestar-se concordando com o conteúdo do pedido ou impugná-lo. A impugnação não poderá, de forma alguma, trazer ampla matéria de defesa, como se contestação fosse. A via estreita dessa defesa na execução estabelece um rol específico de matérias que poderá ser arguida. De torna sorte, é indispensável a intimação da Fazenda Pública sob pena de nulidade absoluta do cumprimento de sentença arbitral.

As matérias que podem ser abordadas na impugnação ao cumprimento de sentença são i) falta ou nulidade da citação se, na fase de conhecimento, o processo correu à revelia; ii) ilegitimidade de parte; iii) inexequibilidade do título ou inexigibilidade da obrigação; iv) excesso de execução ou cumulação indevida de execuções; v) incompetência absoluta ou relativa do juízo da execução; vi) qualquer causa modificativa ou extintiva da obrigação, como pagamento, novação, compensação, transação ou prescrição, desde que supervenientes ao trânsito em julgado da sentença (CPC, art. 535).

A liquidação do valor contido na condenação arbitral mostra-se de fundamental importância diante da possibilidade de prolongamento do debate no que se refere a exatidão da obrigação. Ademais, "os tipos de liquidação de sentença – por procedimento comum e por arbitramento – a são perfeitamente aplicáveis aos processos que envolvam a Fazenda Pública"[31].

A impugnação, segundo a doutrina, tem natureza de incidente processual "uma vez que não há formação de nova relação jurídica processual". Conforme explica Manuel Barrocas, "se não tiver sido interposto recurso da sentença arbitral [pedido de esclarecimento] nem intentada ação de anulação da sentença arbitral, nem por isso o executado está impedido de alegar na oposição à execução os fundamentos que lhe permitiram obter a anulação da sentença arbitral, agora já não para anular mas para impedir que a execução se consuma"[32].

---

31. CUNHA, Leonardo Carneiro da. **A Fazenda Pública em juízo**. 14. Rio de Janeiro: Forense, 2017, p. 340.
32. BARROCAS, Manuel Pereira. **Manual de Arbitragem**. Coimbra: Almedina, 2010. pp. 536.

A impugnação tramita nos próprios autos em que foi instaurada a fase de cumprimento de sentença" [33], porque como dito acima, trata-se de um incidente que acompanha a ação principal. Essa defesa tem efeito suspensivo com o condão de evitar o transito em julgado da execução para fins de expedição de precatório (CPC, art. 535, §3°). De fato, a expedição de precatório ou de requisição de pequeno valor depende do prévio trânsito em julgado, assim, apenas pode ser determinado o pagamento caso não exista mais qualquer discussão quanto ao valor requerido (CF/1988, art. 100, §§ 3º e 5º).

Observado que os valores indicados na condenação estão divergentes com que entende correto, não caberá a impugnação genérica. É ônus do executado indicar o valor que entende correto sob pena de indeferimento da impugnação (CPC, art. 535, 2º).

Cabe destacar que esse debate se deflui no Judiciário, cujas decisões são em grande maioria recorríveis assim, contra decisões interlocutórias proferidas na fase de cumprimento de sentença caberá agravo de instrumento nos termos do parágrafo único do art. 1.015 do CPC. E não apenas isso, julgado improcedente a impugnação, tal decisão está submetida ao regime da remessa oficial, já que se trata de sentença proferida contra à Fazenda Pública (CPC, art. 496, I)

É possível que a Fazenda reconheça parte do crédito. Essa quantia será considerada incontroversa. Se assim for os valores não questionados serão, desde logo, objeto de cumprimento (CPC, art. 535, §4º).

No que se refere a esses valores incontroversos, há orientação do Superior Tribunal de Justiça no sentido de que, "em sede de execução contra a Fazenda Pública, é possível a expedição de precatório referente à parcela incontroversa do crédito, em relação ao montante do valor executado que não foi objeto de embargos à execução"[34]. Em âmbito federal, a Súmula n. 3 da AGU dispõe que é cabível a ex-

33. PEIXOTO, Marcos Aurelio Ventura; PEIXOTO, Renata Cortez Vieira. **Fazenda Pública e Execução.** Salvador: Juspodivm, 2017, p. 73-74.

34. EREsp 721.791/RS, Rel. Ministro ARI PARGENDLER, Rel. p/ Acórdão Ministro JOSÉ DELGADO, CORTE ESPECIAL, julgado em 19/12/2005, DJ 23/04/2007, p. 227; AgRg nos EREsp 757.565/RS, Rel. Ministro ALDIR PASSARINHO JUNIOR, CORTE ESPECIAL, julgado em 22/05/2006, DJ 01/08/2006, p. 339; EREsp 777.032/PR, Rel. Ministro JOÃO OTÁVIO DE NORONHA, CORTE ESPECIAL, julgado em 01/08/2006, DJ 28/08/2006, p. 204; EREsp 759.405/PR, Rel. Ministra ELIANA CALMON, CORTE ESPECIAL, julgado em 30/06/2008, DJe 21/08/2008; EREsp 638.597/RS, Rel. Ministro FRANCISCO FALCÃO, CORTE ESPECIAL, julgado em 01/08/2011, DJe 29/08/2011.

pedição de precatório referente a parcela incontroversa, em sede de execução ajuizada em face da Fazenda Pública.

Caso a ação não seja impugnada ou forem rejeitadas as arguições da Fazenda Pública: i) será expedido, por do presidente do tribunal competente, o respectivo precatório em favor do exequente levando a efeito o que determina o art. 100 da Constituição Federal; ii) por ordem do juiz, será dirigida à autoridade na pessoa de quem o ente público foi citado para o processo. O pagamento de obrigação de pequeno valor que será realizado no prazo de 2 (dois) meses contado da entrega da requisição (RPV), mediante depósito na agência de banco oficial mais próxima da localização do exequente (CPC, §3º do art. 535).

No que se refere ao valor da requisição acima mencionada, a Constituição e tem-se que o RPV deve ser estabelecido por cada entidade pública devedora, mas a regra geral é até 30 salários mínimos nos municípios e até 40 salários mínimos nos estados e no Distrito Federal, já no âmbito federal, a RPV é de até 60 salários mínimos[35].

A expedição do precatório ou da requisição de pequeno valor exige o transito em julgado. Trata-se de uma autorização de pagamento expedida pelos Poder Judiciário para recolher das Fazendas Públicas municipais, estatuais ou da União (assim como de autarquias e fundações) o valor devido após o reconhecimento judicial.

Explica Thatiane Psicitelli que, recebido o precatório "o Presidente do Tribunal determinará sua numeração e apresentará um comunicado à Fazenda Pública, que deverá efetivar o pagamento respectivo na ordem cronológica de apresentação dos precatórios".

Malgrado emane de órgão judiciário, segundo a professora da FGV, "trata-se de ato de natureza administrativa, que se fundamenta em sentença anteriormente proferida", a afirmação encontra subsídio na manifestação do Supremo Tribunal Federal o qual entendeu que "a ordem judicial de pagamento, bem como os demais atos necessários

35. CF, art. 100. Os pagamentos devidos pelas Fazendas Públicas Federal, Estaduais, Distrital e Municipais, em virtude de sentença judiciária, far-se-ão exclusivamente na ordem cronológica de apresentação dos precatórios e à conta dos créditos respectivos, proibida a designação de casos ou de pessoas nas dotações orçamentárias e nos créditos adicionais abertos para este fim. (...) § 3º O disposto no caput deste artigo relativamente à expedição de precatórios não se aplica aos pagamentos de obrigações definidas em leis como de pequeno valor que as Fazendas referidas devam fazer em virtude de sentença judicial transitada em julgado.

a tal finalidade, concernem ao campo administrativo e não jurisdicional"[36].

Após transitado em julgado, a ação executiva que discutia, o crédito contido na sentença arbitral condenatória deve ser incluído no orçamento da Fazenda Pública credora fazendo-se o pagamento até o final do exercício seguinte, quando terão seus valores atualizados monetariamente.

A Constituição não deixa claro o momento de apresentação do precatório, sabe-se que a apresentação do precatório não será efetivada pelo exequente, mas pelo juízo competente da execução após a verificação dos requisitos estipulados resolução n. 115 do CNJ que se considera como momento de apresentação do precatório o do recebimento do ofício perante o Tribunal ao qual se vincula o juízo da execução (art. 4).

Respeitada a ordem cronológica estipulada no art. 100 da Constituição, são liberados os valores pela Fazenda Pública respectiva.

O Presidente do Tribunal após receber esses recursos, os encaminha para o juízo da execução para só então providenciar o pagamento do respectivo crédito.

8.3. HOMOLOGAÇÃO DE SENTENÇA ARBITRAL ESTRANGEIRA

Para ser reconhecida, e posteriormente executada no Brasil, a sentença arbitral estrangeira está sujeita à homologação do Superior Tribunal de Justiça (LArb, art, 345).

O procedimento de homologação é necessário para a executoriedade interna da sentença arbitral estrangeira. Assim, não havendo o pagamento voluntário por parte de devedor, torna-se necessária a homologação da Sentença Arbitral para que a mesma passe a constituir título executivo judicial apto para que se proceda com a execução da dívida no Brasil.

O modelo brasileiro adota o "sistema de delibação", pelo qual são analisados apenas aspectos formais da decisão estrangeira à luz de princípios fundamentais constitucionais do processo, tais como:

36. STF – **ADI: 1098 SP**, Relator: MARCO AURÉLIO, Data de Julgamento: 11/09/1996, Tribunal Pleno, Data de Publicação: DJ 25-10-1996.

contraditório e à ampla defesa, legalidade dos atos processuais, além de outros requisitos que veremos mais adiante[37].

Homologar a sentença estrangeira nada mais é do que a deixar análoga à sentença nacional através da verificação formal da decisão por parte do Estado. É permitir que o que foi decido na sentença tenha efeito em nosso território.

Andre de Albuquerque Abbud, atento à precisão dos termos, orienta que o "reconhecimento, é expressão gênero, a mais abrangente de todas, usada para designar todo e qualquer sistema ou forma de importação dos efeitos de julgado estrangeiro, seja qual for a natureza desses efeitos". Por outro lado, "ao falar-se em execução dos julgados estrangeiros, denota-se realidade mais específica, relativa somente à importação do efeito executivo do provimento, a fim de permitir-lhe o cumprimento forçado no território nacional"[38].

Segundo explica Candido Rangel Dinamarco, homologar é fazer seu um ato de outrem, agregando-lhe uma eficácia que o ato em si mesmo não tem o poder de produzir[39]. Conforme o professor, "homologar exprime o ato pelo qual a autoridade judicial ou administrativa ratifica, confirma ou aprova outro ato, a fim de que possa investir-se de força executória ou apresentar-se com validade jurídica para ter eficácia". Dessa forma, "o ato de ratificação, confirmação ou aprovação judicial nada mais faz do que dar força ao ato homologado, de modo que, sob regime revogado, apenas o laudo arbitral devidamente oficializado produzia a mesma eficácia da sentença estatal"[40].

---

37. Cf. ARAUJO, Nadia de. **Cooperação Jurídica Internacional no Superior Tribunal de Justiça: comentários à resolução n. 9**. Rio de Janeiro: Renovar, 2010.

38. "É verdade que a sentença estrangeira não tem efeitos de sentença sem a homologação, mas isso não significa que ela adquire essa eficácia por força do reconhecimento, como se o ato delibatório se pronunciasse sobre a lide decidida no país de origem. O julgado peregrino não irradia, sozinho, efeitos no território, mas a sentença de homologação também não tem existência segundo o sistema jurídico de origem. O julgado forasteiro e o delibatório não se relacionam de modo que o primeiro constitui o conteúdo e o segundo a sanção de uma sentença nacional. A sentença estrangeira já representa, perante o sistema de importação, um comando decisório em potência; no entanto, a liberação de sua eficácia está subordinada à verificação da presença de determinados requisitos impostos pela lei do país de destino. Homologado o decisum, os efeitos irradiados não são produzidos peça sentença de reconhecimento, mas sim pelo julgado estrangeiro homologado pelo juiz nacional" ABBUD. André Albuquerque Cavalcanti. **Homologação de sentenças arbitrais estrangeiras**. São Paulo: Atlas, 2008. p. 51-52.

39. DINAMARCO, Cândido Rangel. **A arbitragem na teoria geral do processo**. São Paulo: Malheiros, 2013, p. 210.

40. CARMONA, Carlos Alberto. **Arbitragem e Processo: um comentário à Lei nº9.307/96**. São Paulo: Ed Atlas, 2009, 3ª Edição. p. 271.

O Superior Tribunal de Justiça é o órgão competente para a homologação de sentenças estrangeiras (CF, art. 105, I, i), incluído as sentenças arbitrais estrangeiras que serão assim consideradas se forem proferidas fora do território nacional (LArb, art. 34, parágrafo único).

O procedimento de homologação de sentença estrangeira e segue as diretrizes da Resolução n°9/05 do STJ[41].

Conforme o instrumento normativo, é atribuição do Presidente homologar sentenças estrangeiras. Dessa forma, é para ele que o pedido homologatório deve ser dirigido. Além disso, a petição inicial deve preencher os requisitos do art. 319 CPC e ser instruída com a sentença arbitral e convenção de arbitragem originais ou uma cópias devidamente certificadas, autenticadas pelo consulado brasileiro e acompanhadas de tradução oficial além de outros documentos que se fizerem necessários também traduzidos e autenticados (LArb, art. 37 e Resolução n. 9, arts 2º e 3°).

Constituem requisitos indispensáveis à homologação de sentença arbitral estrangeira: i) haver sido proferida por autoridade competente; ii) terem sido as partes citadas ou haver-se verificado a revelia; iii) ter transitado em julgado; e iv) estar autenticada pelo cônsul brasileiro e acompanhada de tradução por tradutor oficial ou juramentado no Brasil. (Resolução Art. 5º).

A importância da citação, ou melhor, da comprovação da citação das partes envolvidas no processo arbitral estrangeiro tem base constitucional (CF, art. 5° LV), é uma alusão ao princípio da ampla defesa e contraditório que, conforme Ada Pellegrini Grinover, elucidar esses princípios garantem "a tutela dos direitos afirmados, mediante a possibilidade de ambas as partes sustentarem suas razoes, apresentarem suas provas, influírem sobre a formação do convencimento do juiz, através do contraditório"[42].

---

41. Por intermédio do processo de homologação, a sentença estrangeira adquire eficácia e executividade no Brasil; torna-se uma "sentença brasileira" com conteúdo dado pelo juiz estrangeiro (...). O legislador brasileiro adotou, na matéria, o sistema do "juízo de delibação": contenta-se com um exame formal da sentença, não lhe discutindo o mérito, não indagando da justiça da sentença, a não ser tão somente para negar homologação às sentenças que atentem contra a soberania nacional, a ordem pública ou os bons costumes (...) CARNEIRO, Athos Gusmão. **Jurisdição e competência: exposição didática: área do Direito Processual Civil**. 18. ed. atual. São Paulo: Saraiva, 2012, p. 88.
42. Cf. GRINOVER, Ada Pellegrini. **Os princípios constitucionais e o Código de processo civil**, São Paulo: Bushatsky, 1975, p. 4.

A esse respeito, a LArb expõe que não será considerada ofensa à ordem pública nacional a efetivação da citação da parte residente ou domiciliada no Brasil, nos moldes da convenção de arbitragem ou da lei processual do país onde se realizou a arbitragem, admitindo-se, inclusive, a citação postal com prova inequívoca de recebimento, desde que assegure à parte brasileira tempo hábil para o exercício do direito de defesa (art. 39, parágrafo único).

A revelia não obsta o seguimento do processo conforme entendimento do Superior Tribunal de Justiça, "a simples verificação da revelia no processo estrangeiro não configura ofensa à soberania nacional ou à ordem pública, a obstar a homologação da sentença estrangeira"[43].

No processo de homologação as matérias de defesa são limitadas; apenas poderão ser impugnados pontos relativos a questões formais do pedido de homologação, como explica Nádia de Araújo: "o procedimento relativo às sentenças estrangeiras ficou consagrado como sendo de contenciosidade limitada, enfatizando que no seu juízo de delibação a autoridade nacional teria o máximo de deferência para com o ato que lhe fora submetido"[44-45].

Nos termos da LArb, somente poderá ser negada a homologação para o reconhecimento ou execução de sentença arbitral estrangeira, quando o réu demonstrar que: i) as partes na convenção de arbitragem eram incapazes; ii) a convenção de arbitragem não era válida segundo a lei à qual as partes a submeteram, ou, na falta de indicação, em virtude da lei do país onde a sentença arbitral foi proferida; iii) não foi notificado da designação do árbitro ou do procedimento de arbitragem, ou tenha sido violado o princípio do contraditório, impossibilitando a ampla defesa; iv) a sentença arbitral foi proferida fora dos limites da convenção de arbitragem, e não foi possível separar a parte excedente daquela submetida à arbitragem; v) a instituição da arbitragem não está de acordo com o compromisso arbitral ou cláusula compromissória; vi) a sentença arbitral não se tenha, ainda,

---

43. (SEC 13.561/EX, Rel. Ministro Raul Araújo, Corte Especial, Dj 16/12/2015, DJe 02/02/2016).

44. ARAUJO, Nadia de. **Cooperação Jurídica Internacional no Superior Tribunal de Justiça: comentários à resolução n. 9**. Rio de Janeiro: Renovar, 2010. p. 114.

45. "Questões meritórias são infensas às possibilidades de análise no âmbito da mera homologação. 6. Pedido de homologação deferido. (SEC 10.076/EX, Rel. Ministro OG FERNANDES, CORTE ESPECIAL, julgado em 20/05/2015, DJe 02/06/2015)".

tornado obrigatória para as partes, tenha sido anulada, ou, ainda, tenha sido suspensa por órgão judicial do país onde a sentença arbitral for prolatada.

Também não será homologada a decisão estrangeira na hipótese de competência exclusiva da autoridade judiciária brasileira, ainda que a matéria verse sobre direito patrimoniais disponíveis (CPC, art. 964).

A coisa julgada é um legítimo exercício de jurisdição, assim sendo, a sentença estrangeira deve ter transitado em julgado, conforme art. 963, III do CPC é requisito indispensável à homologação que a decisão não ofenda coisa julgada brasileira; devem, portanto, ter sido esgotadas todas as vias de cognição e eventuais atos de impugnação no país de origem fazendo com que a decisão seja imutável e indiscutível – ter formado coisa julgada material.

Vale observar o que ensina Fredie Didier Jr. no sentido de que "a coisa julgada material é a indiscutibilidade da decisão judicial no processo em que foi produzida e em qualquer outro. Imutabilidade que se opera dentro e fora do processo". A decisão se torna imutável. Trata-se de fenômeno com eficácia *endoprocessual* e *extraprocessual*[46].

Esse requisito reflete o sedimentado no STF na súmula 420 dispondo que não se homologa sentença proferida no estrangeiro sem prova do trânsito em julgado. Conforme Luiz Fux explica: "a execução posterior implica em estabelecer a certeza, a liquidez e a exigibilidade do título judicial que, por sua vez, somente pode dar ensejo à execução definitiva se transitado em julgado"[47].

As certificações e devidas traduções dos documentos essenciais para a ação de anulação refletem o cuidado e a necessidade de certeza do que foi realizado. Muito embora já estamos em sede judicial, concordamos que o excesso de formalismo é desnecessário e diametralmente oposto ao interesse de quem procura uma tutela judicial célere. É por isso que concordamos com Carlos Alberto Carmona ao afirmar que "já se viu que o órgão institucional pode emitir certidões autênticas do laudo, e é quanto basta para o atendimento da exigência

46. DIDIER JUNIOR, Fredie. **Curso de Direito Processual Civil**. v. 2, 11. ed. Salvador: Editora Juspodivm. 2016, p. 527 e ss.
47. FUX, Luis. Homologação de sentença estrangeira. In: TIBURCIO, Carmem; BARROSO, Luís Roberto (Org.). **O Direito internacional contemporâneo.** Rio de Janeiro: Renovar, 2006. p. 648.

legal, desde que tudo seja consularizado e traduzido". Continua o autor: "espera-se que os consulados brasileiros, que tanto tormento têm causado aos advogados que operam no âmbito internacional, não formulem exigências exóticas para a consularização das sentenças arbitrais estrangeiras"[48].

Frise-se que esse procedimento de certificação bem como o de tradução da convenção, da sentença e dos demais documentos é um procedimento administrativo estatal e como tal deve respeitar, sempre que possível o princípio da celeridade.

Finalmente, cumprido todas as exigências legais, o interessado poderá promover a ação de homologação de sentença arbitral estrangeira.

É permito ao STJ apenas exercer juízo de admissibilidade, isto é, o ato homologatório da sentença arbitral estrangeira limita-se à análise dos seus requisitos de natureza formal[49].

Proposta a ação, a parte interessada será citada para, no prazo de 15 (quinze) dias, contestar o pedido de homologação de sentença estrangeira (Resolução nº9 do STJ, art.15).

A parte citada tem um limite bastante restrito quanto aos seus argumentos de defesa, conforme a resolução, a defesa apenas poderá versar sobre autenticidade dos documentos, inteligência da decisão e observância dos demais requisitos da resolução sem prejuízo de demonstrar que incidiram a hipóteses do art. 38 da LArb (Resolução nº9 do art. 9°).

Assim, diante da resistência, o pedido de homologação poderá ser contestado, momento em o processo será distribuído para julgamento pela Corte Especial, cabendo ao relator os demais atos

48. CARMONA, Carlos Alberto. **Arbitragem e processo: um comentário a Lei n.9.307/96**. 3 ed. São Paulo: Atlas. 2009. p. 459.

49. "Em função de sua natureza delibatória, o tribunal que julga os pedidos de homologação de decisões estrangeiras está limitado a um controle formal das mesmas, típicos dos sistemas jurídicos ligados à tradição italiana. Assim, se afirmar porque, nos referidos sistemas, ao tribunal competente para a concessão ou denegação de importação de eficácia das decisões estrangeiras é defeso, em termos gerais, realização qualquer valoração de fundo das decisões homologadas. Assim que a prestação jurisdicional nesses casos está restrita, em princípio, somente a verificação dos pressupostos legais. Tais pressupostos e requisitos estão sempre dispostos no Direito autônomo de cada Estado - seja ele de origem interna ou convencional. Portanto, isso dependerá sempre do que disponha as normas de cada Estado a homologação estiver sendo perseguida. GASPAR, Renata Alvares. **Reconhecimento de sentenças arbitrais estrangeiras no Brasil**. São Paulo: Atlas, 2009, p. 124-125.

relativos ao andamento e à instrução do processo (Resolução nº9, art. 9º §2º).

O Ministério Público Federal, enquanto fiscal da lei, tem participação obrigatória no processo e deve emitir suas impressões através de parecer, podendo inclusive, impugnar total e parcialmente o pedido de homologação da sentença estrangeira. (Resolução nº9, art. 10).

Conforme dispõe a resolução das decisões do Presidente na homologação de sentença estrangeira, cabe agravo regimental, daí se encaixam tanto as decisões que concedem a homologação quanto as que negam tal pedido. O art. 258, *caput* do RISTJ, determina que a parte que se considerar agravada por decisão do Presidente da Corte Especial, poderá requerer a apresentação do feito em mesa, para que a Corte Especial, a Seção ou a Turma sobre ela se pronuncie, confirmando-a ou reformando-a.

Logo após a interposição do agravo regimental, este será submetido ao prolator da decisão, que poderá reconsiderá-la ou submeter o agravo ao julgamento da Corte Especial que proferirá a decisão final.

A sentença arbitral estrangeira homologada pelo Superior Tribunal de Justiça constitui título executivo judicial (CPC, art. 515, VIII).

O cumprimento de decisão estrangeira far-se-á perante o juízo federal competente conforme as normas estabelecidas para o cumprimento de decisão nacional (CPC, art. 965), reflexo do disposto constitucional que prevê a competência para executar a sentença estrangeira no art. 109, X da Constituição.

Abrimos parêntese para expressar nossa opinião no sentido de que há necessidade de dinamizar o processo homologatório. Tal procedimento poderia ser incluído dentre as competências da Justiça Federal, que poderia, após realizar o procedimento de homologação, proceder com sua execução, tornando o processo mais econômico e célere. Nesse mesmo sentido, Alexandre Freitas Câmara opina afirmando que "seria perfeitamente cabível atribuir-se ao juízo de primeira instância, competente para dar cumprimento a sentença estrangeira, o poder de verificar se estão presentes os requisitos para o reconhecimento da eficácia daquele provimento alienígena no Brasil"[50].

50. CÂMARA. Alexandre Freitas. **A Emenda Constitucional n. 45/04 e a homologação de sentença estrangeira: primeiras impressões**. In TIBURCIO, Carmen. BARROSO, Luiz Roberto. O Direito

No que concerne ao procedimento de execução da sentença arbitral estrangeira homologada remetemos ao leitor ao que abordamos no tópico anterior.

8.4. ANULAÇÃO E CONTROLE DE SENTENÇA ARBITRAL

É possível que a parte interessada, por ação específica, proponha no Poder Judiciário competente a declaração de nulidade da sentença arbitral por meio da ação prevista no art. 33 da Lei 9.307/96.

O intuito da ação não é reformar a decisão da arbitragem, e sim impedir que ela produza seus efeitos. O juízo estatal não verificará se houve *error in judicando*, apenas se certificará que a decisão que veio da arbitragem esta viciada por alguma das hipóteses previstas no art. 32 da LArb.

Ressalta Felipe Scripes Wladeck que "não se questiona o fato de que o Poder Judiciário se encontra impedido de adentrar no mérito das sentenças dos árbitros, não podendo o seu controle ir além da verificação da exigência de *errores in procedendo* que possam contaminá-las – nos limites legais"[51].

Candido Rangel Dinamarco, por sua vez, explica que, "no sistema brasileiro as decisões arbitrais jamais se sujeitam ao controle jurisdicional estatal no que se refere à substância do julgamento, não comportam censura no tocante ao modo como apreciam fatos e provas, ou quanto à interpretação do direito material ou aos pormenores de sua motivação"[52].

Questão importante também foi ressaltada por Maria Eugênia Previtalli Cais ao observar que "não haverá, em qualquer hipótese, uma devolução da causa ao juiz togado, estando ele impedido de, anulando a sentença, proferir nova decisão que a substitua"[53].

Não é incomum na prática arbitral a ação anulatória ser manejada como verdadeiro recurso anômalo, com intuito de postergar

Internacional contemporâneo: estudos em homenagem ao Professor Jacob Dolinger. Rio de Janeiro: Renovar, 2006, p, 4-5.

51. WLADECK, Felipe Scripes. **Impugnação da sentença arbitral**. Salvador: Editora Juspodium, 2014, p. 440.

52. CONTROLE.

53. CAIS, Maria Eugênia Previtalli. **Inter-relação entre o processo arbitral e o processo judicial**. Dissertação (Mestrado em Direito). Faculdade de Direito, Universidade de São Paulo, São Paulo, 2013. p. 72.

os resultados contidos na sentença arbitral. Aliás, não é incomum, que no curso da arbitragem uma das partes semeie nulidades que, posteriormente, como num último suspiro, enseje uma futura ação anulatória, com absoluto descabimento tendo como norte o disposto no art. 784 §1º do CPC.

Assim, é possível verificar que determinados litigantes buscam invalidar a arbitragem, talvez em busca de uma "segunda chance", arguindo uma nulidade imaginária, inventada ou mesmo plantada ao longo de toda a arbitragem para fundamentar uma futura demanda judicial anulatória. Cabe os Poder Judiciário repelir com veemência tal prática.

Essa questão foi bem observada por Candido Rangel Dinamarco ao alertar que "a arbitragem é um coisa muito séria, mas um dos fatores que tendem a reduzir sua seriedade é constituído precisamente pelo comportamento pessoal das partes e de seus defensores. Feito o compromisso ou aprovado a cláusula, registra-se uma ampla e intensa tendência de fugir da arbitragem, quase como sujeitos arrependidos de ter ousado tanto"[54].

Não sendo esse o caso, o Judiciário será o ambiente adequado e legítimo para impugnar a sentença arbitral seja parcial ou final, ou qualquer manifestação de conteúdo decisório[55].

Será considerada nula a sentença arbitral se i) for nula a convenção de arbitragem; ii) emanou de quem não podia ser árbitro; iii) não contiver os requisitos da sentença arbitral (fatos, fundamentos, dispositivo, data e local); iv) for proferida fora dos limites da convenção de arbitragem; v) comprovado que foi proferida por prevaricação, concussão ou corrupção passiva do árbitro; vi) proferida fora do prazo, vii) forem desrespeitados os princípios constitucionais do processo.

Nenhuma das hipóteses contempla, como se observa, a suposta má-aplicação do direito ao caso concreto. Quem busca a arbitragem está escolhendo um juízo para dirimir seus conflitos, um juízo especializado de fato, mas é um juízo com riscos.

---

54. DINAMARCO, Cândido Rangel. Nova Era do Processo Civil. São Paulo: Malheiros, 2004, p 46.
55. Tem-se observado que verdadeiras sentenças parciais estão tem como roupagem a "ordem processual". Ao nosso ver, mesmo que a nomenclatura seja diversa, o conteúdo decisório, se for o caso, pode ser anulado.

Os posicionamentos doutrinários caminham nesse mesmo sentido.

Clávio Valença Filho explica que "pode-se rescindir e pode-se obter a declaração de nulidade ou de inexistência da sentença arbitral, por meio de ação declaratória, porém, descabe qualquer assimilação entre o sistema de controle da sentença arbitral pelo Judiciário e a sistemática recursal existente no direito processual judiciário". O autor conclui afirmando que "não pode o juiz estatal interferir no mérito daquilo que foi decidido pelo árbitro, ainda que salte aos olhos eventual injustiça no julgamento. A natureza delibatória do controle estatal evita que o juiz possa imiscuir-se no conteúdo da sentença"[56].

Carlos Alberto Carmona prescreve que "a ação anulatória implantada em nosso sistema não se presta, a rever a justiça da decisão ou o fundo da controvérsia". O autor explica que esse *writ* visa tão só "desconstituir os efeitos da decisão arbitral por inobservância ou infração de matérias que o sistema impõe como indispensáveis à manutenção da ordem jurídica"[57]. No mesmo sentido, Leonardo de Faria Beraldo afirma que "é preciso deixar bem claro que o Poder Judiciário não é instância revisora da jurisdição arbitral, não se pode pretender rediscutir o mérito da lide, já decido na sentença arbitral"[58].

Evidente que na arbitragem que envolva Fazenda Pública não será possível que se aplique o juízo de equidade. Se assim for, a sentença arbitral será nula por violação ao limite imposto no §3º do art. 2º da LArb.

Os casos que ensejam a nulidade da arbitragem constituem um rol taxativo[59], não se admitindo interpretações extensivas que visem subverter o sistema de proteção à arbitragem ainda que encerrado seu procedimento.

Deve-se considerar que na arbitragem, é autorizado aos árbitros maior flexibilidade para condução do procedimento e isso torna mais

---

56. VALENÇA FILHO. Clávio de Melo. **Poder Judiciário e Sentença Arbitral**. Curitiba: Juruá, 2002, p. 140-141.
57. CARMONA, Carlos Alberto. **Arbitragem e Processo: um comentário a Lei n. 9.307/96**. 3. ed. São Paulo: Atlas, 2009 p. 412.
58. BERALDO, Leonardo Faria**. Curso de Arbitragem.** São Paulo: Atlas, 2014, p. 481.
59. CARMONA, Carlos Alberto. **Arbitragem e Processo: um comentário a Lei n. 9.307/96**. 3. ed. São Paulo: Atlas, 2009 p. 412.

rigorosa a necessidade de fundamentar de modo satisfatório sua decisão[60].

A ação para a declaração de nulidade da sentença arbitral, parcial ou final, seguirá as regras do procedimento comum, previstas no Código de Processo Civil, e tem prazo decadencial de noventa dias após o recebimento da notificação da respectiva sentença, parcial ou final, ou da decisão do pedido de esclarecimentos (LArb, art. 33, §1º).

Esgotado esse prazo, a ação anulatória não poderá ser manejada, restando ao interessado anular a sentença arbitral por via reflexa, em sede impugnação ao cumprimento de sentença conforme estabelece o art. 33 §3º da LArb. De fato, o legislador permitiu uma última chance, desta feita na fase executiva de desconstituir a sentença arbitral, possibilitando anulá-la no procedimento de impugnação ao cumprimento de sentença.

Como se observa, o sistema arbitral, apoiado no sistema processual civil instituiu mecanismos para o executado reagir contra o cumprimento de sentença. Assim, como bem ressaltou Araken de Assis, "a finalidade defensiva e reativa da impugnação não lhe retira o que é essencial: o pedido de tutela jurídica do Estado, corrigindo os rumos da atividade executiva ou extinguindo a pretensão a executar"[61].

Essa impugnação que pode se valer o executado, sendo esse a Fazenda Pública ou o particular, para demonstrar a inexistência dos requisitos inerentes ao processo de execução. Seu cabimento tem fundamento na mitigação ao princípio da concentração da defesa e busca evitar que o exequente portador de título irregular, imponha ao executado as restrições advindas de um processo executivo.

Na impugnação, o executado poderá alegar: i) falta ou nulidade da citação se, na fase de conhecimento, o processo correu à revelia; ii) ilegitimidade de parte; iii) inexequibilidade do título ou inexigibilidade da obrigação; iv) penhora incorreta ou avaliação errônea; v) excesso de execução ou cumulação indevida de execuções; vi) incom-

---

60. A motivação das decisões judiciais, como expressão da justificação formal dos atos emanados do Poder a que compete, por excelência, a tutela da ordem jurídica e dos direitos subjetivos, constitui garantia inerente ao Estado de Direito. O princípio de que as decisões devem ser motivadas aplica-se aos pronunciamentos de natureza decisória, sem exclusão dos que possuam índole discricionária ou se fundem em juízos de valor livremente formulados. MOREIRA, José Carlos Barbosa. **Temas de Direito Processual**. São Paulo: Editora Saraiva, 1980, p. 90-95.

61. ASSIS, Araken de. **Manual da Execução**.São Paulo: Editora Revista dos Tribunais, 2016, p. 1273.

petência absoluta ou relativa do juízo da execução; vii) qualquer causa modificativa ou extintiva da obrigação, como pagamento, novação, compensação, transação ou prescrição, desde que supervenientes à sentença (CPC, art. 525 §1º).

Cabe destacar que, diante das características inerentes às defesas em processos executivos, é necessário que a análise da impugnação apresentada não esteja condicionada à dilação probatória. Não é possível estender o debate na órbita executiva mais do que o necessário. A matéria deverá concentrar na validade/exequibilidade do título e não nas razões que ensejaram e precederam a sua formação.

A esse respeito, merece atenção aquilo que foi dito por Candido Rangel Dinamarco ao orientar que as defesas devem, em sede de processo de execução, "trazer em si toda clareza suficiente para propiciar um julgamento sem a necessidade de qualquer dilação probatória". O autor explica que, se assim não for, se admitiria indevidamente "uma série de atividades para a produção de prova", o que causaria um retardo indevido no prosseguimento da execução[62].

Ao propor cumprimento da sentença arbitral, o executado poderá utilizar-se da impugnação para atacar a sentença com fundamento nas hipóteses do art. 32 da LArb se oferecida no prazo decadencial de noventa dias. Transcorrido este prazo, o devedor poderá oferecer impugnação da mesma forma, mas está impossibilitado de alegar as matérias previstas do dispositivo acima referenciado, porque já se operou a decadência.

É recomendável que aquele que deseja cumprir a sentença aguarde os noventa dias para evitar maiores discussões quanto à sentença arbitral. Se for a Fazenda Pública a condenada, o cumprimento deverá ser oferecido qualquer forma. A recomendação é ainda mais necessária diante das inúmeras matérias que poderão ser trazidas ao judiciário de modo a obstar excessivamente o debate, sem falar nos possíveis recursos que poderão ser oferecidos na fase de execução.

Verifica-se assim, além de ação específica para desconstituir a sentença arbitral é possível que o devedor, na ação de execução intentada contra si, ofereça impugnação ao cumprimento de sentença nos

62. DINAMARCO, Cândido Rangel. **Instituições de Direito Processual Civil**, v. 4, 3. Ed. São Paulo: Malheiros, 2009, p. 855.

termos do art. 525 do CPC, apoiando-se, se for o caso, nas hipóteses de nulidade da sentença arbitral previstas no art. 32 da LArb.

8.5. O REGIME DE PRECATÓRIOS E AS ALTERNATIVAS PARA AGILIZAÇÃO DO PAGAMENTO

Para satisfação de crédito decorrente de sentença arbitral condenatória, será necessário respeitar o regime jurídico de precatórios contido no art. 100 da Constituição Federal Brasileira.

De fato, definitivamente deve ser descartada qualquer afirmação no sentido de que a condenação de sentença arbitral não deve respeitar a regra geral das condenações em face da Fazenda Pública. Além de não encontrar amparo legal, violaria o já mencionado art. 100. O ambiente em que as prerrogativas da Fazenda Pública poderiam não ser aplicadas é tão somente na arbitragem. Encerrada a fase arbitral, todos os atos executivos para reconhecimento do crédito e o seu respectivo pagamento deverão ocorrer no Poder Judiciário.

Aliás, não pode haver despesa sem prévio empenho. A execução da despesa pública é disciplinada pela Lei n. 4.320/64 que, em seu art. 58, aponta que o empenho de despesa é o ato emanado de autoridade competente que cria para o Estado obrigação de pagamento pendente ou não de implemento de condição.

A dotação orçamentária deve ser anterior à realização da respectiva despesa e está restrita ao limite orçamentário legalmente estabelecido (Lei n. 4.230/64, art. 59). Repita-se: toda e qualquer despesa pública só deverá ser executada após o regular empenho. É de toda evidência que o tema demanda um estudo específico, mas o alerta é necessário. Não é permito ao administrador público, a pretexto de dar maior eficiência à Administração e seus interesses alocar recursos sem observância à lei orçamentária e sem considerar o princípio da legalidade.

Ainda reforçando a tese aqui defendida, Leonardo Carneiro da Cunha é categórico em afirmar que a "sentença arbitral que imponha uma condenação pecuniária ao Poder Público deve acarretar a expedição de precatório, regra que não pode ser afastada, ainda que se trate de arbitragem". Mais ainda, o professor explica que "só não haverá necessidade de precatório ou de RPV, se o ente que integra a Administração Pública for uma sociedade de economia mista ou uma empresa pública, cujo regime jurídico é de direito privado, não estando sujeitas ao precatório"[63]. No mesmo sentido aponta-se que "são os efeitos da sentença arbitral que, nos termos da lei, equiparam-se aos da sentença judiciária. A sentença arbitral é uma decisão de caráter privado ao qual a lei confere o status de sentença judiciária e que, por esta razão, não pode produzir efeitos além dos que uma sentença prolatada por magistrado possui quando decide uma lide. (...) O processo de execução deve obedecer às regras do artigo 100 da Constituição de 1988e do Código de Processo Civil"[64].

Cabe destacar que na execução da sentença arbitral não mais são aplicáveis as regras da LArb e sim da Constituição e do Código de Processo Civil.

Salta aos olhos determinadas afirmações que a condenação inserida em sentença arbitral não deve respeitar a ordem constitucional dos precatórios. Ainda assim, respeitáveis juristas afirmam que "a arbitragem revela procedimento extrajudicial de solução de controvérsias, inexistindo, portanto, 'sentença judiciária'". Afirma-se, ainda, que, "como ocorre nos pagamentos espontâneos de valores relativos aos contratos e acordos em geral, que não decorram de sentença judicial, o pagamento do valor definido na arbitragem independe de precatório, salvo se houver necessidade de execução judicial da decisão arbitral condenatória, que possui natureza jurídica de título executivo extrajudicial"[65-66].

63. CUNHA, Leonardo Carneiro da. **A Arbitragem e a Administração Pública**. Disponível em <http://www.leonardocarneirodacunha.com.br/opiniao/opiniao-47-a-arbitragem-e-a-administracao-publica-2/> Disponível em 07 de dezembro de 2018.

64. MAROLLA, Eugênia Cristina Cleto. **A arbitragem e os contratos da Administração Pública.** Rio de Janeiro: Lumen Juris, 2016, p. 162-163.

65. OLIVEIRA, Rafael Carvalho Rezende. **A arbitragem nos contratos da Administração Pública e a Lei nº 13.129/2015**: novos desafios. Revista Brasileira e Direito Público. n. 51, 2015, p. 74.

66. Ainda conforme os defensores dessa corrente. "(...) muitas regras da arbitragem não têm aplicabilidade no processo judicial (escolha do julgador, existência de prazo fixado em lei para a prolação da sentença, possibilidade de julgamento por equidade em casos que não envolvam a Administração, etc.). Além disso, vale lembrar que o árbitro – que somente será considerado agente público para fins penais (art. 17 da Lei 9.307/96) – não goza das prerrogativas inerentes aos juízes togados e sua nomeação independe de concurso público. Sob outro prisma, o afastamento da regra do precatório no cumprimento espontâneo da sentença arbitral não coloca em risco o princípio da impessoalidade ou da igualdade que norteia a regra prevista no art. 100 da Constituição Federal. Isso porque, a própria forma arbitral de solução de controvérsias decorre diretamente da lei e, nas relações contratuais, deve ser considerada pelos interessados que participam da licitação pública. Vale dizer: todos os interessados em celebrar contratos com a Administração Pública têm ciência prévia da possibilidade de utilização da arbitragem para solução de eventuais controvérsias oriundas da avença e receberão tratamento igualitário no processo licitatório ou

Não podemos concordar com tal ideia.

Em primeiro lugar deve-se considerar que a existência dos precatórios se fundamenta na real necessidade de um mecanismo jurídico-constitucional que torne possível a previsão orçamentária de despesas públicas originárias de condenações judiciais seja de que natureza for. Essa questão, sem dúvida, gera desconforto por parte do vencedor-credor porque há certeza quanto ao valor, mas incerteza quanto ao momento do seu pagamento[67].

Em segundo lugar, sabemos que os serviços púbicos envolvem custos e, ao mesmo tempo, interesses públicos significativos para todo o conjunto da sociedade. Deve haver planejamento financeiro mínimo, sob pena de total descontrole das contas públicas. Com efeito, explica Joaquim Barbosa: "razão pela qual são juridicamente insuscetíveis de interrupção, exigindo-se a incidência do instituto do precatório como espécie de anteparo ou zona de amortecimento processual quanto à prática de atos e medidas executórias". Assim, para que a Administração possa "considerar e absorver, em sua programação orçamentária, o impacto das condenações judiciais antecipadamente liquidadas e quantificadas a sistemática de pagamento por precatórios de créditos oriundos de sentenças transitadas em julgado opera como salvaguarda da higidez das finanças públicas, por aumentar o grau de previsibilidade do dispêndio"[68].

Em terceiro lugar, o termo "judicial", plasmado no art. 100, parece mais adequadamente interpretado como "jurisdicional". Aliás, a própria LArb remete a similitude de efeitos (art. 31) o que é refletido no rol de títulos executivos judicias (CPC, art. 515). Diante disso, a interpretação não pode ser literal, a justificar o desvio de regra constitucionalmente estabelecido. Não se poderia tolerar que uma condena-

no processo simplificado para contratação direta. Em resumo, exigir que o cumprimento das sentenças arbitrais seja judicializado, com a execução forçada do título executivo e a expedição do precatório, atenta contra a própria finalidade da arbitragem (pensada como método adequado de resolução de conflitos) e viola o princípio da razoabilidade (art. 8º do novo CPC). Sob a ótica do princípio da eficiência e da análise econômica do direito, a referida exigência representa verdadeiro desestímulo à utilização desse meio alternativo, não acompanhando a tendência de desjudicialização dos conflitos e de racionalização da prestação jurisdicional. MAZZOLA, Marcelo; OLIVEIRA, Rafael Carvalho Rezende. **Poder público não burla precatórios com pagamento voluntário em arbitragem.** CONJUR. Disponível em <conjur.com.br/2016-dez-18/poder-publico-nao-burla-precatorios-pagamento-arbitragem#_ftn8 > acesso em 07 de dezembro de 2018.

67. ABRAHAM, Marcus. **Curso de Direito Financeiro Brasileiro.** 3 ed. Rio de Janeiro: Forense, 2015, p. 215.

68. STF. Rcl 3.982, Relator: Mín. Joaquim Barbosa, Tribunal Pleno, julgado em 19/11/2007.

ção milionária (e até bilionária), como ocorre nas complexas disputas relativas aos contratos púbicos, pudesse se sobrepor a todas as outras condenações (inclusive decorrente de verba alimentar) inseridas na ordem cronológica, que, repita-se: é constitucionalmente estabelecida.

Em quarto lugar deve-se ter em mente que a expedição de precatório e a respectiva observância da ordem cronológica é ordem constitucional, atinge indeterminadamente todos os créditos estipulados por decisão jurisdicional, incluídas aquelas oriundas de processos arbitrais.

Nesse mesmo sentido, afirma Heitor Sica que "há que se reconhecer que eventual execução da sentença arbitral no tocante ao pagamento de quantia certa se realizará em juízo e, portanto, não poderá fugir do regime constitucional de precatórios (CF, art. 100)". De fato, concordamos com o autor ao concluir que "pouco importa que o caput do art. 100 da Constituição Federal tenha se referido a 'sentença judicial'. Ademais, embora a sentença arbitral não seja "judicial", prevalece o entendimento de que ela é ao menos "jurisdicional"[69].

O instituto do precatório judicial visa a estabelecer e a preservar a igualdade de tratamento entre os credores do Estado, assim reconhecidos por decisão jurisdicional já transitadas em julgado, impedindo que ocorra violação aos princípios da isonomia e da impessoalidade. De fato, o sistema tem como escopo garantir moralidade no pagamento de créditos devidos pela Fazenda mitigando quaisquer favorecimentos de credores mais recentes em prejuízo de credores mais antigos[70].

Existem, contudo, alternativas para agilização de pagamento desses precatórios, que convenhamos, são extremamente lentos e em sua maioria pode demorar anos, até décadas.

8.5.1. A execução de bens do Estado no exterior[71]

Encontrando fundamento na convenção de Nova Iorque de 1956, e ratificada pelo Brasil pelo decreto n. 4.311/02, a sentença ar-

69. SICA, Heitor Vitor Mendonça. **Arbitragem e fazenda pública**. In: Francisco José Cahali; Thiago Rodovalho; Alexandre Freire.. (Org.). Arbitragem: estudos sobre a Lein. 13.129, de 26-5-2015 .São Paulo: Saraiva, 2016, p. 286.

70. WILLEMAN, Flávio de Araújo. **Acordos Administrativos, Decisões Arbitrais e Pagamentos de Condenações Pecuniárias Por Precatórios Judiciais**. Revista de Direito da Procuradoria Geral do Estado do Rio de Janeiro, v. 64, 2009.

71. Essa possibilidade foi apontada pelo professor Clávio Valença Filho nos debates travados durante a elaboração dissertação de mestrado na Universidade Católica de Pernambuco.

bitral proferida no território brasileiro poderá ser executada em qualquer outro país que tenha aderido a tal convenção. Segundo a Lei Internacional, cada Estado signatário reconhecerá as sentenças como obrigatórias e as executará em conformidade com as regras de procedimento do território no qual a sentença é invocada (art. 3).

A esse respeito, Fabrício Pasquot Polido observa que "em autênticos litígios privados transfronteiriços, levado adjudicação pelos tribunais domésticos, anseiam as partes litigantes que o resultado do contencioso internacional possa ser adequadamente satisfeito naquela jurisdição em que a parte sucumbente ou seus ativos se encontrem"[72].

O particular poderá diligenciar no sentido de identificar se existem bens passíveis e disponíveis para execução em países do exterior. Poderá, então, requerer a penhora de valores em contas bancárias por meio do sistema de bloqueio judicial, imaginemos, por exemplo, que para evitar o procedimento de pagamento na via dos precatórios o particular entenda que seja mais viável executar a sentença arbitral em outro país em que a União, Estados ou Municípios tenham bens ou outros ativos financeiros.

Além disso, entende-se que que o Estado estrangeiro não pode invocar suas imunidades diante do Poder Judiciário local nas "questões que envolvam convenções de arbitragem, surgidas de transações comerciais com particulares estrangeiros, relativas à validade e interpretação de uma convenção de arbitragem, ao procedimento arbitral ou à anulação do laudo arbitral, a menos que a convenção de arbitragem disponha de modo diverso"[73]. A pactuação da convenção arbitral impede a posterior invocação da imunidade de jurisdição perante o tribunal judicial competente para o exame das questões relacionadas com a arbitragem, inclusive de sua decisão final. Enfim, o Estado não poderá invocar a imunidade de jurisdição perante judiciário estrangeiro em que se pretenda executar a decisão[74].

72. POLIDO, Fabrício Bertini Pasquot. **Direito processual internacional e o contencioso internacional privado**. Curitiba: Juruá, 2013, p. 113.

73. SOARES. Guido. **Curso de direito internacional público**. São Paulo: Atlas, 2002. p. 281.

74. TESS, Eduardo Carvalho. **Imunidades de jurisdição e de execução no âmbito da arbitragem comercial internacional**. Revista do Instituto dos Advogados de São Paulo. n. 14. São Paulo: Editora Revista dos Tribunais, 2004.

É comum que a União disponha de investimentos, aeronaves ou outros bens móveis de valor significativo em outros países e em bancos internacionais. Tal patrimônio pode ser objeto de penhora para quitação dos créditos decorrentes de sentença arbitral. Da mesma forma, a Fazenda Pública pode tomar conhecimento de valores disponíveis em países no qual o particular exerça suas atividades e operações e lá execute a sentença arbitral brasileira seguindo as regrais processuais do respectivo país.

Assim, fazendo uso das regras internacionais relativas à arbitragem, é possível que se evite regime de precatório sem, contudo, violar qualquer tipo de regra constitucional no caso de execução contra à Fazenda. De outra banda, aumenta-se com isso as possibilidades de alcançar bens do executado particular caso a Fazenda consagra-se vencedora numa arbitragem.

8.5.2. A negociação de créditos decorrente de precatórios e o financiamento[75]

O mercado de compra de créditos é bastante promissor. Há grandes investidores que estão interessados nesses ativos e já se noticiou que nessa negociação de compra e venda de precatórios, "empresas especializadas negociam os mesmos e, após uma análise jurídica, oferecem um determinado valor aos credores para comprá-los. O valor, na maioria das vezes, costuma ser bastante atrativo". Mais ainda, para evitar a espera de anos para o efetivo pagamento dos precatórios, negocia-se com entidades especializadas e tem-se a chance adquirir esse valor no ato cessão do crédito[76].

Essa negociação, sob ponto de vista do mercado e do próprio cedente, é, de fato, vantajosa. A espera, que tanto ressaltamos aqui, não envolve apenas tempo, mas diminuição do valor do crédito que fica sujeito à variação inflacionária, que atualmente encontra-se baixa, impactando no valor real envolvido.

A cessão de crédito permite que o cedente adquira boa parte do valor de forma imediata, sem ter que aguardar a ordem cronológica

75. Agradeço a minha amiga e advogada Ana Sofia Monteiro pelos debates travados sobre o tema.

76. BADARÓ, Gilberto. **5 motivos para você vender precatórios.** Migalhas. Disponível em <https://www.migalhas.com.br/dePeso/16,MI280886,91041-5+motivos+para+voce+vender+precatorios> acesso em 8 de dezembro de 2018.

estabelecida no art. 100. O cessionário adquire o crédito originário e só o receberá ao fim do processo, nos termos já delineados acima. Trata-se de um verdadeiro investimento, já que, até a data do pagamento, incidem correções e juros sob valor do crédito adquirido. Napoleão Casado explica que "o investidor permaneceria na propriedade dos créditos, mas com condição resolutiva". Com a conclusão dos trâmites, "a propriedade sobre os créditos pactuados se resolveria e recairia sobre o investidor, na qualidade de credor"[77-78].

Empresas e Fundos especializados geralmente tem por objeto a captação de recursos para aquisição de direitos creditórios que são ou serão objeto de litígio em processo arbitral ou aquisição de direitos creditórios que tenham sido reconhecidos em sentença arbitral dentre outros. Essa transação tem amplo amparo legal. Conforme estabelece o Código Civil (arts. 286 ao 298), a cessão de crédito é o negócio jurídico pelo qual o credor de uma obrigação, chamado cedente, transfere ao cessionário, sua posição ativa na relação obrigacional, independentemente da autorização do devedor ou cedido.

É possível, então, a antecipação e monetização de recebíveis decorrente de sentença arbitral que condena a Fazenda Pública a pagamento de quantia. As vantagens constadas nesse tipo de negócio são o recebimento do valor no ato cessão, a segurança jurídica e financeira do procedimento, o deságio compatível e a aquisição de capital para fluxo de caixa, investimento e quitação de despesas.

77. CASADO, Napoleão. **Arbitragem e acesso à Justiça. o novo paradigma do *thirty party founding***. São Paulo: Saraiva, 2017, p. 220. Cf. CABRAL. Antonio do Passo. **Convenções sobre o custo da litigância (II): introdução ao seguro e ao financiamento processuais**. Revista de Processo, v. 277. São Paulo: Revista dos Tribunais. 2018.

78. "Para evitar este problema – que afugenta investidores e prestadores de serviço que temem pelos seus bolsos – os representantes das administrações públicas, ao firmarem contratos com cláusula compromissória, também se preocupam em constituir fundos, através de previsões orçamentárias que devem passar pelo crivo dos órgãos de controle (como os Tribunais de Contas, p. ex.), que tenham reserva suficiente para que o poder público arque com os custos e eventuais condenações decorrentes de um litígio envolvendo aquele contrato. A União, por exemplo, através da Lei 11.079/2004, criou o FGP – Fundo Garantidor das Parcerias Público-Privadas, que tem um limite global de R$ 6 bilhões – valor que pode ser considerado pequeno frente às contratações necessárias ao desenvolvimento do país e aos investimentos que precisam ser feitos para tanto. Como se vê, para o particular que pretende contratar com o poder público no Brasil, atentar-se sobre a existência de previsões orçamentárias e a constituição de "fundos garantidores" é tão importante quanto eleger a arbitragem como meio para a solução de eventuais litígios. Ou então, pode pegar a sua senha e aguardar no fim da fila..." FREIRE, José Nantala Badue **As barreiras da execução de sentença arbitral contra a Fazenda Pública**. Estadão 10 Novembro 2016. Disponivel em< https://bit.ly/2G7n26A>. Acesso em 08 de dezembro de 2018.

A doutrina especializada já se manifestou no sentido de que esse tipo de operação já vem se consolidando no Brasil, indicando ainda que "a duração e especialmente a liquidação não dependiam apenas do julgamento final, mas também das condições em que seria feito o pagamento, como é o caso do Brasil em relação aos precatórios que passaram a ser negociados em muitos casos. Acontece que a situação econômica e financeira das empresas não se identifica mais com os seus ativos e elas podem estar estáveis e equilibradas nos seus negócios, mas terem problemas de fluxo de caixa que não as incentivam a realizar despesas ou investimentos de resultado aleatório a longo prazo. Cria-se, assim, uma oportunidade para fazerem uma parceria com financiadores, aos quais são repassados determinados riscos do valor e do momento dos eventuais recebimentos, e dividindo-se o resultado que vier a ser obtido entre a parte e quem o financiou, na forma convencionada"[79].

O legislador constitucional atento a esse movimento e, sobretudo à conjuntura econômico-financeira da Fazenda Pública, estabeleceu que o credor poderá ceder, total ou parcialmente, seus créditos em precatórios a terceiros, independentemente da concordância do devedor. Essa cessão de precatórios, contudo, apenas produzirá efeitos após comunicação, por meio de petição protocolizada, ao tribunal de origem e à entidade devedora (CF, art. 100 §§ 12 e 13).

---

79. WALD, Arnoldo. **Alguns aspectos positivos e negativos do financiamento da arbitragem.** Revista de Mediação e Arbitragem. n. 49, São Paulo: Revista dos Tribunais. 2016, p. 34 e ss.

CONSIDERAÇÕES FINAIS

1. As lógicas fazendária e arbitral são de difícil harmonização. Há um inédito choque entre as regras, institutos processuais peculiares aos litígios de Estado em contraponto com a modernidade e flexibilidade típica da arbitragem;

2. A Fazenda Pública na arbitragem atua, necessariamente, na defesa de seus interesses patrimoniais. Na arbitragem, a Fazenda se despe de suas prerrogativas e entra numa órbita estritamente privada de resolução de conflitos, assemelhando-se, assim, como um particular;

3. A expressão "Fazenda Pública" pode ser observada em sentido orgânico, como o conjunto de entidades associadas à ideia de Fisco e de Erário, em sentido material, como o conjunto de bens e direitos que constitui em o Erário e como atividade desenvolvida por determinadas pessoas públicas na administração do Erário, seja na defesa de seus interesses em processos judiciais;

4. É possível observar o interesse público sob uma dimensão exclusivamente processual, levando a efeito a técnica processual de decisão reconhecida e legalmente estabelecida como legitimamente capazes de atender aos interesses coletivos. De fato, a realização do interesse público não exige de cada cidadão uma autorização ou um consenso unânime, mas deve ser capaz de servir a uma grande variedade de necessidades potencialmente harmonizáveis, com efeito, o para o direito processual o interesse público é contemplado por uma decisão acertadamente produzida e decorrente de um procedimento adequado;

5. O modelo multiportas amplia o raio de atuação da Fazenda Pública. O Estado, atualmente, não precisa estar, necessariamente,

em juízo público, numa perspectiva contenciosa, para atuar em prol do interesse público e na defesa dos interesses patrimoniais da sociedade. Deve ser qualificado como Fazenda Pública a atuação do Estado nos procedimentos de conciliação, mediação e negociação direta como também no processo de arbitragem uma vez que nesses ambientes estão envolvidos os direitos e interesses financeiros públicos e deles podem ser decorrer consequências patrimoniais;

6. A arbitragem é uma área do direito que advém dos impulsos da sociedade privada para resolver, por si mesmos, os seus próprios conflitos. Distancia-se ao máximo do estado para, através de impulsos privados, resolver conflitos de forma definitiva. Embora se discuta há anos na doutrina a possibilidade de a Administração Pública contratar a arbitragem, não está tão claro o como se desenvolve o contencioso dessas possíveis controvérsias;
7. Há uma nova experiência vivenciada pelo direito, e mais precisamente no sistema de solução de conflitos: um processo civil não estatal em que os sujeitos, mediante a uma convenção processual, pactuam e criam suas próprias regras, escolhem seu órgão jurisdicional e o autoriza a resolver a questão de forma definitiva. Assim, a expressão processo arbitral remete à ideia de que há exercício de jurisdição através de um processo, que existe equivalência entre as "esferas estatal e arbitral como mecanismos jurisdicionais nos quais juiz e árbitro exercem as mesmas funções;
8. O exercício de poderes coercitivos não é inerente e nem exclusivo à atividade judicial. A função jurisdicional pode ser caracterizada como aquela destina a solucionar controvérsias, cujo exercício poderia ser feito pelo particular, demonstra a incoerência em se negar o caráter jurisdicional à atividade do árbitro;
9. Na arbitragem as partes instauram verdadeiro processo, desse modo, a função do árbitro não consiste em proferir apenas uma decisão, mas, sim, dirigir todo o processo, com o objetivo de resolver de forma definitiva o conflito aplicando a legislação convencionada pelas partes;
10. É necessário compatibilizar a flexibilidade processual com a observância dos direitos e garantias fundamentais aplicados ao

processo: o processo de arbitragem, por mais privado que possa ser, não se afasta do Direito Processual Constitucional, exige que cada um de nós operadores interpretem o processo a partir desta cláusula-garantia inserida na Constituição;

11. A arbitrabilidade é uma condição prévia para o árbitro ou tribunal arbitral assumir jurisdição sobre o conflito; um verdadeiro um limite de atuação jurisdicional. Fica rechaçada a ideia de que a arbitrabilidade é condição de validade da convenção de arbitragem (contrato). É o plano de exercício de competência dos árbitros que deverão observar o campo material convencionado no termo de arbitragem para, ali, exercerem sua jurisdição;

12. São patrimonialmente disponíveis os direitos do titular na medida em que este puder cedê-los, transacioná-los, ou mesmo aliená-los, sem qualquer restrição, reserva legal ou proibição judicial. A disponibilidade é condição de situação jurídica, enquanto patrimonialidade é a qualidade do direito. Assim, a conjugação dos direitos pecuniários que pertencem a um sujeito o qual tem total domínio e por isso pode transacionar livremente, ou usufruir de acordo com a sua liberalidade e em conformidade com seus interesses e, nesse sentido, submetê-los a arbitragem é o que o legislador entendeu por arbitrabilidade objetiva;

13. Pode ser objeto de procedimento arbitral as relações contratuais celebradas pela Administração Pública as quais detenham reflexo patrimonial e que incluam, por exemplo, questões relativas a equilíbrio econômico-financeiro;

14. Dos julgados analisados, é possível concluir que não basta ter a capacidade para contratar, mas também deter legitimidade para firmar convenção de arbitragem. Além disso, um contrato com cláusula arbitral pactuado pela Administração Pública pode envolver inúmeras matérias diferentes inclusive uma eventual questão inabitável;

15. O modelo institucional possui outras vantagens tais como: i) disponibilidade de regras já pré-estabelecidas, o que garante certo grau de previsibilidade e um planejamento prévio acerca dos ritos do procedimento; ii) o suporte administrativo-operacional; iii) um corpo permanente de profissionais e listas de

árbitros qualificados, frequentemente divididos por áreas de especialização; e iv) instalações físicas adequadas e serviços de suporte para arbitragens;

16. Sob ponto de vista financeiro, é possível reduzir despesas futuras, já que eventual despesa com arbitragem realizada por uma atual gestão não se tornaria restos a pagar da próxima; evitar-se-ia um desequilíbrio das finanças ante a possibilidade de resolver rapidamente um conflito na esfera arbitral;

17. Vale dizer que a instituição arbitral não possui qualquer poder para resolver o litígio, tão somente fornecer as bases para que os árbitros o façam. A instituição arbitral, provida de organização interna e recursos operacionais e humanos para administrar casos, não possui qualquer poder ou permissão para a análise de mérito dos conflitos que lhes oferecidos para cuidar, esse encargo é exclusivo do árbitro ou árbitros. O órgão jurisdicional é o árbitro e não a câmara. Não é admissível, por exemplo, que uma instituição de arbitragem componha o polo passivo de uma anulação de sentença arbitral ou seja responsável por uma sentença de arbitragem desfavorável;

18. O credenciamento prévio aparenta atender às necessidades fazendárias e dos particulares;

19. O Judiciário, em determinadas situações, pode ser demandando para dar suporte à arbitragem em qualquer uma das suas fases. Diante dessas situações, árbitros e juízes atuam como se estivessem "em uma corrida de bastões", numa relação cooperativa que pressupõe atuação conjunta de diferentes funções. Assim, é necessária a interação com a jurisdição estatal para a concretização da tutela que foi demandada na jurisdição privada;

20. O árbitro é contratado para decidir o conflito e todas as questões a ele relativas. A atividade desenvolvida pelo árbitro é um serviço privado e devidamente remunerado. Esse serviço inicia-se com a aceitação do encargo e encerra-se com prolação da última decisão acerca do conflito. A atividade do árbitro é, nesse sentido, uma função com prazo determinado, contratualmente estabelecida, com obrigações recíprocas entre ele e as partes e com respeito ao regulamento que por eles e para eles é estabelecido;

21. A jurisdição do árbitro pode ser identificada a partir dos seguintes elementos, dentre outros, extraídos da LArb: i) poder de decidir sobre sua própria competência; ii) poder de conceder medidas urgentes; iii) poder de decidir o conflito através de sentença final ou parcial; iv) sua decisão é título executivo judicial e não está sujeita a homologação do Poder Judiciário (arts. 8º, 18, 22-B e 23);
22. A independência, tal como a imparcialidade, pode ser observada objetivamente na medida em que não existem dúvidas acerca do interesse no resultado da demanda a ser apreciada pelo julgador. Sob o julgador, não poderão pairar dúvidas de que decidirá de forma imparcial o conflito;
23. A confiança do árbitro releva-se na certeza de independência, mas também na sua capacidade técnica. O *know-how* do árbitro, em certa medida, é a grande razão pela qual as partes escolhem aquela pessoa para julgar o seu conflito;
24. No processo judicial ou arbitral, busca-se uma tutela jurisdicional em caráter definitivo. Essa tutela é efetivada através de uma decisão, desenvolvida após toda a instrução do processo com cognição exauriente, com profundo debate acerca do objeto discutido, garantindo-se o devido processo legal, o contraditório e a ampla defesa;
25. O pedido de tutela antecipada requerida em caráter antecedente não significa, de forma alguma, renúncia à jurisdição arbitral ou mesmo revogação tácita à convenção de arbitragem;
26. É possível que o árbitro emita provimento de natureza urgente, como também permite-se que o árbitro mantenha, altere ou revogue eventual tutela provisória emitida pelo Poder Judiciário;
27. O julgador privado deve estar atento à eventual vedação legal imposta por lei. Se não for o caso, preenchidos os pressupostos, é possível a concessão de tutela provisória de urgência, cautelar ou antecipada, em caráter antecedente ou incidental no processo de arbitragem;
28. Não é cabível o manejo de pedido de suspensão de tutela de urgência no Poder Judiciário que vise sustar a eficácia de decisão provisória arbitral em desfavor da Fazenda Pública;

29. As razões que justificaram a edição da vedação à tutela provisória, relativo à importação de mercadorias, que foi, em nosso entender, erroneamente reproduzida pela Lei 12.016/09, não mais existem. Assim, o proibitivo deve ser interpretado de forma restritiva e atenta às realidades do caso concreto levando a efeito ainda o perigo que pode representar a espera de uma decisão final acerca dessa questão;
30. As alegações iniciais equivalem à petição inicial que provoca a jurisdição arbitral. Nesse instrumento, serão indicados e qualificados os envolvidos, haverá a exposição dos fatos e fundamentos, a causa de pedir e o seu devido enquadramento na legislação substancial com posterior formulação do (s) pedido(s) a ser objeto de decisão pelos árbitros;
31. As vedações são a concessão de tutela provisória. São bastante restritas e eventual impacto em processos de arbitragem será mínimo, já que os temas ali elencados não poderiam ser objeto de litígio arbitral, não havendo que se falar em mera falta de compatibilidade entre o sistema e sim de ausência de suporte fático para que ocorra a incidência da norma;
32. Não é cabível o manejo de pedido de suspensão de tutela antecipada no Poder Judiciário que vise sustar a eficácia de decisão provisória arbitral em desfavor da Fazenda Pública;
33. As partes têm autonomia para estabelecer as regras procedimentais que serão aplicadas na arbitragem. É possível também que essa estipulação seja feita pelo árbitro ou pela instituição arbitral a qual as partes confiaram para administrar seu conflito;
34. O procedimento arbitral serve como garantia apta provocar atividade jurisdicional do árbitro para resguardar os interesses e direitos violados da Administração no decorrer de sua atuação privada. Independentemente do polo processual arbitral que ocupe a Fazenda Pública, estará defendendo, em maior ou menor grau, o interesse público. Enquanto requerente, apontará violação ao seu direito, que envolverá recursos públicos; enquanto requerida, tentará diminuir ao máximo eventuais prejuízos que o ente público venha a suportar;
35. As alegações iniciais demandadas, e também a defesa, serão norteadas pelo TDA que, evidentemente, terá certa elasticidade

já que nem sempre é possível é possível determinar o valor exato envolvido na disputa, sendo necessária, por vezes, produção de prova ou cálculos analíticos para alcançar tal exatidão;

36. Cada regulamento estabelece a dinâmica que o procedimento arbitral deverá se desenvolver. Os modelos podem variar de instituição para instituição, e sem qualquer dúvida tudo ocorre de forma diferente do formato encontrado nas ações judiciais;
37. A Lei Brasileira de Arbitragem determina, de forma expressa e inequívoca, que as partes conflitantes podem elaborar as regras procedimentais aplicáveis ao seu conflito, e nos casos omissos, determina-se que cabe ao árbitro ou tribunal arbitral prescrever o procedimento;
38. O procedimento de arbitragem será a soma dos atos das partes, árbitros com colheita de alegações, provas e manifestações dos eventuais auxiliares. É admitido que toda prática de ato processual seja realizada por meio eletrônico ou com o envio das vias físicas para a instituição.
39. No processo arbitral, encontram-se dois vetores de orientação. O primeiro é a flexibilização do seu procedimento, o que possibilita a criação e adaptação de regras para melhor atender o interesse das partes à arbitragem e o segundo é a estrita observância das garantias e princípios constitucionais do processo;
40. Independentemente da posição processual arbitral que ocupe a Fazenda Pública estará defendendo em maior ou menor grau o interesse público. Enquanto requerente apontará violação ao seu direito que notadamente envolverá recursos públicos. Enquanto requerida tentará diminuir ao máximo eventuais prejuízos que o ente público venha a suportar;
41. O bom desenrolar do procedimento depende da boa conduta dos contendentes, que defenderão seus interesses, mas não obstaculizarão a marcha procedimental. De fato, o ambiente procedimental flexível se a conduta for beligerante, notadamente durante a fase probatória, o ritmo arbitral poderá não alcançar um rimo desejável;
42. As prerrogativas processuais são inaplicáveis ao procedimento de arbitragem. Mas, dentro dos limites da coerência e razoabilidade, sem sobrelevar à Fazenda por ser ente público e nem

lhe exigindo o dinamismo de um ator privado, antes de se instaurar o procedimento arbitral, será possível prescrever regras procedimentais específicas para os diferentes atos processuais, aderente às necessidades de cada contendente, sem isso enseje qualquer violação ao princípio da igualdade das partes;

43. O requerimento consubstancia-se em proatividade do credor de exercer sua pretensão que é elemento crucial para elidir os efeitos da prescrição. Esse expediente blindará do substrato fático determinante para a incidência da prescrição.

44. Além da prescrição o início do procedimento arbitral também torna litigiosa a coisa e impedindo que haja debates sobre suas questões em eventual processo judicial. Não há propriamente litispendência e sim conflito de competência quando se repete demanda que está em curso seja na via arbitral.

45. Na arbitragem, todo o mérito é apreciado única e exclusivamente pelos árbitros. É processo jurisdicional de desenvolvido em única instância. Não há órgão hierarquicamente superior para reexaminar a decisão, seja para mantê-la ou reforma-la. Não há, da mesma forma, possibilidade ou imposição legal de reanálise de mérito da sentença arbitral por órgãos judiciários; a impossibilidade de aplicação dessa remessa não decorre apenas de sua irrecorribilidade, mas também pelo fato da análise do conflito ser restrita à arbitragem;

46. A confidencialidade da arbitragem é albergada pelo segredo de justiça do processo judicial. Questões relacionadas ao processo arbitral, notadamente os pedidos de cooperação, deverão ter segredo de justiça sem qualquer espaço de discricionariedade do magistrado

47. A presença da Fazenda Pública na arbitragem trouxe novos contornos a confidencialidade e também novos problemas a serem enfrentados. É preciso que o princípio da publicidade conviva com outros, inerentes a esse sistema jurisdicional privado de solução de conflitos.

48. Não é apenas ideal, mas também necessário que as entidades privadas indiquem em seus sítios eletrônicos ou outro meio de fácil acesso ao público as informações essenciais do conflito (partes, árbitros, petições e, principalmente, sentença arbitral)

já que estarão exercendo função verdadeiramente pública, levando em consideração, todavia, as peculiaridades do caso concreto para que nenhuma das partes, inclusive a própria Administração Pública, sejam prejudicadas.

49. A sentença arbitral é o último ato do árbitro e põe fim ao processo arbitral. A fase postulatória da arbitragem se encerra no momento em que as partes que contrataram esse serviço são comunicadas do seu resultado. No processo arbitral, os interesses foram deduzidos, examinados e posteriormente declarados, cabendo as partes cumprirem o conteúdo da sentença;
50. Os árbitros podem proferir sentenças parciais para resolver frações do conflito com possibilidade de cumprimento em processo judicial;
51. É possível apresentar pedido de esclarecimento para sanar dúvidas, omissões, contradições ou erro material da sentença arbtitral. O pedido em questão não se trata de recurso, mas uma garantia de aperfeiçoamento da decisão. os árbitros muito embora tenham proferido decisão definitiva, preservam sua jurisdição até o fim do prazo para apresentação dos pedidos de esclarecimento. Proferida decisão acolhendo, ou não, os pedidos apresentados, é oferecido novo prazo para manifestação;
52. A liquidação da sentença arbitral é fonte de segurança. Funciona como um complemento ao título judicial ilíquido, aquele que não obstante sua exigibilidade, não possui condenação precisa e determinada. O instituto visa demonstrar quanto, exatamente, deve ser pago ao credor nos casos em que a condenação verse sobre obrigação de pagar quantia certa;
53. Em se tratando de condenação contra a Fazenda Pública – notadamente naquelas de pagar quantia –, existem regras específicas das quais a sentença arbitral não poderá fugir;
54. A legislação aplicável à execução contra a Fazenda Pública revela que o legislador se preocupou em criar um procedimento diferente do comum no que se refere a pagar quantia;
55. O cumprimento desse tipo de sentença em desfavor da Fazenda Pública foi delineado de forma especial pelo legislador que, com intuito de proteger o patrimônio público, vedou a penho-

ra, apropriação ou expropriação de bens para alienação judicial para saldar o crédito executado;

56. É possível que a Fazenda reconheça parte do crédito. Essa quantia será considerada incontroversa. Se assim for os valores não questionados serão, desde logo, objeto de cumprimento;
57. Para ser reconhecida e posteriormente executada no Brasil, a sentença arbitral estrangeira está sujeita à homologação do Superior Tribunal de Justiça (LArb, art, 345);
58. Para satisfação de crédito decorrente de sentença arbitral condenatória, será necessário respeitar o regime jurídico de precatórios contido no art. 100 da Constituição Federal Brasileira;
59. Na execução da sentença arbitral, não mais são aplicáveis às regras da LArb e sim da Constituição e do Código de Processo Civil, já que ao encerrar o procedimento arbitral, o cumprimento de sua sentença se dará de acordo com as regras processuais e no âmbito do Poder Judiciário;
60. É possível que a parte interessada, por ação específica, proponha no Poder Judiciário competente a declaração de nulidade da sentença arbitral;
61. Existem alternativas para agilização de pagamento desses precatórios, que, deve-se reconhecer, são extremamente lentos e, em sua maioria, pode demorar anos, até décadas.;
62. O mercado de compra de créditos é bastante promissor. Há grandes investidores que estão interessados nesses ativos e já se notificou que nessa negociação de compra e venda de precatórios, empresas especializadas negociam os mesmos e, após uma análise jurídica, oferecem um determinado valor aos credores para comprá-los;
63. O legislador constitucional, atento a esse movimento e, sobretudo à conjuntura econômico-financeira da Fazenda Pública, estabeleceu que o credor poderá ceder, total ou parcialmente, seus créditos em precatórios a terceiros, independentemente da concordância do devedor. Essa cessão de precatórios, contudo, somente produzirá efeitos após comunicação, por meio de petição protocolizada, ao tribunal de origem e à entidade devedora.

PÓSFÁCIO

O livro de Alberto Jonathas Maia, Fazenda Pública e arbitragem: do contrato ao processo, representa um significativo - e bem-sucedido - esforço de organização das discussões teóricas e práticas de um universo que, embora muito almejado como objetivo do mundo jurídico, ainda engatinha em suas primeiras análises: a arbitragem na Fazenda Pública e suas repercussões processuais.

Muitos são os pontos de destaque do livro, fruto de sua dissertação defendida na Universidade Católica de Pernambuco.

Dos capítulos, percebe-se a precisão com que são abordados desde os aspectos mais gerais do tema, como os interesses a serem perseguidos pela Fazenda Pública, seja em juízo ou pelo "modelo multiportas", na caracterização dos aspectos gerais da arbitrabilidade objetiva e subjetiva ou com a descrição do papel das instituições e árbitros na Administração Brasileira. Os desafios dos negócios jurídicos processuais celebrados pelo Poder Público também são apresentados, com a descrição de questões práticas, como oportunidade, trâmite e procedimento, mas também limitações jurídicas e dimensões de efetividade das convenções de arbitragem em sua fase de execução, com observância do regime constitucional de precatórios.

Se a arbitragem apresenta tantas nuances, o autor não se furtou a descrevê-las em suas minúcias, problematizá-las e, mais importante, trazer soluções pragmáticas, sempre com vistas ao aperfeiçoamento do instituto.

Deste modo, o livro reflete o amadurecimento e a preocupação que norteiam os trabalhos daqueles que se engajam na arbitragem como práxis da atividade jurídica, indicando a evolução do tema e os desafios da recepção de um instituto privado no universo da Fazenda

Pública, cujos agentes estão limitados por expressas restrições normativas e controles inerentes àqueles que lidam com o Erário.

Saliento a disposição em transitar pela literatura sobre arbitragem nos campos do Direito Privado, Público e Processual, numa abordagem interdisciplinar inerente ao próprio tema, que invoca a aproximação entre diversos ramos jurídicos, mas também com outras ciências e práticas muitas vezes estranhas aos juristas de profissão.

Abordagem tão diversa e produtiva mostra que o autor se depara com este objeto de estudos há muitos anos, como pude testemunhar enquanto sua professora na graduação e no estágio de docência já no Mestrado na disciplina de Direito Administrativo. Foi naquela oportunidade que acompanhei o compromisso do autor na compreensão das dinâmicas de funcionamento do Poder Público e a disposição de compartilhar seus estudos e sua intensa prática profissional na advocacia. Logicamente, é gratificante assistir ao crescimento pessoal e profissional dos ex-alunos talentosos e estudiosos, hoje colegas, em suas habilidades para elaborar novas propostas de trabalho e trazer importantes contribuições para o mundo do direito, como nesta obra.

Sob qualquer ângulo de análise, o presente livro merece aplausos.

E, sobretudo, o maior reconhecimento de qualquer produção acadêmica: leitura e constante consulta.

Parabéns ao autor!

Recife, setembro de 2019

Flávia Santiago Lima

Doutora em Direito Público pela Universidade Federal de Pernambuco

Professora da Faculdade de Direito da Universidade de Pernambuco e do Programa de Pós-graduação em Direito da Faculdade Damas

Advogada da União

BIBLIOGRAFIA

ABBOUD, Georges. Jurisdição Constitucional vs. arbitragem: os reflexos do efeito vinculante na atividade do árbitro. Revista de Processo, v. 214, p. 271-298, 2012.

ABBUD, André de Albuquerque Cavalcanti. Soft-law e produção de provas na arbitragem internacional. São Paulo: Atlas, 2014.

_________. André Albuquerque Cavalcanti. Homologação de sentenças arbitrais estrangeiras. São Paulo: Atlas, 2008.

ABRAHAM, Marcus. Curso de Direito Financeiro Brasileiro. 3 ed. Rio de Janeiro: Forense, 2015.

ALMEIDA, Caroline Sampaio de. A cláusula compromissória arbitral: uma perspectiva comparada do direito canadense e do direito brasileiro. São Paulo: Universidade de São Paulo, 2013.

ALMEIDA, Diogo Assumpção Rezende de. As convenções processuais na experiência francesa e no Novo CPC. In: CABRAL, Antonio do Passo; NOGUEIRA; Pedro Henrique. (Org.). Negócios Processuais. 3ed. Salvador: Juspodivm, 2015.

ALVES. Rafael Franscisco. A inadmissibilidade de medidas antiarbitragem no direito brasileiro. São Paulo: Atlas, 2009.

_________. O Árbitro e o Direito: o julgamento do mérito na arbitragem. São Paulo: Almedina, 2018.

_________. Sentença Arbitral, in LEVY Daniel, PEREIRA, Guilherme Setoguti. Curso de Arbitragem. São Paulo: Thomson Reuters Brasil, 2018.

ALVIM, Eduardo Arruda. Exegese dos artigos 6º e 7º da Lei n. 9.307, de 1996. Reflexões sobre arbitragem: in memorian do desembargador Cláudio Vianna de Lima. São Paulo: LTr, 2002.

_________. Direito Processual Arbitral: natureza processual da relação jurídica arbitral e incidência do Direito Constitucional Processual in Revista de Processo n. 234. São Paulo: Editora Revista dos Tribunais, 2014.

AMARAL, Paulo OSTERNACK. Arbitragem e Administração Pública: aspectos processuais, medidas de urgência, e instrumentos de controle. Belo Horizonte, 2012.

APRIGLIANO. Ricardo de Carvalho. Cláusula compromissória: aspectos contratuais. Revista do Advogado n. 116. 2012.

AQUINO, Maria da Glória Costa Gonçalves de Sousa. Considerações sobre a Resolução CNJ n. 125/2010 : uma avaliação política da política judiciária brasileira : a solução dos conflitos de interesses? Brasília: Conselho da Justiça Federal, Centro de Estudos Judiciários, 2017.

ARAÚJO, Edmir Netto de. Curso de direito administrativo. São Paulo: Saraiva, 2005.

ARAUJO, Nádia de. Cooperação Jurídica Internacional no Superior Tribunal de Justiça: comentários à resolução n. 9. Rio de Janeiro: Renovar, 2010. p. 114.

AREND, Andréia Propp A análise econômico-jurídica da arbitragem expedita. São Leopoldo, 2018.

ARMELIN, Donaldo. Legitimidade para agir no direito processual brasileiro. São Paulo: Revista dos Tribunais, 1979.

_________. A Arbitragem, a Falência e a Liquidação Extrajudicial. Revista de arbitragem e mediação. n. 13. São Paulo: Revista dos Tribunais, 2007, p. 20.

_________. Prescrição e arbitragem. Revista de Arbitragem e Mediação, v. 15. São Paulo: Revista dos Tribunais, 2007.

_________. A Ação Declaratória em Matéria Arbitral. Revista de Direito Bancário do Mercado de Capitais e da Arbitragem. v. 9. São Paulo: Revista dos Tribunais, 2006.

_________. Arbitragem: antecipação dos efeitos da tutela. Revista de Arbitragem e Mediação, v. 6. São Paulo: Revista dos Tribunais, 2005.

ASSIS, Araken de. Processo Civil Brasileiro. v. I. t. I (livro eletrônico). 1. ed. São Paulo: Editora Revista dos Tribunais, 2015.

ASSIS, Araken. Processo Civil Brasileiro. v.1. São Paulo: Revista dos Tribunais, 2015.

_________. Manual dos Recursos. São Paulo: Editora Revista dos Tribunais, 2016.

_________. Manual da Execução. São Paulo: Editora Revista dos Tribunais, 2016.

AYMONE, Priscila Knoll. A problemática dos procedimentos paralelos: os princípios da litispendência e da coisa julgada em arbitragem internacional. Tese (Doutorado em Direito Internacional) - Faculdade de Direito, Universidade de São Paulo, São Paulo, 2011.

AZEVEDO, Antônio Junqueira. Negócio jurídico: existência, validade e eficácia. 4. ed. São Paulo: Saraiva, 2010.

AZEVEDO, Paulo Furquim. Contratos: uma perspectiva econômica. In: ZYLBERSZTAJN, Décio; SZTAJN, Raquel (orgs.). Direito & Economia. Rio de Janeiro: Elsevier, 2005.

BADARÓ, Gilberto. 5 motivos para você vender precatórios. Migalhas. Disponível em <https://bit.ly/2Eg3Wly> Acesso em 05 de dezembro de 2018BAIZEAU, Domitille ; HAYES, Tessa. The Arbitral Tribunal's Duty and Power to Address Corruption Sua Sponte. International Arbitration and the Rule of Law: Contribution and Conformity. ICCA Congress Series. v. 19. Kluwer Law International 2017.

BAPTISTA, Patrícia Ferreira. A inarbitrabilidade objetiva do conflito entre Petrobras e a ANP Revista de Direito Administrativo, Rio de Janeiro, v. 275, 2017.

BAPTISTA. Luiz Olavo. Arbitragem comercial e internacional. São Paulo: Lex Editora, 2011.

_______. Correção e Esclarecimento de Sentenças Arbitrais. Revista Brasileira de Arbitragem, n. 26, Curitiba: Comitê Brasileiro de Arbitragem. 2010.

BARROCAS, Manuel Pereira. Manual de Arbitragem. Coimbra: Almedina, 2010. p. 268.

BARROS. Octávio Fragata de. Reflexões acerca dos efeitos infringentes dos embargos arbitrais. Revista Brasileira de Arbitragem. n. 9. Curitiba: Comitê Brasileiro de Arbitragem, 2006.

BAZERMAN, M. H. Processo decisório. Rio de Janeiro: Elsevier, 2004.

BEDAQUE, José Roberto dos Santos. Direito e Processo: influência do direito material sobre o direito processual. 2. ed. São Paulo: Malheiros, 1997.

BERALDO, Leonardo Faria. Curso de Arbitragem. São Paulo: Atlas, 2014.

BEZERRA, Antonio Custódio. Inconstitucionalidades da Nova Lei do Mandado de Segurança (Lei nº 12.016, 07.08.2009). Observatório da Jurisdição Constitucional, v. 4, p. 1, 2010.

BIANCHI, Beatriz Homem De Mello. Provas na arbitragem e a carta arbitral. Revista de Arbitragem e Mediação. n. 59. São Paulo: Editora Revista dos Tribunais, 2019..

BOISSESON, Mathieu de. As Anti-suit injunction e o princípio da "competência--competência". Revista de arbitragem e mediação n. 7.São Paulo: Revista dos Tribunais, 2004.

BONICIO, Marcelo José Magalhães. Arbitragem e Estado: ensaio sobre o litígio adequado. Revista de Arbitragem e Mediação. n. 45, 2016.

BORN, Gary. Internacional Arbitration. Law and pratice. Wolters Kluwer. 2016.

_______. Bribery and an Arbitrator's Task. Disponível em <http://arbitrationblog.kluwerarbitration.com>.

BRAGHETTA, Adriana. A Importância da Sede da Arbitragem - Visão a partir do Brasil. Rio de Janeiro: Editora Renovar, 2010.

_______. A escolha da sede da arbitragem. Revista do Advogado, São Paulo: AASP, ano XXVI, p. 13, set. 2006.

BRAZIL, Wayne. Early Neutral Evaluation or Mediation: When Might ENE Delivery More Value. Berkeley Law Scholarship Repository, 2007; ZAKIYY,; Norman; HASSAN, Kamal. Prospects of Using Early Neutral Evaluation in Case Management of Complex Civil Cases in Malaysia. European Journal of Economics and Business Studies, 2015.

BRESSER-PEREIRA. Luiz Carlos. Estado, estado-nação e formas de intermediação política. Lua Nova, São Paulo, n. 100, 2017.

CABRAL, Antonio do Passo. Convenções Processuais. Salvador: Editora Juspodivm, 2016.

_______. Per un nuovo concetto di giurisdizione. Revista da Faculdade Mineira de Direito, v. 18. 2015.

_________. Convenções sobre o custo da litigância (I): admissibilidade, objeto e limites. Revista de Processo. v. 276. São Paulo: Revista dos Tribunais. 2018.

_________. Convenções sobre o custo da litigância (II): introdução ao seguro e ao financiamento processuais. Revista de Processo, v. 277. São Paulo: Revista dos Tribunais. 2018.

_________. Imparcialidade e impartialidade: por uma teoria sobre a repartição e incompatibilidade de funções nos processos civil e penal. Revista de Processo, v. 149. São Paulo: Editora Revista dos Tribunais. 2007.

CAHALI, Francisco José. Curso de Arbitragem. 5 ed. São Paulo: Editora Revista dos Tribunais, 2015.

CAIS, Maria Eugênia Previtalli. Inter-relação entre o processo arbitral e o processo judicial Dissertação (Mestrado em Direito) - Faculdade de Direito, Universidade de São Paulo, São Paulo, 2013.

CAIS, Maria Eugênia Previtalli. Inter-relação entre o processo arbitral e o processo judicial. Dissertação (Mestrado em Direito). Faculdade de Direito, Universidade de São Paulo, São Paulo, 2013.

CÂMARA. Alexandre Freitas. A Emenda Constitucional n. 45/04 e a homologação de sentença estrangeira: primeiras impressões. In TIBURCIO, Carmen. BARROSO, Luiz Roberto. O Direito Internacional contemporâneo: estudos em homenagem ao Professor Jacob Dolinger. Rio de Janeiro: Renovar, 2006.

CANDELORO, Ana Paula; RIZZO, Maria Balbina Martins de; PINHO, Vinícius. Compliance 360º: riscos, estratégias, conflitos e vaidades no mundo corporativo. São Paulo: Trevisan Editora Universitária, 2012.

CANTERJI, Rafael Braude; RANZOLIN, Ricardo. Dever de Sigilo do Advogado Quando Atua Como Árbitro no Direito Brasileiro. Revista de Arbitragem e Mediação n. 53. São Paulo: Editora Revista dos Tribunais. 2017.

CARMELO. Antônio Sampaio. Critérios de arbitrabilidade dos litígios: revisitando o tema. Revisa de Arbitragem e Mediação. São Paulo: Editora Revista dos Tribunais, 2010.

CARMONA, Carlos Alberto. Os sete pecados capitais do árbitro. Revista de Arbitragem e Mediação. n. 52, São Paulo: Editora Revista dos Tribunais, 2017.

CARMONA, Carlos Alberto. Arbitragem e Processo: um comentário a Lei n. 9.307/96. 3. ed. São Paulo: Atlas, 2009.

_________, Arbitragem e administração pública - primeiras reflexões sobre a arbitragem envolvendo a administração pública. Revista Brasileira de Arbitragem n. 51. Curitiba: Comitê Brasileiro de Arbitragem, 2016.

_________, Carlos Alberto. Das boas relações entre os juízes e árbitros. Revista do Advogado, v. 51, 1997.

_________. Ensaio sobre a Sentença Arbitral Parcial. Revista Brasileira de Arbitragem, n. 18 Curitiba: Comitê Brasileiro de Arbitragem., 2008.

_________. Considerações sobre a cláusula compromissória e a eleição de foro; in Arbitragem – Estudos em homenagem ao Prof. Guido Fernandes da Silva Soares, São Paulo: Atlas, 2007.

_________. O Processo Arbitral. Revista de Arbitragem e Mediação, v. 1, 2004.

_________. Uso do Termo Tribunal. Parecer dirigido ao Conselho Nacional das Instituições de Mediação e Arbitragem – CONIMA.

CARNAÚBA, César Augusto Martins. Adequação da arbitragem aos litígios envolvendo o Poder Público. Revista Brasileira de Arbitragem. n. 58, 2017.

CARREIRA ALVIM, José Eduardo. Direito arbitral. 2. ed. Rio de Janeiro: Forense, 2004, p. 336. Cf.

_________. José Eduardo. Execução de sentença penal, arbitral e estrangeira. In WAMBIER. Teresa Arruda Alvim, Aspectos Polêmicos da nova execução. São Paulo: Editora Revista dos Tribunais, 2006.

CARRETEIRO. Mateus Aimoré. Tutelas de urgência e processo arbitral. São Paulo: Editora Revista dos Tribunais, 2017.

CARVALHO FILHO, José dos Santos. Manual de direito administrativo. 31. Ed. São Paulo: Atlas, 2017.

_________. O Estado em juízo no novo CPC. São Paulo: Atlas, 2016.

CARVALHO, Matheus. Manual de Direito Administrativo. 4. ed. Salvador: JusPODIVM, 2017.

CASADO, Napoleão. Arbitragem e acesso à justiça: o novo paradigma do thirty party founding. São Paulo: Saraiva, 2017, p. 220.

CAVALCANTI, Francisco Queiroz Bezerra. O novo regime jurídico do mandado de segurança. São Paulo: MP, 2009. n. 5.31, p. 114-115.

CAVE, Bryan. Bribery and Corruption in International Arbitration. Disponível em <https://bit.ly/2Q4bF0p>.

CHACEL. Julian Afonso Magalhães. Aspectos da economia institucional e a arbitragem comercial Revista de Arbitragem e Mediação n. 5. São Paulo: Editora Revista dos Tribunais, 2005.

CHAGAS, Bárbara Seccato Ruis. O tratamento adequado de conflitos no processo civil brasileiro. Dissertação de Mestrado - Universidade Federal do Espírito Santo, 2017.

CLAY, Thomas. Él Árbitro. Bogotá: Pontifícia Universidad Javeriana. 2012.

COASE. Ronald H. A firma, o mercado e o direito. 2 ed. Rio de Janeiro: Forense, 2017.

CORRÊA, Fabio Peixinho Gomes. Limites Objetivos da Demanda na Arbitragem. Revista Brasileira de Arbitragem, v. 40. Curitiba: Comitê Brasileiro de Arbitragem. 2013.

COSTA, Cynara Barros. A arbitragem comercial internacional e seus princípios norteadores: um estudo sobre o Princípio da Celeridade e da Flexibilidade e o Fast Track Arbitration. In: Barza, Eugênia Cristina Nilsen Ribeiro; Silva Neto,

Francisco Antônio de Barros e; Weberbauer, Paul Hugo.(Org.). Integração Regional, Globalização e Direito Internacional. 1ed. Recife: Editora UFPE, 2014.

COSTA, Eduardo José da Fonseca. As leis "impeditivas" de liminar realmente impedem? Revista do Tribunal Regional Federal da 3. Região v. 107, 2011.

__________. O Direito Vivo das Liminares. Dissertação de Mestrado. Pontifica Universidade Católica de São Paulo. 2009.

__________. Processo: garantia de liberdade [freedom] e garantia de «liberdade» [liberty] Disponível em < https://bit.ly/2ISLCt4> acesso em 22 de agosto de 2018.

__________. O processo como instituição de garantia. Disponível em <https://bit.ly/2RLeJ1n> acesso em 08 de dezembro de 2018.

__________. Ciência Processual, Ciência Procedimental e Ciência Jurisdicional. <https://bit.ly/2PzZNBi> Acesso em 06 de dezembro de 2018.

COSTA, Guilherme Recena. Partes e terceiros na arbitragem. Tese (Doutorado em Direito) – Faculdade de Direito, Universidade de São Paulo, São Paulo, 2015.

COSTA, Marcos Gomes da. Tutela de urgência e processo arbitral. Dissertação (Mestrado em Direito) – Faculdade de Direito, Universidade de São Paulo, São Paulo, 2013.

COSTA, Sérgio de Freitas; ALMEIDA, Lise. Prerrogativas da Administração Pública no Processo Arbitral: um Imperativo? Revista Brasileira de Arbitragem, n. 25 Curitiba: Comitê Brasileiro de Arbitragem. 2010.

COUTO, Jeanlise Velloso. Árbitro e Estado: interesses divergentes? São Paulo: Atlas, 2010.

CREMASCO, Suzana Santi et al. A alegação de existência da convenção de arbitragem antes da contestação no CPC/2015. In: DIDIER JR., Fredie; ZANETI JR., Hermes, CABRAL, Trícia Navarro Xavier. (Org.). Justiça Multiportas: mediação, conciliação, arbitragem e outros meios adequados de solução de conflitos. 2ed.Salvador: JusPodivm, 2018.

CUNHA, Leonardo Carneiro da. A Fazenda Pública em juízo. 14 ed. Rio de Janeiro: Forense, 2017.

__________. A atendibilidade dos fatos supervenientes no processo civil: uma análise comparativa entre o sistema português e o brasileiro. Coimbra: Almedina, 2012. 110p.

__________. A previsão do princípio da eficiência no projeto do novo Código de Processo Civil brasileiro. Revista de Processo, v. 233, 2014.

__________. Jurisdição e Competência. 2 ed. São Paulo: Editora Revista dos Tribunais, 2013.

__________; CABRAL, Antônio do Passo. Negociação direta ou resolução colaborativa de disputas (collaborative law): 'Mediação sem mediador'. Revista de Processo, v. 259, 2016.

CURY, Antonio Alberto Rondina. Efeitos da corrupção em arbitragens envolvendo o poder público. Revista de Arbitragem e Mediação n. 60. São Paulo: Editora Revista dos Tribunais, 2019.

DALLARI, Dalmo de Abreu. Elementos da teoria geral do Estado. 25. ed. São Paulo: Saraiva, 2005.

DI PIETRO, Maria Sylvia Zanella. Direito Administrativo. 31. ed. Rio de Janeiro: Forense, 2018.

DIAS, Feliciano Alcides. A arbitragem sob a perspectiva econômica do direito: uma alternativa para a democratização do acesso à justiça nas relações empresariais. São Leopoldo: Unissinos, 2017.

DIDIER JR. Fredie. Curso de Direito Processual Civil. v. 1. 17. Ed. Salvador: Editora Juspodivm, 2017.

__________. Curso de Direito Processual Civil. v. 2. 11. Ed. Salvador: Editora Juspodivm, 2016.

__________. Curso de Direito Processual Civil. v. 3. 13. Ed. Salvador: Editora Juspodivm, 2016.

__________. Curso de Direito Processual Civil. v. 5. 7. Ed. Salvador: Editora Juspodivm, 2017.

__________. Negócios jurídicos processuais atípicos no Código de Processo Civil de 2015. Revista Brasileira da Advocacia, v. 1, 2016.

__________. A arbitragem no novo código de processo civil (versão da câmara dos deputados, Dep. Paulo Teixeira) - disponível em < https://bit.ly/2L7lrfN > Acesso em 10 de julho de 2018.

__________. Princípio do respeito ao autorregramento da vontade no processo civil. In: Antonio do Passo Cabral; Pedro Henrique Pedrosa Nogueira. (Org.). Negócios processuais. Salvador: Editora Juspodivm, 2015.

__________; CABRAL, Antonio do Passo ; CUNHA, Leonardo José Carneiro da. Por uma nova teoria dos procedimentos especiais: dos procedimentos às técnicas. Salvador: Editora Juspodivm, 2018.

__________; ZANETI JR., Hermes. Justiça multiportas e tutela constitucional adequada: autocomposição em Direitos coletivos. In: Hermes Zaneti Jr.; Trícia Navarro Xavier Cabral. (Org.). Grandes Temas do novo CPC - Justiça Multiportas. Salvador: Editora Juspodivm, 2017.

__________; CUNHA, Leonardo. Carneiro. Remessa necessária no Novo CPC. In: Leonardo Carneiro da Cunha; José Henrique Mouta Araújo. (Org.). Repercussões do Novo CPC - Advocacia Pública. Salvador: Editora Jus Podivm, 2015.

DINAMARCO, Candido Rangel. Arbitragem na Teoria Geral do Processo. São Paulo: Malheiros, 2013.

__________. Fundamentos do Processo Civil Moderno. t. 2. 4. ed. São Paulo: Malheiros, 2001.

______. Instituições de Direito Processual Civil, v. 1. 8. Ed. São Paulo: Malheiros, 2016.

______. Instituições de Direito Processual Civil, v. 2. 7. Ed São Paulo: Malheiros, 2016.

______. Instituições de Direito Processual Civil, v. 3. 7. Ed São Paulo: Malheiros, 2017.

______. Instituições de Direito Processual Civil, v. 4, 3. Ed. São Paulo: Malheiros, 2009.

______. Instrumentalidade do Processo, 15 Ed. São Paulo: Malheiros, 2013.

______. Nova era do processo civil. 4. Ed. São Paulo: Malheiros, 2013.

______. Vocabulário do processo civil. 3 Ed. São Paulo: Malheiros, 2009.

DINIZ, Maria Helena. Curso de Direito Civil Brasileiro. V.1 Saraiva: São Paulo 2008.

DUNHAM, Philip; GREENBERG, Simon. Balancing Sovereignty and the contractor's rights in International Construction Arbitrations involving State Entities. Internacional Constrution Law Review, n. 130, 2006.

ELIAS, Carlos Eduardo Stefen Elias. O Árbitro é (Mesmo) Juiz de Fato e de Direito? Análise dos Poderes do Árbitro vis-à-vis os Poderes do Juiz no Novo Código de Processo Civil Brasileiro. Revista de Arbitragem e Mediação, v. 14, 2017.

______. Imparcialidade dos árbitros. 2014. Tese (Doutorado em Direito). Faculdade de Direito, Universidade de São Paulo, São Paulo, 2014.

FALECK, Diego. Manual de Desing de sistemas de disputas: criação de estratégias e processos eficazes para tratar conflitos. Rio de Janeiro: Lumen Juris, 2018.

FARIA, José Eduardo. O Direito na Economia Globalizada. São Paulo: Malheiros, 2004.

FERRAZ, Renato de Toledo Piza. Reflexões sobre arbitrabilidade subjetiva e objetiva. Revista de Direito Empresarial, v. 8, 2015.

FERREIRA FILHO, Marcílio da Silva; NEVES, Cleuler Barbosa das. Contrapesos de uma Administração Pública consensual: legalidade versus eficiência. Interesse Público, v. 1, 2017.

FICHTNER, José Antônio; MONTEIRO, André Luís. Temas de Arbitragem. Rio de Janeiro: Renovar. São Paulo. Recife. Curitiba: 2010.

FIGUEIRA JUNIOR, Joel Dias. Arbitragem, jurisdição execução, São Paulo: LTr, 1999.

FIGUEREDO, Lúcia Valle. Curso de Direito Administrativo. São Paulo. Malheiros Editores. 1988.

FOLLONIER-AYALA, Alejandro. La Convention d'arbitrage: notion et modalités. Etude comparatives des régimes latino-américains et suisse. Disponível em <https://bit.ly/2ONjyFe>.

FONSECA, Rodrigo Garcia; CORREIA, André de Luizi. A confidencialidade da arbitragem: fundamentos e limites. In LEMES, Selma Ferreira; BALBINO, Inês. (org) Arbitragem: temas contemporâneo. São Paulo: Quartier Latin, 2012. p. 417.

FORTINI, Cristiana. MOTTA, Fabrício. Corrupção nas licitações e contratações públicas: sinais de alerta segundo a Transparência Internacional. Revista de Direito Administrativo & Constitucional. n. 64, p. 93-113. Belo Horizonte: Editora Fórum, 2016.

FRANZONI, Diego. Arbitragem societária. São Paulo: Editora Revista dos Tribunais, 2015.

________; DAVIDOFF, Fernanda. In Interpretação do critério da disponibilidade com vistas à arbitragem envolvendo o Poder Público. Revista de Arbitragem e Mediação n. 41, 2014.

FREIRE, José Nantala Badue As barreiras da execução de sentença arbitral contra a Fazenda Pública. Estadão 10 Novembro 2016. Disponivel em https://bit.ly/2SG6pAg Acesso em 05 de dezembro de 2018.

FREITAS. José Lebre. Algumas Implicações da Natureza da Convenção de Arbitragem. In: Estudos em Homenagem à Profa. Dra. Isabel de Magalhães Collaço. Coimbra: Almedina, 2002.

FUX, Luis. Homologação de sentença estrangeira. In: TIBURCIO, Carmem; BARROSO, Luís Roberto (Org.). O Direito internacional contemporâneo. Rio de Janeiro: Renovar, 2006.

GAILLARD, Emmanuel. Teoria Jurídica da Arbitragem internacional. São Paulo: Atlas, 2014.

________. The emergence of transnational responses to corruption in international arbitration. Arbitration International v. 35 n. 1. Oxford University Press, 2019.

GALDINO, Flavio. Introdução à análise econômica do processo civil: Os Métodos alternativos de soluções controvérsias.v. 1, n. 1. Rio de Janeiro: Quaesto Iuris, 2005.

GAJARDONI, Fernando da Fonseca. Flexibilização procedimental: um novo enfoque para o estudo do procedimento em matéria processual. São Paulo: Atlas, 2008.

GALLO, José Alberto Albeny; CATEB, Alexandre Bueno. Breves considerações sobre a teoria dos contratos incompletos. Berkely Program in Law & Economics. Latin American and Caribbean Law and Economics Association (ALACDE). Annual Papers (University of California, Berkeley), 2007.

GARCEZ, José Maria Rossani. Técnicas de negociação - resolução alternativa de conflitos: ADRS, mediação, conciliação e arbitragem. Rio de Janeiro: Lúmen Júris, 2002.

GARCIA, André Almeida. Repensando o Processo contra o Poder Público. Tese de Doutorado. Universidade de São Paulo, 2014.

GARCIA, Flávio Amaral. A escolha dos árbitros e das Câmaras Arbitrais: licitar ou não? Revista do Estado n. 150, 2016.

GASPAR, Renata Alvares. Reconhecimento de sentenças arbitrais estrangeiras no Brasil. São Paulo: Atlas, 2009.

GAZZANEO, NATHALIE. Regulamentos das câmaras arbitrais brasileiras e sua adequação para governar arbitragens internacionais. Revista de Direito Empresarial n. 6. São Paulo: Revista dos Tribunais, 2018.

GIUSTI, Gilberto. A Ética das Instituições de Arbitragem. Revista Brasileira de Arbitragem. n. 40. Curitiba: Comitê Brasileiro de Arbitragem. 2016.

GOMES NETO, José Mario Wanderley. Pretores Estratégicos: Por que o Judiciário decide a favor do Poder Executivo e contra suas próprias decisões?. Beau Bassin: Novas Edições Acadêmicas, 2018.

GONÇALVES, Eduardo Damião Arbitrabilidade Objetiva. Tese de Doutorado. Universidade de São Paulo, 2007.

GOUVEIA FILHO, Roberto Pinheiro. Campos. Uma crítica analítica à ideia de relação processual entre as partes. Revista Brasileira de Direito Processual. Belo Horizonte: Editora Fórum, n. 93, 2016.

GOUVEIA, Lúcio Grassi de; GADELHA, Marina.. Negócios jurídicos processuais: 'libertas que sera tamen'. Revista Brasileira de Direito Processual, v. 96, 2016.

GRAU, Eros Roberto. Da arbitrabilidade de litígios envolvendo sociedades de economia mista e da interpretação de cláusula compromissória, Revista de Direito Bancário, do Mercado de Capitais e da Arbitragem, n. 18, 2002. p. 814-821.

__________; FORGIONI, Paula. O Estado, a empresa e o contrato. São Paulo: Malheiros, 2005.

GRION, Renato Stephan; LEVY, Daniela. Curso de arbitragem. São Paulo: Thomson Reuters Brasil, 2018.

GRIVOVER, Ada Pellegrini. Ensaio sobre a processualidade: fundamentos para uma nova teoria geral do processo. Brasília: Gazeta Jurídica, 2018.

GUERRERO, Luis Fernando. Os métodos de solução de conflitos e o processo civil. São Paulo: Atlas, 2015.

__________. Convenção de Arbitragem e Processo Arbitral. São Paulo: Atlas, 2009.

HASAN, Cigdem. Rent-a-judge. University of Lund, 2009.; KIM, Anne. Rent-a-Judges and the Cost of Selling Justice. Duke Law Journal, 1994.

HERNANDEZ-CRESPO, Mariana. A Dialogue between Professors Frank Sander and Mariana Hernandez Crespo Exploring the Evolution of the Multi-Door Courthouse.

HULK. Hermes Marcelo. Táticas de guerrilha na arbitragem internacional. In CARMONA, Carlos Alberto; LEMES, Selma; MARTINS, Pedro Batista. (org) 20 Anos da Lei de Arbitragem: Homenagem a Petrônio R. Muniz. São Paulo: Atlas, 2017.

JUSTEN FILHO, Marçal. Comentários à Lei de Licitações e Contratos Administrativos: Lei 8.666/1993. 3. ed. São Paulo : Thomson Reuters Brasil, 2019.

__________. Administração Pública e Arbitragem: o vínculo com a Câmara de Arbitragem e os árbitros. Revista Brasileira da Advocacia, v. 1, 2016.

LACRETA, Isabela. Dispute Boards: o caráter vinculante de suas decisões. In: PINTO, Ana Luiza; SKITNEVSKY, Karin Hlavnicka. Arbitragem nacional e internacional.. Rio de Janeiro: Elsevier, 2012.

LAMY, Eduardo de Avelar. Compliance e Arbitragem. Empório do Direito. Disponível em <https://emporiododireito.com.br/leitura/compliance-e-arbitragem> acesso em 25 de abril de 2019.

LEÃO, Fernanda de Gouvêa. Arbitragem e execução. Dissertação (Mestrado em Direito) - Faculdade de Direito, Universidade de São Paulo, São Paulo, 2012.

LEMES, Selma Maria. Ferrreira. Arbitragem na administração pública. Fundamentos jurídicos e eficiência econômica. São Paulo: Quartier Latin, 2007.

___________. A sentença arbitral. Revista de Arbitragem e Mediação. Revista de Arbitragem e Mediação. São Paulo: Revista dos Tribunais, 2005.

___________. Árbitro. Dever de Revelação. Inexistência de Conflito de Interesses. Revista Brasileira de Arbitragem. Curitiba: Comitê Brasileiro de Arbitragem, 2014.

___________. Arbitragem. Princípios jurídicos fundamentais. direito brasileiro e comparado. Revista Dos Tribunais n. 686. São Paulo: Revista dos Tribunais, 1992.

___________. Ação de Anulação de Sentença Arbitral. Improcedência. Impossibilidade de Reexame de Mérito. Revista de Direito Bancário do Mercado de Capitais e da Arbitragemm. v. 19, São Paulo: Editora Revista dos Tribunais, 2003.

___________. A Arbitragem e a Vigência no Brasil da Convenção de Nova Iorque sobre Reconhecimento e Execução de Sentenças Arbitrais Estrangeiras. Revista Vasca de Derecho Procesal y Arbitraje, San Sebastian - Espanha, v. XVI, n.1, p. 1-3, 2004.

___________. Sentença Arbitral Estrangeira. Incompetência da Justiça Brasileira para Anulação. Competência Exclusiva do STF para Apreciação da Validade em Homologação. Revista de Arbitragem e Mediação n.1, São Paulo: Editora Revista dos Tribunais, 2004.

___________. Os Embargos Arbitrais e a Revitalização da Sentença Arbitral. Revista de Arbitragem e Mediação, v. 6, p. 37-39, 2005.

___________. O procedimento de impugnação e recusa de árbitro, como sistema de controle quanto à imparcialidade do julgador. Revista de Arbitragem e Mediação, n. 50. São Paulo: Editora Revista dos Tribunais, 2016.

______. A evolução da utilização da arbitragem nos contratos firmados pela Administração Pública. Revista Comercialista, v. 7. 2017.

______. Comentários ao Recurso Especial nº1.433.940/MG. Ilegitimidade de Instituição Arbitral para Figurar no Polo Passivo de Ação Anulatória de Sentença Arbitral. Revista Brasileira de Arbitragem, n. 58. Curitiba: Comitê Brasileiro de Arbitragem 2018.___________. STJ constrói de modo admirável o Direito da Arbitragem. Disponível em <https://bit.ly/2SByM2r> Acesso em 18 de agosto de 2018.

LESSA NETO, João Luiz. Arbitragem e Poder Judiciário: A definição da competência do árbitro. Salvador: Juspodivm, 2016.

__________. Execução de sentença arbitral e a multa do artigo 475-J do CPC de 1973 e o disposto no artigo 520, § 1º do novo CPC. Disponível em <https://bit.ly/2SArlZ8> acesso em 07 de dezembro de 2018.__________. O Novo CPC adotou o modelo multiportas! E agora?!. Revista Brasileira de Direito Processual, v. 92, 2015.

LEVY, Fernanda Rocha Lourenço. Cláusulas escalonadas: a mediação comercial no contexto da arbitragem. São Paulo: Saraiva, 2013.

LEW, Julian D. M.; MISTELIS, Loukas; KRÖLL, Stefan M. Comparative international commercial arbitration. Haia: Kluwer, 2003.

LIMA, Renato Brasileiro de. Manual de processo penal: volume único. 5. ed. Salvador: Ed. JusPodivm, 2017.

LOBO, Carlos Augusto da Silveira. O procedimento cautelar pré-arbitral da CCI.. Estudos em Homenagem ao Prof. Theóphilo de Azevedo Santos. Coordenadores: FERRAZ, Rafaella; MUNIZ, Joaquim de Paiva. Rio de janeiro: Forense, 2008.

LOPES, Debora Fiszman Igrejas. Arbitragem e Administração Pública: a escolha da Câmara Arbitral nas arbitragens com a Administração Pública Direta. Rio de Janeiro: 2016.

LOSTAO, Eduardo Arbizu. Avvocatura dello stato Asistencia, representación y defensa de la Administración en derecho italiano. Revista de administración pública, n. 122, 1990.

KHVALEI, Vladimir. Using Red Flags to Prevent Arbitration from Becoming a Safe Harbour for Contracts that Disguise Corruption. ICC International Court of Arbitration Bulletin v. 24, 2013.

MACHADO, Rafael Bicca. A arbitragem empresarial no Brasil. Porto Alegre: livraria do advogado editora, 2009.

MAGALHÃES, José Carlos. Vícios na Constituição do Tribunal Arbitral. Sentença Arbitral Extra Petita. Ausência de Jurisdição do Tribunal Arbitral. Revista de Arbitragem e Mediação, v. 39, 2013.

__________. Contratos com o Estado. Revista de Brasileira de Arbitragem. n. 3. Porto Alegre: Síntese, 2004.

MAGALHÃES JÚNIOR, Danilo Brum de. Arbitragem e direito concorrencial: a arbitragem como método para a resolução de disputas privadas que envolvam matéria concorrencial no direito brasileiro. Dissertação de Mestrado. Universidade do Vale do Rio dos Sinos. 2018.

MANGE, Flavia Foz. Processo Arbitral: Aspectos Transnacionais. São Paulo: Quartier Latin, 2013.

__________; JUNQUEIRA CANERO, Carla Amaral de Andrade. A gestão do tempo nos procedimentos arbitrais. Revista do Instituto dos Advogados de São Paulo, v. 12, 2009.

MANNHEIMER, Sérgio. Nelson.; FICHTNER, José Antônio; MONTEIRO, André Luís. Medidas Urgentes em Arbitragem com sede no Brasil, in Novos Temas de Arbitragem, Rio de Janeiro: Editora FGV, 2014.

MARIANI, Romulo Greff. Arbitragens Coletivas no Brasil. São Paulo: Atlas, 2015.

MARINONI, Luiz Guilherme. Novo Código de Processo Civil comentado. 3 ed. São Paulo: Editora Revista dos Tribunais, 2017.

MAROLLA, Eugênia Cristina Cleto. Arbitragem e os contratos com a Administração Pública. Rio de Janeiro: Lumen Juris, 2016.

MARTINS, Pedro A. Batista. Apontamentos sobre a Lei de Arbitragem. Rio de Janeiro: Renovar, 2008.

__________. As Três fases da arbitragem. in Revista do advogado, v. 26, n. 87, Imprenta: São Paulo, AASP, 2006.

__________.Da ausência de poderes coercitivos e cautelares do árbitro. in Aspectos Fundamentais da Lei de Arbitragem, Pedro Batista MARTINS, Selma M. Ferreira LEMES e Carlos Alberto CARMONA, Rio de Janeiro, Forense, 1999.

MATTOS NETO, Antonio José de. Direitos patrimoniais disponíveis e indisponíveis à luz da Lei da Arbitragem. Revista de Processo, São Paulo, v. 27, n. 106, p. 221-236, abr./jun. 2002.

MAZZEI, Rodrigo; CHAGAS, Bárbara Seccato Ruis. Breve ensaio sobre a postura dos atores processuais em relação aos métodos adequados de resolução de conflitos. in ZANETI JR, Hermes; CABRAL, Trícia Navarro Xavier Justiça Multiportas: mediação, conciliação, arbitragem e outros meios de solução adequada para conflitos (Grandes temas do novo CPC). Salvador: Editora Juspodivm, 2016.

MAZZOLA, Marcelo; OLIVEIRA, Rafael Carvalho Rezende. Poder público não burla precatórios com pagamento voluntário em arbitragem. Disponível <https://bit.ly/2rsY47v>.

MEADOW Carrie Menkel. Ethics in adr: the many "cs" of professional responsibility and dispute resolution. Fordham Urban Law Journal. v. 28, 2001.

MEDINA. José Miguel Garcia. Curso de Direito Processual Civil Moderno. 4 ed. São Paulo: Editora Revista dos Tribunais, 2018.

MEGNA, Bruno Lopes. A Administração Pública e os meios consensuais de solução de conflitos ou enfrentando o Leviatã nos novos mares da consensualidade? Revista da Procuradoria Geral do Estado de São Paulo, v. 82, 2015.

MEIRELLES, Hely Lopes. Direito administrativo brasileiro. 42. ed. São Paulo: Malheiros, 2016.

MELLO, Celso Antônio Bandeira de. Curso de Direito Administrativo. 26. ed. rev. e atual. São Paulo: Malheiros, 2009.

MENDES, Aluisio Gonçalves de Castro; HARTMANN, Guilherme Kronemberg. A audiência de conciliação ou de mediação no novo Código de Processo. in ZANETI JR, Hermes; CABRAL, Trícia Navarro Xavier. Justiça Multiportas: mediação, conciliação, arbitragem e outros meios de solução adequada para conflitos. (Grandes temas do novo CPC) Salvador: Editora Juspodivm, 2016.

MENDES, Aluísio Gonçalves de Castro; SILVA, Larrisa Clare Pochmann da. Restrições à Tutela de Urgência em face da Fazenda Pública em Demandas Individuais e Coletivas. Revista de Processo. v. 242, São Paulo: Revista dos Tribunais, 2015.

MENKEL-MEADOW, Carrie, What Will We Do When Adjudication Ends? A Brief Intellectual History of ADR. UCLA Law Review, v 46, n. 7, 1997.

MISTELIS, Loukas; BREKOULAKIS, Stavros. Arbitrability: International and Comparative Perspectives. Haia: Kluwer International, 2009.

MITIDIERO, Daniel.Tendências em Matéria de Tutela Sumária: da Tutela Cautelar à Técnica Antecipatória. Revista de Processo, v. 197, 2011.

MUNIZ. Joaquim de Paiva. Os Limites da arbitragem nos contratos de concessão de exploração e produção de petróleo e gás natural. Revista de Arbitragem e Mediação n. 2. São Paulo: Editora Revista dos Tribunais, 2004.

MOFFITT, Michael. Before the Big Bang: The Making of an ADR Pioneer. Negotiation Journal, v. 22, 2006.

MONTEIRO, Alexandre Luiz Moraes do Rêgo. Administração Pública consensual e a arbitragem. Revista de Arbitragem e Mediação n. 35. São Paulo: Editora Revista dos Tribunais, 2012.

MONTEIRO, Antonio Luiz. Algumas questões sobre a recente decisão do STJ na arbitragem Petrobras v. ANP: princípio da competência-competência, arbitrabilidade e Convenção de Nova Iorque. Revista de Arbitragem e Mediação. n, 57, 2018.

MONTORO, Marcos André Franco. Flexibilidade do procedimento arbitral. Tese (Doutorado em Direito) Faculdade de Direito, Universidade de São Paulo, São Paulo, 2010.

MORAES, José Roberto. Prerrogativas e o interesse da Fazenda Pública. In: Direito Processual Público. (Org.). SUNDFIELD. Carlos Ari; BUENO, Cassio Scarpinella. Fazenda Pública em Juízo. .São Paulo: Malheiros, 2003.

MOREIRA NETO, Diogo de Figueiredo. Curso de direito administrativo. 14ª ed. Rio de Janeiro: Editora Forense, 2005.

_____________. Mutações do Direito Público. Renovar, Rio de Janeiro, 2006.

MOREIRA, José Carlos Barbosa. Privatização do Processo?. Revista da EMERJ, v.1, n.3, 1998.

_____________. Temas de Direito Processual. São Paulo: Editora Saraiva, 1980.

_____________. Estrutura da sentença arbitral. Revista de Processo, São Paulo, n. 107, 2002.

MUNIZ, Joaquim de Paiva. Guia Politicamente Incorreto da Arbitragem IV - Arbitragem e Estado: entre tapas e beijos. Disponível em <https://bit.ly/2RZ80Bc> acesso em 10 de novembro de 2018.

NALINI, José Renato. É urgente construir alternativas à justiça. in ZANETI JR, Hermes; CABRAL, Trícia Navarro Xavier. Justiça Multiportas: mediação, conciliação, arbitragem e outros meios de solução adequada para conflitos (Grandes temas do novo CPC) v. 9.. Salvador: Juspodivm, 2016.

NANNI. Giovanni Ettore. Direito Civil e Arbitragem. São Paulo: Atlas, 2014.

NASCIMBENI, Asdrubal Franco; FINKELSTEIN, Cláudio. Carta arbitral: possíveis situações de não cooperação do juízo estatal. Revista de Arbitragem e Mediação, v. 54. São Paulo: Editora Revista dos Tribunais, 2017.

NERY JUNIOR, Nelson. Código de Processo Civil comentado. 17 ed. São Paulo: Thomson Reuters Brasil, 2018.

NERY, Ana Luiza. Arbitragem Coletiva. São Paulo: Editora Revista dos Tribunais, 2016.

NEVES, Daniel Amorim Assumpção. Manual de Direito Processual Civil. 8. Ed. Salvador: Juspodivm, 2016.

____________. Diante do julgamento antecipado parcial do mérito. Revista de Processo, v. 284, São Paulo: Editora Revista dos Tribunais. 2018.

____________. Medidas executivas coercitivas atípicas na execução de obrigação de pagar quantia certa - art. 139, IV, do Novo CPC. Revista De Processo. n. 281. São Paulo: Editora Revista dos Tribunais, 2017.

____________. Proposta para um novo Código de Processo Civil - defesa do executado. Revista de Processo. v. 186. São Paulo: Editora Revista dos Tribunais. 2010.

NOBRE JUNIOR, Edilson Pereira. Prescrição: decretação de ofício em favor da fazenda pública. Revista de informação legislativa, v. 34, n. 136.

NOGUEIRA Pedro Henrique. Negócios Jurídicos Processuais. Salvador: Editora Juspodivm, 2016, 226.

____________. Enunciado 256. A Fazenda Pública pode celebrar negócio jurídico processual.in PEIXOTO Ravi. Enunciados - FPPC Fórum Permanente de Processualistas Civis organizados por assunto, anotado e comentado. Salvador: Juspodivm, 2018.

NUNES, Thiago Marinho, SILVA, Eduardo Silva da, GUERRERO, Luís Fernando. O Brasil como sede de arbitragens internacionais: a capacitação técnica das câmaras arbitrais brasileiras. Revista de Mediação e Arbitragem, n. 34, 2012.

____________. Arbitragem e Interrupção da Prescrição. In: Leonardo de Campos Melo, Renato Resende Beneduzzi. (Org.). A Reforma da Arbitragem.Rio de Janeiro: Grupo Gen, 2016.

____________. O Poder Judiciário da sede da arbitragem: o "juge d'appui". Migalhas. Disponível em <https://bit.ly/2XbGthM> acesso 28/06/2019.

OLIVEIRA, Gustavo Henrique Justino de. Arbitragem com o Poder Público: da confidencialidade à publicidade e transparência do procedimento arbitral, à luz da lei Federal 13.129/15. Migalhas, 2015.

OLIVEIRA, Rafael Carvalho Rezende. A arbitragem nos contratos da Administração Pública e a Lei nº 13.129/2015: novos desafios. Revista Brasileira e Direito Público. n. 51, 2015.

OLIVEIRA. Rafael Carvalho Rezende. Inexigibilidade de licitação na escolha do árbitro ou instituição arbitral nas contratações públicas. In: Revista do Estado, 285, 2016.

PARENTE, Eduardo Albuquerque. Processo Arbitral e Sistema. São Paulo: Atlas, 2010.

_____________. Princípios constitucionais integram processo arbitral) Disponível em < https://bit.ly/2QOlxhD> Acesso em 16 de novembro de 2018.

PEIXOTO, Marcos Aurélio Ventura; PEIXOTO, Renata Cortez Vieira. Fazenda Pública e Execução. Salvador: Juspodivm, 2017.

PEIXOTO, Ravi. Rumo à construção de um processo cooperativo. Revista de Processo, v. 219. São Paulo: Editora Revista dos Tribunais, 2013.

__________; A modulação de efeitos em favor dos entes públicos na superação de precedentes: uma análise da sua (im) possibilidade. In: DIDIER JR., Fredie; ALVIM, Teresa Arruda.. (Org.). Doutrinas essenciais: novo processo civil. 2ed. São Paulo: Revista dos Tribunais, 2018, v. VI, p. 543-560.

__________; MACEDO, Lucas Buril de. Tutela provisória contra a Fazenda Pública no CPC/2015. In: CUNHA, Leonardo Carneiro da; ARAÚJO, José Henrique Mouta. (Org.). Coleção Repercussões do Novo CPC - Advocacia Pública. 1 ed. Salvador: Juspodivm, 2015, v. 3, p. 195-228.

PEREIRA. Cesar Augusto Guimaraes. Arbitragem na Lei 13.448 e os contratos com a administração pública nos setores de rodovias, ferrovias e aeroportos. Revista de Arbitragem e Mediação n. 55. São Paulo: Editora Revista dos Tribunais, 2017.

_____________. Corrupção e arbitragem: os árbitros diante da alegação ou constatação de práticas ilícitas pelas partes. Disponível em http://justen.com.br/.

PEREIRA, Hélio do Valle. Manual da Fazenda Pública em Juízo. Rio de Janeiro: Renovar, 2003.

PEREIRA RIBEIRO, Marcia Carla; DINIZ, Patrícia Dittrich Ferreira. O compliance e a lei anticorrupção nas empresas. Revista de Informação Legislativa, v. 205, 2015.

PINHEIRO CARNEIRO, Paulo Cezar. Aspectos processuais da nova lei de arbitragem. In: CASELLA, Paulo Borba (Coord.). Arbitragem: a nova lei brasileira (9.307/1996) e a praxe internacional. São Paulo: LTr, 1996.

PITOMBO, Eleonora Coelho. Arbitragem e o Poder Judiciário: Aspectos Relevantes. In: GUILHERME, Luiz Fernando do Vale Almeida (Coord.). Aspectos Práticos da Arbitragem. São Paulo: Quartier Latin, 2006.

PONTES DE MIRANDA, Francisco Cavalcanti. Tratado de Direito Privado. Tomo I. 4. ed. São Paulo, Editora Revistas dos Tribunais, 1974, p. 282-283.

_____________. Comentários ao Código de Processo Civil. Tomo XV, Rio de Janeiro: Forense, 1977.

_____________. Comentários ao Código de Processo Civil, tomo V. Rio de Janeiro: Forense, 1977.

PUCCI, ADRIANA NOEMI; AZEVEDO NETO, M. C.. Introdução ao Procedimento Arbitral. In: Francisco Maia Neto; Flavio Fernando de Figueiredo. (Org.). Perícias em Arbitragem. São Paulo: LEUD, 2012.

PUGLIESE, Antonio Celso Fonseca; SALAMA, Bruno Meyerhof. A economia da arbitragem: escolha racional e geração de valor. Revista direito GV, São Paulo, v. 4, n. 1, 2008.

QUEIROZ, Caique Bernardes Magalhães. TORTORELLA, Eduardo Machado. O negócio jurídico processual como instrumento de aproximação entre os procedimentos arbitrais e judiciais no Brasil. Revista de Arbitragem e Mediação n. 55. São Paulo: Editora Revista dos Tribunais, 2017.

RAATZ, Igor. Negócios jurídicos processuais e elasticidade procedimental sob o enfoque do modelo democrático-constitucional de processo. Revista Brasileira de Direito Processual, v. 101, 2018.

RAOUD, Mohamed Abdel. How Should Internacional Arbitrors Tackle Corruption Issuees. Foreign Investment Law Jornal. v. 24. Internacional Centre of Dispute Settlement of Investment Disputes, 2009.

RAY, Larry; CLARE, Anne L. The multi-door courthouse idea: building the courthouse of the future... today. In Ohio State Journal on Dispute Resolution. n. 1, 1985.

REDONDO, Bruno Garcia. Adequação do procedimento pelo juiz. Salvador: Editora Juspodivm, 2017.

RIBEIRO, Leonardo Ferres da Silva. Princípio da inafastibilidade do controle jurisdicional. In: Olavo de Oliveira Beto; Maria Elizabeth de Castro Lopes. (Org.). Princípios processuais civis na Constituição Federal. 1 ed. Rio de Janeiro: Elseier, 2008.

RIBEIRO, Marcia Carla Pereira; ROCHA, Bonemer Azevedo da Rocha. Previsibilidade das decisões judiciais como fator de desenvolvimento. Revista da Ajuris, v. 40 n. 132, 2014.

RODRIGUES, Marcelo Abelha. Suspensão de segurança: sustação de eficácia da decisão judicial proferida contra o poder público. 4. Ed. Salvador: Editora Juspodivm, 2017.

RODRIGUES, Marco Antônio dos Santos. A Fazenda Pública no Processo Civil. 2. ed. São Paulo: Atlas, 2016.

ROWE, Mary. The Ombudsman's Role in a Dispute Resolution System. Negotiation Journal, n. 7, 1991.

SADDI, Jairo; PINHEIRO, Armando Castelar. Direito, economia e mercados. Rio de Janeiro: Campus, 2005.

SALLA, Ricardo Medina. Arbitragem e Direito Público. Revista Brasileira de Arbitragem. n. 22. Curitiba: Comitê Brasileiro de Arbitragem. 2009.

SALLES, Carlos Alberto de. Arbitragem em contratos administrativos. Rio de Janeiro: Forense, 2011.

SANCHEZ, Guilherme Cardoso. Sentenças parciais no processo arbitral. Dissertação (Mestrado em Direito) Faculdade de Direito, Universidade de São Paulo, São Paulo, 2013.

SANTOS. Edison Ribeiro dos. A execução de créditos trabalhistas contra a fazenda pública. Dissertação de Mestrado. Faculdade de Direito de São Paulo - USP. 2008.

SANTOS, Mauricio Gomm dos. Táticas de guerrilha na arbitragem internacional. in CARMONA, Carlos Alberto; LEMES, Selma; MARTINS, Pedro Batista. (org) 20 Anos da Lei de Arbitragem: Homenagem a Petrônio R. Muniz. São Paulo: Atlas, 2017.

SARAIVA, Leonardo. Arbitragem na Administração Pública. Rio de Janeiro: Lumen Juris, 2019.

SCAVONE JR, Luiz Scavone. Manual de Arbitragem. 7 ed. Rio de Janeiro: Forense, 2016.

SCHMIDT, Gustavo. A arbitragem nos conflitos envolvendo a administração pública: uma proposta de regulamentação. Dissertação (mestrado) – Escola de Direito do Rio de Janeiro da Fundação Getúlio Vargas, 2016.

SCHWIND. Rafael. O Estado acionista: empresas estatais e empresas privadas com participação estatal. São Paulo: Almedina, 2017.

SCOCA, Salvátore. Avvocatura dello Stato. Nuovisimo Digesto Italiano, Turín, 1957.

SICA, Heitor Vitor Mendonça. Arbitragem e fazenda pública. In: Francisco José Cahali; Thiago Rodovalho; Alexandre Freire. (Org.). Arbitragem: estudos sobre a Lein. 13.129, de 26-5-2015. São Paulo: Saraiva, 2016.

SILVA, Alexandre Couto. Aplicação da desconsideração da personalidade jurídica no direito brasileiro. São Paulo: LTr, 1999.

SILVA, De Plácido e. Vocabulário Jurídico. Rio de Janeiro: Forense, 11. ed., 1994.

SILVA, Eduardo Silva da. Regras arbitrais brasileiras: a fase dos regulamentos in: Arbitragem- Estudos sobrea Lei n. 13.129,de 26-5-2015. CAHALI, Francisco José RODOVALHO, Thiago; FREIRE, Alexandre (Org.). São Paulo : Saraiva, 2016.

SILVA, Haroldo de Araújo Lourenço da. Uma (Re)leitura do poder público em juízo à luz das legislações processuais brasileiras. Tese de Doutorado em Direito. Universidade Estácio de Sá. Rio de Janeiro, 2017.

SILVA, Ovídio Baptista da. Curso de Processo Civil. 6. ed. Rio de Janeiro: Forense, 2002.

STIPANOWICH, Thomas. ADR and the Vanishing Trial: The Growth and Impact of 'Alternative Dispute Resolution. Journal of Empirical Legal Studies, v. 1, n 3, 2004.

SOARES. Guido. Curso de direito internacional público. São Paulo: Atlas, 2002.

STONE, Katherine. Alternative Dispute Resolution. Oxford University Press: 2004.

STRANGER, Irineu. Arbitragem comercial internacional. São Paulo: LTr, 1996.

SUNFELD. Carlos Ari. Fundamentos do Direito Público. 5. Ed. São Paulo: Malheiros: 2012.

SUSSMAN, Edna. All's fair in love and war – or is it? The Call for Ethical Standards for Counsel in Internacional Arbitration. The American Review of International Arbitration, v. 22, n. 4, 2011.

TALAMINI, Eduardo. Arbitragem e a tutela provisória no Código de Processo Civil de 2015. Revista de Arbitragem e Mediação, v. 46, 2015.

__________. Arbitragem e a tutela provisória no Código de Processo Civil de 2015. Revista de Arbitragem e Mediação, v. 46, 2015.

__________. Arbitragem e tutela provisória no CPC/15. In: Fredie Didier Jr.; Mateus Pereira; Roberto Gouveia; Eduardo José da Fonseca Costa. (Org.). Grandes temas do novo CPC: tutela provisória. Salvador: Editora Juspodivm, 2016.

______. Competência-competência e as medidas antiarbitrais pretendidas pela Administração Pública. Revista de Arbitragem e Mediação , v. 50, 2016.

______. Tutela de urgência e a Fazenda Pública. Revista de Processo, São Paulo: Editora Revista dos Tribunais, v. 152, 2007.

______. Remessa necessária (reexame necessário). Revista de Direito Administrativo Contemporâneo, v. 24, 2016. p. 129-145.

TEIXEIRA FILHO, Manoel Antônio. Execução no processo do trabalho. 8ª ed., São Paulo: LTr, 2004, p. 271 dentre outros.

TELLECHEA, Rodrigo. Arbitragem nas Sociedade Anônimas: direitos individuais e princípio majoritário. São Paulo: Quartier Latin, 2016.

TESS, Eduardo Carvalho. Imunidades de jurisdição e de execução no âmbito da arbitragem comercial internacional. Revista do Instituto dos Advogados de São Paulo. n. 14. São Paulo: Editora Revista dos Tribunais, 2004.

THEODORO JÚNIOR, Humberto. Curso de Direito Processual Civil - Teoria Geral do Direito Processual Civil e Processo de Conhecimento. Rio de Janeiro: Forense, 2009.

______. Arbitragem e terceiros – litisconsórcio fora do pacto arbitral – outras intervenções de terceiros. Revista de Direito Bancário e do Mercado de Capitais, v. 14. 2001.

TIBURCIO, Carmen; PIRES, Thiago Magalhães. Arbitragem envolvendo a Administração Pública: Notas sobre as alterações introduzidas pela Lei 13.129/2015. Revista de Processo, v. 254. São Paulo Revista dos Tribunais, 2016.

TIMM, Luciano Benetti. Artigos e ensaios de direito e economia. Rio de Janeiro: Lumen Juris, 2018.

______; RICHTER, Marcelo Souza; SILVA, Thiago Tavares. Os contratos administrativos e a arbitragem: aspectos jurídicos e econômicos. São Paulo: Revista de Arbitragem e Mediação, n. 50, 2016.

VALENÇA FILHO, Clávio de Melo. A arbitragem em juízo. Tese (Doutorado em Direito)- Faculdade de Direito, Universidade de São Paulo, São Paulo, 2015.

______. Poder Judiciário e Sentença Arbitral. Curitiba: Juruá, 2002.

VALLE, Martin Della. Considerações sobre pressupostos processuais em arbitragens. Revista Brasileira de Arbitragem. n. 12, Curitiba: Comitê Brasileiro de Arbitragem, 2007.

______. Arbitragem encontra complaince. Valor Econômico. Disponível em <https://www.valor.com.br/legislacao/6161561/arbitragem-encontra-compliance> acesso em 18 de março de 2019.

VASCONCELOS, Carlos Eduardo de. Mediação de conflitos e práticas restaurativas. 5 ed. Rio de Janeiro: Forense, 2017.

VENTURI, Elton. Suspensão de liminares e sentenças contrárias ao Poder Público. São Paulo: Revista dos n. 42. Tribuais, 2005.

VIANA, Juvêncio Vasconcelos. Efetividade do processo em face da Fazenda Pública. São Paulo: Dialética, 2003.

VISCONDE, Débora. A jurisdição do árbitro de seus efeitos. Dissertação (Mestrado em Direito) – Faculdade de Direito da Universidade de São Paulo, 2009.

WALD, Arnoldo. Cabimento de medida cautelar preparatória perante o Poder Judiciário antes de instaurado o juízo arbitral. Revista de Direito Bancário e do Mercado de Capitais, n. 27. São Paulo, 2005.

____________. Alguns aspectos positivos e negativos do financiamento da arbitragem. Revista de Mediação e Arbitragem. n. 49, São Paulo: Revista dos Tribunais. 2016.

____________. A sentença arbitral parcial no direito comparado e no direito brasileiro. Revista de Arbitragem e Mediação. n. 51. São Paulo: Revista dos Tribunais, 2016.

____________. A arbitragem como indução de acordo entre as partes. Revista de Arbitragem e Mediação. n. 42. São Paulo: Editora Revista dos Tribunais, 2014.

____________. A arbitragem e o mercado de trabalho dos advogados. Revista de Arbitragem e Mediação n. 32. São Paulo: Editora Revitsta dos Tribunais, 2012.

____________. O espírito da arbitragem. Revista do Instituto dos Advogados de São Paulo n. 23. São Paulo: Revista dos Tribunais, 2009.

____________. Transferência de sede em arbitragem internacional: novas necessidades e perspectivas. Revista de Arbitragem e Mediação n. 26. São Paulo: Editora Revista dos Tribunais, 2010.

____________. MARTINS, Ives Gandra da Silva. Dez anos da lei de arbitragem. Dez anos da lei de arbitragem – aspectos atuais e perspectivas para o instituto. Rio de Janeiro: Lúmen Juris, 2007.

WAMBIER, Luiz Rodrigues. Sentença Civil: liquidação e cumprimento. 3 ed. São Paulo: Revista dos Tribunais, 2006.

WILLEMAN, Flávio de Araújo. Acordos Administrativos, Decisões Arbitrais e Pagamentos de Condenações Pecuniárias Por Precatórios Judiciais. Revista de Direito da Procuradoria Geral do Estado do Rio de Janeiro, v. 64, 2009.

WLADECK, Felipe Scripes. Impugnação da sentença arbitral. Salvador: Editora Juspodium, 2014.

____________. Da modificação da competência. In: CRUZ E TUCCI, José Rogério; FERREIRA FILHO, Manoel Caetano; APRIGLIANO, Ricardo de Carvalho et al. (Coord.). Código de Processo Civil anotado. São Paulo: Editora GZ, 2015. p. 113.

ZIMMER JÚNIOR, Aloísio. Corrupção e improbidade administrativa. São Paulo: Thomson Reuters Brasil, 2018.

EDITORA JusPODIVM
www.editorajuspodivm.com.br

Pré-impressão, impressão e acabamento
GRÁFICA SANTUÁRIO

grafica@editorasantuario.com.br
www.graficasantuario.com.br
Aparecida-SP